最高人民检察院 2014 年度检察理论研究重点课题 GJ2014B06

中国惩治和预防职务犯罪管理模式研究
ZHONGGUOCHENGZHIHEYUFANGZHIWUFANZUIGUANLIMOSHIYANJIU

张国臣　著

河南大学出版社
·郑州·

图书在版编目(CIP)数据

中国惩治和预防职务犯罪管理模式研究/张国臣著.
—郑州：河南大学出版社，2015.9
ISBN 978-7-5649-2192-7

Ⅰ.①中… Ⅱ.①张… Ⅲ.①职务犯罪—研究—中国
Ⅳ.①D924.304

中国版本图书馆 CIP 数据核字(2015)第 234304 号

责任编辑	刘小敏
责任校对	胡玲霞
英文翻译	张小羽
封面设计	王四朋

出　版	河南大学出版社			
	地址：郑州市郑东新区商务外环中华大厦 2401 号			
	邮编：450046			
	电话：0371-86059712（高等教育出版分社）			
	0371-86059713（营销部）			
	网址：www.hupress.com			
排　版	郑州市今日文教印制有限公司			
印　刷	郑州市今日文教印制有限公司	发　行	新华书店	
版　次	2015 年 9 月第 1 版	印　次	2015 年 9 月第 1 次印刷	
开　本	890mm×1240mm　1/32	印　张	18.375	
字　数	413 千字	插　页	8	
定　价	57.00 元			

（本书如有印装质量问题，请与河南大学出版社营销部联系调换）

张国臣，1956年生于登封，博士、作家、教授、硕士生导师。中共河南省委委员、省人大代表，省人民检察院常务副检察长、省检察官文联主席，一级高级检察官。已发表600多万字作品，出版书30余部。法学专著《中国控告申诉检察管理模式研究》《中国检察文化发展暨管理模式研究》连获河南省社会科学优秀成果一等奖。著名嵩山文化学者，创立中国少林文化学，获首届中国山花奖学术著作优秀奖

缅怀焦裕禄　司法为人民
——作者2015年2月陪同最高人民检察院检察长曹建明(中)河南省人民检察院检察长蔡宁(左一)到河南兰考参观焦裕禄同志纪念馆

始终把人民放在心中最高位置

——作者 2015 年 6 月在河南省人民检察院控申接待室，倾听民声，维护权益

完善举报制度　加强举报工作

——作者参加"中国2010年检察举报工作论坛"并作主题演讲,提出构建举报工作位置龙头化、线索管理扁平化、管理手段信息化"三位一体"管理模式,得到参会人员赞扬。最高人民检察院副检察长柯汉民(中)河南省人民检察院检察长蔡宁(左二)等领导同志出席会议

预防职务犯罪出生产力
——作者2012年6月考察郑州市轨道交通有限公司地铁施工现场,加强职务犯罪预防,服务企业发展

开展国际交流 加强司法合作

——作者 2010 年 9 月参加"被羁押人的权利保护国际研讨会"并作主题发言,提出要"坚持以人为本,严格执行宪法和法律对被羁押人权利保护的各项规定,避免冤错案件的发生,提高司法机关的执法公信力",受到欢迎

提升海峡两岸法治水平　增进华夏同胞血肉情谊
——作者2015年4月赴台参加第三届大陆检察官来台专业研习活动，介绍查办和预防职务犯罪经验做法

组织侦查指挥　突破大案要案
——作者 2013 年 3 月在河南省人民检察院反贪侦查指挥室，指挥大案要案侦查工作

向科技要警力 向信息化要侦查战斗力
——作者2012年5月参加全国检察机关反贪侦查手段现代化建设现场会并介绍经验,河南省检察机关反贪侦查信息化名列全国前茅

加强世界司法交流　维护人类公平正义

——作者2009年10月参加"打击有组织犯罪法律适用问题"国际研讨会并发表重要演讲,提出要依法综合治理,打似"铁拳",防似"铁墙",控似"铁闸",受到高度赞扬

检察文化结硕果　法治精神传世界

——作者2013年7月访问美国,与洛杉矶市德布拉·凯丝副检察长交流查办职务犯罪问题,赠送专著《中国检察文化发展暨管理模式研究》,获美中交流协会"世界弘扬交流文化杰出贡献奖"

新亚洲 新机遇 新发展

——作者2009年12月参加第二届亚洲财富论坛（中国）年会，发表主题演讲，提出要"依法查办和预防职务犯罪，为企业发展创造廉洁高效的政务环境"，得到好评。高级涉外法律顾问张小羽同声翻译

交流反贪工作经验　营造廉洁文化氛围
——作者 2011 年 12 月访问澳大利亚,与亚维多利亚州首席检察官罗伯特·克拉克研究惩治和预防职务犯罪问题

文化是根　文化是魂　文化是民族的精神血脉

——作者2011年8月与国学大师文怀沙教授在嵩山探讨弘扬国学文化。文教授咏评作者《嵩山散文三十篇》："高山仰止兮，吾尊嵩山。嵩岳神奥兮，亿万斯年。欲感嵩山之灵兮，问张国臣；欲知嵩山之奥兮，读此美文！"

法律监督扬正气　人民检察为人民
　　——作者2015年6月接受河南卫视专访,加强涉农检察,服务"三农"工作,维护民生民利

学习创新是人生最大的快乐
——作者2015年7月与课题组成员一起研讨红色文化,弘扬法治精神

目 录

序 一 惩治和预防职务犯罪管理的有益探索……………
　　　　……………………………………… 蔡　宁（ 1 ）
序 二 检察管理模式的探索创新 …………… 樊崇义（ 1 ）

第一章　中国惩治和预防职务犯罪管理模式研究概述
　　　　…………………………………………………（ 1 ）
　一、创新惩治和预防职务犯罪管理模式的重大意义
　　　……………………………………………………（ 2 ）
　二、研究惩治和预防职务犯罪管理模式的基本方法
　　　……………………………………………………（12）
　三、惩治和预防职务犯罪管理模式的基本内涵 …（15）
　四、惩治和预防职务犯罪管理模式研究的理论基础
　　　……………………………………………………（22）
　五、惩治和预防职务犯罪管理面临的挑战…………（33）

六、惩治和预防职务犯罪管理模式的宏观构建 …（41）
七、惩治和预防职务犯罪管理模式的微观构建 …（49）

第二章　惩治和预防职务犯罪管理模式比较研究……（58）
一、中国古代惩治和预防职务犯罪的历史考察 …（59）
二、中国共产党惩治和预防职务犯罪历史回顾 …（70）
三、国外境外惩治和预防职务犯罪的主要措施和发展趋势 ………………………………………………（81）
四、构建中国惩治和预防职务犯罪管理模式………（90）

第三章　惩治预防职务犯罪管理理念………………（101）
一、保障人权理念………………………………………（102）
二、无罪推定理念………………………………………（110）
三、程序公正理念………………………………………（113）
四、依法取证理念………………………………………（119）
五、监督制约理念………………………………………（123）
六、注重效率理念………………………………………（129）
七、专群结合理念………………………………………（131）
八、文明执法理念………………………………………（135）
九、社会和谐理念………………………………………（138）

第四章　职务犯罪举报线索的管理……………………（143）
一、举报的基本内涵……………………………………（143）
二、举报制度的历史考察………………………………（145）
三、新形势下举报工作面临的新挑战…………………（154）
四、举报工作必须树立的"五个理念"…………………（160）

目 录

　　五、创新举报线索"三位一体"管理模式…………（163）
　　六、举报线索管理机制的完善…………………（170）

第五章　职务犯罪侦查管理………………………（182）
　　一、职务犯罪侦查概述…………………………（184）
　　二、职务犯罪侦查管理概述……………………（198）
　　三、案件线索发现机制管理……………………（203）
　　四、案件线索评估机制管理……………………（207）
　　五、侦查取证机制管理…………………………（210）
　　六、侦查审讯机制管理…………………………（219）
　　七、侦查保障机制管理…………………………（230）

第六章　职务犯罪侦查组织指挥管理……………（236）
　　一、职务犯罪侦查组织指挥概述………………（239）
　　二、职务犯罪侦查决策管理……………………（244）
　　三、职务犯罪侦查指挥管理……………………（250）
　　四、职务犯罪侦查协调管理……………………（259）
　　五、侦查谋略管理………………………………（275）

第七章　惩治和预防职务犯罪信息化管理………（285）
　　一、信息化发展新形势对惩治和预防职务犯罪提出的新
　　　　要求……………………………………………（286）
　　二、信息引导职务犯罪侦查模式的创新构建…（292）
　　三、提高职务犯罪电子证据收集能力…………（305）
　　四、以信息技术强化办案监督管理……………（320）
　　五、以信息技术推动职务犯罪预防手段创新，提升职务犯

罪预防能力 ·· （330）

第八章 职务犯罪侦查权的监督约束 ············· （339）
一、权力监督约束管理理论的历史考察 ············· （340）
二、两大法系职务犯罪侦查权监督约束机制的比较分析
　·· （348）
三、我国检察机关职务犯罪侦查权监督约束机制的发展完善 ·· （355）
四、目前我国检察机关职务犯罪侦查权监督约束机制存在的主要问题分析 ··· （361）
五、创新检察机关职务犯罪侦查权监督约束机制
　·· （369）

第九章 建立预防职务犯罪工作管理体系 ········ （390）
一、预防职务犯罪的基本理论 ························· （390）
二、预防职务犯罪比较研究 ···························· （396）
三、预防职务犯罪的经济学分析 ······················ （407）
四、我国检察机关预防职务犯罪的必要性分析 ··· （412）
五、健全检察机关预防职务犯罪管理体系 ········· （422）

第十章 查办职务犯罪能力建设 ······················· （454）
一、主动发现案件线索能力 ···························· （455）
二、获取固定鉴别使用证据能力 ······················ （462）
三、依法灵活使用强制措施能力 ······················ （472）
四、科学运用侦查谋略能力 ···························· （479）
五、掌握运用法律政策能力 ···························· （486）

六、舆情应对能力 …………………………………（492）
七、秉公执法能力 …………………………………（496）
八、服务大局能力 …………………………………（499）

第十一章 建设高素质的惩治和预防职务犯罪检察队伍
………………………………………………………（504）
一、坚持政治过硬,不贪财,做勤政廉政的表率 …（505）
二、坚持业务过硬,不忘本,做勤奋敬业的表率 …（512）
三、坚持责任过硬,不张狂,做执法为民的表率 …（518）
四、坚持纪律过硬,不结党,做团结和谐的表率 …（523）
五、坚持作风过硬,不营私,做公正执法的表率 …（530）

参考文献 ………………………………………………（537）

跋 什么是人生最大的快乐 ……………………………（541）

序 一

惩治和预防职务犯罪管理的有益探索

党的十八大强调,要坚持中国特色反腐倡廉道路,坚持标本兼治、综合治理、惩防并举、注重预防的方针,全面推进惩治和预防腐败体系建设。检察机关是国家的法律监督机关,推进反腐倡廉建设,需要对惩治和预防职务犯罪中的一些重大理论和实践问题进行深入的思考和研究。张国臣同志按照高检院2014年重点理论研究课题要求,结合多年政法工作实践,以现代管理学思维,多次组织检察干警到一线调研,探讨司法规律,完成了《中国惩治和预防职务犯罪管理模式研究》一书。读后,我感到有三个方面应充分肯定。

一是注重政治性。中国特色社会主义检察制度是中国特色社会主义政治制度、司法制度的重要组成部分。检察制度和检察工作的政治性决定了检察理论研究的政治性。反对腐败、建设廉洁政治,是党中央一贯坚持的政治立场,是人民群众关注的重大政治问题。该书坚持以中国特色社会主义理论体系为指导,运用法治思维和法治方法,就如何依法惩治职务犯罪,加强反腐败制度建设,完善惩治和预防腐败体系,提高查办和预防职务犯罪的法治化水平,进行了深入的探索。例如,按照十八届四中全会关于"加强职务犯罪线索管理"的要求,构建了"三位一体"职务犯罪线索管理模式;按照"加强对司法活动的监督"的要求,构建了侦查权监督约束管理体系;按照"优化司法职权配置"的要求,构建了"惩防一体化"管理模式。该书全面贯彻了中央反腐败决策部署,具有鲜明的政治性。

二是注重实践性。理论是实践的先导,研究理论的目的在于指导实践。该书立足惩治和预防职务犯罪检察工作实践,从实践中汲取营养,总结规律。立足从检察实践中发现问题,分析问题,并从实际条件和需要出发,提出对策,丰富了检察管理理论。立足检察实践创新管理手段,把信息化引入职务犯罪侦查管理,以信息化引领侦查工作现代化,有利于推动科技手段在实践中的应用,增强检察工作的科技支撑和保障力度。立足检察实践创新管理思维,运用历史比较分析法,探讨我国法律文化传统,考证古代的权力监督制度,并与西方国家检察制度进行比较研究,完善了惩治和预防职务犯罪管理机制,具有较强的可操作性,对指导实践有一定的实用价值。

三是注重系统性。管理系统是由管理者与管理对象组成的并由管理者负责控制的一个整体。在体例上,该书运用管理学原理,对惩治和预防职务犯罪管理模式的基础理论、价值功能、特点规律、模式构建等进行了思考,回答了"是什么"、"为什么"、"怎么做"三个层次的问题,建立了一套比较完整的惩治和预防职务犯罪管理体系。在结构上,以理念、制度、机制、组织等为基本要素,立足中国特色社会主义检察制度,从线索管理、侦查管理、信息化管理、侦查权监督约束、预防管理、能力建设等方面,依次进行研究,建立了惩治和预防职务犯罪管理模式的基本流程。在内容上,明确创新惩治和预防职务犯罪"九个理念",构建预防职务犯罪管理"五项机制",提出查办职务犯罪"八种能力"建设等,对于惩治和预防职务犯罪,具有较强的理论意义和实践意义。

是为序。

2015年7月于郑州

(蔡宁,河南省人民检察院党组书记、检察长,二级大检察官)

Preface I

The Beneficial Exploration on the Management of Punishment and Prevention of Abuse-of-Power Crimes

Cai Ning

The Eighteenth National Congress of CCP promotes that unremitting efforts should be made to stick to the Chinese-style path of combating corruption and promoting integrity in an integrated way, which needs to address both symptoms and root causes of the problem, and to conduct punishment and prevention at the same time, with emphasis on the latter. Measures shall be taken in an all-around way for the establishment of a system to combat corruption through both punishment and prevention. People's procuratorate is the nation's legal supervisory body. To advance the progress of combating corruption and promoting integrity, procuratorial bodies need to probe into some important theoretical and practical problems on punishment and prevention of abuse-of-power crimes. According to the Supreme People's Procuratorate's requirements on conducting research for key theoretical projects, Mr. Zhang Guochen applies his many years of working practice in judicial, procuratorial, and public security organs into the study, takes the modern management approaches, organizes and conducts practical research and discusses the judicial and law enforcement rules with procurators on the case frontier, and finalizes this book *The Management Model Study on Punishment and Prevention of Abuse-of-Power Crimes of China*. Read, I highly appreciate three points.

First, this book outstands from a political perspective. The procuratorial system of socialism with Chinese characteristics is an important part of the political and judicial system of China. The political features of procuratorial system and procuratorial work call for the necessity of doing procuratorial theoretical study from a political perspective. Combating corruption and constructing clean government is the political standing consistently held by the central Party, and it is one crucial political point focused by the people as well. Guided by theoretical system of socialism with Chinese characteristics, this book applies the theology and methodology of rule of law, and probes into problems such as how to punish abuse-of-power crimes according to law? How to strengthen mechanism construction of anti-corruption? How to better corruption punishment and prevention system? How to make progress in investigation and prevention of abuse-of-power crimes? For example, in accordance with the policy determined in the forth plenary session of the eighteenth central committee of the CCP "to intensify criminal investigation clue management on abuse-of-power crimes", this book structures a "three-in-one" supervisory management model on abuse-of-power crimes' investigation clues; based on the requirement "to intensify supervision on law enforcement activities", this book designs a supervisory and restrictive management system to check and balance investigatory power of law enforcement bodies; founded on the need "to optimize allocation of judicial authority resources", this book develops an "integration of punishment and prevention" management model. In a word, this book fully carries the central government's policy plan on anti-corruption, and has a striking feature from a political perspective.

Second, this book casts a great attention to practicality. Theory is the guidance of practice, and the core aim of theoretical study is to serve practice. This book roots on the actual procuratorial practice of punishing and preventing abuse-of-power crimes, absorbs "nutrition" from the practice, and finally comes up with a summarized general pattern to that ends. This book also takes the procuratorial practice as the starting point and moves on to look for problems, and to analyze problems. And based on the actual conditions and needs of the identified problems, the book further proposes counter strategies to deal with the problem, which ultimately enriches procuratorial management theory. In addition, this book stands on procuratorial practice to extend exploration on innovative management measures by introducing informatization into abuse-of-power crimes investigation administration, so that informatization can motivate investigation modernization and technological means can be applied in actual practice, which in turn, strengthens the technical support to procuratorial work. Furthermore, this book grounds on procuratorial practice to broaden management ideology by utilizing historical comparative analytical methodology to study the legal cultural traditions of our country, to examine the power supervisory system from our history, and to compare and contrast China's procuratorial system with that of the Western countries, with the aim to perfect China's management system of punishment and prevention of abuse-of-power crimes. This book is very operative, and has a great practical value to guide the actual practice.

Third, this book is very systematic. Managing system is a unity composed of management subject and object, and controlled by management subject. Stylistically, applying the principles of management, this book contemplates on the basic theories, values and functions, uniqueness and principles, and the structures on punishment and prevention of abuse-of-power crimes management model, and answers "what is it", "why it happens", and "how to deal with it" three layers of questions, which ultimately completes a comprehensive management system on punishment and prevention of abuse-of-power crimes. Structurally, taking ideology, system, mechanism, and organization as the basic elements, perceiving from the perspective of socialism procuratorial system with Chinese characteristics, this book studies clue management, investigation management, informatization management, checks and balances of investigatory power, prevention management, capacity building, etc. respectively, and establishes the fundamental procedures of the management model on punishment and prevention of abuse-of-power crimes. Content-wise, this book clearly defines "Nine Ideologies" on innovative measures for punishment and prevention of abuse-of-power crimes, "Five Mechanisms" on management of prevention for abuse-of-power crimes, and "Eight Capacities" construction for abuse-of-power crimes investigation. All in all, this book indeed has profound meanings theoretically and practically, for abuse-of-power crimes punishment and prevention.

So prefaced.

July, 2015. Zhengzhou

Introduction of the author:

Cai Ning, Procurator-General and Secretary of Party Committee of Henan Provincial People's Procuratorate; Second Grade Principal Public Procurator of the P. R. China.

序 二

检察管理模式的探索创新

樊崇义

惩治和预防职务犯罪,是党风廉政建设和反腐败斗争的重要任务。在全面深化改革和全面依法治国的进程中,如何深入推进反腐败斗争,促进廉洁政治建设,是一个重大政治课题。检察机关是国家的法律监督机关和反腐败的重要职能部门,加强惩治和预防职务犯罪理论研究,构建一套符合中国特色社会主义法治体系、司法工作规律、检察工作特点的管理机制,既是开展反腐败斗争的客观要求,也是推进检察工作科学发展的现实需要。

张国臣同志是管理学博士,政法工作经验丰富,具有较高的政治理论素养、法学理论水平和开拓创新能力,在相继出版《中国控告申诉检察管理模式研究》《中国检察文化发展暨管理模式研究》获奖之后,结合检察工作,深入思考,潜心研究,又完成了《中国惩治和预防职务犯罪管理模式研究》一书,实属不易,可喜可贺!通览该书,我认为有三个突出特点。

第一,检察管理实践的科学总结。"现代管理学之父"彼得·德鲁克有句名言:"管理是一种实践,其本质不在于知,而在于行。"检察管理作为检察工作的重要组成部分,只有面向检察实践,融入检察实践,服务检察实践,才能实现管理的本质。总的来看,该书坚持这个原则,既有实践特色,又有理论高度,较好地实现了二者的有机结合。一是立足检察实践。理论的源泉在于实践。该书着眼于中国惩治和预防职务犯罪的新形势新挑战,立足我国检察实践的丰富沃土,以中国特色社会主义法治理论为指导,系统研究了惩治和预防职务犯罪管理的时代背景、基本范畴、功能作用、模式构建等基本问题,立体地构建了自己的分析框架和逻辑结构,体现了理论联系实际的马克思主义学风。二是升华检察实践。理论的价值在于对实践规律的把握,并实现实践的自我超越。党的十八届四中全会提出全面依法治国,对依法严格查办职务犯罪提出更高要求。面对检察工作新的实践和发展,如何以社会主义法治理念为引领,创新惩治和预防职务犯罪理念;如何把权力关进制度的笼子,明确权力边界,加强侦查权监督约束;如何以正规化、专业化、职业化为目标,提高惩治职务犯罪能力,等等,该书都进行了研究和回答,践行了十八届四中全会精神,是对检察实践的概括和升华。三是服务检察实践。理论的生命在于实践。该书科学地设计了职务犯罪线索管理、侦查组织指挥管理、侦查权的监督约束管理、惩治和预防职务犯罪信息化管理等多种管理模型,直观而又简洁,形象而又生动,既利于加强管理,又能在实践中运用,具有较强的可操作性和工作指导性。

第二,检察管理理论的开拓创新。理论是灰色的,唯有创新,才能发展。该书以惩治和预防职务犯罪管理模式为主题，坚持解放思想、实事求是，把改革创新的时代精神贯穿于研究的全过程。一是创新管理体系。管理体系是一系列管理理念、管理方法和管理机制的总称。该书运用系统论理论，构建了理念、机制、组织与目标"四位一体"的惩治和预防职务犯罪管理系统，其中，理念是支撑，机制是平台，组织是主体，目标是愿景，四者相互作用、相互促进、相辅相成，构成了一个开放的、多维的惩治和预防职务犯罪管理体系。二是创新管理模式。管理模式是管理过程中固化下来的一套操作系统和方法。该书最大的创新，就是基于系统论的四大要素，提出了构建两个层次的惩治和预防职务犯罪管理模式。一个层次是"惩防一体化"的宏观管理模式，包括价值目标、"一体化"工作机构、"一体化"工作制度、"一体化"工作机制；另一个层次是微观管理模式，包括惩治和预防职务犯罪理念、职务犯罪线索管理、侦查组织指挥管理、惩治和预防职务犯罪信息化管理、侦查权的监督约束等九大子系统，丰富了检察管理理论，给读者以有益的启迪。三是创新研究方法。研究方法是揭示事物内在规律的工具和手段。该书以管理学的视角，运用历史比较和实证分析的研究方法，紧贴惩治和预防职务犯罪工作实际，凸显了检察工作的实践特色；继承和发扬我国传统法律思想和法治文化，凸显了检察工作的民族特色；借鉴域外检察制度等法治文明的优秀成果，凸显了检察工作的时代特色，体现了检察理论与时俱进、开拓创新的精神。

第三，检察管理方法的有益探索。 管理方法是为了实现管理目的而采取的手段、方式、途径和程序的总和。该书以检察实践为基础,把管理学理论引入惩治和预防职务犯罪管理的分析过程。一是把"扁平化"管理理论引入职务犯罪线索管理,提出对要案线索实行"一对一"管理、对本院管辖线索实行"一站式"管理、对一般线索实行"流水线型"管理,强调要健全线索统一管理、督办反馈、线索初核、研判分析等九项机制。这既是对十八届四中全会"加强职务犯罪线索管理"要求的深入落实,也是加强职务犯罪线索管理的创新举措。二是把"战略管理"理论引入侦查信息化和预防信息化建设,提出以现代信息技术为依托,构建侦查指挥、远程取证、智能鉴定等智慧平台,向科技要警力,向信息化要战斗力。这完全符合习近平总书记"建设网络强国"的战略思想,符合"互联网+"的国家战略,符合高检院"探索构建'互联网+检察'的工作模式"的决策部署,有利于以信息化引领检察工作现代化。三是把"人本管理"理论引入检察管理的全过程,强调检察官不但要具备法律知识、侦查能力和侦查技巧,而且要有强烈的事业心、责任感和忠诚正直的道德品格。该书提出要坚持政治过硬,不贪财,做勤政廉政的表率;坚持业务过硬,不忘本,做勤奋敬业的表率;坚持责任过硬,不张狂,做执法为民的表率;坚持纪律过硬,不"结党",做团结和谐的表率;坚持作风过硬,不"营私",做公正执法的表率,体现了"严以修身、严以用权、严以律己,谋事要实、创业要实、做人要实"的要求,有利于建设高素质的检察队伍。

  理论创新是非常艰辛的。该书是 2014 年度最高人民检察院检察理论研究重点课题,是在全面依法治国和司法改革的新形势下取得的一项重要理论成果,是国内第一部从管学角度研究惩治和预防职务犯罪工作的检察理论专著,是一部理论与实践相结合的法学教科书。尽管书中有的观点还需要进一步探讨和深化,但仍不失为一部开卷有益的好书,我愿意把它推荐给亲爱的读者朋友们!

是为序。

2015 年 7 月 17 日

(樊崇义,中国政法大学诉讼法学研究院名誉主任,著名法学家、教授、博士研究生导师)

Preface II

The Exploration and Innovation of Procuratorial Management Model

Fan Chongyi

Punishing and preventing abuse-of-power crimes is the crucial task for improving party member's conduct, upholding integrity, and combating corruption. In the process to deepen reform and open up in an all-around way, and on the path to fully implement the rule of law, it is an important political undertaking to study how anti-corruption should be further conducted and in turn to enhance clean government construction. People's procuratorate is the nation's legal supervisory organ, and the important anti-corruption functional department. Combating corruption and promoting procuratorial scientific development calls for the need to conduct theoretical study on strengthening abuse-of-power crimes punishment and prevention, and to construct a management mechanism that not only is based on the socialism legal system with Chinese characteristics, but also satisfies law enforcement rules and with procuratorial uniqueness.

Mr. Zhang Guochen is a Doctor in Management. He has abundant working experience in judicial, procuratorial, and public security sectors, is highly capacitated with political theory, juris philosophy, and is very capable of study exploration and innovation. After publishing *The Study on China's Procuratorial Management Method for Complaints and Appeals* and *The Study on the Development and the Management Model of China's Procuratorial Culture* and winning two prizes for these two books, based on his procuratorial working experience, Mr. Zhang completes this book *The Management Model Study on Punishment and Prevention of Abuse-of-Power Crimes of China* with his efforts of thinking and researching. I would like to sincerely congratulate him for his achievement since it is really not easy to complete so much with unimaginable hardworking! Read this book, I personally perceive three outstanding points:

First and foremost, this book is the scientific summary of procuratorial management practice. "Management is practice. The essence of management lies not in knowledge, but in action.", said Peter Drucker, the father of modern management. Serving as an important part of procuratorial work, procuratorial management cannot fulfill its core management function unless it takes procuratorial practice as the starting point and in turn serves for procuratorial practice. Generally speaking, this book sticks to the above-mentioned principle, and greatly integrates the pragmatic feature and the theoretical analysis of procuratorial work together. First, this book is founded on procuratorial practice. Practice is the wellspring of theory. Guided by the socialism legal theories with Chinese characteristics, this book takes the new situation and the new challenges of punishment and prevention of abuse-of-power crimes into consideration, roots in the procuratorial practice, and studies some fundamental points as background, basic scope, functions, model construction etc. of punishing and preventing abuse-of-power crimes. Systematically, this book designs its own analytical frame and logical structure in a full dimensional way, and reflects the Maxism philosophy "to integrate theory with practice". Second, this book sublimates procuratorial practice. Theoretical study values in abstracting the rules and regular patterns of practice, and helps to better practice. The forth plenary session of the eighteenth congress of the central committee of the CCP promotes law-based governance of the country in an all-around way, which imposes an even higher standard with respect to intensifying investigating and punishing abuse-of-power crimes. Facing new procuratorial practice and new procuratorial development, this book studies and answers questions in that regards as: how to innovate the ideology of punishing and preventing abuse-of-power crimes guided by socialism spirit of the rule of law? How to restrict power within the "cage" of rules, so that the boundaries of power are clear and the investigation power can be properly supervised and limited? How to target at formalization, specialization, and professionalization, so that the capacity to punish and manage abuse-of-power crimes can be enhanced? With these questions tackled, this book puts the spirit of the forth plenary session of the eighteenth congress of the central committee of the CCP into practice, summarizes, and sublimates procuratorial practice for the benefit of procuratorial practice. Third, this book serves for procuratorial practice. The life of theory lies in practice. This book designs multiple management models for abuse-of-power crimes' investigation clue management, investigation organization and command management, checks and balances for investigation power management, punishment and prevention for abuse-of-power crimes informatization management, etc. The models are direct, concise, and vivid, which on the one hand strengthen the management, on the other hand can be fully utilized in practice, and thus have great value from both practical and guidance point of view.

Secondly, this book is an innovation and advancement for procuratorial management theory. Theory itself is pale and colorless. Theories cannot develop without innovation. This book is themed in the management of punishing and preventing abuse-of-power crimes, is committed to emancipating minds, seeking truth from facts, and putting the innovative and reform-driven trend of the times throughout the whole process of the study. First, the managemnt system in this book is innovative. Management system is the generic term for a series of management ideology, management methodology, and management mechanism. This book applies systematic theoretical approach to cultivate ideology, mechanism, organization and target, i. e. the "four-in-one" management system for punishing and preventing abuse-of-power crimes, among which, ideology is the support, mechanism is the platform, organization is the subject, and target is the vision. These four factors work with each other, promote and help with each other mutually, and successfully form an open, multi-dimension management system for punishing and preventing abuse-of-power crimes. Second, the management models in this book is innovative. Management models are a set of operative systems and methods ripened during the management process. The most striking innovative feature of this book lies in the fact that it promotes to construct a two-layer management model on punishing and preventing abuse-of-power crimes, pursuant to the big four elements of the systematic approach mentioned above. Layer one is the macro-management model called "unified punishing-preventing" model, which includes value target, "unified" work departments, "unified" rules and regulations, and "unified" working mechanism. The other layer is the micro-management model, composed of nine sub-systems including the ideology of punishing and preventing abuse-of-power crimes, abuse-of-power crimes' investigation clue management, investigation organization and command management, informatization management for punishment and prevention for abuse-of-power crimes, and checks and balances for investigation power management, etc., which abundantly enriches the procuratorial management theory, and provides beneficial insight to readers. Third, the study methodology in this book is innovative. Methodology of study is the tool and the approach adopted to reveal the underlying rules and patterns of the study target. This book takes the management perspective, makes full use of historic comparative and empirical analysis methodologies, conducts the study closely related to the actual practice of punishing and preventing abuse-of-power crimes, which highlights the salient feature of procuratorial practice. Moreover, this book inherits and fosters the traditional legal ideology and legal culture of China, which highlights the national feature of procuratorial work. This book further refers to the procuratorial system and the great legal civilization achievement of other countries, which highlights the time feature of procuratorial work, and reflects the spirit "to keep up with the times, and to be explorative and innovative" in procuratorial theoretical study.

Thirdly, this book contributes to the beneficial exploration of procuratorial management methodology. Management methodology is the generalization of measures, patterns, approaches, and procedures that aiming at realizing management objects. This book takes procuratorial practice as the foundation, and integrates management theories into the whole analytical process of punishing and preventing abuse-of-power crimes management. To begin with, this book introduces "flatten" management theory into investigation clue management for abuse-of-power crimes. It proposes that, as for clues of the important abuse-of-power cases, "one-to-one" style management pattern should be implemented; as for clues within the jurisdiction of a certain procuratorate, "one-stop" style management should be applied; as for the general common clues, "stream-lined" style management should be utilized. The book also emphasizes nine mechanisms to strengthen case clue management, including integrated management of case clues, feedbacks for supervisory opinions, preview of case clues, study and analysis procedures. These measures not only put the policy of the forth plenary session of the eighteenth congress of the central committee of the CCP "to intensify clue management for abuse-of-power crimes" into practice, but also are the innovative management methods to that ends. Second, this book introduces "strategic management" theory into the construction of abuse-of-power crimes investigation and prevention informatization, and presents the "smart-platform" formation plan based on modern information technology for investigation commanding, long-distance evidence obtaining, smart-judicial-identification etc. Working power can be intensified from technology, and fighting capacity can be boosted from informatization. Such concept echoes with President Xi Jinping's strategic thoughts "to build a strong internet nation", corresponds to the national strategy of "internet ＋", and moreover, is in line with the policy of the Supreme People Procuratorate "to explore and construct models of 'internet ＋ procuratorate'" so that informatization is able to motivate procuratorate practice modernization. Third, this book introduces "human-oriented management" theory into the process of procuratorial management. The book stresses that procurators not only need to be equipped with legal knowledge, investigation capacities and skills, but also need strong passion for their career, and senses of responsibility, loyalty and moral integrity. This book puts, procurators shall be persistent to the righteous political pursuit, shall be the example as diligent and clean government, and shall not be monetarily greedy; procurators shall continuously enrich their own legal knowledge, shall be the examples as hard-working officers, and shall not forget their own roots nor be ungrateful; procurators shall uphold their responsibilities, shall be the examples as practicing law enforcement for the people, and shall not be proud and arrogant; procurators shall stick to principles and disciplines, shall be the examples as unity and harmony, and shall not form unjust clique; procurators shall be consistently self-examined, shall be the examples as just law enforcement advocates, and shall not pursue selfish interests. These proposed qualities of procurators fully reflect the requirements "to have strict moral standard, strict limitations on the use of power, and strict self-discipline; to be honest in the matter, honest in the career, and honest in the behavior", and are very crucial to build a procurator team with high moral and professional qualities.

It is painstakingly hard to be theoretically innovative. This book is one of the key theoretical research projects of the Supreme People Procuratorate of the year 2014. It indeed constitutes one important theoretical study achievement with the background of China's legal reform and the promotion of law-based governance in an all-around way. In addition, this book is the first procuratorial theoretical monograph on punishing and preventing abuse-of-power crimes from a management study perspective, and can serve as a legal text book that combines theory and practice interactively. Though some points of the book need to be further discussed and addressed, it is still a really good book that can benefit each and every reader. I would love to, recommend this book to all dear reader friends!

It is so prefaced.

July, 2015

Introduction of the author:

Fan Chongyi, Honorary Director of Litigation and Procedural Law Research Center of China University of Political Science and Law; Renowned Jurist; Professor; Doctoral Supervisor.

第一章 中国惩治和预防职务犯罪管理模式研究概述

党的十八大指出："要坚持中国特色反腐倡廉道路，坚持标本兼治、综合治理、惩防并举、注重预防的方针，全面推进惩治和预防腐败体系建设。"党的十八届三中全会明确要求，必须构建决策科学、执行坚决、监督有力的权力运行体系，健全惩治和预防腐败体系，建设廉洁政治，努力实现干部清正、政府清廉、政治清明。

职务犯罪是严重的腐败行为，是典型的腐败现象。与普通刑事犯罪相比，职务犯罪具有更大的社会危害性，不仅严重破坏社会的稳定、正常的市场经济秩序和社会公正，而且严重侵蚀国家公职人员的廉洁性，给党和政府的形象造成恶劣影响。近年来，党中央对惩治和预防职务犯罪高度重视，不断加大打击力度，惩治了一批腐败分子，同时，加强预防职务犯罪制度建设，取得了显著成效。但是，由于引发腐败的深层次问题尚未从根本上得到解决，职务犯罪也呈现出新的发展趋势，单靠传统的以刑事惩治为主要手段的管理模式已不能适应遏制职务犯罪的需要，构建新的惩治和预防职务犯罪管理模式已成当前反腐败工作的迫切需要。

一、创新惩治和预防职务犯罪管理模式的重大意义

习近平总书记指出:"腐败是社会毒瘤。如果任凭腐败问题愈演愈烈,最终必然亡党亡国。我们党把党风廉政建设和反腐败斗争提到关系党和国家生死存亡的高度来认识,是深刻总结了古今中外的历史教训的。"检察机关作为惩治和预防职务犯罪的重要职能部门,在履行法律监督职责的过程中,应不断整合司法资源,通过制度完善、机制创新,优化惩治和预防职务犯罪管理工作。创新惩治和预防职务犯罪管理模式,不仅可以丰富和完善我国的惩治和预防职务犯罪理论,而且会对指导惩治和预防职务犯罪司法实践,加强反腐国际合作产生积极的推动作用。

(一)维护公平正义和保障人权的需要

国家工作人员的职务犯罪如贪污、受贿、私分国有资产等给国家造成了巨大的经济损失,损害了人民群众的根本利益。从目前查处的职务犯罪看,有的涉案人员之多、职务之高令人触目惊心。例如,2014年,中央重拳出击,山西1正7副总共8名省部级官员落马,包括太原市委书记、秘书长、统战部长和副省长在内的4名常委,1名省人大副主任,1名省政协副主席、1名副省长,以及1名中科协原党组书记,后者长期在山西为官,曾任省委宣传部长和太原市委书记。此外,还有15名厅级干部被查。山西腐败窝案的一个突出特点是官商勾

结,官为商提供保护伞,商为官充当钱袋子。① 这些案件如果不进行严惩和预防,就会给国家造成难以挽回的经济损失,同时也会让其他心存贪念的国家工作人员滑入犯罪的深渊。

国家机关工作人员的另一类型职务犯罪是渎职犯罪。渎职犯罪不仅会给国家利益、人民合法权益造成巨大损失,有些还会严重危及人民群众的生命健康安全,2008年发生在山西襄汾的特大溃坝事故就是典型的例子。②

"造法易,司法难。"在司法过程中,司法体制、司法环境、司法人员的素质等多方面的因素都会导致司法权滥用。司法权的滥用,不仅严重侵犯公民的人身权和财产权,也可能造成司法结果不公,司法效率低下,司法机关形象严重受损。

尊重和保障人权是国际社会共同追求的目标。由于历史的原因,过去我国不少人一直极力回避人权问题,甚至一度认为人权问题是西方资本主义的东西,致使我国在人权保障问题上走过一段曲折的道路。近年来,党和国家高度重视人权保障问题,特别是2004年人权保障入宪以来,我国的人权保障特别是司法机关的人权保障得以明显改观,如清理纠正超期羁押、严禁刑讯逼供等措施的推行就大大改善了犯罪嫌疑人、被告人的人权保障现状。党的十八届三中全会明确提出,

---

① 韩哲:《山西官场"崩塌"之后的思考》,《北京商报》,2014年9月2日第2版。
② 2008年9月8日7时58分,山西省襄汾县新塔矿业有限公司新塔矿区980平硐尾矿库发生特别重大溃坝事故。事故泄容量26.8万立方米,过泥面积30.2公顷,波及下游500米左右的矿区办公楼、集贸市场和部分民宅,造成277人死亡、4人失踪、33人受伤,直接经济损失达9619.2万元,是一起违法违规生产导致的重大责任事故。该案最终起诉到法院的涉"9·8溃坝重大责任事故"及相关职务犯罪应负刑事责任的被告人共计58名,其中副厅级干部4人,处级干部13人,处以下干部17人,其他人员24人。

要完善人权司法保障制度,并从建立纠正错案机制、废除劳教制度、健全司法救助制度等方面予以保障。党的十八届四中全会强调,要建立多项制度加强人权司法保障。只有加强对侵犯人权犯罪的打击力度,并积极预防该类案件的发生,才能确保我国的人权保障制度得以有效落实。

(二)维护党和国家形象与社会稳定的需要

职务犯罪的主体是公职人员,侵犯的客体是国家公职人员的职务廉洁性。改革开放以来,随着我国经济的飞速发展与社会的转型,腐败问题迅速滋生蔓延。职务犯罪严重侵蚀着国家肌体,损害着党和政府的形象,严重削弱党的执政地位和执政基础。例如,号称"津门第一虎"的天津市政协原副主席、市公安局原局长武长顺,在其任职天津市交管局长和公安局长的22年间,利用全民经商、政企不分的大环境,更在清理、变更天津公安系统所属企业的过程中,乘乱布局,支使亲属亲信,多番闪转腾挪,凭借自己在公安、交管系统的绝对权力,将巨额财富揽入名下不说,还逐渐将触角伸向利润更为丰厚的房地产、高速公路、石化等行业,形成了错综复杂、枝繁叶茂的武氏商业版图。公安局长和董事长的双重角色更使其从中左右逢源,直到为所欲为。①

职务犯罪不仅毒化社会空气,而且腐蚀人的精神,使人们道德沦丧,崇尚奢靡,对社会稳定具有极大破坏作用。职务犯罪如同与权力相伴而生的毒瘤,致使公职人员违反职业道德,抛弃权力运行中应当恪守的公平正义原则,降低党和政府决

---

① 梅明蕾:《"最严重危险"可以武长顺为证》,《长江日报》,2015年4月8日第6版。

策的合理性及工作效率,破坏了人民群众对政府的信任和对法律的崇尚,同时也误导人们在日常交往中以利益为中心,造成社会风气的恶化。特别是一些有关民生案件的发生,如食品药品案件,涉农的假化肥、假农药、假种子案件的出现,背后的职务犯罪事实一旦被揭示,立刻会引起社会的广泛关注,极易引发社会矛盾的激化,严重影响社会稳定。同时,职务犯罪还会严重阻碍我国民主法制建设的步伐,破坏国家大政方针的制定与执行,破坏法制的统一实施。邓小平同志指出:"风气如果坏下去,经济搞成功又有什么意义?会在另一方面变质,反过来影响整个经济变质,发展下去会形成职务犯罪、盗窃、贿赂横行的世界。"职务犯罪如果不下大力气予以遏制,最终受害的还是国家和人民。

(三)维护经济秩序与促进经济发展的需要

职务犯罪与社会经济的发展密切相关。美国著名政治学家亨廷顿曾提出一个著名论断:"在同一社会中,腐化现象在进化时期比在其他时期更为严重,腐化的程度与迅速发展的社会经济现代化有着相当密切的关系。"① 英国学者哈里森曾这样描述第三世界国家的职务犯罪现象:"用官僚机构复杂的程序把公众搞得晕头转向、惊慌失措,或者把事情拖到难以容忍的地步,然后建议说,如果给点贿赂,就会很快有结果或者得到照顾(这被称作速度钱)。"② 进入新世纪,我国加大反腐

---

① [美]塞缪尔·亨廷顿:《变革社会中的政治秩序》,李盛平等译,北京:华夏出版社1988年版,第58页。
② [英]保罗·哈里森:《第三世界——苦难、曲折、希望》,钟菲译,薄冰校,北京:新华出版社1984年版,第424页。

力度,一批身居要职的高官先后被查处。全国人大原副委员长成克杰、江西省原副省长胡长清因巨额受贿被判处死刑,厦门远华特大走私案涉案金额530亿元,涉案人员中14人被判处死刑,25人被开除党籍或公职。新一届党中央进一步加大职务犯罪的查处力度,一大批省部级领导甚至国家领导人纷纷落马。这些案件说明,我国的腐败现象在权力低层、权力高层甚至权力最高层都不断蔓延、渗透、扩张,日益严重的腐败问题已成为社会经济不稳定的"重磅定时炸弹"。

职务犯罪案件严重影响我国市场经济秩序的建立与完善。首先,职务犯罪严重危害资源的合理配置及生产要素的合理流动。贿赂犯罪破坏了以市场为导向的资源配置规律,使一些紧缺资源和生产要素流入了非重要领域,从而造成资源及其他生产要素的巨大浪费。如在政府采购中,由于缺乏有效的制度约束,往往会出现盲目采购及重复采购,在造成大量资金浪费的同时,也助长了贪污贿赂现象的发生;在转移支付制度实施过程中,由于资金分配的标准不明确,审批程序过于粗陋,造成资金分配的暗箱操作,诱发"跑部钱进"等腐败现象。其次,职务犯罪严重危害了平等竞争的市场秩序,造成了人们的竞争机会不均等,以及以非法手段谋利和行政干预市场行为的盛行。在市场经济未能充分发挥作用时,不找市场找"市长"的现象依然存在,导致腐败问题的发生。如在资本市场金融资源配置的行政化,降低了金融资源的配置效率和使用效率,使金融机构产生了相当规模的呆账、坏账,恶化了金融机构的资产状况。[①] 这不仅降低了金融机构的发展活力,同时对

---

① 齐海臣:《路径依赖视角下的市场经济与腐败问题研究》,《求实》,2014年第1期。

其他市场主体的融资权也是一种侵害。由此可见,职务犯罪造成经济环境的污染,使投资者对市场望而却步,一些本应实施的投资项目也会因此而"流产"①。

因此,加强惩治和预防职务犯罪,可以有效阻隔公职人员蜕变为职务犯罪分子,促成高效廉洁的市场经济运行管理机制的建立,为市场主体平等参与市场竞争创造良好的环境,维护经济秩序,促进经济发展。

(四)促进我国廉洁政治建设的需要

党的十八大报告明确指出:"反对腐败、建设廉洁政治,是党一贯坚持的鲜明政治立场,是人民关注的重大政治问题。这个问题解决不好,就会对党造成致命伤害,甚至亡党亡国。"所谓廉洁政治,就是不谋私利的政治,与腐败政治是根本对立的政治。廉洁政治的本质是不以权谋私、为人民掌好权用好权,其核心是全心全意为人民服务。② 惩治和预防职务犯罪是促进廉洁政治建设的重要手段,在新的历史条件下,我们党提出的反对腐败、建设廉洁政治是时代的要求,也是人民的新期盼。

首先,反对腐败、建设廉洁政治是党的一贯政治主张。马克思、恩格斯指出,建立"廉洁政府"就要取消一切特权,防止"国家和国家机关由社会公仆变为社会主人",防止干部变成作威作福的官僚。列宁也明确指出,无产阶级国家应建设为民服务的廉洁机关。毛泽东同志在《中国人民解放军宣言》中

---

① 冯云翔:《职务犯罪及其预防》,北京:中国检察出版社2005年版,第16页。
② 张惠新:《坚决反对腐败 建设廉洁政治》,《党建研究》,2012年第12期。

把"肃清贪官污吏、建立廉洁政治"作为党的重要政策。邓小平也明确指出,在改革开放的整个过程中都要反对腐败,搞廉洁政治建设。习近平总书记强调:"保持惩治腐败的高压态势,做到有案必查、有腐必惩。坚持'老虎'、'苍蝇'一起打,切实维护人民合法权益,努力做到干部清正、政府清廉、政治清明。"①

其次,反对腐败、建设廉洁政治是发展政治文明的重要内容。社会主义政治文明体现的是民主法治、公正廉洁的政治理念和以人为本、执政为民的价值追求。政治文明的主要内容与反对腐败、建设廉洁政治的长远目标和具体要求是相一致的。反对腐败、建设廉洁政治有利于实现、保障人民的民主权利和主人公地位,有利于营造宽松、和谐的政治环境,有利于确认人的价值,优化人的生存环境,从而塑造高素质的政治主体,为社会主义政治文明提供不竭动力。

其三,反对腐败、建设廉洁政治是党的建设的需要。在新的形势下,党的执政基础和执政地位面临诸多风险与考验。通过反腐败加强廉洁政治建设是党的建设的一个重要方面。廉洁政治搞好了,就能进一步加强党员干部的理想信念,更好地促进党的思想建设;进一步确立正确的用人导向,更好地促进党的组织建设;进一步密切党群关系,更好地促进党的制度建设。

其四,反对腐败、建设廉洁政治是反腐倡廉形势发展的需要。近年来,通过全党的共同努力,反腐倡廉取得明显成效,

---

① 习近平:《运用历史智慧 推动反腐倡廉建设》,《习近平谈治国理政》,北京:外文出版社2014年,第392页。

但是反腐败斗争形势依然严峻,任务依然艰巨。新形势下,我们应当充分认识到反腐败斗争的长期性、复杂性和艰巨性,着眼长远,立足当前,既抓好惩治腐败这个迫切任务,又坚持建设廉洁政治这个战略目标。只有如此,我们才能更有效地应对反腐败斗争中出现的新情况、新问题,以更宽的视野不断推进廉洁政治建设,以实际行动赢得广大人民群众的理解与支持。

(五)加强国际反腐败合作的需要

经济全球化使得世界各国对外经济交往范围扩大,以钱权交易为主要特征的职务犯罪已由国内问题逐步演变为国际问题,致使涉案国均深受其害。惩治与预防职务犯罪的国际合作逐渐成为世界各国的共同心声。在全球化的背景下,职务犯罪呈现出新的特点:一是犯罪构成趋于复杂化和国际化。犯罪主体不仅局限于某一国的公职人员、企业主、社会组织人员,还包括其他国家公职人员、跨国公司职员,甚至还有国际组织人员。犯罪客体也越来越复杂,有的犯罪会同时侵犯数个国家公共权力的廉洁性和管理秩序。二是犯罪手段趋于全球化和隐蔽化。随着经济的全球化,一些跨国公司为了开拓业务,不惜采用多种腐败手段。他们为了逃避处罚,一般不对官员进行现金贿赂,而是采取更为隐蔽的手段,如为官员子女提供出国深造的机会,表面上与官员的亲属做生意而实则行贿,通过私人俱乐部和会所贿赂官员,等等。三是职务犯罪分子携巨款潜逃,涉案资金严重流失。先进的信息化手段、便捷的交通、全球化的金融系统为犯罪分子洗钱和逃避处罚提供了极大的便利。四是职务犯罪的后果及影响趋于全球性。

《联合国反腐公约》指出，腐败对社会稳定与安全造成严重问题，构成严重威胁，它破坏民主体制和价值观、道德观和正义，并危害着可持续发展和法治。职务犯罪的国际化特征说明，加强对惩治和预防职务犯罪的国际合作十分必要。

　　党的十八届四中全会确立了国际反腐合作的战略目标："加强反腐国际合作，加大海外追赃追逃、遣返引渡力度。"习近平总书记指出："加强反腐败国际追逃追赃工作是坚持党要管党、从严治党，遏制腐败蔓延势头的重要举措。近年来，党员干部携款外逃事件时有发生。有的腐败分子先是做'裸官'，一有风吹草动就逃之夭夭；有的跑到国外买豪车豪宅，挥金如土，逍遥法外；有的跑到国外摇身一变，参与当地选举。这些年中，我们追回了一些重要外逃人员，但总体看，还是跑出去的多，抓回来的少，追逃工作还很艰巨。"① 最高人民检察院曹建明检察长强调，要在尊重各国国情的基础上加强惩治和预防职务犯罪的务实合作：一要拓展惩治和预防职务犯罪的合作领域；二要进一步完善惩治和预防职务犯罪国际合作机制；三要进一步加强惩治和预防职务犯罪国际合作有关法律问题的研究。②

　　近年来，在国际合作方面寻求全球协同、密织反腐天网已成为中国反腐工作的新亮点和新常态。在《北京反腐败宣言》之前，中国已加入了一些反腐败国际合作性的公约。1984年，加入国际刑警组织；2003年、2005年分别加入《联合国打

---

① 《加强反腐败国际追逃追赃工作》，2014年10月9日习近平在十八届中央政治局常委会第七十八次会议上的讲话。
② 曹建明：《加强惩治和预防职务犯罪的国际合作》，《人民检察》，2010年第10期。

击跨国有组织犯罪公约》和《联合国反腐败公约》。截至 2014 年 7 月底,中国已与 51 个国家签订含有刑事司法协助内容的条约,与 38 个国家签订了引渡条约。这些条约为追惩外逃贪官打下了坚实基础。党中央的反腐决心使海外追逃追赃的目标转化为强有力的实际行动,仅 2014 年就追逃 500 多人,追赃 30 多亿元。2015 年 4 月,国际刑警组织中国国家中心局集中公布了针对 100 名涉嫌犯罪的外逃国家工作人员、重要腐败案件涉案人等人员的红色通缉令,更加有力地瞄准海外追逃追赃的"靶心"。①

(六) 丰富我国惩治和预防职务犯罪理论的需要

惩治和预防职务犯罪管理模式的创新,关键在于通过制度构建,将惩治职务犯罪和预防职务犯罪两大检察职能有机统一起来,实现检察机关法律监督效果的最大化。目前,无论是司法实务界还是理论界,对惩治和预防职务犯罪问题的研究,要么侧重对打击的研究,要么侧重对预防的研究,即使强调惩治与预防并重,也往往从效果方面进行阐述,对二者如何有机结合、相互促进研究不足,即使提到也是浅尝辄止。我们在借鉴古今中外惩治与预防职务犯罪制度的基础上,立足我国国情,明确提出惩治与预防职务犯罪一体化的管理模式,提出新的惩治与预防职务犯罪管理理念、价值目标及制度构建,并从职务犯罪举报、职务犯罪侦查、职务犯罪预防、查办职务犯罪能力建设、队伍建设等多个方面,论证惩治和预防职务犯罪的具体机制制度。从一定意义上讲,构建科学的惩治和预防职

---

① 宋伟:《构筑海外追逃追赃的天罗地网》,《光明日报》,2015 年 6 月 7 日第 8 版。

务犯罪管理模式，不仅对我国的司法实践具有积极的指导意义，而且能够丰富和完善我国的惩治和预防职务犯罪基本理论，强化法律监督，维护社会公平正义。

二、研究惩治和预防职务犯罪管理模式的基本方法

（一）本书的基本框架和思路

理论来自实践。笔者根据管理学博士专业知识和十多年的政法工作实践，确定了《中国惩治和预防职务犯罪管理模式研究》的基本框架，主要包括两个部分：一是中国惩治和预防职务犯罪管理模式基本理论研究；二是中国惩治和预防职务犯罪管理模式的具体内容研究。

1. 指导思想。本书以中国特色社会主义法治理论为指导，从惩治和预防职务犯罪的基本理论入手，认真梳理、吸收、借鉴过去的有关研究成果，厘定相关概念、基本内涵、基本范畴和功能作用，搭建了研究的基础平台。

2. 研究视角。本书着重从管理学角度对我国惩治和预防职务犯罪的工作实践进行全面客观分析，查找出存在的主要问题和不足，阐释新形势下构建惩治和预防职务犯罪管理模式的重大意义，明确努力方向。

3. 创新模型。本书以我国社会主义法治进程为背景，以新形势下职务犯罪的惩治和预防为核心，从管理模式的基本要素出发，比较系统地设计出科学的惩治和预防职务犯罪管理模式，服务反腐倡廉建设。

第一章　中国惩治和预防职务犯罪管理模式研究概述

（二）本书研究的基本方法

研究方法是指搜集资料与处理数据的技术。本书采用文献分析法、访谈调查法和比较分析法开展研究。

1. 文献分析法。本书在理论探讨方面，大量搜集涉及惩治和预防职务犯罪方面的专著、论文、研究报告、法律法规、期刊、报纸、网页、电子出版品等资料，并对其进行归纳整理。通过深入的文献研究，运用制度分析、实证分析的方法，从中国惩治和预防职务犯罪的概念入手，总结惩治和预防职务犯罪的工作实践等，进而设计出管理模式的基本路线和实施方案。

2. 访谈调查法。中国惩治和预防职务犯罪管理模式研究属于应用性研究。2008年以来，笔者先后分管河南省检察机关反贪污贿赂工作、反渎职侵权工作、控告申诉检察工作等，多次做客大河网等媒体，与网民进行司法文化交流，访谈了大量有检察经验的人员，并深入基层检察院调查研究，获得了大量的第一手材料，进行了类型化分析，探索出惩治和预防职务犯罪工作的基本规律，提出了有针对性和可行性的建设举措和方案。

3. 比较分析法。一切理论、制度和方法，非比较不足以辨其优劣，非比较不足以见其价值。而任何政治事实都可能牵涉到无穷的因素，因素之间又有可能形成极为复杂的关系，必须通过比较方能完成有系统的组合，从而达到解释的目的。① 本书运用比较、对照的方法，对古今中外惩治和预防职务犯罪有关问题进行研究，通过异中求同与同中求异的比较分析，使

---

① 易君博：《政治理论研究方法》，台湾：三民书局1990年版，第65页。

人们对惩治和预防职务犯罪的有关问题获得更清晰的观点和更深刻的了解，找出构建其管理模式的科学路径，把握惩治和预防职务犯罪工作中的规律，推动检察工作可持续发展，构建和谐社会。

（三）本书研究的主要创新

检察学是面向司法实践的学科，检察理论是面向司法实践的理论。在本书的研究过程中，我们始终坚持这个原则，既要有创新的理论高度，又要凸显浓厚的实践特色，实现二者的紧密结合，努力做到立足于检察实践、来源于检察实践、服务于检察实践。

1. 突出理论研究的前瞻性。本书在对惩治和预防职务犯罪管理模式进行探讨和梳理的研究中，既注重对现有管理模式进行集中反映和理论概括，又注重对重建管理模式发展的方向、路径和方法展开有益的探索和科学的设计，并做出制度性安排，争取体现出理论研究的创新性、前瞻性。

2. 突出研究方法的实证性。本书力图避免纯粹的理论演绎，围绕惩治和预防职务犯罪的科学发展展开研究，立足于全国检察实践的丰富沃土，科学回答如何构建科学的惩治和预防职务犯罪管理模式，努力做到内容丰富、论据充分，实现理论研究的具体化和论证过程的实证化，力争达到理论联系实际、理论源于实践又指导实践的目的。

3. 突出选题视角的独特性。本书在选题时就强调不仅要关注惩治和预防职务犯罪工作实践的研究，而且要注重其管理模式的研究。各个章节从理念、观点的论述，到机制、制度等管理模式的构建，都分别对惩治和预防职务犯罪管理模式建设进行了比较系统的研究和探讨,并以大量图示、例证予以佐证,力争突出理论创新视角的独特性,实现检察实践的可操作性。

三、惩治和预防职务犯罪管理模式的基本内涵

(一) 什么是职务犯罪

关于法律意义上的"职务犯罪",目前我国理论界、实务界尚未达成共识,主要有四种观点:第一种观点认为,职务犯罪可定义为国家工作人员利用职务上的便利贪污公共财物、收受贿赂,或者滥用职权、玩忽职守、徇私舞弊,破坏国家工作人员职务行为的廉洁性或者国家机关正常管理活动的行为。[①]第二种观点认为,职务犯罪是指依照法律、章程或合同规定具有一定职务身份的人员或者依法履行职责的单位,利用职务上的便利进行非法活动,或者在职务活动中不履行、不正确履行职责,故意或者过失严重妨害国家对职务行为管理活动并侵犯其他利益,依法应当受到刑罚处罚行为的总称。[②]第三种观点认为,职务犯罪广义的定义是指国家工作人员和其他在公司企业、事业单位中依法或组织规章等规定从事公务的人员在履职过程中,利用职务便利,滥用职权或者不正确履行职权而实施的、违背其职责要求的、依照刑法应当受到刑罚处罚

---

① 高铭暄、陈璐:《当代我国职务犯罪的惩治与预防》,《法学杂志》,2011年第2期。
② 由龙涛:《论职务犯罪的概念》,《理论学刊》,2010年第12期。

的行为总称。① 第四种观点所涵盖的内容则更为丰富，认为职务犯罪不应仅局限于国家工作人员利用职务之便实施的犯罪，还应包括军人违反职责罪②，等等。

我们认为，以上观点从不同角度给职务犯罪进行了定义，主要体现为主体方面的差异。军人违反职责罪本身具有特殊性，为避免研究的不必要冲突，将其排除在职务犯罪之外单独研究为好；单位犯罪的单位作为拟制的犯罪主体，其犯罪行为主要是通过其直接负责的主管人员或直接责任人员来体现的，因此，在对职务犯罪定义时，可对国家工作人员作扩大解释，包含国有单位，同时也包含其他法律规定视为国家工作人员的人员。由此，"职务犯罪"可定义为：国家机关、国有公司、企业事业单位、人民团体工作人员利用已有职权，贪污、贿赂、徇私舞弊、滥用职权、玩忽职守，侵犯公民人身权利、民主权利，破坏国家对公务活动管理的法律法规、规章规范，依照刑法应当予以刑事处罚的犯罪，包括《刑法》规定的贪污贿赂罪、渎职罪和国家机关工作人员利用职权实施的侵犯公民人身权利、民主权利犯罪。

(二) 什么是惩治职务犯罪

惩治职务犯罪是对职务犯罪进行遏制的最古老、最基本的对策，也是世界各国普遍采用的重要手段。惩治职务犯罪是对犯罪分子自身犯罪行为的否定，也是对其他人员潜在犯罪

---

① 何秉松：《职务犯罪的预防与惩治》，北京：中国方正出版社1999年版，第5页。
② 王秀梅：《国家工作人员犯罪的数额认定与立案标准研究》，北京：中国方正出版社2000年版，第59页。

苗头的一种威慑。鉴于反腐败斗争的长期性、复杂性和艰巨性,坚持标本兼治,当前以治标为主,为治本赢得时间。① 这里所讲的治标实际上就是对职务犯罪的惩治。

惩治职务犯罪,主要是指国家专门机关(一般是指国家司法机关)根据现行法律实施的惩罚、治理、打击以及最终消灭职务犯罪等一系列活动的总称。在我国,惩治职务犯罪是在党的统一领导下进行的,惩治职务犯罪的主要主体是纪委、人民检察院和人民法院,另外还有公安机关、司法行政机关等部门的配合。因此,这项活动具有较为浓重的刑事司法色彩,具有强制性、刚性、体现国家意志的特征,对于贪污贿赂、渎职案件中的国家工作人员而言,具有较大的威慑作用,有治标的功能。就本书而言,"惩治职务犯罪",专指检察机关依照法定职权和法定程序进行的惩治职务犯罪活动。

(三)什么是预防职务犯罪

预防职务犯罪,一般包括对职务犯罪行为的"打击"与"防范"两个方面。"打击"是通过对已然犯罪分子的惩处,达到"以儆效尤"的特殊预防效果;"防范"则是依托惩处的震慑效果,延伸执法触角,综合运用教育、制度、监督、咨询等各种措施阻隔未然犯罪。② 职务犯罪的一般预防又有广义与狭义之分。

广义的"预防职务犯罪",是指在党委的统一领导下,由纪

---

① 王岐山:《在十八届中央纪委委员学习贯彻党的十八大精神研讨班上的讲话》,2013年1月23日。
② 吴建雄:《检察机关预防职务犯罪的边界与形式》,《人民检察》,2014年第15期。

委牵头,各相关单位相互支持,充分利用各种有利因素,为遏制与减少职务犯罪的发生所付出的各种努力。这些努力包括组织部门对干部的监督管理,宣传部门的舆论引导,纪检监察、司法部门、行政执法部门及其他相关部门的纪律约束、法律制裁、经济处罚、科技支撑,等等。职务犯罪预防的种类包括执政党和人大的预防、行政监督预防、相关部门的管理预防、纪检监察预防以及检察预防。

狭义的"预防职务犯罪",主要是指检察机关的职务犯罪预防,即检察机关根据产生职务犯罪的原因、过程、特点和规律,充分利用现有的社会有利条件,调动一切可以调动的积极因素,采取多种有效方法、手段、措施,抑制、约束以至最终消灭引起职务犯罪发生的一切消极因素,达到彻底清除职务犯罪发生的一系列活动。职务犯罪预防的措施是根据实践总结出来的,是引导性、指导性规定,具有柔性和不稳定性,但对于频发的贪污贿赂、渎职犯罪而言,如果措施得当,预防职务犯罪能起到治本的作用,能达到从根本上消灭职务犯罪的效果。

(四) 惩治与预防职务犯罪的辩证关系

职务犯罪的惩治与预防是相辅相成,互相促进的"标""本"关系。惩治职务犯罪和预防职务犯罪既有明显的区别,各有各的价值目标,各有各的侧重点,两者又密切配合,共同构成职务犯罪的防控措施体系。

1. 惩治和预防职务犯罪的主要区别。一是属性不同。前者具有刚性、强制性和规范性;后者具有柔性、易变性、不稳定性。二是效果不同。前者是国家司法机关利用公权力实施的,涉及刑法规定的强制措施,能让公职人员对涉及职务犯的后果从直观上有较为清晰的认识,从而产生恐惧、敬畏的心理,效果直接且迅速,又容易量化,使人一目了然。后者主要是通过各种途径,采取引导、宣传、教育、感化等非强制力的手段来进行,约束力和震慑作用有限,工作成效缓慢。三是发生的时间不同。前者注重犯罪后的惩治,而后者的实施不受时间的限制,在事前、事中、事后均可开展。四是依据不同。前者的实施有完备的法律依据,我国的刑事法律均有明确规定,地区之间无较大差异。而后者的实施主要依据地方内部规定、制度等非规范性法律文件,地区差异较大,缺乏统一的标准和尺度,可操作性不强。

2. 惩治和预防职务犯罪的辩证关系。首先,惩治是预防存在的前提和基础。预防依赖于惩治,预防是建立在惩治基础之上的预防,惩治不力就不能向社会表明职务犯罪的危害性及应受惩罚性。[①] 只有对职务犯罪行为依法作出严厉的惩治,才能把职务犯罪的猖獗态势打压下去,尽可能地消灭产生职务犯罪的苗头,为最终彻底根除职务犯罪创造良好的社会环境。如果对出现的职务犯罪没有依法予以严惩,预防就没有切实的保障。预防失去了惩治,就失去了强大的国家机器和法律强制力作后盾,就会显得苍白无力,最终成为水中月、镜中花,漂亮但很虚幻。其次,预防是惩治的最终归宿,惩治的终极目标就是预防犯罪。惩治的目的并非仅限于查办已经出现的职务犯罪,还要通过一系列惩罚措施来告诫国家工作人员,如果触碰了职务犯罪的法律规定,必然受到刑事处罚。不能让国家工作人员从心理上真正认识、拒绝职务犯罪,就难

[①] 刘海渤:《论职务犯罪的防范与惩治》,《学术交流》,2004年第8期。

以达到治本的目的,而要让国家工作人员从心理上真正认识到职务犯罪的危害,就需要加大预防职务犯罪工作的力度,让其从思想层面、法律层面、道德层面都能感到职务犯罪所产生的一系列严重后果,坚决抵制滋生犯罪的诱惑。只有通过从源头上预防,才能从根本上消除腐败。其三,惩治和预防互为联系,相辅相成。惩治是预防的外在表现,预防是惩治的内在依据;只注重惩治而不进行预防,打击的成果将无法巩固,而只注重预防而不进行惩治,犯罪在短期内就难以遏制,也不利于寻找犯罪产生的内在原因,不能有效提出防范职务犯罪的对策。

3. 惩治和预防职务犯罪的实践。查办职务犯罪案件不能仅仅"头痛医头,脚痛医脚",而应全方位、多角度综合治理,做到标本兼治。这就要求司法机关要充分利用现有的法律、法规和刑事政策,依法查处职务犯罪案件,无论其官职、身份、地位如何,绝不姑息,始终保持严厉打击职务犯罪的态势。同时,还要运用已办理的案件来推进预防工作,通过剖析、宣传已办理的成功案例,警示和震慑犯罪,从而产生正面的社会效应,以充分体现职务犯罪预防的针对性、现实性和有效性。要通过对已经办理终结的案件进行深入分析,找出产生职务犯罪的内外部原因,以达到杜绝类似职务犯罪行为发生的目的;要总结不同种类的职务犯罪案件,发现共性和规律性的问题,提出针对性较强的预防对策;要分辨出不同案件中可能会导致职务犯罪发生的倾向性问题,及时指出并制定预防措施,把问题消灭在萌芽状态;要充分发挥检察机关办理职务犯罪案件的优势,把预防职务犯罪工作贯穿到查办职务犯罪的整个诉讼过程当中,从工作体制和机制上积极探索职务犯罪惩治和预防有机结合的有效途径。①

（五）什么是惩治和预防职务犯罪管理模式

"模式"，就是把某一类事物的结构状态经过归纳总结到一种抽象的理论高度所形成的理论模型，通常标志着事物之间隐藏的形式上的规律关系。②"模式"一词在当今世界已经被普遍应用于多学科中，但是，若将其作为一种新的研究问题的思路和方法，仍需要不断探索。"管理模式"，在管理学上是常用的概念，最早用于企业的经营中，随着时代的进步，几乎所有领域都涉及它。管理模式是管理过程中所使用的基本思想和方式，是一种固定的、能供人们直接进行参考并运用的一套完整的管理系统，通过这套系统的运用，可以达到发现、解决管理过程中的问题，规范管理过程中的手段，完善管理各方的运行机制，最终实现既定目标的目的。就结构框架而言，管理模式是管理思想、管理方法的高度框架性概括。管理模式原本是指管理者在人性假设基础上设计出的一整套具体的管理理念、管理内容、管理工具、管理程序、管理制度和管理方法论体系，并将其反复运用于企业，使企业在运行过程中加以遵守的管理规则。③

"惩治和预防职务犯罪管理模式"，主要是指在惩治和预

---

① 赵银月：《正确认识惩治与预防的辩证关系 推进反腐败斗争》，《辽宁行政学院学报》，2009第2期。
② 重庆市人民检察院课题组：《"证供并重"职务犯罪侦查模式概念之辨析》，《黑龙江省政法管理干部学院学报》，2013年第3期。
③ 张国臣：《中国检察文化发展暨管理模式研究》，郑州：河南大学出版社2013年版，第58页。

防职务犯罪工作中,立足特定的管理理念,通过建立系统的惩治和预防职务犯罪管理体系来发现和解决工作中的问题,规范管理手段,完善管理机制,实现既定目标。因此,对惩治和预防职务犯罪管理模式进行系统研究,不仅能够丰富检察理论,而且对于指导惩治和预防职务犯罪工作实践具有重要的方法论意义。从宏观层面看,应建立侦防一体化的管理模式,即检察机关的侦查和预防两项职能在侦防一体化机制中形成一个有机统一的系统,形成工作合力,强化打击和预防的实际效果。

四、惩治和预防职务犯罪管理模式研究的理论基础

任何学科的发展,都要遵循认识活动的规律,先从特殊到一般,再由一般到特殊。研究一个问题,既要立足于实践,又要有相应的理论支撑。惩治和预防职务犯罪管理的理论基础,实际上是在佐证惩治和预防职务犯罪管理的合理性问题,同时也赋予了惩治和预防职务犯罪管理研究及相应管理模式创新的有力根据。笔者主要从廉洁政治理论、组织理论、激励理论、控制论理论四个方面,阐述惩治和预防职务犯罪管理的理论基础。(如图 1-1 所示)

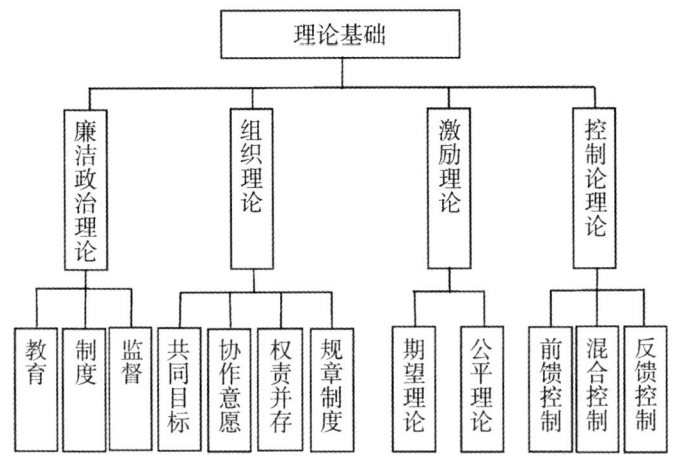

图 1-1　理论基础示意图

(一) 廉洁政治理论

古人云:"不受曰廉,不污曰洁。""廉",就是财物上的清廉,不拿,不收,不念;"洁",就是品德上的洁身自好,拒腐防变。真正的廉洁,是内心的一种信念、自身的一种习惯、人格的一种操守。国内外朝代更替的历史表明只有政治上的廉洁才能保得住一个国家长治久安。中国共产党深刻认识到廉洁政治关系到党和国家的生死存亡。

1926年8月4日,中共中央发出了《中央扩大会议通告——坚决清洗贪污腐化分子》一文,这是目前所发现的党内最早的反贪污腐败的文件,表明了党在建立初期就已深刻认识到保持党的纯洁性对于提升党的战斗力的重要作用。1932年至1934年,党中央在苏区首次掀起了大规模的反腐倡廉运动,通过这次运动,巩固了苏区根据地的地位。1949年新中国成立后,国家相继成立了检察机关、监察机关和党内纪检部门,先后颁布了《中华人民共和国宪法》、《中华人民共和国惩治贪污条例》等一系列法律法规,尤其是在惩治贪污条例中明确地规定了贪污罪及其量刑标准,表明党的廉政建设体制正在逐步建立。

党的十四大首次提出,要从教育、制度、监督三方面构建反腐制度的模式。党的十五大指出,反腐败是关系党和国家生死存亡的严重政治斗争。在整个改革开放的过程中都要反对腐败,警钟长鸣。同时强调加强监督,并首次把监督同教育、法制三者并列起来。

党在十六大提出"创新体制",突出了反腐败需要制度创新。党的十七大鲜明指出,坚决惩治和有效预防腐败,关系人心向背和党的生死存亡,是党必须始终抓好的重大政治任务。并首次提出"加强廉政文化建设"和"健全纪检监察派驻机构统一管理,完善巡视制度"。

党的十八大全面丰富完善了党的廉洁政治理论。十八大报告一改往年将反腐败工作与党风廉政建设工作一同安排部署的先例,首次将反腐败作为一项单独的重点工作进行部署。报告中增加了"严格执行领导干部重大事项报告制度"和"加强反腐败国际合作"等多项举措。党的十八届三中全会提出:"坚持用制度管权、管事、管人,让人民监督权力,让权力在阳光下运行,是把权力关进制度笼子的根本之策。必须构建决策科学、执行坚决、监督有力的权力运行体系,健全惩治和预防腐败体系,建设廉洁政治,努力实现干部清正、政府清廉、政治清明。"这些表述释放出了一个全新的信号,表明中央反腐力度层次加大,反腐决心更加坚定,同时也打开了反腐倡廉历史的崭新一页。

党的十八届四中全会审议并通过了《中共中央关于全面推进依法治国若干重大问题的决定》,"依法治国"首次出现在了党的中央全会手册上。决定强调,要加快推进反腐败国家立法,完善惩治和预防腐败体系,形成不敢腐、不能腐、不想腐的有效机制,坚决遏制和预防腐败现象。习近平总书记也深刻指出:"扬汤止沸,不如釜底抽薪。要从源头上有效防治腐败,加强对典型案例的剖析,从中找出规律性的东西,深化腐败问题多发领域和环节的改革,最大限度减少体制障碍和制度漏洞。要加强对权力运行的制约和监督,把权力关进制度的笼子里,形成不敢腐的惩戒机制、不能腐的防范机制、不易腐的保障机制。"这些都表明,我们党运用法治思维和法治方式进行反腐将成为未来反腐的方向。

党的廉洁政治理论为我国构建惩治和预防职务犯罪管理模式指明了方向。为达到消除职务犯罪的最终目标,我们必须要坚持教育、制度、监督三者共同发力,任何一方都不可偏废。既要充分发挥教育的教化功能,又要发挥制度的规范功能,同时还需加强监督的制约职能,三方共同发力以形成惩治和预防职务犯罪的合力。历史经验教训表明,加强制度建设是权力监督的重中之重,我们必须清醒地认识到无论是强化廉政教育,还是严格监督公权力的运行,都必须以合理、完善的制度为前提;建立健全惩治和预防职务犯罪制度是从源头上消除职务犯罪的根本途径。

(二)组织理论

组织理论最初是由美国著名的管理学家切斯特·巴纳德

提出的。作为一名高级管理人员,他创建了社会系统学派。他的组织理论丰富和完善了西方现代管理理论,其特点是从社会系统的角度来剖析和研究组织的问题,把"组织"看作是人与人之间相互分工、配合、协作的一个系统。巴纳德首次提出了组织的概念,并主张将组织分为正式组织和非正式组织两种形式。① 所谓正式组织,主要是指两个(包括两个)以上的人为实现某一共同目标,有意识地分工合作及划分不同权力和责任而构成的一个协作系统。组织作为一个系统如果存在下去,需具备以下四个要素。

1. 共同目标。其一,任何组织都是为了实现某个目标而建立的,目标是组织存在和发展的前提和基础,也是组织奋斗的方向,无论这个目标是隐藏的还是公开的;其二,组织中的共同目标并不是固定的、一成不变的,它是伴随着组织自身的发展和外界环境的变化而不断变化的;其三,组织的目标并不是随意的,而是应该具有前瞻性、全面性和明确性的;其四,组织的目标只有得到了内部成员的理解、认同和接受,才有可能促使组织内部成员积极行动,最终实现组织目标。

2. 协作意愿。在一个组织中,协作意愿是指组织成员对组织目标作出贡献的意思。② 协作意愿不是组织内部自发产生的,而是受组织成员在完成组织目标过程中个人目标的实现程度的影响,当个人认为其从组织中得到的多于其为组织目标实现作出的贡献时,组织内部才会产生协作意愿。通俗而言,所得是指成员在组织中获得的报酬,贡献是指其为实现

---

① 王国顺:《管理学》,北京:经济科学出版社2014年版,第36页。
② 桑玉成:《管理思想史》,上海:上海教育出版社2002年版,第222页。

组织目标所作出的牺牲。

3. 权责并存。既然作为一个系统,内部必有分工,这就要赋予各部门及每个人相应的权力,以便于组织目标的实现。但同时又必须明确权力和责任是并存的,只有权力而不负责任,必然会导致权力滥用,只有责任没有权力,会大大降低组织的效率和目标的实现程度。权力和责任均为达成组织目标的必要条件。

4. 规章制度。每个组织都有规章、制度,并由此来约束或激励组织内部成员的行为。规章制度是否能够得到组织成员的认可和执行,对组织目标的实现有很大影响。

组织理论的四个要素在整个系统中都处于特定的位置,发挥着不同的作用,它们之间相互关联,不可替代,更不可分割。组织理论之所以能作为惩治和预防职务犯罪管理的理论基础,主要是要通过惩治和预防职务犯罪,实现减少甚至消灭职务犯罪的目标。在这个共同目标的指引下,国家机关作为一个组织,其工作人员作为组织内部成员,不能只顾自己利益或部门小团体利益,各自为政,互不配合,互相推诿,而必须树立协作意识、全局观念,在履行各自职责时,必须牢记共同目标、部门职责,做到权力和责任相统一,遵守规章制度,面对诱惑要经得起考验,从而实现依法、规范管理。惩治和预防职务犯罪管理体系要发挥最大的功效,就应当充分考虑国家工作人员特别是职务犯罪侦查和预防部门的工作人员是否具有共同目标,是否有协作意识,权力和责任是否配置得当,规章制度是否切实有效可行。

(三)激励理论

激励原本是心理学上一个常用的术语,通说认为是指通过激发人的内心世界,使其在强烈的内在助力驱动下,朝着原本设定的目标前进的一种心理活动过程。随着管理学的发展,激励被应用于行为科学的组织行为学中,并具有很重要的职能。有关激励的理论有很多,譬如需要和动机理论、成就激励论、保健因素理论等。本书重点借鉴和职务犯罪联系较为紧密的理论——期望理论和公平理论。

1. 期望理论

期望理论是指人的行为不是随意产生的,而是有意识的,是在受到某种预期心理的驱使下而发生的。在现实生活中,人们发现了可以满足自己需要的目标时,心中就会受"需要"的驱使而产生一种实现该目标的期望。但是,这种萌芽状态的期望,能否最终形成一种期望心理,并化为内心的动力,还必须考虑以下两个方面的因素:一是对达到目标的可能性进行比较、分析和研究,然后来确定这种实现的可能性有多大,也就是确定期望成功的概率;二是要考虑如果实现了目标,他能得到多大的收益,也就是期望实现后能满足其需要的价值有多大。前者是期望概率,后者是目标价值。它们是期望理论的两个核心概念,可用以下理论模式表示:激励力量=期望概率×目标价值。用符号表示即:$M = E \times V$。通过一定努力,个体可能有两种水平的输出:第一种水平的输出为达到组织的目标,带有工具性;第二种水平的输出为实现个体自我的目标,带有根本的目标性。如果第一种水平的输出不足,是不能达到第二种水平的输出的,这种情况下,激励力量是微弱的。①

期望理论在管理学中有着重要的指引作用,我们在应用时应注意以下问题:一要明确激励的过程。用激励进行管理的前提是要弄清楚未满足的需要有哪些,特别要注意个体对需要的差别性及不同群体对需要的层次不同,只有为满足个体需要而实施的激励才是最为有效的。二要处理好组织共同目标和个人目标之间的关系。在进行工作任务的分工安排上,必须要将组织目标设置为首要目标,使组织成员只有在完成组织目标后才能实现个人目标。如果离开了组织目标,就算是实现了组织成员个体目标也不能称之为激励。三要运用多种方式灵活激励。管理者只有充分了解成员的需要,选择好激励方式,才能使激励更有针对性,从而达到事半功倍的效果。四要在激励的过程中形成良好的文化理念、精神氛围。社会学认为,人的需求是多种多样的,由于受到主客观因素的影响,很多需求是不能得到满足的,当需求得不到满足的时候,人们就容易失去心理平衡。因此,为了便于管理,可以在组织内部引导人们追求长效的精神需要,并据此建立起组织文化,从而丰富组织的精神氛围。

2. 公平理论

公平理论是由美国著名的行为科学家亚当斯提出的,该理论侧重于研究员工工资报酬的分配,以及报酬的合理性与公平性对员工工作效率及工作积极性的影响。

公平理论认为,每个员工的工作积极性的高低不仅受到其

---

① 乐笑声:《管理学》,北京:科学技术文献出版社1988年版,第119页。

最终所得报酬绝对数量的影响,而且还会受到报酬的相对数量的影响。即每个人会将自己工作中的所得与付出,与他人在这方面的比率以及自己过去在这方面的比率相比较,通过这种横向比较和纵向比较来确定自己所获报酬是否合理,比较的结果将直接影响今后工作的积极性。在亚当斯看来,只要公平就能激励人,而不公平会使人懒惰。他列出了这样一个表现公平关系的方程式:$Cp/Ip = Cc/Ic$,其中 Cp 表示一个人对他所获得报酬的感觉,Ip 表示他对自己投入程度的感受,Cc 表示他对作为他的比较对象的某人收入的感觉,Ic 表示他对比较对象投入程度的感觉,若等式成立,则表示感觉公平,否则就不公平。[①]

不公平的心理容易使人产生紧张和不安,对人的行为产生消极影响,最终表现为生产的积极性下降与生产效率的降低。因此,在日常管理活动中,管理者要更加关注在奖金、报酬、晋升等方面的不公平对人的行为动机所带来的消极影响,力求在工作中构建起更加公平的奖励、薪酬、晋升途径,做到公平合理,以保证能最大程度地提高员工工作积极性,最终实现组织目标。

惩治和预防职务犯罪就是在与职务犯罪者以及潜在的职务犯罪者进行博弈、争斗的过程,在此过程中要达到消灭职务犯罪的目的,就需要不断完善、创新惩治和预防职务犯罪的途径和策略。在管理学理论上,是否进行职务犯罪,是有犯罪倾向的国家工作人员,为追求利益最大化的目标,经过付出和收益的计算后所作出的一种合乎理性的选择,而制度则起到通

---

① 姜杰:《西方管理思想史》,北京:北京大学出版社 2011 年版,第 62 页。

过影响这种计算结果而达到最终影响人们的追求和选择的作用。由此可见,制度建设对于惩治和预防职务犯罪有着十分重要甚至是决定性的作用,如果这方面的制度存在漏洞,使得国家工作人员职务犯罪后产生的报酬高于付出的时候,则潜在的职务犯罪者会在权衡这种利益后,铤而走险地走上犯罪的道路;反之,国家工作人员则更倾向于为保住目前的状态而认真履行职责,遵纪守法。

当然,要达到这种状态,制度的设定必须要合理,在推进整体工作的同时要兼顾个人的需求,比如完善职业保障、晋升途径、绩效考评等。在实践中,惩治和预防职务犯罪必须完善并严格执行各项合理的规章制度,最大限度地降低职务犯罪所带来的收益并提高其犯罪成本,形成任何国家工作人员在履行职责时都不愿、不敢、不能进行职务犯罪的良好氛围。

(四)控制论理论

控制论理论是1942年由美国著名的数学家、"控制论之父"诺伯特·维纳提出的有关系统控制方面的数学理论。该理论面世后,被广泛地应用于管理学、传播学、工程学、社会学等领域,并逐渐成为研究各类系统的调节和控制规律的科学。该理论没有对"控制"一词作出一个明确的定义,意味着控制的范围非常广泛,内容非常丰富,譬如它可以包括调节、操控,也可以包括管理、指导、预防、惩治等内容。苗东升在《系统科学精要》中明确指出控制作为系统中的一种现象,是控制者通过合适的手段影响受控者,使其朝着设定的最终目标,按照某种状态运行所进行的活动或所经历的过程。很明显,控制是一种有意识的活动,是一种目的性的活动,同时控制还是带有策略性的主动活动。控制的过程从根本上而言是一种不断获取、筛选、处理、传送、利用信息的过程。实现同一个目标可以有多种控制途径,根据控制时机不同,可将控制分为事前控制、事中控制和事后控制;根据信息的流向,控制又分为前馈控制(或顺馈控制、补偿控制)、混合控制以及反馈控制(如图1-2所示)。

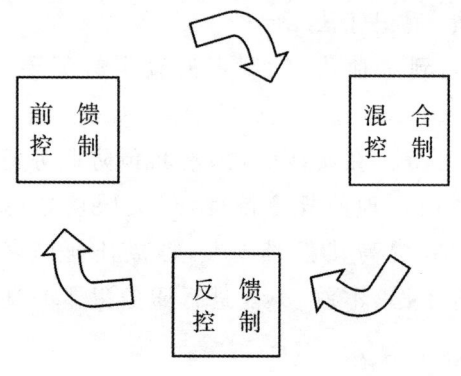

图1-2 控制论理论流程图

1. 前馈控制

前馈控制能够避免预期出现的问题,是组织最希望采取的控制类型。由于这类控制发生于实际工作开展之前,或者问题发生之前,属于未来导向,所以成为前馈控制。前馈控制的作用在于防止问题的发生而不是解决已经出现的问题。[①]

2. 混合控制

混合控制又可以称为同步控制,是指在活动进行中发生的控制,在活动进行时进行调控。管理者在发现有可能发生重

---

① 王国顺:《管理学》,北京:经济科学出版社2014年版,第294页。

大问题时及时进行调整,避免重大损失的发生。

3. 反馈控制

反馈控制指的是在活动发生之后,分析产生的结果,并将结果与预期进行对比,及时发现过程中发生的或即将发生的偏差,及时根据现状制定出纠正偏差的方法,以免造成更大或者无法挽回的损失。

根据控制理论,被控制对象在发展过程中会出现多种变化的可能性,因而要不断地发现、纠正、引导、创造条件,使其朝着共同目标转化。惩治和预防职务犯罪作为社会控制的一个领域,也是一个动态的过程,惩治和预防的措施、方法、途径、方针等均不是一成不变的,国家应根据计划与任务的要求并结合政治、经济等环境的变化而不断进行调整,并通过结果的优劣来分析之前的措施是否得当,针对未解决的问题通过调整各项措施和方法,最终达到遏制职务犯罪的目的。提出方案、出现问题、发现问题、解决问题、出现新问题、提出新的解决途径,这是一个不断纠偏改正、循环往复的过程。根据控制论理论,我们在惩治职务犯罪过程中能更多地总结经验、吸取教训,为预防职务犯罪提供更多有效的办法;同时通过预防职务犯罪为惩治职务犯罪提供更多的信息和渠道,并最终实现彻底消灭职务犯罪的目标。

五、惩治和预防职务犯罪管理面临的挑战

惩治职务犯罪,其目的在于进一步遏制职务犯罪的上升势头,对一些具有潜在犯罪危险的人起到有力的震慑作用。党

的十八大以后，我国对职务犯罪打击的力度进一步加强，"反腐败"成为公众焦点，无论是"老虎、苍蝇一起打"的高压态势，还是新一届领导就反腐的密集发声，无不表明我国在党风廉政建设和反腐败斗争上"猛药去疴、重典治乱的决心，刮骨疗毒、壮士断腕的勇气"。

目前，在强力"打虎拍蝇"的高压态势下，我国已逐渐形成"不敢腐"的局面，但是，要从"不敢腐"到"不能腐"，使"不想腐"成为公职人员的自觉行为，仅靠"打击"这个治标之策还不够，还须治本，治本最终要靠制度和法治。对于检察机关来说，"打击"是手段，遏制腐败才是目的，要达到这一目的，必须从源头上着手，标本兼治，惩防并举，注重预防。近年来，检察机关不断更新职务犯罪预防理念，积极探索机制创新，不断推进职务犯罪预防工作的开展。主要表现在以下几个方面。

机构的完善与理念的更新。1992年最高人民检察院设立贪污贿赂犯罪预防处，作为贪污贿赂检察厅的一个内部机构；2000年8月，最高人民检察院成立了独立的专门机构——职务犯罪预防厅，职务犯罪预防机构设置由最初的反贪局内部机构变为独立的专门机构。在预防理念上，逐步实现预防职务犯罪工作由分散状态到集中管理、初级形式预防到系统全面预防、检察机关的部门预防向与社会预防相结合的"三个转变"。

预防形式的完善。我国职务犯罪预防已经在个案预防、专项预防、行业预防的基础上，不断创新，推出契合时代特色的专题预防，初步形成了警示教育基地、廉政短片公益广告、预防职务犯罪微电影、廉政公益海报等具有时代特色的廉政文化体系，并于2010年推行预防职务犯罪年度报告制度，进一步增强职务犯罪预防工作实效,对惩防腐败体系建设起到了积极的促进作用。

预防方式的拓展。职务犯罪预防方式实现了由传统的注重法制讲座,追求受众群体人数的多少,到现今的注重分析行业规律,堵塞制度漏洞的转变。例如,2013年,河南省人民检察院在中储粮河南分公司系统挖出110只"硕鼠",这些"硕鼠"空买空卖"转圈粮"28亿斤,骗取粮食资金7亿多元。检察机关通过开展"转圈粮"专项预防调查,提出完善国家粮食收储管理体制相关建议,引起了中央有关部门高度重视,为国家粮食安全起到积极推动作用。①

随着社会的发展,职务犯罪不断呈现新的特点,检察机关契合社会形势的变化,对惩治和预防职务犯罪管理不断进行有益探索。我国惩治和预防职务犯罪管理工作无论是在外在机构设置、内部工作理念抑或是惩治和预防手段上,都有很大的进展,但与日益变化发展的职务犯罪"形式"相比,我国惩治和预防职务犯罪管理中还存在不容忽视的困境与不足。

(一)体制上存在的主要问题

1. 目前司法实践中尚缺乏预防职务犯罪的专门法律

在职务犯罪惩治方面,主要依据刑法、刑事诉讼法等法律法规,主体明确,权责清晰。但在职务犯罪预防方面,相关法律中却没有明确的规定,基本处于无法可依的状态,除《宪法》、《人民检察院组织法》中规定的"国家通过思想教育……法制教育,加强社会主义精神文明建设""人民检察院通过检

---

① 摘自河南省人民检察院2014年工作报告。

察活动,教育公民忠于社会主义祖国,自觉地遵守宪法与法律,积极地同违法行为作斗争"这些较为笼统的规定外,则大多是各地陆续出台的法规、条例、决议等。这些地方性的有益探索为预防职务犯罪立法积累了一定的经验,但其效力仅仅局限在地方性法规层面,对于全国而言,其影响力和强制力都值得探究。而在实际工作中,职务犯罪产生的原因除了主观因素之外,还受到政治、经济、文化等诸多因素影响,检察机关开展职务犯罪预防工作,必然涉及与其他政法机关、行政执法机关、企事业单位等之间的关系,这种关系的确认和调整只能通过立法的途径来实现,并且需要法律的强制力、权威性来保障职务犯罪预防工作的有效开展。

2. 有的地方没有正确处理好坚持党的领导与司法机关依法独立行使职权之间的关系

党的十八届四中全会指出,全面推进依法治国,必须坚持党的领导、人民当家做主、依法治国的有机统一。检察机关是党领导下的国家机关,做好检察工作,包括惩治和预防职务犯罪工作,必须坚定不移地坚持党的领导。但是,党的领导是方针政策的领导,是用法治思维、法治方式来宏观领导,而不是对个案办理的具体领导。有的地方由于地方政绩、个人关系等方面因素的存在,司法机关及其办案人员在查办职务犯罪时多会受到方方面面的影响和制约,尤其是当犯罪嫌疑人职务较高时,往往存在以权说情、组织协调等现象,严重干扰了司法机关对职务犯罪的查处。要真正做到法律面前人人平等,使"王子犯法,与庶民同罪",首先必须确保的是司法机关依法独立办案,排除外来的一切干涉和阻力。党的十八届四中全会明确提出,要完善确保依法独立公正行使审判权和检察权的制度,建立领导干部干预司法活动、插手具体案件处理的记录、通报和责任追究制度,建立健全司法人员履行法定职责保护机制。严禁领导干部干扰司法活动,确保依法独立公正行使审判权和检察权,为惩治和预防职务犯罪提供了有力保障。

3. 有的地方存在预防职务犯罪与惩治职务犯罪评价标准相悖现象

检察机关作为司法机关,主要职责之一是查办职务犯罪,该项工作成绩的衡量标准是查处了多少职务犯罪、大要案比率等。而职务犯罪预防工作则是以职务犯罪数量减少为最终目的,在一些简单的评价标准上,两者或许并不相悖,但从最终的价值取向来看,二者必然相悖。惩治职务犯罪旨在治疗"已患之病",预防职务犯罪却是治疗"未患之病",在一定条件下,可以说预防"疾病"比"治疗"疾病更为重要,但是,因"未患之病"并无症状,"病人"甚至无感觉,因此常常觉得"预防无成效",这也是造成"轻预防、重打击"的主要原因。此外,职务犯罪预防工作的评价标准不够具体、明确。在实际工作中,职务犯罪预防工作的考核量化多以预防宣传教育次数、预防调查次数、职务犯罪分析件数、检察建议件数等作为考核评价标准,预防工作的实效很难评价,更不用说将评价标准具体量化了。

(二) 实践中存在的主要问题

1. 有的地方职务犯罪量刑轻缓化

罪刑相适应是具有中国特色的刑法基本原则。但是,在司法实践中,对职务犯罪行为的处罚存在轻刑化、缓刑化倾向。从全国的统计数据看,2003年至2005年,共有33519名职务犯罪被告人被宣告缓刑，职务犯罪案件的年均缓刑率为51.5%，而公安机关侦查案件的年均缓刑率仅为19.74%。2005年至2009年6月，17671名渎职侵权被告人被判决有罪，其中宣告免予刑事处罚的9707名，宣告缓刑的5390名，两者共计85.4%。①

罚不能当其罪，司法机关的公信力就会大打折扣，因为在普通公众眼里，司法机关有时是等同于法律的，司法机关的公信力，直接影响到法律的公信力。目前，这一问题已引起司法机关高度重视，2010年最高人民检察院印发《关于加强对职务犯罪案件第一审判决法律监督的若干规定（试行）》，为确保职务犯罪分子量刑适当、罚当其罪，职务犯罪案件一审判决实行上、下两级检察院同步审查的工作机制。2012年，最高人民法院、最高人民检察院联合印发《关于办理职务犯罪案件严格适用缓刑、免予刑事处罚若干问题的意见》的通知，严禁职务犯罪领域轻刑化、缓刑化现象的发生。

2. 有的地方职务犯罪执行过程存在漏洞

由于"两高"的重视，判决的轻刑化现象有了一定程度的改善，但随之而来的是有的地方执行过程中的"投机取巧"。2014年3月20日，全国检察机关开展为期9个月的减刑、假释、暂予监外执行专项检察活动，发现职务犯罪、金融犯罪、涉黑犯罪等"三类罪犯"较普通罪犯减刑间隔时间短、减刑幅度大，假释和暂予监外执行比例高。② 在该项活动中，全国检察

---

① 王堃：《职务犯罪案件缓刑适用效果分析》，正义网，2014年7月31日。
② 庄庆鸿：《最高检查处违法减刑假释等职务犯罪案105件》，《中国青年报》，2014年08月27日第3版。

机关已建议将711名罪犯收监执行,其中原厅局级以上职务犯罪罪犯76人。

对法律判决执行不力,在执行时间上"投机取巧",甚至刑罚执行完毕后"带病提拔",这种现象严重损害了法律的公信力,直接降低了职务犯罪成本,使职务犯罪者更加有恃无恐,刑罚的威慑力大打折扣。

3. 有的地方职务犯罪预防多为事后预防

检察机关对职务犯罪的查处更多地采取系统办案的模式,而职务犯罪预防部门因人员配备、精力、专业能力的不足,往往针对已经被"打击"的行业,利用反贪部门办案资源,分析行业规律,提出相关检察建议。先打后防,预防跟着打击走,这是一种事后预防,而遏制职务犯罪的价值取向应该是事先预防、事后惩治。职务犯罪预防要想起到它本身所应该具有的作用,要想达到治本的效果,更应该主动出击,走在"打击"之前。

(三)新形势下惩治和预防职务犯罪面临的挑战

党的十八大将党风廉政建设和反腐败工作提到了前所未有的高度,对职务犯罪打击的力度进一步加强,党的十八届四中全会及司法体制改革亦对检察机关惩治和预防职务犯罪提出了新的要求。在新的形势下,检察机关惩治和预防职务犯罪面临诸多新的挑战,主要体现在以下几个方面。

1. 律师在侦查阶段介入带来的新挑战

修改后的刑事诉讼法明确规定,犯罪嫌疑人自侦查机关第一次讯问或者采取强制措施之日起,有权委托辩护人。2012年律师法修改,对辩护律师的权利进一步保障,辩护律师的作用正在逐步强化。律师在侦查阶段以辩护人的身份介入诉讼活动，等于对职务犯罪侦查部门的侦查活动进行同步监督。律师作用的进一步发挥，对办案人员在证据搜集、讯问等方面的能力提出了更高的要求。

2. 法律的滞后性带来的挑战

法律具有天然的滞后性，而职务犯罪总是随着经济运行方式和经济运行行为的变化而不断发展变化的，这些变化必然会带来法律滞后等法律适用上的新问题。例如，刑法规定行受贿的对象仅限于财，而对那些以非财产性利益为贿赂内容的行为难以定罪；非法收受他人财物的行为，必须同时具有为他人谋利益的要件才能构成受贿，也给受贿的认定和处理带来了很大的困难。这些法律规定的滞后无疑加大了职务犯罪案件侦查的难度。

3. 职务犯罪手段翻新、科技含量提高带来的挑战

随着社会和经济的发展，职务犯罪的手段不断翻新，各种各样的行受贿方式层出不穷，呈现专业化、智能化的趋势，出现了许多新型的职务犯罪，如以赌博形式收受贿赂、国际组织犯罪、跨国犯罪、网络犯罪等。同时，犯罪分子的自我保护意识和反侦查能力也在"水涨船高"，犯罪形式更加隐蔽，更加难以发现和认定。这些变化在一定程度上造成了追究职务犯罪在技术层面和法律层面的障碍，使得侦查技能须不断提升及国际合作须不断加强。

4. 主任检察官办案责任制的推行带来的挑战

《中共中央关于全面推进依法治国若干重大问题的决定》明确提出了要建立主任检察官责任制，这一制度的推行使检察权的行使更具司法属性。公诉部门的主任检察官在对侦查

终结的职务犯罪案件进行审查时,不再有部门负责人及主管领导的审核把关,作出起诉决定必定慎之又慎。尤其是以审判为中心的诉讼制度确立以及非法证据排除规则的严格运行,将使公诉人对职务犯罪的证据标准提出更高要求。这些变化"倒逼"侦查人员不断提升侦查理念、证据意识及综合能力。同时,最高人民检察院《关于深化检察改革的意见(2013~2017年工作规划)》提出了加强查办和预防职务犯罪能力建设,健全冤假错案防范、纠正、责任追究机制。这些要求在促使惩治和预防职务犯罪部门的检察官强化责任意识的同时,也促使他们的法律政策水平、分析研究问题能力不断提升,工作方式不断创新。

六、惩治和预防职务犯罪管理模式的宏观构建

治理职务犯罪的核心是反腐。反腐工作要"坚持标本兼治、综合治理、惩防并举、注重预防"的方针,扎实推进惩治和预防腐败体系建设,在坚决惩治腐败的同时,更加注重治本,更加注重预防。这一方针表明,治理职务犯罪,惩治是治标,预防是治本。要达到"标本兼治"的效果,必须推进惩治与预防职务犯罪管理模式的创新。笔者认为,这种管理模式,就是惩治与预防职务犯罪"一体化"管理模式。通过建立健全惩治和预防职务犯罪"一体化"管理模式,使职务犯罪的惩治工作与预防工作有机结合,最大程度地整合检察资源,打破各自为政的局面,坚持惩治与预防并重,既有力打击已发生的职务犯罪,又最大限度地减少职务犯罪的发生。

惩治和预防职务犯罪"一体化"管理模式,即检察机关在履行法律监督职责的过程中,通过建立管理、沟通、协调、配合的机制,把惩治和预防职务犯罪的职能有机整合,并明确侦查部门和预防部门的权责,消除职能重叠和冲突,进而实现检察机关职务犯罪惩防职能的最优化和效果的最大化。① 具体说,惩治和预防职务犯罪管理模式的宏观构建,主要包括四个方面。(如图1-3所示)

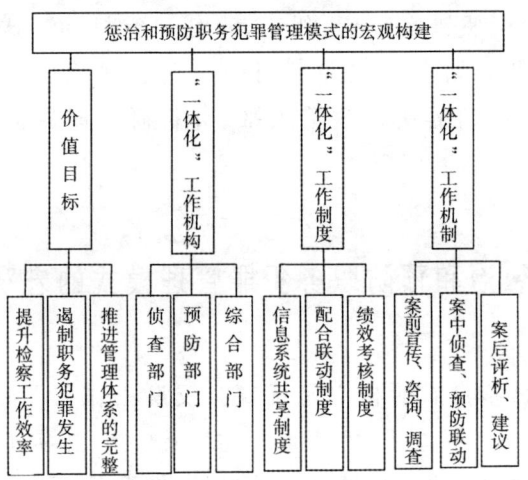

图1-3 惩治和预防职务犯罪管理模式的宏观构建示意图

(一)价值目标

1. 整合惩防资源,提升检察工作效率

检察机关作为国家的法律监督机关,查办职务犯罪是其法定职责,而职务犯罪预防则是检察机关法律监督职责中惩治

---

① 刘卉、王渊:《"侦防一体":遏制职务犯罪》,《检察日报》,2009年12月23日第3版。

腐败工作的延伸,能从根本上减少和消除职务犯罪。在目前的检察实践中,仍有部分基层检察机关的预防工作被边缘化,与职务犯罪侦查工作相脱节。在案件的侦查过程中,侦查部门虽然能发现个案中的漏洞,但由于没有足够的能力、精力,无法从宏观整体的高度审视职务犯罪预防工作,这些漏洞只是单纯地为突破、侦查案件提供了条件。因此,要坚持"惩防并重",必须做到侦查、预防相互渗透、相互交融,在开展预防的同时,积极查找预防过程中透露出来的案件线索并进行有效阻击;在侦查案件的同时利用查办的个案积极进行行业的针对性预防,把职务犯罪遏制到最低限度。通过对检察机关内部的反腐资源进行整合,有利于克服过去惩治和预防各自为政、单兵作战的局面,实现"深挖案中案"和"打一个防一片"的双赢局面。2014年11月,中央批准最高人民检察院的改革方案,决定组建新的反贪污贿赂总局,进一步优化职务犯罪侦查和预防机构,强化直接侦查、指挥协调、业务指导等工作,就是组织上的创新保障。

2. 最大限度地遏制职务犯罪的发生

建立惩治和预防职务犯罪"一体化"机制,有利于把检察机关惩治和预防职务犯罪工作深入到社会预防和控制层面,使其成为社会控制系统工程的重要组成部分。惩治和预防职务犯罪科学管理,可以促使检察机关在惩治和预防职务犯罪的过程中,加强与相关单位的联系,特别是与相关行业主管部门的密切联系,与之共同发现问题,研究对策,对体制、机制、制度和管理上的漏洞和薄弱环节及时加以弥补和堵塞。通过惩治和预防职务犯罪"一体化"管理模式的运行,充分发挥廉政教育、制度建设及严厉惩处的作用,努力消灭职务犯罪的祸根,最大限度地遏制职务犯罪的发生。

3. 推动惩治和预防职务犯罪管理体系的完善

在惩治和预防职务犯罪的工作中,不仅要依靠惩治和预防各自的自身力量,还要依靠二者相互作用后产生的合力;不仅要考虑惩治和预防各自的自身工作效果,还要考虑对方工作效果,形成科学的工作机制,才能将双方职能有机融合,以侦促防,实现腐败的源头治理。① 也就是说,在检察职能体系中,要摆脱惩治职务犯罪和预防职务犯罪"两张皮"的现象,赋予预防部门明确的提前介入权,使之能够介入侦查开展预防调查,及时掌握发案原因、环节和作案手段等第一手材料和信息,准确把握犯罪的特点和规律,切实增强预防时效。同时通过开展预防职务犯罪工作发现和收集案件线索并及时反馈侦查部门,从而做到侦查部门与预防部门有机融合、相互协作、形成合力,实现单个部门所不能达到的惩防效果,以推动惩治和预防职务犯罪管理体系的完善。

(二)"一体化"工作机构

2000年8月,随着职务犯罪预防厅的设立,最高人民检察院反贪污贿赂总局、渎职侵权检察厅和职务犯罪预防厅并立,检察机关已初步建立了惩治和预防职务犯罪的专门机构。但是,地方检察机关特别是基层检察机关在职务犯罪预防机构的名称及是否单列等方面不太统一,预防职务犯罪工作开展的深度和广度也存在一定的差异。

---

① 黄国权:《检察机关职务犯罪侦防一体化机制的思考》,《中南大学学报(社会科学版)》,2010年第4期。

为有效利用司法资源,充分发挥检察机关惩治和预防职务犯罪职能,应设置惩治和预防职务犯罪"一体化"架构,健全工作机构,明确工作职责,将反贪、反渎、监所、预防等有查处职务犯罪职能的侦查部门和预防部门合并为新的职务犯罪侦查和预防部门。在机构设置的具体操作上,可以借鉴香港廉政公署的架构,结合我国现阶段惩治和预防职务犯罪的具体情况,在新的职务犯罪侦查和预防部门内设立综合、侦查、预防三个部门。综合部门主要负责日常工作、内勤和线索管理以及宣传教育工作;侦查部门主要负责对职务犯罪案件的调查;预防部门主要审视各政府部门及公共机构的工作常规及程序,以减少可能出现职务犯罪的情况,做到预防职务犯罪于未然。这样既可以有效避免因侦查力量分散导致的无案时资源闲置、有案时疲劳作战和硬件重复建设等问题,也可使惩治和预防职务犯罪工作有机结合,真正形成"惩中有防、防中有惩、惩防并举"的良好局面。

(三)"一体化"工作制度

惩治和预防职务犯罪是一个系统工程,除了在机构设置上做出科学合理的安排外,还需要建立与之相适应的、有效的、可操作性强的配套工作制度,以规范司法行为,优化司法资源配置,提高惩治和预防职务犯罪的工作能力。

1. 信息系统共享制度。建立预防部门和侦查部门信息共享制度。将侦查部门案件归类整理建立档案,将档案按照立案侦查案件和未立案侦查案件进行分类,也可根据案件的典型程度和性质再次分类归档;侦查部门和预防部门之间实现信息共享,侦查部门可以在处理预防工作中及时发现新的案件线索,预防部门也可以对已查办的案件进行调研,对未立案侦查情形进行监督和管控,广泛搜集有关单位人员信息、工作内容、工作制度等与预防部门工作相匹配的信息。建立查办和预防职务犯罪信息库,同时研发职务犯罪案件的信息应用系统,加强对职务犯罪的统计分析以及对发案规律与趋势的预测,以提升职务犯罪预防工作的效率和科学性。

2. 协作配合联动制度。加强部门之间的紧密合作,保障惩治和预防职务犯罪工作的高效进行。在明确部门职责和分工的前提下,侦查人员介入预防调查、咨询和初查,拓展发现线索渠道;预防部门的工作人员也可以及时介入侦查环节,参与讯问,调阅卷宗,走访发案单位,搜集相关的信息。预防部门和侦查部门相互协调与配合,努力实现预防与惩治同步。预防、侦查和综合部门要定期召开会议,对职务犯罪的原因进行多角度、多层次的分析,及时查找案发原因,总结规律性、倾向性、苗头性问题,在推进惩治和预防职务犯罪工作时做到有的放矢。

3. 绩效考核制度。建立客观的绩效考评体系,将侦查和预防工作作为一个工作整体,按照科学、全面、规范、客观、公正的原则,综合量化考核、评价惩治和预防职务犯罪工作。预防工作应注重考核是否将职务犯罪线索及时移交侦查部门,挽回经济损失特别是直接经济损失的大小,案发部门采纳检察建议和建立相关规章制度的情况,是否通过预防工作推动地方立法,是否促进政府完善相关制度等内容。侦查部门在考核侦查业绩的同时,应注重考核是否在案件侦查终结后及时启动个案预防程序,是否与预防部门实现信息共享,是否开展案例分析活动等内容。

(四)"一体化"工作机制

职务犯罪侦查部门和预防部门要严格按照各司其职、各负其责、加强协作、密切配合的原则,在查办和预防职务犯罪的工作过程中,按照相关制度规定,形成完备的"一体化"工作机制。

1. 案前进行宣传、咨询、调查等工作。在案件办理前,应充分利用预防部门专业优势和广泛的社会联系,重点开展以下工作:一是开展预防宣传。预防部门应明确被预防单位举报、移送案件线索的责任和义务,积极向被预防单位宣传检察机关查办职务犯罪的职能、反腐政策以及立案标准,尤其要宣传职务犯罪的危害以及瞒案不报、徇私舞弊、玩忽职守的法律后果,增强公民举报职务犯罪的信心和主动性。二是开展预防咨询。在司法实践中,制度废弛、管理混乱的单位和部门是职务犯罪的高发地。检察机关通过对有关单位、公民的询问、建议作出解释和答复,并通过与预防主体之间就制定预防对策、实施预防措施而进行的征询和协商,及时发现被预防单位中存在的问题,帮助被预防单位及时采取措施实施补救,有效地预防职务犯罪的发生。同时,开展预防咨询也有利于预防部门及时发现相关领域、系统内非规范职务行为和职务犯罪隐患,及时提出检察建议并发现职务犯罪案件线索。三是开展预防调查。对一些批办、交办、反映或自行发现的认为有犯罪迹象或存在犯罪隐患的问题采取问卷、座谈、访问、实地考察等方法进行调查分析。通过这些调查分析得出的信息往往是带有苗头性、倾向性的职务犯罪线索信息,为预防职务犯罪部门开展工作提供了第一手资料。预防部门可以根据这些信息,有的放矢地深入开展预防调查工作,对发现的职务犯罪案件线索,按照规定程序移交职务犯罪侦查部门办理。四是开展专项预防。为确保重大工程建设的质量和政府投资资金的安全,对一些投资大、工期长的重大工程建设项目进行专项预防。即在有关单位的支持和配合下,对工程的招投标、资金拨付、工程施工、物资采购等职务犯罪易发环节进行同步监督,发现问题后及时查处。

2. 案中坚持侦查、预防联动。在案件办理过程中,利用侦查阶段的特定环境,重点做好以下几方面的工作:一是根据不同阶段的办案需要,实行侦防人力资源整合,统一调度,提升队伍战斗力。二是借助办案以侦促防。办案过程本就是一个预防的过程,犯罪嫌疑人在案件侦查过程中,只有进行相对深刻的自我剖析,预防工作方能收到良好效果。在侦防一体化的模式下,预防部门可以带着明确目标深入办案一线,通过听取讯问犯罪嫌疑人、查阅卷宗、走访等形式,有的放矢地收集相关案件信息,并就犯罪嫌疑人的思想变化、堕落轨迹等与侦查人员共同分析、研究,对体制、机制、制度及管理上的漏洞和薄弱环节有一个直观认识,从而全面把握职务犯罪的特点和规律,为预防工作打下良好基础。

3. 案后做好评析、建议等工作。一是做好评析工作。每一个职务犯罪案件侦查终结后,预防部门可与侦查部门共同认真剖析挖掘发案的主客观原因,从线索发现、初查、突破、谋略等方面对案件进行"会诊",全面准确地分析案发单位在体制、制度、管理上存在的漏洞和缺陷。二是做好建议工作。充分发挥检察建议的作用,有效开展个案预防。每办理一起案件,都要总结出带有规律性的东西,寻找管理漏洞,并针对作案手段、方法大体相同的情况,通过对已发生的个案进行专题性分析总结,发现职务犯罪发生发展的规律,就提高相关行业和领域预防职务犯罪的制度化、法制化、科学化水平向案发单位发出检察建议书,进行有重点和针对性的建议、督促、引导。配合有关部门及时建章立制,加强监督,推动相关单位和部门制定预防职务犯罪方案,避免同类犯罪再次发生。三是做好法制宣传工作。充分利用检察机关查办职务犯罪的优势,广泛开展法制教育,促进社会预防。利用办理案件所取得的成绩,在社会上形成威慑效应;利用报刊媒体等做好典型案例剖析和以案说法工作;利用生动翔实的案例开展警示教育;举办反腐成果展览等。利用以上形式宣传检察机关惩治和预防职务犯罪的决心和信心,揭露职务犯罪对国家、社会和群众造成的危害,营造反腐倡廉的良好氛围。

七、惩治和预防职务犯罪管理模式的微观构建

宏观的惩治和预防职务犯罪"一体化"管理模式,需要微观的惩治和预防职务犯罪管理模式来实现,需要该管理模式的各构成要素之间相互配合,通力合作,既要实现自身效率的最大化,又要实现惩治和预防职务犯罪工作效能的最大化。要突出九个方面。(如图 1-4 所示)

1. 惩治和预防职务犯罪理念

惩治和预防腐败是我国实现政治廉洁的必然要求。在中国特色社会主义法治国家建设过程中,职务犯罪的惩治和预防工作也要在法制的轨道内进行。党的十八届四中全会在高

图 1-4 惩治和预防职务犯罪管理模式的微观构建示意图

度重视反腐败工作的同时,更加注重依法治国问题。在这样的背景下,作为反腐中坚力量的检察机关面临着更高的要求,检察机关职务犯罪的惩治和预防工作必须要依照一定原则开展。反腐工作的本质就在于通过对国家机关及其工作人员权力腐败行为的制裁和预防来保障公民和社会的合法权益。因此,检察机关在惩治贪污贿赂犯罪过程中首先要以保障人权为核心,重视对相关人员权利的保护。在人权保障理念的指导下,为了更好地实现对职务犯罪嫌疑人权利的保护,要遵循无罪推定、程序公正、依法取证、监督制约的原则,保障犯罪嫌疑人相关诉讼权利,尤其注重侦查特别是取证过程中的程序合法性。同时,检察机关也要认识到惩治职务犯罪工作的社会功能,贯彻注重效率、专群结合、文明执法和社会和谐理念,结合职务犯罪隐秘性强的特点,在积极提高自身工作能力的同时也要注重人民群众能动性的发挥,依照法定程序开展工作,从而使职务犯罪预防、惩治工作能够真正发挥遏制权力腐败的作用,最终实现社会和谐。

第一章 中国惩治和预防职务犯罪管理模式研究概述

2. 职务犯罪举报线索管理

党的十八届四中全会明确指出:"加强职务犯罪线索管理,健全受理、分流、查办、信息反馈制度。"举报工作是查办职务犯罪工作的重要组成部分,加强举报线索管理,一定意义上讲,就是加强职务犯罪线索管理,包括举报线索的受理、分流、查办、信息反馈等。该章首先考察了举报的基本概念、历史发展,以及西方发达国家举报制度的基本特征,并结合实际,分析了新形势下我国职务犯罪举报工作面临的新挑战,在此基础上,从管理模式的基本要素出发,明确提出加强职务犯罪举报线索的管理,必须树立"五个理念",即公平正义理念、以人为本理念、监督制约理念、服务大局理念和党的领导理念。运用管理学基本理论,明确提出要创新举报线索"三位一体"管理模式,即举报工作位置龙头化、举报线索管理方法扁平化、举报线索管理手段信息化,这是关于举报线索管理模式的创新,在国内也是首创。围绕该管理模式的构建,明确提出要建立完善举报线索管理九项机制:一是举报线索统一管理机制,二是举报线索督办机制,三是举报答复反馈机制,四是举报保护机制,五是举报奖励机制,六是举报宣传机制,七是举报线索初核机制,八是举报信息情报机制,九是举报线索分析研判机制。

3. 职务犯罪侦查管理

职务犯罪侦查管理是在法律规定的前提条件下,在国家刑事政策的指导下,运用现代科学管理理论、方法和技术手段,通过侦查决策、侦查计划、侦查组织、侦查领导、侦查协调和侦查控制等途径,调动侦查部门的积极性和能动性,充分发挥各种侦查资源的作用,降低侦查成本、提高侦查效益、规范侦活动而进行的一项综合性管理活动。侦查职务犯罪案件,应遵守刑事诉讼法规定的基本原则,同时还应遵守法治原则、证据原则、系统原则和谋略原则。要加强案件线索评估机制管理,做到线索统一管理、统一评估、统一交办督办和立案统一把关。要加强侦查取证机制管理,注重证据的收集、审查和运用,尤其要注重证据的合法性、客观性和相关性审查,强化证据的证明力。要加强犯罪嫌疑人诉讼权利保障,做到合法讯问。要加强侦查保障,包括人才保障、组织保障、物质保障、机制保障和排阻保障,确保侦查工作顺利进行。

4. 职务犯罪侦查组织指挥管理

职务犯罪侦查组织指挥包括侦查决策、侦查指挥、侦查协调。侦查决策是侦查指挥员在分析案情基础上,设计、优选侦查方案,并根据案件进展不断对方案修订、完善的过程。侦查决策是侦查工作开展的依据。没有侦查决策,侦查工作便无法启动,失去遵循,丧失目标。侦查指挥是侦查指挥员调动办案力量,实施侦查决策的过程。侦查协调是侦查指挥员为实现侦查决策,与检察系统内外进行沟通,保障侦查工作顺利进行的过程。到位的侦查协调,有助于创造良好的执法环境,保证办案质量,保证侦查工作取得良好的法律与社会效果,树立检察机关良好的执法形象。

5. 惩治和预防职务犯罪信息化建设

科学技术是第一生产力。以信息技术为代表的新科技革命的迅猛发展,要求加强职务犯罪侦查信息化建设。该章主要从四个方面对构建信息化惩治与预防职务犯罪模式进行了论述:一是提高职务犯罪情报收集、管理、分析信息化水平,构建情报信息主导职务犯罪侦查模式;二是提高职务犯罪电子证据收集能力,促进职务犯罪惩防从人力密集型向科技密集型转变;三是以信息技术强化办案监督管理,促进检察权规范、合法行使;四是以信息化建设推进职务犯罪预防手段创新,提升职务犯罪预防能力。并分别从不同角度对信息技术在职务犯罪侦查、取证、监督、预防各个环节的应用进行了阐述。其核心内容是以信息技术为发力点,扩展职务犯罪信息的收集和共享渠道,提高职务犯罪信息分析研判的能力和效率,丰富侦查职务犯罪的手段和方式,强化职务犯罪案件办理的管理和监督,提升职务犯罪预防的针对性和有效性。构建信息化惩治与预防职务犯罪管理模式,还必须建立健全检察机关职务犯罪数据库与数据资源,在网络技术和协作机制上与公安等行政执法机关建立高效、便捷的信息共享机制,以科学、规范的方式进行电子数据取证,综合运用各种新媒体平台进行高效、便民的信息公开,对公民一般性个人信息进行有效的收集和存储。这些都是做好惩治和预防职务犯罪工作的重要条件。

6. 职务犯罪侦查权的监督约束

职务犯罪侦查权是法律赋予检察机关的一项重要职权,其主要职能是保护国家利益、公民合法权益和惩处职务犯罪分子。权力都具有双重性,如果运用不慎,必将会对当事人合法权益造成损害。保证权力的正确行使,关键是要健全权力运行制约和监督体系,把权力关到制度的笼子里,让人民监督权力,让权力在阳光下运行。加强对职务犯罪侦查权的监督约束,对维护检察机关法律监督地位,保证公正司法,提高司法公信力以及推进社会主义法治建设均具有重要意义。权力监督约束理论的内容非常丰富,该章主要考察了西方的权力监督约束思想、美国的分权制衡理论、马克思主义的权力监督约束思想及中国共产党的权力监督约束理论。这些理论从不同角度阐述了权力监督约束的重要性,是我国检察机关职务犯罪侦查权监督约束机制建设的理论基础。同时对我国职务犯罪侦查权内部监督约束及外部监督约束存在的问题及原因进行了分析,在借鉴国外职务犯罪侦查权监督约束机制经验的基础上,提出了完善我国检察机关职务犯罪侦查权监督约束体系的具体措施,主要包括:一是明确职务犯罪侦查权监督约束的价值取向,即保障职务犯罪侦查权规范合法行使;实现尊重和保障人权;促进公正司法,提高司法公信力。二是强化职务犯罪侦查权内部监督约束机制,即强化上下级检察机关之间的监督约束;完善举报线索立案监督;强化侦查监督部门的监督约束;强化公诉部门的监督约束;强化案件管理部门的监督约束;强化控申举报部门的监督约束;强化刑事执行检察部门的监督约束;强化纪检监察部门的监督约束。三是强化职务犯罪侦查权外部监督约束机制,即强化人大及其常委会的监督约束;强化政协民主监督;完善人民监督员制度;完善犯罪嫌疑人及其辩护律师的约束机制;强化人民法院的约束;强化社会舆论监督。

7. 预防职务犯罪管理体系

预防职务犯罪工作是我国惩治和预防职务犯罪体系的重要组成部分,是检察机关法律监督职能的衍生形式。该章内容从五个方面对建立健全预防职务犯罪管理体系进行了详细阐述,其中前三部分内容(预防职务犯罪基本理论、预防职务犯罪比较研究和预防职务犯罪的经济学分析)明确了检察机关预防职务犯罪的概念、特点、工作理念和国外预防职务犯罪的状况以及预防职务犯罪相关的经济学理论。预防职务犯罪理念是预防工作最为核心的依托,主要包括:坚持职务犯罪预防工作依法开展的理念,坚持职务犯罪预防工作要受监督制约的理念,坚持惩防结合与标本兼治的理念,坚持预防职务犯罪工作与改革发展成果相结合的理念。对英美法系和大陆法系部分国家预防职务犯罪制度的比较,以及对国际组织预防职务犯罪有效措施的分析,为构建我国预防职务犯罪管理模式提供了有益借鉴。在经济学方面,预防职务犯罪主要涉及"经济人"理论、"寻租"理论、"内部人"控制理论、政府"管制"和市场失灵理论等,这些理论从宏观和微观上为健全职务犯罪预防体系提供了理论依据和智力支持。第四部分检察机关预防职务犯罪的必要性分析论述了新形势下加强预防职务犯罪工作的重要意义,在阐述我国预防职务犯罪工作取得成效的基础上,查找了制约职务犯罪预防工作存在的问题,使我们了解了当前加强、健全预防职务犯罪工作的原因所在。第五部分健全检察机关预防职务犯罪管理体系针对当前预防职务犯罪工作存在的问题,提出了健全预防职务犯罪工作的完善途径。结合查办职务犯罪的特殊预防形式,重点探讨一般预防形式的构建和推进工作,以逐步实现预防工作的规范化、专业化和社会化。具体而言,就是结合检察机关执法办案,分析职务犯罪发生的成因及其规律,通过开展个案预防、系统预防、专项预防、预防调查、警示教育和宣传等形式,提出预防职务犯罪的对策和措施,从源头上减少和遏制职务犯罪的发生,形成具有中国特色的检察机关预防职务犯罪管理体系。

8. 查办职务犯罪能力建设

检察机关查办职务犯罪能力直接关系到反腐败工作的效

率和水平。在当前反腐败形势极为严峻、党和人民对反腐败工作有了更高期待的背景下,进一步加强检察机关查办职务犯罪能力建设,提升惩治职务犯罪水平,构建科学的惩治职务犯罪管理模式,是检察机关业务能力建设的重要环节。查办职务犯罪能力在检察实践中体现的是一种综合能力,贯穿于职务犯罪查办工作的始终,既有诸如主动发现线索、获取固定鉴别使用证据、科学运用侦查谋略、准确运用法律政策等业务性较强的能力,也有舆情应对、服务大局、秉公执法等宏观性较强的能力。这些业务性能力与宏观性能力综合起来,才能真正反映办案机关及办案人员查办职务犯罪的实际能力和水平。因此,提升办案人员查办职务犯罪的能力,不但要注重办案技巧和策略的培训,而且要加强新形势新时期的宏观把握能力。同时,在职务犯罪能力体系中,每一种具体能力又受到若干因素影响,通过对这些因素的细化分析,有的放矢,对症下药,有利于提升查办职务犯罪能力建设的针对性和可操作性。

9. 惩治和预防职务犯罪检察队伍建设

人的因素是第一位的,做好新形势下的惩治和预防职务犯罪工作,必须加强队伍建设,提高队伍综合素质。关键是要做到"五不"和"五个表率"。一是不贪财,做勤政廉政的表率。要坚定理想信念,加强党性修养,树立正确的世界观、人生观和价值观;要常怀敬畏之心,做到"五慎",即慎权、慎欲、慎微、慎趣、慎友。要坚决惩治自身腐败,健全和完善职务犯罪侦查部门干警违法违纪案件查处机制,加大对内部违法违纪人员的惩处力度,维护检察机关良好形象。二是不张狂,做执法为民的表率。检察权来源于人民,必须服务于人民,做到人民检察为人民。三是不结党,做团结和谐的表率。团结出凝聚力,出战斗力,出生产力。要维护同志之间的团结,维护班子之间的团结,维护检群之间的团结,做到目标同向、工作同心、事业同干。四是不营私,做公正执法的表率。公正是法治的生命线。要完善司法管理体制和司法权力运行机制,规范司法行为,加强对司法活动的监督,努力让人民群众在每一个司法案件中感受到公平正义。五是不忘本,做勤奋敬业的表率。勤奋敬业是中华民族的传统美德。作为人民的检察官,要牢记培育之恩,在任何时候、任何情况下都要以人民利益为重,只能做人民的公仆,万勿"忘本",倾心本职岗位,注重工作实效,真正做到专心谋事、用心做事、一心成事,做到立身不忘做人之本,为政不移公仆之心,用权不谋一己之私,以出色的成绩向党和人民交上满意的答卷。

惩治和预防职务犯罪管理模式,宏观构建和微观构建相辅相成,互为作用,统筹兼顾,标本兼治,形成一套适合中国国情的决策科学、执行坚决、监督有力的权力运行体系,有利于加强廉洁政治建设,维护社会公平正义。

第二章 惩治和预防职务犯罪管理模式比较研究

职务犯罪是与国家公职人员的公务活动相伴而生且发生较为普遍的一种犯罪行为,是严重危害国家和社会的腐败现象。党的十八大报告明确指出:反对腐败、建设廉洁政治,是党一贯坚持的鲜明政治立场,是人民关注的重大政治问题。这个问题解决不好,就会对党造成致命伤害,甚至亡党亡国。反腐倡廉必须常抓不懈,拒腐防变必须警钟长鸣。在中外历史与现代社会发展过程中,职务犯罪一直是影响国家治乱和社会更替的重要原因,各个国家各个时期采取了许多治理职务犯罪的制度措施和方法,积累了许多宝贵经验。总体来看,治理职务犯罪的措施和方法包括立法、司法、监察、教育和管理等多个层面,不同时代、不同阶段对于职务犯罪的治理手段侧重点有所不同,但其基本精神一致,有规律可循。本章将对古今中外惩治和预防职务犯罪的有关制度进行回溯梳理和比较分析,并结合检察工作实践,借鉴成功经验,吸取失败教训,提出我国惩治和预防职务犯罪科学管理的若干建议。

第二章 惩治和预防职务犯罪管理模式比较研究

一、中国古代惩治和预防职务犯罪的历史考察

(一)健全刑事法律,严惩职务犯罪

上溯至尧舜时期,便有"冒于货贿,侵欲崇侈"的说法,及至夏代,则有了关于贪污贿赂罪的规定。《左传》引《夏书》,"昏、墨、贼,杀。皋陶之刑也"。其中"贪以败官为墨",犯此罪即处重刑。商代针对具体违法行为设置罪名——"三风十愆",防止官员沾染巫风、淫风、乱风等三种恶劣风气,督促其遵守法纪。

西周时期,针对司法官吏贪赃枉法行为规定了"五过之疵",即"惟官,惟反,惟内,惟货,惟来",其中"惟货,惟来"指接受钱财、请托。战国时期,李悝所著《法经》中,对收受贿赂、假借不廉等罪作了规定。先秦诸子对官吏职务犯罪也多有论及,商鞅曾说:"夫废法度而好私议,则奸臣鬻权以约禄,秩官之吏隐下而渔民。"①指出如果没有法令约束,行为不端的官员就会索贿渎职,鱼肉百姓。先秦时期对职务犯罪行为的规制,对巩固统治起到了重要作用,同时为此后的职务犯罪立法奠定了基础。

秦汉时期,秦代改法为律,施行法家的重刑主义;汉律继承秦律,并有所改革。在《睡虎地秦墓竹简》中,已记载有不直、纵囚、不胜任、不廉、吏见之不举等罪名。汉代进一步发展,对文书管理、边境管理、审判活动等均有详细规定。由于

---

① 《商君书·修权》。

汉律散失,汉朝有关职务犯罪的法律文本比较散乱,史书记载的有贪污赈灾钱粮、主守自盗等规定。汉武帝颁布《汉官典职仪》,其中设置了官员贪赃枉法、徇私舞弊等罪名。汉质帝时期明确规定:贪官污吏的子孙也不得被推举任官。对于有职务犯罪行为的官员,我国古代有重典治吏的传统。秦律规定,"通一钱者,黥为城旦"。汉代规定,"吏坐受赇枉法,守县官财物而即盗之,已论命复有笞罪者,皆弃市"①。

魏晋南北朝时期,虽然政权交替频繁,但职务犯罪立法仍有一定发展。不少朝代,如晋、陈、北魏等,对职务犯罪的惩治都比较严厉。在法律系统化方面,魏晋南北朝超越了前朝,并将贪污罪进一步明确。魏律把《杂律》中的"呵人受钱"、"假借不廉"和《盗律》中的"受所监受财枉法"等规定集中,制定《请赇律》。晋律把《盗律》分成四篇,即《诈伪》、《请赇》、《水火》、《毁亡》。南朝宋时,法律规定主守到5匹即处以大辟,后改为10匹。北魏对赃官的惩处也很严厉。这一时期,职务犯罪立法在编撰体例、法律概念、罪名分类等方面都有长足进步,表现出立法逐步走向完备的趋势。

隋唐时期,职务犯罪立法继续发展并基本定型。唐代以国家大法的形式,对贪污犯罪作了规定,将罪与非罪、轻罪与重罪作了区分。后世关于职务犯罪的立法基本以唐律为基础。《唐律疏议》共12篇502条,其中对官员职务犯罪作了比较全面的规定,特别是对贪污贿赂犯罪单独立篇,是封建王朝对贪官污吏进行严厉惩治的重要标志。唐律将非法获取公私财物的经济犯罪概括为"六赃",即受财枉法、受财不枉法、受所监

---

① 《汉书·刑法志》。

第二章 惩治和预防职务犯罪管理模式比较研究

临、强盗、窃盗、坐赃。唐律《名例律》中规定了贪污罪的计赃方法,将经济惩罚与刑罚相结合,并限制行使"请""减"特权。《唐律疏议》规定,作为负有领导、管理职责的官吏受财枉法的"十五疋绞",而常人盗窃,即使五十疋,才处以加役流。唐代对受财枉法、监守自盗等职务犯罪"遇赦不原"的处罚定型化,之后各朝代多沿用不改。

宋元明清时期,中国封建社会处于后期发展阶段,惩治和预防职务犯罪模式又有所完善。北宋前半期,对官员职务犯罪处罚严厉,并强化了经济和行政制裁;北宋中期之后,制定了大量单行法规,专门用以规制官吏犯罪。元初,曾以条格形式制定《赃罪十二章》,后来收入《元典章》和《大元通制》。元代对官吏贪赃分类较细,但处罚较轻。明代重惩贪官污吏,《大明律》专设官吏"受赃"专章,并将"六赃"制成图,标在律首。《明大诰》263条中,属于惩治贪官污吏的多达155条,其用刑比《大明律》更为残酷。如对于不枉法罪,《大明律》均不处死刑,《明大诰》则处凌迟、枭首等酷刑。[①] 明代惩治职务犯罪的法律之严酷,为史上罕见。清律加重对赃罪的处罚,增加官吏受财的二十余条"附例"。针对胥吏擅权,清代在职务犯罪方面增加了惩治"衙蠹"的条例,从重处罚。清代各朝皇帝都很重视惩治贪腐。雍正皇帝在即位之初即清查国库,在其在位期间,动辄对官员抄家处斩。乾隆时期经济发达,政风相对温和,但对于贪官污吏的惩治仍很严厉,在其在位期间内,因贪赃枉法被杀掉的二品以上高官达30多名。[②] 清代对于职

---

① 曾宪义主编:《中国法制史》,北京:北京大学出版社2007年版,第207页。
② 朱彭寿:《旧典备征》卷五。

务犯罪高官常"赐令自尽",并连坐属员。

(二)设立监察制度,强化官员监督

夏代至春秋战国是行政监察的萌芽时期。《管子·桓公问》记载黄帝立明台、禹立谏鼓、周武王设灵台等,被视为监察制度的滥觞。夏代设置监察官"啬夫","吏啬夫为检束群吏之官,人啬夫为检束百姓之官"①。春秋战国时期,监察官有啬夫、监御史等。先秦时期,不仅建立了监察机构,而且重视对贪官的举报。而御史一职,从最初掌管文书祭祀及记事和传达法令的官员,到逐渐兼掌一些礼仪方面的监察,再到战国后期开始具有执法权,并实际掌管监察的职责。②

秦代,中央设御史大夫,掌管监察百官违失;地方设监御史,监察地方官吏。汉代以后,中央设专门的监察机构,称御史台(府、寺)。汉代建立刺史制度,"置十三州刺史以充郡守"③,各部刺史在中央御史大夫的领导下,对所属郡国进行监察。④ 魏晋设御史台与十三曹,形成一个监察体系。南朝的监察机关是御史台,监察官员可以风闻奏事。

隋唐宋时期,封建监察制度已相当完备,御史监察体系形成。隋代设御史台为全国最高监察机关,御史大夫专司纠察。唐代在御史台下设台、殿、察三院。其中,台院掌管弹劾百官,其下设侍御史,掌奏弹、推鞫、公廨、知杂诸事。殿院掌管殿廷供奉的事情,殿中侍御史隶属其下,掌殿廷供奉仪式,纠察非

---

① 《管子·君臣上》。
② 何勤华:《检察制度史》,北京:中国检察出版社 2009 年版,第 285 页。
③ 《旧唐书·地理志》。
④ 何勤华:《检察制度史》,北京:中国检察出版社 2009 年版,第 289 页。

第二章 惩治和预防职务犯罪管理模式比较研究

法。察院负责巡察监督州县,下设监督御史,巡按郡县,纠视刑狱,肃整朝仪。御史台分置三院,分工明确,且监察权由多元转向一元,最终回到御史手中。

元代,地方监察制度得到发展完善。自秦有御史之职到汉代设立御史台专司监察,逐步形成了中央监察制度,但此后在地方始终未设立正规的监察机构。秦汉时仅有御史不定期或定期出巡,魏晋无大变化。隋唐以来派有常驻地方的按察使与"巡按州县"的监察御史同负地方监察职责,仍无地方专司监察的常设机构。宋代的监察制度沿袭唐制,但另于各府州设立通判一至二人。通判在组织上与御史台无隶属关系,所以,两宋也不存在一个完整的从中央到地方自成体系的监察机构。元代开始在地方设正规的监察机构,完成了上自中央下到地方的一整套封建监察系统。在这一系统中,除御史台外,最重要的就是行御史台和诸道肃政廉访司的设立,从而形成"所谓内有监察院以隶之,外有廉访司以承之"[①]的监察网络,从组织上保证了对各级官吏的有效监督。

明代御史台改为都察院,以十三道监察御史监察地方。监察御史对内外百官的违法犯罪和失职行为进行弹劾,对所见所闻进行纠察。明代设六科专门监察中央六部,各省有按察司为地方监察机构。由于台科分立,往往造成相互牵制,监察功能因而削弱。至清代,六科给事中划归都察院,科道合一,地方监察沿用明制,实现了监察组织的统一。明清实行御史出巡制度,号称"代天子巡狩"。明清御史位卑而权重,以敢言著称于史,在政治生活中起到较大的作用。

---

① 《新元史·赵天麟传》卷一九三。

有关中国古代监察制度演变情况，参见表 2-1 如下：

表 2-1　中国古代监察制度发展演变

发展阶段	时期		监察机构	说明
萌芽时期	夏商		行政官员兼任	
	西周		小宰	
	春秋战国			
形成时期	秦	中央	御史大夫	监察职能为专门化
		地方	监御史	
	汉	中央	御史中丞、丞相司直、司隶校尉	监察机构多元
		地方	刺史	
	魏晋南北朝		御史中丞	监察机构独立
发展成熟时期	隋		御史大夫	恢复御史大夫制度
	唐	中央	御史大夫、谏议大夫、给事中	建立统一的中央监察系统
		地方	巡察使	
	宋	中央	御史大夫	
		地方	通判	
	元	中央	御史大夫	蒙古贵族垄断监察
		地方	肃政廉访使、行台大夫	
	明	中央	左右御史大夫（左右都御史）、六科给事中、厂卫机构	监察体系完备
		地方	监察御史、按察使	设十三道监察御史对地方进行监察
	清	中央	左都御史	科道合一
		地方	监察御史	

(三) 注重思想教育,重视官员管理

1. 道德教化

德治是中国古代的治国理论,曾长期被奉为正统思想,是儒家学说倡导的道德规范。其内涵是通过道德去教育感化人,从心理上进行改造,使人心向善,知荣辱。西周初期,周公提出"明德慎刑"的思想,同时以维护封建宗法制度为目的,制定了一套行为规范及制度、礼仪。春秋时期,孔子把德治看做治理腐败的根本和约束管理的方式,反对"不教而杀"①,并主张"举贤才",反对任人唯亲。孟子继承发展孔子的廉政思想,提倡"仁政"、"以德服人",主张对腐败官员加以罢免和诛杀,这种立场较之孔子又进了一步。西汉时期,儒家思想的代表人物董仲舒发展了"德主刑辅"的思想,认为道德教育是治理国家的首要方式。"文景之治"之后,汉武帝接受并推行以德服人、勤俭节用、反腐倡廉等正确主张,把西汉王朝推向鼎盛。唐太宗推崇儒学,曾说:"朕今所好者,惟在尧、舜之道,周、孔之教,如鸟有翼,如鱼依水,失之必死,不可暂无耳。"②太宗崇尚节俭,常以"下不为百姓所怨"自省,指出"若安天下,必须先正其身"③。他同时吸收法、道两家的思想,主张礼刑并用。在廉政方面,采取一系列与民休息、轻徭薄赋的措施,注重法治,强调立法的公平稳定。经过一番勤政,开创了"贞观之治"的太平盛世。唐代之后的各封建王朝也都崇尚儒学,重视加强对官员的道德教育。注重德治,反对腐败,对于强化封建中央集权,澄清吏治,均有积极意义。

---

① 《论语·尧曰》。
② 《贞观政要》卷六。
③ 《贞观政要》卷一。

2. 官员选任制度

任人唯贤、"用贤则治"是古代公认的治国之道。夏、商、周奴隶制度时期,选拔官员主要是以宗族血统为主的宗法制和世袭制。商代选拔人才采用"三宅三俊"法,"宅乃事,宅乃牧,宅乃准,兹惟后矣"①。即按照政务、民事、执法三方面标准选拔人才。西周时期,推选官吏要考察"六德六行六艺"。春秋战国时期,各国选任官员更加注重真才实学。秦代对选用官吏相当重视,《为吏之道》指出:"凡为吏之道,必精洁正直,慎谨坚固,审悉无私,微密纤察,安静毋苛,审当赏罚。"②秦律对各类专职官吏的职责都作了明确规定,要求严格执行职务。汉代在官吏选拔制度上逐渐形成了察举、征辟、考试等荐举制度。其中察举是由公卿、列侯、郡守等官吏通过考察把品德高尚、才干出众的人才推荐给朝廷,考核后授予官职。察举科目主要有孝廉、贤良方正、秀才等,从科目设置上可以看出对官员品德修养的重视。不过,随着荐举制度的发展,被推荐的人往往不是品德、才学高尚之人,而是世家子弟。荐举制发展至三国两晋南北朝时期,演变为采用按家世和德才考察人才的九品中正制。从隋代开始,大多数官吏选拔均通过科举考试,科举制度成为古代选官制度成熟的标志。虽是科举,但对官员的品德考察依旧很重视。以守丧为例,唐律有"冒哀求仕""释服求仕"等罪名。唐代进一步扩大科考选官范围,这对保障官吏的来源起到了重要作用。宋代科举考试不限制出身,关键看贤能。元代开始以四书取士,科举考试制度出现中落。明代,科举制进入鼎盛时期,科举方法之严密超过以往历代。清代科举制度与明代基本相同,但由于贯彻民族歧视政策,满族人享有种种特权。

---

① 《尚书·立正》。
② 《睡虎地秦墓竹简》,北京:文物出版社1978年版,第291页。

第二章 惩治和预防职务犯罪管理模式比较研究

科举选官制度虽然有种种弊端,但作为隋代之后封建社会的主要人才选拔途径,在封建统治和社会发展中发挥了重要作用。

有关中国科举制度发展过程,参见表 2-2 如下:

表 2-2 中国古代科举制度简表

朝代	级别	考试名称
汉	皇帝主考	孝廉、茂才
魏晋南北朝	州、郡	九品官:上上、上中、上下;中上、中中、中下;下上、下中、下下
隋	中央	进士、明经
唐	礼部	进士
		明法(律学)
		明字(书学)
		明算
	皇帝主持	制举:贤良方能言校谏科;才识兼茂明于体用科;文辞秀逸科;风雅古调科
宋	礼部	进士
		九经
		五经
		三礼
		三传
		开元礼
		三史
		学究
		明法

续 表

朝代	级别	考试名称
明清	县	童试（考中为生员或秀才）
	省	乡试（考中为举人）
	礼部	会试（考中为贡士）
	皇帝主持	殿试（考中为进士）
	特考	贡生（岁贡、恩贡、拔贡、副贡）

3. 官员考核与回避制度

夏代，已有简单的官员考核制度。据《周礼》记载，西周时期朝廷设有负责考绩的部门"天官"，考绩内容为"六计"；对于贵族官吏，有定期考察其政绩的专门制度。秦代依据法家重赏重罚、罚重于赏的思想，严格执行官吏考核与奖惩。对履职不力，玩忽职守，给国家政治、经济造成损失的行为，轻则撤职，重则给以刑事处罚；受到处分的人，永不叙用。汉代对官吏采取"上计考绩法"，将考绩分为三种形式、两大系列：三种形式即常课（年终）、大课（三年）、会课（丞相、御史会考），两大系列就是长官考核属吏、官吏从上到下逐级考核。① 唐代对官吏的考课规定了一套标准，称为"四善七十二最"。宋代规定内外官吏任满一年为一考，三年考为一任，州县官"三岁一易"。明清的官吏考核分为"考满"与"考察"。"考满"是官员任期内的定期考核，"考察"则不受任职时间限制。任官回避制度始于西汉时期。东汉桓帝时期，关于任官回避的成文法规"三互法"出台，就是"婚姻之家"和"两州之士"不得"对相监临"。宋代将官员回避细化为籍贯回避、亲属回避、职务回避以及科举回避四类。清代也有比较严格的规

---

① 张晋藩、李铁：《中国行政法史》，北京：中国政法大学出版社1991年版，第42页。

定,如考官赴各地办理公务,不得与亲属同行,不得在中途擅自停留,不得任意改变路线与时间等,对官吏的交往有较多的限制。

4. 薪俸制度

古代官吏的薪俸高低,与当时生产力发展水平等因素有关。我国历代封建王朝普遍实行低薪制,强调当官是为国尽忠,报效国家,不是谋生和发财的手段。薪俸过低与官员贪腐有一定关系,如北魏初期,官吏无俸禄,贪官相应就多,后来孝文帝颁行俸禄制,是贪官减少的一个重要原因。宋代曾实行增俸养廉之策。统治者认为,"俸禄薄而责人以廉,甚无谓也"①。神宗以后,官吏俸禄达十余种名目。有所谓"官俸""禄粟""职钱""茶汤钱""薪炭""衣粮"等。徽宗时,兼官兼俸之风盛行,有一身领十余俸者。② 但"厚俸养廉"仅仅是愿望而已,贪腐之风却依然如故。明代官吏年俸发米,正一品1044石,正二品732石,正三品420石,正四品288石,正五品192石,正六品120石,正七品90石,正八品78石,正九品66石。俸内也不全发米,也有折银、折绢。③ 清代官吏年俸发银,一品180两,二品150两,三品130两,四品105两,五品80两,六品60两,七品45两,八品40两,九品33两。④ 这些俸禄微薄,不足以维持官吏自己的生活,却还要支付衙门办公费用。鉴于此,清代自雍正始实行养廉银制度,即在正俸之外,增加数额不菲的"养廉银",以保证官吏廉洁。在雍正和乾隆前期,养廉银制度的确起到了遏制腐败泛滥的作用。

---

① 《宋大诏令集》。
② 《宋史·食货志》卷一七九。
③ 《明会典》卷三十九。
④ 《清文献通考》卷四十二。

二、中国共产党惩治和预防职务犯罪历史回顾

(一) 新民主主义时期惩治和预防职务犯罪的实践探索

1. 建党初期

建党之初,中国共产党处于险恶的生存环境之中,对党内的腐败现象十分警惕,非常重视惩治和预防职务犯罪。

(1) 实行工农兵民主政治,建立监督机构。1927年秋收起义后,毛泽东率部建立井冈山革命根据地,后来成立了中华苏维埃共和国临时中央政府。1927年,中国共产党成立了中央监察委员会。为了监督权力运行,防止滥用权力、以权谋私,在1931年成立中华苏维埃共和国临时中央政府时,设立了工农检查处,负责对国家机关工作人员进行监督。

(2) 加强廉洁教育,纠正党内错误思想。第一次国内革命战争时期,随着革命形势发展,党员人数迅速增加。1925年1月党员总数是994人,1926年4月增至11000人。其中,有些思想素质不高的人混进党内,发生"吞款"、"揩油"等违纪现象。中央于1926年发布《坚决清洗贪污腐化分子》的通告,有效制止了刚刚出现的腐败苗头。中国共产党十分重视思想教育,加强廉政建设。《古田会议决议》把廉洁奉公的内容写进党员五项条件中:"新生分子入党不仅要有坚定的政治观念,忠诚老实,有牺牲精神,能积极工作,而且没有发洋财的观念。"在苏区,上至高级领导,下至普通士兵,都吃一样的饭菜,穿一样的衣服。这种优良作风对保持党员干部的廉洁起到了重要作用。

(3) 建立法律制度,严惩贪污腐化。1933年,中央颁布《中华苏

维埃共和国中央执行委员会训令第26号——关于惩治贪污浪费行为》。该文件是这一时期具有代表性的廉政法律文件,主要规定了贪污浪费犯罪的主体、种类及惩罚办法。同时,苏区建立了比较完善的财政制度、审计制度,促进了廉政建设。中央苏区开展了专门的反贪污腐败斗争,查处了一批腐化干部。如胜利县县委书记钟圣谅、县苏维埃政府主席铁青等倒卖烟土案;中央印刷厂、中央造币厂厂长、会计科长贪污公款案等。

在这一时期,查办影响最大的案件是谢步升贪污案。谢步升,1929年参加工农武装暴动,曾任叶坪村苏维埃政府主席。他利用职权贪污打土豪所得财物,偷盖苏维埃临时政府管理科公章,伪造通行证私自贩运物资到白区出售,谋取私利。为了谋财,他秘密杀害了八一南昌起义南下部队的一名军医。谢步升的罪行被揭发后,在时任中央瑞金县委书记邓小平的支持下,案件调查委员会向毛主席汇报了情况。毛泽东当场表态:"腐败不清除,苏维埃旗帜就打不下去,共产党就会失去威望和民心!与贪污腐化作斗争,是我们共产党人的天职,谁也阻挡不了!"1932年5月9日下午3时,经中华苏维埃共和国临时最高法庭二审判决,谢步升在江西瑞金伏法。此案由中央工农检察人民委员部工作人员张振芳、陈子丰为国家原告人,主审梁柏台。谢步升是中国共产党反腐败历史上被枪决的第一个腐败分子,该案也是中央苏区工农检察机关查办的第一个贪污大案。①

2. 抗日战争时期

抗战期间,中国共产党提出了建设廉洁政府的政治纲领。1937年8月洛川会议通过的《抗日救国十大纲领》提出:"实行地方自治,铲除贪官污吏,建立廉洁政府。"1941年5月1日,陕甘宁边区颁布的

---

① 邵景均著:《新中国反腐简史》,北京:中共党史出版社2009年版,第6页。

《陕甘宁边区施政纲领》规定:"厉行廉洁政治,严惩公务人员之贪污行为,禁止任何公务人员假公济私之行为,共产党员有犯法者从重治罪。"

(1) 强化人员和财务管理。一是制定行为规范。在1943年公布的《陕甘宁边区政务人员公约》中,提出了十条行动准则,用以规范政务人员的行为。二是加强干部管理。公布《陕甘宁边区各级政府干部任免暂行条例》、《陕甘宁边区各级政府干部管理暂行通则》,严格规范干部的选任、考核与奖惩。三是实行以平等为取向的严格的供给制。边区政府颁布一系列规定,对统一供给伙食、被服、日用品,发放津贴,干部保健等予以明确。供给的原则是总体平等。实行严格的供给制,客观原因是边区的物资匮乏。从实施效果上看,有利于防止铺张浪费、贪污腐化现象的发生,有利于净化干部的思想,自觉地实行廉洁政治。

(2) 颁布惩治腐败法规。根据党中央要求,边区和各抗日根据地颁布了一批惩治贪污腐败的条例和法规。其中影响较大的有:1938年《陕甘宁边区惩治贪污腐败条例(草案)》、1940年《山东省惩治贪污条例》、1942年《晋冀鲁豫边区惩治贪污暂行办法》等。在这些法规中,把两类职务犯罪作为打击预防的重点:一是贪污粮食粮饷的,二是村政人员贪污的。在党的领导下,根据地各级机关和司法部门开展了轰轰烈烈的反腐败斗争。自1937年至1939年,陕甘宁边区查处了一百余起贪污腐化案件,其中包括盐池县县长曹某,因贪污赌博罚款被撤职查办;华池县第五区区委书记崔某,因贪污被依法处理,等等。党中央领导人坚持以身作则,坚决严惩腐败,边区的反腐倡廉建设取得了积极成效,为抗战胜利创造了良好的环境。

3. 解放战争时期

随着党在军事上的胜利,新的根据地不断扩大,一些党员干部在

第二章 惩治和预防职务犯罪管理模式比较研究

局部地区掌握政权之后,被胜利冲昏了头脑,出现了腐败现象。党中央及时发现这些问题,重视加强廉政建设。党在1946年初提出《共产党对于东北时局的具体主张》,明确主张建立廉洁政治,严惩贪污。1947年,东北行政委员会颁布《东北惩治贪污暂行条例》,并查处了一批贪污腐化分子。1948年,华北解放区发出《关于反贪污浪费的指示》,强调指出:机关首长必须以身作则,拒绝一切不应得的享受。这一时期,党的队伍迅速壮大,出现了一些思想作风方面的问题,有些党员干部利用职权侵占群众利益。为了保证土改的顺利进行,巩固后方,党中央决定整党整军。整党整军的主要内容是整顿组织、整顿思想、整顿作风。经过这次整顿,一些党员干部"再也不敢封建了,再也不敢厉害了,再也不敢贪污了"①。革命胜利前夕,中国共产党非常重视为全面执政做好廉政准备。在党的七届二中全会上,毛泽东深刻分析了执政以后的形势,告诫全党警惕"糖衣炮弹"的进攻。教育全党正确认识民主革命的胜利"只是万里长征走完了第一步",切不可有"革命到头"的思想,要"务必使同志们继续地保持谦虚、谨慎、不骄、不躁的作风,务必使同志们继续地保持艰苦奋斗的作风"②。七届二中全会敲响了拒腐防变的警钟,为党的长期执政奠定了重要的廉政思想基础。

(二) 社会主义革命时期惩治和预防职务犯罪的推进与曲折

1. 建国初期

尽管党在执政以前开展了长期的反腐败斗争和廉政建设,七届二中全会特别提醒全党警惕资产阶级糖衣炮弹的袭击,但是,真到了

---

① 《毛泽东选集》第4卷,北京:人民出版社1991年版,第1035页。
② 《毛泽东选集》第4卷,北京:人民出版社1991年版,第1439页。

执政之后,一些党员和领导干部开始脱离群众,经受不住权力、金钱和美色的考验,滑向了腐败的泥潭。这些问题如果不及时解决,就会危及政党的执政地位。

(1) 开展声势浩大的反腐败运动。面对出现的腐败现象,党中央高度重视,迅速采取一系列重大措施,遏制腐败现象的蔓延。从1950年下半年开始,在全党进行了整风运动,继而进行了整党运动。1951年11月,毛泽东提出"三反"即反贪污、反浪费、反官僚主义的问题,"三反"运动随即在全国开展起来。"三反"运动重点是针对各级不廉洁的干部。为了配合"三反"运动开展,1952年1月中央要求在城市开展"五反"运动,即反行贿、反偷税漏税、反盗窃国家财产、反偷工减料、反盗窃经济情报。在"三反"运动过程中,颁布了《中华人民共和国惩治贪污条例》。"三反"运动取得了显著成效,至1952年10月"三反"斗争结束时,全国共查处贪污分子和犯有贪污错误的120.3万多人,全国被贪污的款物总数达6万亿元,追回2万亿元。①

刘青山、张子善案件是"三反"运动中查处的影响最大的一起案件。刘青山、张子善是新中国成立后中共河北省天津地委的前后两任书记。二人分别是1931年和1933年入党的老红军,多次立过战功,曾坐过国民党的监狱,面对敌人的严刑拷打坚贞不屈。但是,在执政以后,刘青山、张子善在金钱、美色的诱惑下,逐渐堕落腐化。他们相互勾结,利用职权,盗用飞机场建筑款、救济水灾地区造船贷款、河工款、干部家属救济款,克扣民工供应粮及片区银行贷款等总计171.6272亿元(旧币),相当于现今人民币171万余元。刘青山、张子善案件被调查后,曾有高级干部考虑到刘、张二人在战争年代有过功劳,向毛泽东说情。毛泽东说:"正因为他们二人的地位高,功劳大,

---

① 邵景均著:《新中国反腐简史》,北京:中共党史出版社2009年版,第26页。

影响大，所以才下决心处决他们；只有处决他们，才能挽救 20 个、200个、2000 个、20000 个犯有各种不同程度错误的干部。"①1952 年 2 月10 日，河北省人民政府举行公审大会，经河北省人民法院报请最高人民法院批准，刘青山、张子善被判处死刑。

"三反"斗争之后，中央又开展了以反对官僚主义、反对命令主义、反对违法乱纪行为为主要内容的"新三反"运动。这些反腐败专项斗争，有效遏制了腐败犯罪的蔓延。

(2) 组建检察机关和监察机构。为防止权力失去监督，滋生腐败，新中国相继建立了强有力的国家检察机关和行政监察机关。1949 年 10 月，最高人民检察署成立，罗荣桓任第一任检察长。各级地方也相继建立检察机构。1954 年 9 月，新中国第一部《人民检察院组织法》通过，检察机关更名为人民检察院。同一时期，第一届全国人民代表大会第一次会议决定，正式设立国家监察部；中央、地方各级纪律检查委员会及人民监察委员会也先后成立。自此，我国的法律监督机关和纪检监察机关建立起来，为法律监督工作和纪律检查工作的开展奠定了基本格局。

2. 中共八大对惩治和预防职务犯罪建设的推进

经过建国之后近 7 年的努力，到 1956 年 9 月党的八大召开时，社会主义改造基本完成，全国的经济、政治、军事形势很好。同时，反腐败斗争也呈现出良好的形势，但腐败现象仍然存在。对此，中央始终保持高度警惕。在党的八大及八届二中全会上，中央领导深入分析了廉政建设和反腐败斗争形势，明确指出了腐败问题的危害性，有针对性地提出了解决腐败问题的对策，为反腐败斗争的深入开展指明了方向和路线。1957 年反右派斗争后，党内出现了共产风、浮夸

---

① 《共和国重大决策的来龙去脉》，南京：江苏人民出版社 2000 年版，第 100 页。

风、命令风、干部特殊风和对生产瞎指挥风等不良风气,被称为"五风"。党中央发现此问题后,立即采取有效措施予以纠正,遏制了"五风"的蔓延。1957年下半年开始,我国检察制度经历了第一个波折时期。当时,检察机关的法律监督职能被认为是"矛头对内",垂直领导体制被污为"凌驾于党政之上",许多检察机关的干部被扣上了右派的帽子,对于检察工作和检察制度的发展产生了破坏性影响。到1960年11月,最高人民检察院与最高人民法院、公安部合署办公,检察机关名存实亡。一直到1962年11月,在第六次全国检察工作会议上,检察制度被重新定性,检察机关的各项职权才恢复行使。

3. "文化大革命"时期的曲折

"文革"十年中,受意识形态影响,反腐倡廉成为"反修防修"的工具,司法工作遭受曲折和艰难。在中共九大和十大上,先后取消了党章中有关监察机关的条款,行政监察机关和中央监察委员会因而被撤销。1966年12月,江青、谢富治提出"砸烂公检法"的口号,到1968年上半年,全国各级政法机关遭到破坏,而检察机关受到的冲击最大。1968年12月,在谢富治授意下,最高人民检察院、最高人民法院、内务部的军代表和公安部领导小组联合提出《关于撤销高检院、内务部、内务办三个单位,公安部、高法院留下少量人的请示报告》报送中共中央。这个报告经毛泽东主席批示后,最高人民检察院、军事检察院和地方各级人民检察院先后被撤销。① 1975年1月,四届人大一次会议修改通过《宪法》,其中规定:"检察机关的职权由各级公安机关行使。"从而,专司反腐败工作的党的监察机关和人民检察院被撤销,反腐败斗争遭到严重挫折和损失。后来,毛泽东提出"三要

---

① 孙谦主编:《人民检察制度的历史变迁》,北京:中国检察出版社2009年版,第314~315页。

三不要"原则,即要搞马列主义,不要搞修正主义;要团结,不要分裂;要光明正大,不要搞阴谋诡计。毛泽东批评了林彪、江青等人,提醒全党增强拒腐防变意识。周恩来、邓小平在非常困难的情况下,坚持与腐败现象和不良风气作斗争。直到1976年粉碎"四人帮","文化大革命"结束,我国的反腐败斗争和廉政建设才又重新走上健康的轨道。

(三)改革开放后惩治和预防职务犯罪工作的恢复发展与新局面的开创

1. 改革开放至十八大之前惩治和预防职务犯罪工作的恢复发展

党的十一届三中全会以后,我国进入改革开放和社会主义现代化建设的新时期,惩治和预防职务犯罪工作也面临新的形势和特点。一些地方和部门违法违纪现象激增,贪污受贿、谋取不正当利益现象开始蔓延。面对这种情况,党和国家不断深化对职务犯罪规律的认识,果断采取一系列举措,有效地遏制了职务犯罪。

(1)构建党的反腐倡廉制度体系。随着改革开放的深入,构建反腐倡廉制度体系的思路逐步清晰。党的十三大指出:必须把反腐败寓于建设和改革之中。十五大提出:坚持标本兼治,教育是基础,法制是保证,监督是关键。十六大进一步明确:坚持标本兼治、综合治理的方针,逐步加大治本的力度。加强教育,发展民主,健全法制,强化监督,创新体制,把反腐败寓于各项重要政策措施之中,从源头上预防和解决腐败问题。十六届三中全会通过的《中共中央关于完善社会主义市场经济体制若干问题的决定》强调:建立教育、制度、监督并重的惩治和预防腐败体系。十七大指出:更加注重治本,更加注重预防,更加注重制度建设。十一届三中全会后,中央纪委得以重建,并强化了工作职能。反腐倡廉建设的领导体制和工作机制进一步加强,反腐倡廉的各项基本制度和配套制度逐步建立和完善。

(2) 健全惩治和预防职务犯罪刑事立法。1979 年我国颁布第一部《刑法》,对贿赂犯罪作了规定,将贪污犯罪规定在侵犯财产罪一章中。1988 年第六届全国人大常委会第二十四次会议通过了《关于惩治贪污贿赂犯罪的补充规定》,设置了贪污罪、挪用公款罪、受贿罪、巨额财产来源不明罪等罪名,并规定了具体犯罪数额与法定刑。1997 年《刑法》将职务犯罪罪名体例进一步规范:一是将贪污犯罪从原刑法的财产犯罪中分离出来,将贿赂犯罪从原刑法的渎职犯罪中分离出来,合为分则第八章;二是将渎职罪主体限定为国家机关工作人员,将犯罪客体限定为国家机关的正常管理活动;三是扩充了渎职罪的罪名种类,在 1979 年《刑法》9 种罪名的基础上扩展至 36 种罪名。而后,立法机关以修正案形式对职务犯罪法律规定进行了一系列修改与补充:2002 年,《刑法修正案(四)》调整了《刑法》第 399 条的规定,增设执行判决、裁定失职罪和执行判决裁定滥用职权罪;2006 年,《刑法修正案(六)》增设枉法仲裁罪;2009 年,《刑法修正案(七)》增设利用影响力受贿罪;2011 年,《刑法修正案(八)》增设食品监管渎职罪。这些立法补充使我国惩治和预防职务犯罪的法网趋于严密。

(3) 设立惩治和预防职务犯罪专门机构。1978 年,检察机关恢复重建。1979 年 7 月,第五届全国人民代表大会第二次会议修改通过《人民检察院组织法》,明确规定检察机关是国家的法律监督机关。1979 年下半年,最高人民检察院设立经济检察厅,地方各级人民检察院也陆续设置经济检察机构,专门负责对贪污贿赂以及偷税抗税、假冒商标等经济犯罪的检察工作。与此同时,行政监察机关得以恢复,审计机关组建起来。1989 年,广东省人民检察院成立中国第一个反贪局。1995 年最高人民检察院反贪污贿赂总局正式挂牌。自此,我国检察机关惩治和预防职务犯罪工作走上制度化的轨道。2000 年,为适应预防职务犯罪新的形势需要,最高人民检察院设立职务犯

第二章 惩治和预防职务犯罪管理模式比较研究

预防厅,地方检察机关也相继设立预防部门,进一步完善了检察机关预防职务犯罪工作的机构设置。

(4) 依法严厉惩治职务犯罪。改革开放之后,党中央加大惩治腐败力度。20世纪80年代,各级人民检察院认真贯彻中央有关指示和决定,集中力量打击严重经济犯罪。1983年至1987年5年间,检察机关立案侦查贪污、受贿万元以上的大案30651件。依法查处了一批领导干部犯罪的案件,其中县团级以上干部1500多人。[①] 90年代,惩治和预防职务犯罪斗争继续深入开展。1993年至1997年,全国检察机关共立案侦查贪污贿赂、渎职和侵犯公民人身权利、民主权利等职务犯罪案件387352件,其中贪污案102476件,贿赂案70507件,挪用公款案61795件,徇私舞弊案5507件,玩忽职守案22211件。通过办案为国家和集体挽回直接经济损失229.2亿余元。共起诉贪污贿赂、渎职等犯罪案件的被告人181873人。其中,县处级领导干部2903人,地厅级干部265人,省部级干部7人。[②] 进入21世纪后,惩治职务犯罪势头不减。2003年至2007年5年间,检察机关共立案侦查贪污贿赂、渎职侵权犯罪案件179696件209487人。[③] 2008年至2012年5年间,检察机关共立案侦查各类职务犯罪案件165787件218639人,其中县处级以上国家工作人员13173人,厅局级950人,省部级以上30人。同时,加大惩治行贿犯罪力度,对19003名行贿人依法追究刑事责任。会同有关部门追缴赃款赃物计553亿元,抓获在逃职务犯罪嫌疑人6220人。[④]

---

① 参见1988年最高人民检察院工作报告。
② 参见1998年最高人民检察院工作报告。
③ 参见2008年最高人民检察院工作报告。
④ 参见2013年最高人民检察院工作报告。

2. 十八大召开后的惩治和预防职务犯罪建设

反腐败是"十八大"后最引人注目的国家政务焦点。中共中央总书记习近平用三个"依然"来形容腐败形势,即"腐败现象依然多发,滋生腐败的土壤依然存在,反腐败斗争形势依然严峻复杂"。十八届三中全会决定指出:必须构建决策科学、执行坚决、监督有力的权力运行体系,健全惩治和预防腐败体系,建设廉洁政治,努力实现干部清正、政府清廉、政治清明。十八届四中全会决定强调:深入开展党风廉政建设和反腐败斗争,严格落实党风廉政建设党委主体责任和纪委监督责任,对任何腐败行为和腐败分子,必须依纪依法予以坚决惩处,决不手软。

(1)强化监督职能,助推反腐倡廉建设。为了适应新时期惩治和预防职务犯罪工作需要,检察机关和监察机关进一步调整了机构职能。2015 年,最高人民检察院调整职务犯罪侦查预防机构,整合组建新的"反贪污贿赂总局",强化直接侦查、指挥协调、业务指导等工作,加强一线办案力量。① 中纪委、监察部内设职能部门达到 27 个,增加了 2 个负责案件工作的纪检监察室。10 个纪检监察室的职能分工进一步明确,有 4 个室负责中央国家机关和国有大型企业的纪检监察,6 个室分别负责华北、东北、华东、中南、西南、西北等地方的纪检监察。同时,中纪委还下派巡视组到地方进行调查。

(2)反腐力度空前强大,"苍蝇""老虎"一起打。2013 年,全国检察机关共立案侦查贪污贿赂、渎职侵权等职务犯罪案件 37551 件 51306 人,同比分别上升 9.4% 和 8.4%。立案侦查贪污、贿赂、挪用公款 100 万元以上的案件 2581 件,涉嫌犯罪的县处级以上国家工作人员 2871 人,其中厅局级 253 人、省部级 8 人。强化境内外追逃追

---

① 陈磊:《中国检察机关反贪局的来龙去脉》,《检察日报》,2015 年 2 月 3 日第 5 版。

赃工作,追缴赃款赃物计101.4亿元,会同有关部门抓获在逃职务犯罪嫌疑人762人。① 2014年,全国检察机关共查办各类职务犯罪案件41487件55101人,人数同比上升7.4%。其中,查办贪污、贿赂、挪用公款100万元以上的案件3664件,同比上升42%;查办县处级以上国家工作人员4040人,同比上升40.7%,其中厅局级以上干部589人。抓获境内外在逃的职务犯罪嫌疑人749人,其中从美国、加拿大等17个国家和地区抓获、劝返49人。② 资料显示,截至2015年6月,十八大后全国已有108名省部级(军级)以上高官落马,其中,副国级及以上官员4人。③ 铁腕反腐,涤荡"四风",是十八大以来赢得民心的一大政绩,这已成为国内外各界的共识。改革开放以来从未有过的反腐力度,预示着中共反腐正进入"新常态"。

三、国外境外惩治和预防职务犯罪的主要措施和发展趋势

(一)国外境外惩治和预防职务犯罪的主要措施

1. 制定完善的惩治和预防职务犯罪法律规范

为了惩治和预防职务犯罪,世界上许多国家和地区不仅在刑法典中对职务犯罪作出规定,还制定专门的反职务犯罪法律规范。如加拿大的《舞弊行为调查法》,印度的《防止腐败法》,新加坡的《防止贿赂法》《没收贪污所得利益法》,我国香港特别行政区的《防止贿赂

---

① 参见2014年最高人民检察院工作报告。
② 参见2015年最高人民检察院工作报告。
③ 《十八大后落马108虎大合照》,载中国经济网 http://www.ce.cn/xwzx/gnsz/gdxw/201506/17/t20150617_5662671.shtml,2015年6月25日访问。

条例》《防止贪污条例》等。① 英国颁布的《反贿赂法》被称为目前全世界最严厉的反贪腐法律,该法涵盖了非政府官员,禁止小额的通融费存在。美国的反腐败法律制度比较健全,《文官制度改革法》对政府雇员的义务作了明确的规定,要求政府雇员奉公守法,廉洁自律,不得贪赃枉法;《有组织的勒索、贿赂和贪污法》扩大了联邦司法机关在惩治腐败官员上的管辖权,给予执法机关使用更为灵活的调查手段的权力;《对外行贿行为法》要求那些受政权交易委员会规章约束的公司,建立一套完备的内部财会管理制度,并在遵守现存政权交易法规的前提下,向社会公开其向外国政府官员付款的情况,以保证其经营行为的正当性。② 在立法基础上,各国积极采用一系列制度措施,包括建立现代公务员制度、现代政党制度、金融管理制度等,广泛开展议会监督、司法监督、审计监督和社会监督。经过不断努力,各国在反职务犯罪法律规范方面取得很大进展,主要体现出四个特点:一是规定严密,措施具体;二是认定犯罪标准明确,便于执行;三是处罚严格,有利于打击和预防犯罪;四是专门性反职务犯罪法律规范增多,便于开展国际司法合作。

2. 建立高效的惩治和预防职务犯罪组织机构

世界各国普遍设有反职务犯罪组织及机构,如新加坡的反腐败调查局(CPIB);韩国的腐败防止委员会和监察院;美国的司法部公共廉洁处、监察长办公室、政府道德办公室;英国的罗兰委员会、议会监察专员署、国民保健署等。③ 日本的监督机构和反腐败组织比较完善,并被赋予相当的职责。日本在1949年设立特别搜查部,作为检察厅的一个特

---

① 车承军:《简论职务犯罪控制的几种模式》,《求是学刊》,2001年第5期。
② 徐伯黎:《美国:用"死盯战术"铲除腐败》,《检察日报》,2015年5月12日第8版。
③ 李国花、阮大强:《国外反腐败机制对我国的启示》,《天津师范大学学报(社会科学版)》,2007年第4期。

别机构,专门负责贪污腐败刑事案件。日本检察厅另设公诉部,以配合特搜部工作,负责对特别搜查部侦查终结的案件提起公诉及出庭支持公诉。此外,日本还成立了许多民间反腐败组织。经过多年的配合,日本的这些监督机构及反腐败组织之间已经形成了既有分工又有合作的严密监察监督体系,真正实现了相互监督,协作防控。① 俄罗斯于2013年12月成立"总统反腐局",直属总统办公厅。反腐局的主要任务是确保总统反腐政策的落实,监督反腐法律法规的执行,保障国家各反腐机关之间协调运作,为总统提供专业的建议等。② 从各国反职务犯罪组织机构的性质来看,主要包括五种类型:一是司法检察机构;二是立法机构;三是监察机构;四是反腐败组织;五是反腐败协调组织。(如图2-3)这些反职务犯罪组织及机构各自独立,各负其责,相互协作,相互监督。其中,专门反腐败组织是反腐败斗争的重要力量,其目标明确,职责清晰,措施得力,成果斐然。

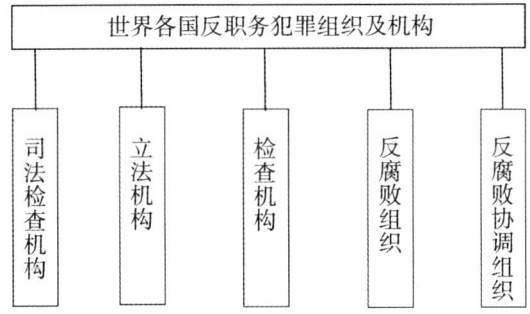

图2-3 世界各国反职务犯罪组织机构类型示意图

---

① 王秀芬、王艳宁:《世界主要国家反腐败经验对中国预防腐败的启示》,《河北学刊》,2008年第4期。
② 徐伯黎:《俄罗斯:誓用烧红的铁燃尽腐败》,《检察日报》,2015年6月16日第8版。

3. 实施政务公开

政务公开可以帮助公众了解政府决策机制，阻止公共官员出现腐败和管理不善现象。如果民众不了解政府官员的行为，也就无法进行监督。在西方国家，政府掌握的所有情况，除涉及他人隐私和国家安全等信息外，公民都有权了解。瑞典是世界上最早实行政务公开的国家，早在1776年就开放了政府记录。在加拿大，如果政府不愿提供可以公开的信息，根据《知情权法》，公民只要提出公开信息的请求，政府有关部门必须在30天内作出答复，否则公民就可以上诉法院，请法院强制政府提供有关信息。在芬兰，政府档案馆及公共部门的所有档案不仅对专家学者开放，也对新闻媒体和公众开放，以接受公民和媒体的监督。此外，法律还规定，任何人都不得开设匿名账户，每个公民和团体的收入与财产每年都要在纳税表上予以公布，税收当局有权了解全国所有账户的情况。[1] 日本提倡阳光反腐，通过规范行政机关的行政行为，公开权力运作过程，公开公共领域信息、公共人物财产，使行政公共权力的每一步骤和环节都置于社会的监督之下。[2] 目前，许多国家都利用信息革命推行电子政务，以开放和缩短公共服务与公众之间的距离。通过网页、电子审批和在线反馈机制，个人和企业能够更容易地接触公共信息，了解政府活动和决定，并对其进行监督。韩国首尔市实行电子政务后，老百姓通过"政府上网"可以办成4000多种事情。通过实施政务公开，政府的各项重大决策和处理过程都是公开的，政府可以及时接受公众监督，大大减少了腐败事件的发生。

---

[1] 王秀芬、王艳宁：《世界主要国家反腐败经验对中国预防腐败的启示》，《河北学刊》，2008年第4期。

[2] 陈诚：《美国、日本和新加坡反腐败机制对我国的启示》，《金华职业技术学院学报》，2013年第4期。

第二章 惩治和预防职务犯罪管理模式比较研究

4. 推行财产申报制度

财产申报制度是有关政府官员财产申报、登记和公布的制度,是西方国家通行的做法,最早起源于瑞典。230多年前,瑞典公民就可以查阅政府人员的财产清单。在法国,国家公职人员必须依法对其财产状况向监察机关报告,以接受审查和监督。新加坡《财产申报法》规定,每年政府职员都要申报个人及家庭成员的财产状况。美国的财产申报分为公开申报和秘密申报。廉政署要对申报材料严格审查,对于实际的或潜在的利益冲突,当事人必须与其所在单位或廉政署或参议院委员会签订一个"廉政协议",写明个人的承诺和具体解决办法。政客们一旦任职,首先要及时处理不合规定的财产,否则就会招来麻烦。里根时期的国会众议院议长赖特就是因财产问题辞职的。赖特是200多年来美国第一位因违法贪财而被迫辞职的众议院议长,尽管他在担任议长期间,众议院被认为是工作效率最高的几届国会之一,但他因"玷污了国会的声誉"而受到指责。俄罗斯规定,自2013年开始,公职人员及其家庭成员在进行大额支出(超过家庭成员近3年收入总和)时,需申报并说明资金来源。另外,根据一项法案,俄公职人员将不得拥有海外资产。① 推行严格的财产申报制度,使政府官员的个人和家庭财产状况得到国家和社会公众的有效监督,对于防止官员职务犯罪起到了颇为重要的作用。

5. 重视官员管理和舆论监督

官员的选任和管理非常重要,是保障公务员队伍奉公守法、勤勉敬业的基础。西方国家的公务员制度已有100多年的历史,已经形成了一套相对成熟且行之有效的机制,包括考试选拔、教育培训、回避轮岗和薪酬保障机制等。如奥地利《官员法》规定,凡有夫妻关系、

---

① 徐伯黎:《俄罗斯:誓用烧红的铁燃尽腐败》,《检察日报》,2015年6月16日第8版。

直系亲属或不超过三代旁系亲属,以及有连襟、联姻、承嗣关系的官员,不得在下列情况下安排在同一个单位工作:(1)一方对另一方有直接下达指示的权力;(2)一方对另一方有监督的权力;(3)一方有管理钱财或账目的权力。在加拿大,新录用的公务员上岗前要培训,新提拔的政府高级官员甚至具有发展潜力的高级官员都要培训,培训的核心内容是价值观选择问题,即作为一名政府公务员应具备什么样的价值观,如何正确处理公私利益关系,怎样避免和解决利益冲突。①

在西方,新闻舆论监督在国家政治舞台上扮演着不可小觑的角色,被称为"无冕之王",与立法权、行政权、司法权并立的"第四种权力",②新闻舆论监督在反腐败斗争中的作用非常强大。新闻出版部门具有独立的经营自主权,这使其能够不受行政干预,独立进行新闻报道,大胆揭露腐败行为。西方国家通常允许新闻界自由采访和报道,也为新闻媒体发挥监督作用创造了环境。例如:日本的新闻媒体利用其灵敏的嗅觉和专业特殊性,推动了反腐败的深入。从20世纪70年代的"洛克希德"案件、"利库路特"案件到2004年的养老金丑闻,许多位高权重的政要被拉下马,日本新闻媒体功不可没。③新加坡利用传媒、广告、互联网与通信等现代手段,使大众时刻关注贪污问题;反贪机构与民众具有广泛联系,共同建立良好的反贪氛围,从而不断扩大廉政反贪的社会效果。④

---

① 徐伯黎:《加拿大:踩腐败红线者立马下台》,《检察日报》,2015年4月21日第8版。
② 张桥:《反腐败中新闻舆论监督的困境和出路》,《西北民族大学学报(哲学社会科学版)》,2015年第3期。
③ 陈诚:《美国、日本和新加坡反腐败机制对我国的启示》,《金华职业技术学院学报》,2013年第4期。
④ 王秀芬、王艳宁:《世界主要国家反腐败经验对中国预防腐败的启示》,《河北学刊》,2008年第4期。

(二) 国外、境外惩治和预防职务犯罪的发展趋势

1. 惩治职务犯罪力度加大,严厉惩处高层腐败

各国政府普遍强化反腐败职能,借助法律规制、媒体舆论、民众支持、国际合作等多种方式,加大力度惩处腐败。从20世纪60年代新加坡的"反贪风暴"到90年代意大利的"清廉运动",再到20世纪末保加利亚的"清洁的手"以及韩国的"实名制",在强劲的反腐败风暴中,不乏国家的总统、总理、部长等国家领导人和政府要员因腐败而丢掉乌纱帽,甚至被绳之以法、定罪判刑。[①] 美国在1978年至1980年发起"阿布斯坎行动",联邦调查局通过虚构的"阿卜杜实业集团"贿赂国会议员,将1名参议员、6名众议员送入大牢。[②] 进入21世纪后,各国进一步将反腐败作为担负的重大任务和国家战略,采取有力措施反腐肃贪。韩国2003年出台《公务员保持清廉行动纲领》,确立国家综合反腐败中心框架,大力惩治腐败,取得显著成效,[③]前总统金大中、卢武铉均因腐败被追究责任或者自杀。2008年,俄罗斯领导层提出"反腐败斗争必须成为一项国家工程",誓言"要把腐败分子清除出政权机关",制定《国家反腐败计划》和《国家反腐败战略》,将反腐败上升为国家战略。仅2014年前9个月,就有2.6万人因腐败被立案调查,全国有数百名各级别官员,包括一些高官被追究法律责任。[④] 2015年初,伊朗掀起反腐败浪潮,前第一副总统穆罕默德礼萨拉希米贪腐罪名成立,被判处5年91天监禁,并处以100亿里亚

[①] 赵秉志:《中国反腐败刑事法治的若干重大现实问题研究》,《法学评论》,2014年第3期。
[②] 徐伯黎:《美国:用"死叮战术"铲除腐败》,《检察日报》,2015年5月12日第8版。
[③] 颜颖颛:《韩国总统腐败怪圈》,《新京报》,2009年4月26日。
[④] 徐伯黎:《俄罗斯:誓用烧红的铁燃尽腐败》,《检察日报》,2015年6月16日第8版。

尔(约合 36.9 万美元)罚款,没收贪腐所得 285 亿里亚尔(约合 105 万美元)。① 席卷全球的反腐浪潮表明,世界各国政府和人民对职务犯罪深恶痛绝,同时,惩治和预防职务犯罪的手段措施更加严厉和完善,成效也愈加显著。

2. 非政府组织的作用和影响逐渐增大

在世界反腐败斗争发展过程中,非政府国际组织的作用日益突出,影响越来越大。在国际反腐领域具有较大影响的"透明国际"(Transparency International),又称反腐败国际,总部位于德国,是一个专门在世界各国开展反腐败活动的非政府组织。该组织把目标定位于致力于增强政府反腐败的责任,阻止国际和国家层面上的腐败,提高公众的反腐败意识,推动国家廉政体系建设。近年来,德国的透明国际通过开展舆论宣传,发布清廉指数和行贿指数,开展学术研究等措施对德国甚至世界的反腐败发挥了深远的影响。② 除了"透明国际"之外,世界经济论坛和商业国际组织等非政府组织,也在各自领域与腐败活动作斗争。一些国际金融机构积极参与国际反腐斗争,推动国际经济界与各国政府之间的合作。如世界银行、国际货币基金组织、美洲开发银行、亚洲开发银行和欧洲开发银行等国际金融机构对各自业务进行严格监管,以防止腐败行为的发生。

3. 国际间惩治和预防职务犯罪协作不断加强

随着经济全球化进程的加快,职务犯罪在全球范围的负面影响日益明显。尽管各国国情不同,但加强合作、共同反腐是各国政府的共识。1979 年 12 月 17 日,联合国全体大会通过《执法人员行为守则》,建议在国家立法或实践的框架内考虑使用。1996 年,美洲国家

---

① 《伊朗掀起反腐败浪潮》,《法制日报》,2015 年 2 月 3 日第 11 版。
② 王凯伟:《国外权力监督经验对我国反腐败启示》,《求索》,2004 年第 8 期。

组织通过《美洲反腐败公约》,此后《打击涉及欧共体全体官员或欧盟成员国官员的腐败行为公约》《禁止在国际商业交易中贿赂外国公职人员公约》相继被欧盟理事会和经济合作与发展组织通过。2003年10月31日,第58届联合国大会全体会议审议通过《联合国反腐败公约》,这是联合国历史上通过的第一部指导国际反腐败斗争的法律文件。① 各国依据国际和地区间的反腐败合作法律,积极进行司法合作,取得了一系列反腐成果。例如:在我国公安机关开展的"猎狐2015"专项行动启动以来,截至5月底,已抓获在逃境外经济犯罪嫌疑人214名,其中,涉贪腐案件的人员27名;②2003年出逃、涉案金额2.5亿元,曾任浙江省温州市副市长、浙江省建设厅副厅长的中国红色通缉令一号女嫌犯杨秀珠,前不久被确认将从美国遣返。③ 近年来,国际反腐败合作呈现出新的发展趋势:一是新的司法协助观念不断更新,包括遵守量刑承诺、同意分享腐败资产、承认与执行外国判决等;二是出现多样化的引渡替代措施,包括遣返、驱逐出境、劝返等;三是以刑事民事交叉手段追回腐败资产;四是重视高科技手段的运用;五是反腐败预防机制更加完善。④ 总的来看,为了应对跨国腐败现象,各国政府和国际组织不断凝聚共识,加强交流,畅通渠道,深化合作,建设国际反腐败合作网络,为21世纪在全球范围内惩治和预防职务犯罪奠定了坚实的基础。

---

① 袁正兵:《国际合作:反腐败的必然选择》,《检察日报》,2006年10月24日。
② 邹伟:《"猎狐行动"已抓获214名境外逃犯》,《检察日报》,2015年6月10日第3版。
③ 张焕:《杨秀珠:"红色通缉令"第一人或将遣返回国》,http://yuqing.people.com.cn/n/2015/0616/c383249-27163929.html,2015年6月25日访问。
④ 杜邈:《反腐败国际刑事司法协助的新趋势》,《法治研究》,2012年第12期。

四、构建中国惩治和预防职务犯罪管理模式

纵观中外历史,在不同时期、不同地区,世界各国从思想教育、法律规范、管理机制、经济保障等多个层面,主动采取一系列举措防控职务犯罪,积累了大量丰富而有效的制度经验,也留下了许多令人深思的遗憾和教训。经过前文关于古今中外惩治和预防职务犯罪所作的回顾分析,结合对我国当前反职务犯罪形势任务的思考,我们认为,可以从中得出以下六点启示。

(一)在思想上构建抵御职务犯罪的精神防线

思想教育对规范权力行使、抵御职务犯罪具有十分重要的意义。中外历史上,许多国家都很重视提升公职人员的思想认识和道德水准,从而减少职务犯罪,引领社会道德进步。中国当代的社会状况也表明,意识形态、伦理道德、价值理念、传统习惯等,都是诱发职务犯罪的深层原因。因此,欲从根本上控制职务犯罪,必须加强思想层面的教育引导,构建抵御职务犯罪的强大精神防线。

1. 坚定理想信念

对理想信念的重要性,习近平总书记有个形象的比喻:"理想信念是共产党人精神上的'钙'。"他反复强调,"理想信念坚定,骨头就硬,没有理想信念,或理想信念不坚定,精神上就会'缺钙',就会得'软骨病'","就可能导致政治上变质、经济上贪婪、道德上堕落、生活

第二章 惩治和预防职务犯罪管理模式比较研究

上腐化"。① 作为公职人员,特别是党员干部,应当加强主观世界的改造,坚持马克思主义的世界观、人生观、价值观,牢固树立立党为公、执政为民的执政理念。要常修为政之德,常思贪欲之害,常怀律己之心,决不能为了个人、家庭或小团体、小宗派的私利而肆无忌惮地损害公众利益,决不能为了一己私利丧失理想信念。

2. 陶冶道德情操

道德以善的意志制约人的心理,支配人的行为走向,它强调责任感的内在性,力图使人们的义务观念依愿望而非法律强迫形成。德治是中国古代的治国理论,曾被长期奉为正统思想。西方国家也很重视对公职人员的道德教育,将此作为保障公务员队伍先进性的重要方式和途径。如英国作为现代公务员制度的发源地,有着良好的文官传统,公务员收入并不高,但英国公务员忠职清廉却闻名于世,在英国公众心目中,做文官本身就是一种光荣,唯有品德优秀者才能入选。因而,我国应当注重依靠道德教育推进廉政建设,大力弘扬公务道德,提高公职人员职业素质和道德修养;在公务员队伍中推行良好的道德规范,养成良好的道德习惯,强化道德约束;倡导献身精神和敬业精神,提升职业荣誉感、自豪感,型塑公职人员的尽职、忠职观念。

3. 树立法治信仰

在现代社会,法治是维护社会秩序的基本规则,是社会调控的主要方式。唯有施行法治,才能有效限制公权力滥用,为人民提供民主、权利和自由的保障,提供平等、安定、可预期的秩序,提供环境、生态保护和经济、社会可持续发展的机制。法治的实现,不仅需要有一

---

① 中共中央宣传部:《习近平总书记系列重要讲话读本》,北京:学习出版社、人民出版社 2014 年版,第 159 页。

套反映社会关系及其发展规律的法律制度,更需要社会公众对法治的信仰。法治信仰是法治的灵魂,只有当遵纪守法成为一种自觉、依法办事成为一种习惯、恪守法律规则成为一种自然,才能使法治释放更多的规则正能量;只有当全体社会成员都把法治信仰理所当然地作为一种重要生活方式的时候,法治才会成为现实。如果一个社会没有法治信仰,就不会形成法治风尚,法治只能是无本之木、无根之花、无源之水。十八届四中全会决定提出,"法律的权威源自人民的内心拥护和真诚信仰",阐明了法治信仰在法治中国建设中的重要地位和作用。在全社会树立法治信仰,是全面推进依法治国的首要任务。惩治和预防职务犯罪必须依靠法治,只有在全社会树立法治信仰,崇尚法治,才能保证依法用权,依法监督,执法有度,才能真正建立良好的权力运行和监督秩序。

(二)在立法上完善惩治和预防职务犯罪的法律规范

从历史发展进程可以看出,严密的法律制度是惩治和预防职务犯罪的关键。我国历史上曾出现"贞观之治""康乾盛世"等所谓的"太平盛世",与当时拥有较为完备的法律制度是分不开的。现代西方发达国家经过不断发展,建立起一套比较健全的惩治和预防职务犯罪的法律体系,因此在遏制职务犯罪方面比较成功,社会发展比较稳定,文明程度较高。我国现行刑法自1997年制定以来,历经八次修正,全国人大及其常委会对职务犯罪也作了一些补充规定。但是,这些法律规定尚不够完善,应进一步作出调整。

我们认为,完善职务犯罪刑事立法应当考虑以下四个方面:一是推动惩治和预防职务犯罪专门立法。当前,我国有关惩治和预防职务犯罪的刑事法律规定过于分散,难以适应有效遏制职务犯罪蔓延的实际需要。因此,应当适时整合现行刑事实体、程序法律规定,并进一步予以完善,形成一部统一的惩治和预防职务犯罪的专门法律。如果考虑到短期内完成该立法任务过于仓促,作为过渡,可先适当调整刑法分则中的章节设置,设立"职务犯罪"专章,把目前刑法分则第八章"贪污贿赂罪"与第九章"渎职罪"合为一章,形成体系完备的职务犯罪立法模式。同时,也可先行出台《预防职务犯罪法》,以解决预防职务犯罪工作长期缺少正式法律规范的问题。二是不以"为他人谋取利益""为了谋取不正当利益"作为受贿罪和行贿罪的构成要件。① 司法实践中,"为他人谋取利益""为了谋取不正当利益"的定罪要求不易操作,取证困难,容易成为犯罪嫌疑人的"救命稻草",也不是构成贿赂犯罪的实质要素。长远来看,将此二要件取消更有利于确定贿赂行为是否存在,更有利于规范职务行为。三是将决策失误导致国家、公众利益遭受重大损失的行为纳入渎职罪。有些官员受不正确的政绩观诱导,工作中盲目决策,重大项目匆忙上马后又搁置或推翻,使国家、社会蒙受严重损失。对这类盲目决策造成重大损失的行为,应当入罪处理。四是完善附加刑的配置。增加没收财产与罚金的适用,对于职务犯罪,无论情节轻重均应规定相应的财产刑,以发挥刑罚对贪利犯罪的惩罚功能。增设资格刑,剥夺相应行为人的任职资格,从而,对潜在的职务犯罪产生威慑和抑制作用。

(三) 在惩处上保持打击职务犯罪的高压态势

严厉打击职务犯罪,是反腐倡廉的基本手段。近些年来,特别是十八大召开之后一个时期,我国在惩治腐败方面坚持"打虎""拍蝇",取得了巨大的成绩,但切不可因此沾沾自喜,放松警惕。中外惩治和预防职务犯罪的历史经验告诉我们,腐败问题具有顽固性、反复性,

---

① 袁力:《浅论行贿罪的立法完善》,《上海公安高等专科学校学报》,2004年第1期。

一旦对其放松惩治力度,腐败现象就会反弹并迅速蔓延。职务犯罪不具有任何合理性和合法性,惩治职务犯罪也不能留任何余地,必须严厉打击,严密控制。为此,我们必须保持清醒的头脑,始终保持打击职务犯罪的高压态势。

当前,惩治职务犯罪应当注意以下五个方面:一是坚定"零容忍"的反腐决心。深刻认识职务犯罪的严重危害,坚持零容忍的态度不变、猛药去疴的决心不减、刮骨疗毒的勇气不泄、严厉惩处的尺度不松,有腐必反,有贪必惩,对于职务犯罪分子,不论其职务多高、权力多大,都要依法严惩。必须全面理解反腐败的战略方针,正确看待打击和预防的关系,只有打击有力才能有效预防,打击是预防的前提和保证。二是突出打击重点。认真查办领导干部滥用职权、贪污贿赂、失职渎职案件,坚决查办利用人事权、司法权、行政审批权、行政执法权谋取私利的案件和为黑恶势力充当保护伞的案件。重点查办领导机关和重要领导岗位领导干部的职务犯罪,突出查办权力集中、资金密集、资源富集部门和岗位的案件,尤其是工程项目、土地出让、矿产资源开发、国有企业改制等领域造成国有资产资源损失、流失的案件。严惩发生在群众身边的职务犯罪,特别是食品药品管理、生态环境、安全生产等领域的职务犯罪和商业贿赂案件。三是在严厉打击受贿犯罪的同时,进一步加大对行贿犯罪的惩治力度。纠正只重视查处受贿、轻视打击行贿的观念,把查处行贿犯罪作为当前一项重要的工作任务来部署;拓展行贿线索发现渠道,讲究办案方法和策略,充分发挥侦查一体化机制的功能,统筹查办受贿犯罪和行贿犯罪;严格依法处理行贿案件,不能无故降格处理,放纵行贿人,积极依法追回和剥夺行贿人违法所得利益。四是坚持罚当其罪的处罚原则。每个人都不能保证一辈子不犯任何错误,在特定环境和条件下,思想基础较好的人也可能一时不慎,堕落成腐败分子;有些腐败分子也并非本质恶劣,无可挽救。惩治犯罪的目的之一是预防犯罪,"治病救人",即通过责任追究,让大多数犯过错误的人接受改造,真心悔过,回归社会。因此,在惩治职务犯罪过程中,不能突破法律,一味重罚,必须罚当其罪,给犯错的干部提供改过的机会,促使其重新成为对社会有用的人。五是保持惩治职务犯罪工作的制度化、常态化。腐败是人性贪婪的一种表现,任何一个国家,任何一个社会发展阶段几乎都难以根除。惩治职务犯罪应当注重长期化、制度化,不应采取暴风骤雨般的运动形式。保持惩治职务犯罪的高压态势,应当建立完善的制度机制,不能管一阵放一阵,严一阵松一阵。对于犯罪分子,无论职务高低,都要依法依规予以惩处,不枉不纵,不搞株连,保持惩治职务犯罪工作的严肃性与常态化,保障社会的安定有序。

(四) 在监督上实现对国家权力的制度约束

权力无限扩张的结果就是腐败,正如英国历史学家和政治思想家阿克顿勋爵所言:"权力导致腐败,绝对权力绝对导致腐败。"遏制职务犯罪的产生必须对权力进行监督,对权力进行有效的监督制约是经济发展、政治民主、社会进步的必然要求。我国历史上有一套比较完备的御史监察制度,在一定意义上改善了吏治,促进了经济社会发展。19世纪末美国腐败盛行,此后进行了一系列现代权力监督制度建设,有效地遏制了腐败的蔓延。当前,我国虽然已经制定了一些监督管理制度与相关政策,但监督体系尚不健全,有待进一步加以完善。

十八届四中全会《决定》指出:加强党内监督、人大监督、民主监督、行政监督、司法监督、审计监督、社会监督、舆论监督制度建设,努力形成科学有效的权力运行制约和监督体系,增强监督合力和实效。这是对我国加强权力监督体系建设提出的新要求。落实这一要求,应当从以下八个方面着手：一是强化党内监督。各级党组织对行政机关贯彻执行党的路线方针、行政权力运行以及党员领导干部个人廉政情况必须加以严格监督检查。二是强化人大监督。各级人大通过听取、审议政府工作报告、专题视察、工作评议等方式，对政府工作及行政人员进行监督。三是强化民主监督。各级政协应当积极组织政协委员，就惩治和预防职务犯罪工作开展广泛、深入的调研，提出提案和监督意见，为有关部门及时发现工作中的突出问题、改进工作发挥促进作用。四是强化行政监督。行政监督机关应当加强对行政行为和行政人员的监督，特别是加强和改进对主要领导干部的制约和监督，制定和落实问责机制。五是强化司法监督。人民检察院和人民法院应当充分履行各自职责，依法对违法行政行为实施监督。对一些行政机关违法行使职权或者不作为造成对国家和社会公共利益侵害或者有侵害危险的案件，人民检察院要积极提起或督促提起公益诉讼。六是强化审计监督。各级审计部门应当对有关部门管理的国有资产、国有资源和领导干部履行经济责任情况实行监督，积极发现和查处违规违法行为。七是强化社会监督。政府应当积极为公众提供便捷有效的参与公共事务的渠道，在制定政策措施过程中要最大限度地吸纳公众参与，为社会组织和个人提供充分的利益表达机会。八是强化舆论监督。进一步加强政府信息公开，强化互联网政务信息数据服务，灵活传递政务信息，积极接受公众监督，同时切实保证合法的新闻传播和报道自由，严禁对有关媒体和个人实施打击报复。

（五）在体制上清除滋生职务犯罪的根源

当前，我国仍处于社会主义初级阶段，经济、政治体制仍在发展完善过程之中，难免存在一些漏洞，使腐败行为得以滋生。因而，必须进一步加快社会主义市场经济政治体制改革,从根本上预防和杜绝职务犯罪现象的产生。

1. 完善社会主义市场经济体制,减少和消除寻租行为

建设统一开放、竞争有序的市场体系,使市场在资源配置中起决定性作用,尽可能减少政府官员在市场经济中的寻租空间。一是建立公平合理的市场规则。主要是实行统一的市场准入制度,改革市场监管体系,建立健全社会征信体系,以及建立优胜劣汰市场退出机制,为各类市场主体创造一个良好的营商环境。二是推进产权制度改革,完善产权保护制度。健全归属清晰、权责明确、保护严格、流转顺畅的现代产权制度,积极发展混合所有制经济,进一步促进资本流转。三是建立反垄断机制,保护公平竞争。建立健全反垄断法律规范,严禁和惩处各类违法实行优惠政策,反对地方保护,反对垄断和不正当竞争,降低社会交易成本,减少市场寻租行为。四是深化财税体制改革。进一步改进预算管理制度,完善税收制度,建立事权和支出责任相适应的制度,优化资源配置,维护市场统一,促进社会公平。

2. 加快政治体制改革,有效约束公权力

一是健全宏观调控体系。完善以国家发展战略和规划为导向、以财政政策和货币政策为主要手段的宏观调控体系,推进宏观调控目标制定和政策手段运用机制化,加强财政政策、货币政策与产业、价格等政策手段协调配合,增强宏观调控的前瞻性、针对性、协同性。二是推进政务公开。坚持以公开为常态、不公开为例外的原则,推进决策公开、执行公开、管理公开、服务公开、结果公开。推行权力清单制度,告诉社会公众政府的权力范围,促使政府规范履职行为,严格按制度办事。突出政务公开重点,大力推进财政预算、公共资源配置、重大建设项目批准和实施、社会公益事业建设等领域的政府信息公开。三是加强对公职人员权力的约束。强化权力约束,对权力结

构适当分解调整,防止权力集中。建立健全岗位交流制度,促进领导干部在地区之间、部门之间、上下级机关之间的交流。建立财产申报和离任审计制度,有关人员在任职前和任职期间申报财产,离任后进行审计。完善公务员选任、辞退、考核、奖惩等一系列管理制度,禁止公务员兼职、经商和接受馈赠,对公职人员的权力进行有效制约。

(六) 在国际上加强惩治和预防职务犯罪的协调合作

由于世界经济的一体化,职务犯罪对一国经济社会发展的危害超越了现有的国界,影响着世界的和平与繁荣。2003年第58届联合国大会审议通过的《联合国反腐败公约》,经我国政府签署和批准已于2006年生效。依据该《公约》,各缔约国应当采取立法及其他措施,并加强协作,有效打击和预防腐败犯罪。近年来国际上联合打击职务犯罪的成功经验表明,加强政府之间以及非政府组织之间合作,是惩治和预防职务犯罪的一条有效途径。我们必须建立全球合作的理念,努力打造一个公平、公正的国际政治经济社会发展环境。

1. 加强国内刑事立法与国际立法的衔接

我国的刑事法律制度,在有关惩治和预防职务犯罪的规定上需要与国际接轨,提高国际合作的有效性。一是扩大贿赂的规定范围。我国法律尚未规定提供金钱和物品之外的非物质利益为贿赂,如提供职位、关照、免受纪律处分等,这在一定程度上妨碍了贿赂犯罪的查处与全球反腐败合作,应适时作出修改。二是调整犯罪数额与刑罚配置的关系。我国刑法对贪污罪、贿赂罪的刑罚配置作了数额规定,这种立法模式不太灵活,容易导致在司法实践中认定案件的"唯数额论"。我们认为,刑法不宜规定贪污罪、贿赂罪具体数额标准,可以设定"数额较大或者有其他较重情节"、"数额巨大或者有其他严重情节"、"数额特别巨大或者有其他特别严重情节"等三个法定刑档次；贪污罪、受贿罪的具体数额和其他情节标准交由最高司法机关以司法解释形式确定一个幅度，并授权省级司法机关根据当地情况作出相应规定。三是在程序方面，加强举报、侦查、起诉、审判、执行等环节的立法，以便规范国际范围内的反腐败司法活动。

2. 赋予惩治和预防职务犯罪机构更广泛的职能

鉴于职务犯罪发现与惩治的难度极大、情况复杂，结合国际社会惩治和预防职务犯罪机构职能的发展趋势，应当从以下方面加强机构职能。一是积极而慎重地适用秘密侦查。秘密侦查是发现职务犯罪线索和获取证据的有效方法，但应在强调打击犯罪的同时注重保障人权，不能侵犯当事人的合法权益。二是提倡职务犯罪侦查手段的综合性。积极运用法律、金融、审计、心理学等多学科方法，综合开展侦查活动。三是建立强制作证和特殊强制措施体系。职务犯罪嫌疑人往往以保守公务秘密为由拒绝作证，对抗干扰侦查，故赋予职务犯罪侦查机构强制作证和通过必要程序剥夺或暂停犯罪嫌疑人职权的职能是必要的。

3. 加强刑事司法与执法的国际合作

《联合国反腐败公约》作为一部专门的反腐败国际文件，规定了国际合作机制、资产的追回机制、技术援助与信息交流机制和履约监督机制等联合打击腐败犯罪的举措，对引渡、被判刑人的移管、司法协助、刑事诉讼的移交、执法合作、联合侦查等国际合作的具体内容也作了明确规定，为各国进行反腐败协作提供了法律规范。[①] 自1995年以来，联合国每五年召开一次的"预防犯罪和罪犯待遇大会"，将预防职务犯罪的内容纳入议题，各国司法部门、犯罪预防机构展开

---

① 匡科：《国际反腐败法律制度与我国刑事司法改革——以＜联合国反腐败公约＞为中心的分析》，《南京师大学报（社会科学版）》，2006年第1期。

双边交流与合作。我国应当履行所承诺的《联合国反腐败公约》规定义务,坚持平等互利原则,加强与他国及国际组织间的司法协作,促进国内惩治和预防职务犯罪工作的开展。

消除职务犯罪是一个长期而复杂的过程,不能急于求成,企望在较短时间内从根本上解决这一世界性难题是不现实的。我们既要看到职务犯罪问题的严重性,又要树立赢得惩治和预防职务犯罪斗争胜利的信心。我们应当在深入研究中外相关制度实践的基础上,借鉴中外历史上和现代各国或地区文明成果,结合当代中国的国情,科学制定相关政策,使我国在惩治和预防职务犯罪方面事半功倍。我们期待惩治和预防职务犯罪的各项制度措施取得积极成效,使权力得到有效制约,得以有序运行,为全面建设社会主义法治社会发挥积极的推动作用。

第三章　惩治预防职务犯罪管理理念

党的十八届四中全会通过的《中共中央关于全面推进依法治国若干重大问题的决定》中指出，"加快推进反腐败国家立法，完善惩治和预防腐败体系，形成不敢腐、不能腐、不想腐的有效机制，坚决遏制和预防腐败现象"。这表明党和国家对反腐败工作作出了新部署，对惩治和预防职务犯罪管理提出了新要求。

惩治预防职务犯罪的管理理念是指贯穿于惩治预防职务犯罪工作中用于指导惩治和预防职务犯罪实践的基本理念。当前职务犯罪案件向着智能化、隐蔽化、复杂化方向发展，给职务犯罪惩治预防管理带来了极其严峻的挑战，因此有必要通过加强职务犯罪惩治预防的管理，以提升惩治预防职务犯罪工作水平，从而满足新形势下反腐败工作的需求。惩治预防职务犯罪管理是一项长期的系统工程，需要有科学正确的理念作指导。具体说来主要有以下九个理念：一、保障人权理念；二、无罪推定理念；三、程序公正理念；四、依法取证理念；五、监督制约理念；六、注重效率理念；七、专群结合理念；八、文明执法理念；九、社会和谐理念。（如图3-1所示）

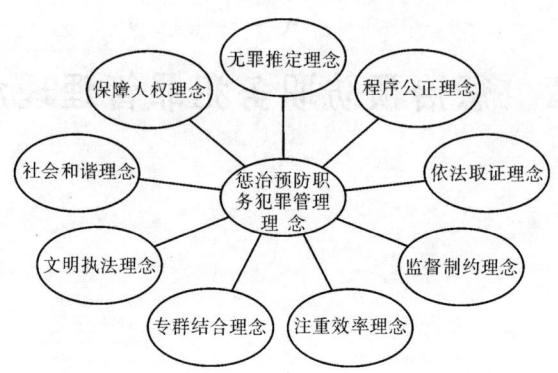

图 3-1　惩治预防职务犯罪管理九大理念示意图

一、保障人权理念

惩治预防职务犯罪管理的人权理念是指尊重职务犯罪嫌疑人、被追诉人的基本人格和尊严。"人权"概念最初是在英国资产阶级革命时期为了反对中世纪神权和封建特权而提出,古典自然法学派将人权视为自然权利,来自于自然法。①而当代法哲学家则更加倾向从人的本性、基本价值的角度来证成人权,这些基本价值包括自由、自治、平等以及人类幸福。随着经济、政治的不断发展,人权的内容和形式也不断发展变化,现在人权通常被理解为作为人而应当享有的基本权利,并被认为是当代国际社会获得普遍承认的价值和政治道德观念。尊重和保障人权已经成为评价一个国家民主法治文明程

---

① [美]H.W.埃尔曼:《比较法律文学》,贺卫方、高鸿钧译,北京:清华大学出版社 2002 年版,第 71 页。

度的标杆。①

2004年我国宪法第四次修订明确规定,"国家尊重和保障人权"。人权条款入宪,是发展社会主义民主政治、建设社会主义政治文明的内在要求。党的十八届四中全会通过的《中共中央关于全面推进依法治国若干重大问题的决定》更是强调要保障人民的权利,"坚持法治建设为了人民、依靠人民、造福人民、保护人民,以保障人民根本权益为出发点和落脚点,保证人民依法享有广泛的权利和自由"。习近平总书记在庆祝全国人民代表大会成立60周年大会上的讲话中指出,"要深入推进公正司法,深化司法体制改革,加快建设公正高效权威的司法制度,完善人权司法保障制度,严肃惩治司法腐败,让人民群众在每一个司法案件中都感受到公平正义"。

人权作为宪法保护的基本权利,关乎人的尊严和价值,具有绝对性和不可剥夺性,即使是国家的刑事追诉活动,也不能构成剥夺被追诉人人权的正当事由。检察院刑事追诉活动的对象,其作为人应当享有的基本人格和尊严也不应当受到侵害甚至剥夺。《人民检察院刑事诉讼规则(试行)》规定,人民检察院在刑事诉讼中的任务,是立案侦查直接受理的案件、批准或者决定逮捕、审查起诉和提起公诉、对刑事诉讼实行法律监督,保证准确、及时地查明犯罪事实,正确应用法律,惩罚犯罪分子,保障无罪的人不受刑事追究,保障国家刑事法律的统一正确实施,维护社会主义法制,尊重和保障人权,保护公民的人身权利、财产权利、民主权利和其他权利,保障社会主义

---

① 陈光中:《刑事诉讼法(第五版)》,北京:北京大学出版社、高等教育出版社2013年版,第11页。

建设事业的顺利进行。国家需要对相关违法犯罪行为进行惩罚,通过打击、控制犯罪来保障人权。①

党的十八届四中全会指出,"加强人权司法保障。强化诉讼过程中当事人和其他诉讼参与人的知情权、陈述权、辩护辩论权、申请权、申诉权的制度保障。健全落实罪刑法定、疑罪从无、非法证据排除等法律原则和法律制度。完善对限制人身自由司法措施和侦查手段的司法监督,加强对刑讯逼供和非法取证的源头预防,健全冤假错案有效防范、及时纠正机制"。如果检察机关在惩治预防职务犯罪的过程中侵犯到了人权,那么也就与制度设计本意相背离,失去了惩罚犯罪的意义。同时,保障职务犯罪嫌疑人、被告人的人权并不意味着对其可能存在的犯罪行为的包庇和放纵,而应当平衡好惩治犯罪和保障人权的关系。

(一)强化人权理念

检察干警在惩治预防职务犯罪侦查过程中,要转变思维,提高认识,在侦查打击犯罪的同时,正确处理惩罚犯罪与保障人权的关系,内心确认人权理念,确保实体与程序的正义、公平。②

1. 强化权利本位理念。人权条款入宪,标志着国家更加重视公民个人权利的保障。具体到职务犯罪侦查中,就是要求检察干警切实转变执法理念,从"权力本位"的价值观转变

---

① 左卫民著:《价值与结构:刑事程序的双重分析》,北京:法律出版社 2003 年版,第 13 页。
② 徐鹏、宣红军:《职务犯罪侦查中的人权保障》,《江苏法制报》,2014 年 5 月 13 日。

为"权利本位"的价值观,不再让个人权利无限度地让位于国家利益,尤其要注重保障无罪的人不受刑事追究。

2. 强化惩治、保障并重理念。职务犯罪侦查存在着双重目的,一是有效地进行侦查,为追诉犯罪奠定坚实的基础;二是保障犯罪嫌疑人和其他相对人的自由和权利。① 惩治预防职务犯罪的目的,从根本上看是为了保护人民,保障人权,检察干警要树立查办犯罪与人权保障并重理念,科学看待二者的对立统一关系,不能以牺牲人权为代价来惩罚犯罪。

3. 强化实体、程序并重理念。程序正义本身是人权保障的重要途径,也是实现实体正义的必要条件。例如以违反法定程序的方式收集的证据,必须加以补正或予以排除。检察干警不仅应注重真实的发现,而且还应注重发现真实的方法;既要注重通过刑事司法实现的正义,又要注重刑事司法本身的正义。②

(二) 转变职务犯罪侦查模式

传统的职务犯罪的侦查模式,侦查活动基本上都是围绕犯罪嫌疑人的口供来进行,沿用的是由供到证的侦查模式。检察机关在掌握了一定的犯罪线索后,常常会立即讯问犯罪嫌疑人,再以犯罪嫌疑人的供述为线索去收集其他证据。如若收集的其他证据与犯罪嫌疑人的口供不相符,就继续讯问犯罪嫌疑人。这种挤牙膏式③的传统办案方式,存在着侵犯犯罪

---

① 王建平、李延军:《浅议职务犯罪侦查中的人权保障程序》,《法制与社会》,2012年第11期。
② 龙宗智:《过程序实现"宽严相济"刑事政策》,《社会科学》,2007年第5期。
③ 陈光中:《刑事诉讼法实施问题研究》,北京:中国法制出版社2000年版,第101页。

嫌疑人人权的极大隐患。

随着修订后刑诉法的颁布和国家反腐败力度的加大，职务犯罪侦查面临着前所未有的挑战，固守传统办案方式已不能适应信息化时代下的查办职务犯罪工作。党的十八届四中全会指出，要"推进以审判为中心的诉讼制度改革，确保侦查、审查起诉的案件事实证据经得起法律的检验"，这为检察机关转变职务犯罪侦查模式指明了方向。

1. 实现向由证到供的转变。办案人员要把贯彻落实党的十八届四中全会精神作为新时期新形势下职务犯罪侦查工作的指导思想，正确认识口供在证据体系中的地位，破除对口供的迷信和没有口供不能定案的口供情结①，全面贯彻证据裁判规则。在取证模式上要实现由"以供促证"向"以证促供、证供互动"的转变。② 一是要科学规范讯问。讯问时要增强讯问的计划性和目的性，规范讯问行为，尤其是在讯问过程中严格遵守高检院关于同步录音录像规定，提高在镜头前讯问的能力和第一次讯问的成功率。二是要强化依法全面取证的意识。要严格按照犯罪证明标准和法定程序，及时全面收集定性证据，量刑证据，违法所得及涉案财产的证据，程序合法性、羁押必要性以及取证合法性等证据，确保办理的每一起案件事实清楚、证据确实充分。三是严格规范侦查办案流程。严格审慎把握强制措施的适用，依法进行羁押必要性审查。采取技术侦查措施的，应当经过严格的批准手续。侦查过程中，获取的商业秘密、个人隐私应当严格保密。所获取的与案件无关

---

① 陈光中：《沉默权问题研究》，北京：中国人民公安大学出版社2002年版，第50页。
② 何蔚：《人权保障与职务犯罪侦查模式的转变》，《法治与经济》，2013年第7期。

的材料,应及时销毁。

2. 实现向精细化初查转变。新形势下职务犯罪侦查必须提高初查的质量和效率,实现办案重心前移。在初查阶段,尽可能地通过外围调查获取被调查人涉嫌犯罪的可靠证据。首先,通过案件线索平台管理和应用,对线索进行分析,根据实际情况把握是否启动初查,如果时机尚不成熟,要暂缓初查,放长经营。如果符合启动初查条件和时机,应制定详细初查方案,准确研判,谨慎接触。其次,要创新初查方式,充分利用科学信息技术,根据实际情况,灵活运用多渠道展开初查,将秘密初查和公开初查结合,将网上初查与网外初查结合,加强对初查材料的印证。① 再次,把握初查火候,既要强调证据收集,又要防止战线长贻误战机。

3. 实现向信息化侦查转变。科学信息技术的发展,对惩治预防职务犯罪工作,既造成了极大挑战,也带来了诸多机遇。比如声纹鉴定、信息比对、技术侦查等,这些都为侦查活动获取合法、客观的证据提供了有力的技术支撑。利用信息技术支撑,通过加大对客观证据的收集,减少职务犯罪案件对口供的依赖,是新形势下的职务犯罪侦查模式转变的重要途径。坚持运用信息技术来引导侦查,做到案件的关键信息在外围秘密查找,尽量收集和查找案件的客观证据。② 要充分利用工商部门、通讯运营商、银行系统、证券监管机构、公安部门、房管部门等多个平台搜集信息,构建信息平台共享机制,

---

① 王慰:《人权保障视角下职务犯罪侦查权的限制与扩张》,《法制与生活》,2014年第9期。
② 何蔚:《人权保障与职务犯罪侦查模式的转变》,《法治与经济》,2013年第7期。

比如工商登记资料共享,银行信息查询机制共享,公安部门人口、车辆等信息共享等。

(三) 保障侦查结构的对抗性

党的十八届四中全会指出,"强化诉讼过程中当事人和其他诉讼参与人的知情权、陈述权、辩护辩论权、申请权、申诉权的制度保障"。人权保障理念具体到职务犯罪侦查结构,主要体现在保障犯罪嫌疑人、被告人及其辩护人等相关权利,通过侦查结构的有效对抗,形成对侦查权的制约和限制,防止侦查权滥用,防范出现冤假错案,进而实现保障人权的理念。

1. 保障律师帮助权。辩护权是犯罪嫌疑人的核心权利,而获得律师帮助的权利是实现辩护权的基础。[1] 保障律师的帮助权,也就是对犯罪嫌疑人权利的保障。修改后的《刑事诉讼法》将律师介入时间提前,并赋予了律师会见权、申请调取证据权、申诉权和提出辩护意见权。这些规定增大了职务犯罪侦查的难度,以往封闭化的侦查工作将趋于透明化。为应对这些变化,首先,检察干警要习惯在律师参与下查办职务犯罪,应认识到律师是刑事诉讼的重要参与者,同时也是规范侦查行为,防止冤假错案出现的有力帮助者。其次,要充分保障律师在职务犯罪案件中的权利,犯罪嫌疑人的律师帮助权是人权保障理念的具体体现,不能一味排斥和抵触。最后,要充分利用律师提出的意见和犯罪嫌疑人辩解,针对这些意见和辩解调整侦查方向,堵死取证漏洞,提高侦办质量。

2. 保障嫌疑人(被告人)程序权。与其他刑事犯罪相比,

---

[1] 顾娜:《浅析侦查阶段职务犯罪嫌疑人的人权保障》,《青年文学家》,2011 年第 2 期。

第三章 惩治预防职务犯罪管理理念

职务犯罪案件具有活动隐秘、实施犯罪与发现犯罪的时间跨度长的特点,客观证据获取难度较大,因此侦查环节对于查办职务犯罪工作开展具有极其重要的作用。在侦查阶段,检察机关作为国家公权力机关,在较为封闭的侦查结构中占据优势地位,办案人员可能会在惩治犯罪的强烈渴望驱动下,出现刑讯逼供、非法取证的情况。① 因此在获取言词证据的过程中,检察院应当尊重职务犯罪嫌疑人的人权,不得以刑讯逼供或者威胁、引诱、欺骗以及其他非法手段来收集证据。检察机关还应当保护犯罪嫌疑人在侦查过程的知情权,在强制其接受调查时,应当出示令状,告知其辩护权以及其他相关人身权利。

在诉讼阶段,尊重被告进行辩解证明自己无罪的权利是侦查结构对抗因素在审判阶段的延伸。辩护权的落实和加强既是对尊重和保障人权基本原则的体现,也是维护司法公正的客观要求。辩护权的行使和保障应当贯穿于刑事诉讼的全过程。例如薄熙来案中,其本人对公诉机关指控的犯罪事实进行了充分辩解,向出庭作证的多名证人进行了数十次的交叉询问、反复对质,对有关证据详细质证,发表了长达 90 分钟的自行辩护意见,充分进行了最后陈述,而且薄熙来当庭提出的所有发言申请法庭均予以准许,无论是公诉人还是合议庭,都没有随意限制、打断薄熙来的发问、质证和辩解,整个庭审过程得到了充分肯定。②

---

① 何泉生:《论打击犯罪与保障人权平衡原则》,《中国人民公安大学学报》,2010 年第 2 期。
② 赵秉志:《薄熙来案件审判的法理问题研究》,《法学杂志》,2014 年第 3 期。

二、无罪推定理念

无罪推定,是指在刑事诉讼中涉嫌犯罪或者被指控犯罪的人在未经法院依法确定有罪之前,应当在法律上假定或者推定其为无罪的人。无罪推定可以有效避免产生冤假错案,在保护人权方面体现出巨大价值,被称为"人权保障基石"①。修订后的《刑事诉讼法》在一定程度上确定了无罪推定原则,"未经人民法院依法判决,对任何人都不得确定有罪"。

无罪推定原则作为被告人和嫌疑人的程序保障而存在,在审判前程序中的一段时期都是适用的。② 确定一个人是否犯罪,犯什么罪,承担何种责任,是一个复杂的法律问题,需要依据事实和法律,遵循法定程序进行侦查、起诉和审判,在多个诉讼主体共同参与下,最后由法官来判定。这意味着刑事案件的最终定罪权应归属于法院或法官,除司法官之外的任何机关或个人都无权实施定罪权。③ 如果在刑事诉讼审判前就能确定一个人是否有罪,这种未经判决就做出的判断显然不够合理。在职务犯罪案件刑事诉讼程序中,尽管犯罪嫌疑人具有公职人员的特殊身份,但与普通刑事案件的当事人并无根本区别,其作为被告方的地位远低于公诉方,为平衡控辩双方力量,防止出现因双方力量失衡而导致刑事诉讼程序完全

---

① 何金波:《刑事诉讼中无罪推定的重要诉讼价值研究》,《法制博览》,2014 年第 5 期。
② 崔丽:《无罪推定的涵义与刑事诉讼法的完善》,《法制与社会》,2015 年第 4 期。
③ 林喜芬:《中国确立了何种无罪推定原则?——基于 2012 年刑诉法修订的解读》,《江苏行政学院学报》,2014 年第 1 期。

受一方控制的局面,就必须坚持无罪推定理念。

无罪推定理念贯彻到惩治预防职务犯罪工作中主要有三方面的内容。

(一) 控方承担举证责任

一方面,在职务犯罪中,犯罪嫌疑人在被法院经法定程序宣告有罪之前都被假定或推定是无罪的,因此是由检察机关承担对被追诉人有罪的举证责任。《人民检察院刑事诉讼规则(试行)》明确规定,公诉案件中被告人有罪的举证责任由人民检察院承担。检察机关负有询问各类证人,收集相关证据并将其整理成能够证明嫌疑人构成职务犯罪罪名的证据链的责任。根据现代司法精神,被控方是不需要自证清白的[1],检察机关不应将举证责任以各种形式转移给被追诉人。

另一方面,刑事诉讼法明确了证明标准:人民检察院提起诉讼的案件应当证据确实、充分。对于二次补充侦查的案件,人民检察院仍然认为证据不足,不符合起诉条件的,应当作出不起诉的决定。检察机关不但负有举证责任,还必须提出足够证据,否则就不能对犯罪嫌疑人职务犯罪提起公诉。例如,2014年河南省检察机关严防冤假错案,依法对229人因证据不足、事实不清,作出存疑不起诉决定。[2] 这充分体现了检察机关对无罪推定理念的贯彻。

---

[1] 唐启迪:《无罪推定原则在我国刑事诉讼中的确立与完善》,《湖南大学学报》,2012年第5期。
[2] 2015年河南省人民检察院工作报告。

(二)不得强迫自证其罪

修订后的《刑事诉讼法》规定,"审判人员、检察人员、侦查人员必须依照法定程序,收集能够证实犯罪嫌疑人、被告人有罪或者无罪、犯罪情节轻重的各种证据。严禁刑讯逼供和以威胁、引诱、欺骗以及其他方法收集证据,不得强迫任何人证实自己有罪",确定了不得强迫自证其罪的规则。既然控方承担举证责任,被追诉人不承担举证责任,那么控方就不能强迫被追诉人提供自己构成犯罪的证据。检察机关应当自觉把握侦讯活动界限,不得在证据极度欠缺的情况下随意启动追诉程序。当犯罪嫌疑人拒绝回答问题、保持沉默时,侦查机关不能以此作为对其不利推论的依据。① 当然,不得强迫自证其罪原则并不排斥检察机关的合法讯问。我国《刑事诉讼法》第118条规定:"侦查人员在讯问犯罪嫌疑人的时候,应当首先讯问犯罪嫌疑人是否有犯罪行为,让他陈述有罪的情节或者无罪的辩解,然后向他提出问题。犯罪嫌疑人对侦查人员的提问,应当如实回答。但是对与本案无关的问题,有拒绝回答的权利。"

(三)非法证据排除规则

在被追诉人的有限沉默权的基础上,我国进一步明确了非法证据排除原则。检察机关不得对被追诉人进行刑讯逼供,不得通过利诱、威胁等手段迫使被追诉人做出不利于自身的

---

① 侯小社:《职务犯罪侦查中嫌疑人合法权益的保护》,《西部法制报》,2015年3月31日。

有罪供述。为了进一步防止刑讯逼供,修订后的《刑事诉讼法》对刑讯逼供等证据效力作出了明确规定,"采用刑讯逼供等非法方法收集的犯罪嫌疑人、被告人供述和采用暴力、威胁等非法方法收集的证人证言、被害人陈述,应当予以排除"。《人民检察院刑事诉讼规则(试行)》中更是详细规定:"对采用刑讯逼供等非法方法收集的犯罪嫌疑人供述和采用暴力、威胁等非法方法收集的证人证言、被害人陈述,应当依法排除,不得作为报请逮捕、批准或者决定逮捕、移送审查起诉以及提起公诉的依据。"由于刑讯逼供等非法取证行为严重侵犯了公民的基本权利,损害了国家司法机关的威信,故所获得的非法证据不具有证据能力,不得在诉讼中作为证据使用。[1]

三、程序公正理念

党的十八届四中全会指出,"坚持以事实为根据、以法律为准绳,健全事实认定符合客观真相、办案结果符合实体公正、办案过程符合程序公正的法律制度"。程序公正理念历史悠久,它根植于古罗马时期的"自然正义",近代和现代程序公正理念产生于英国法,并为美国法的"正当程序"思想继承和完善。英国普通法很早就形成了程序公正的理念,1215年《大宪章》中内含的正当程序思想成为程序正义观念的最初来

---

[1] 闵春雷:《非法证据排除规则适用问题研究》,《吉林大学社会科学学报》,2014年第3期。

源。① 而美国的宪法第五修正案进一步发展了英国的正当程序原则,在原有的"任何人不得做自己案件的法官"基础上增加了相对人陈述申辩、程序公开等内容。程序公正原则也从最初的程序性正当发展到实质性正当。

惩治预防职务犯罪管理中的程序公正理念,是指检察机关在惩治预防职务犯罪的过程中,从侦查到诉讼的各个环节,严格依照法律规定的程序,独立行使国家赋予的检察权,充分保障犯罪嫌疑人、被告人及其辩护人的权利,从而确保每个案件都能实现公平正义。

惩治预防职务犯罪之所以要坚持程序公正理念,主要有以下原因:一方面,法律程序是否公正,是否具有正义性,在很大程度上决定了其结果是否公正,决定了法治能否实现。《关于〈中共中央关于全面推进依法治国若干重大问题的决定〉的说明》中指出:"公正是法治的生命线,司法公正对社会公正具有重要的引领作用,司法不公对社会公正具有致命破坏作用。"程序公正是保证司法公正的基础,如果司法机关不能保证其司法程序的正义性,那么其司法结果的公正性是值得质疑的。同理,如若检察机关不能按照法律规定的程序开展惩治预防职务犯罪工作,就难以保证其结果的公正性。

另一方面,客观地说,不论法律程序如何精心设计,司法者如何公正司法,绝对的实体公正是无法实现的。② 对于一个案件裁判结果是否公正,不同的人有不同的看法,而对于案件程序是否合法,社会公众是能够直接认知的,所以程序公正不

---

① 李祖军:《论程序公正》,《现代法学》,2001年第6期。
② 陈凤超:《程序公正是刑事诉讼立法的基准价值论》,《当代法学》,2007年第9期。

仅仅关系到最终司法结果的公正,对社会公众而言,能够直观了解的司法公正就是程序公正。作为实现公平正义、维护社会秩序的检察机关更应该贯彻程序公正,严格按照法律规定的程序开展工作。

因此,对检察机关而言,在惩治预防职务犯罪工作中要增强责任意识,彻底贯彻程序公正理念,具体说来包括五方面内容。

(一)坚持回避原则

回避原则就是指司法机关及其工作人员在处理涉及与自己有利害关系的事务或裁决与自己有利害关系的争议时,主动申请或应当事人申请回避,确保司法中立无偏私。该原则是贯彻自然公正原则的必然选择,是程序公正理念的首要要求,如果没有回避制度,那么相关审判人员、检察人员的独立地位就难以保障,诉讼的目的也就难以实现。我国《刑事诉讼法》对于回避制度作出了专章规定,在第三章对回避的主体,程序都作出了十分明确的规定。

在职务犯罪的预防和惩治工作中强调这一原则更加重要,由于职务犯罪的犯罪嫌疑人是国家公职人员,在日常的工作中他们经常会与检察机关和法院打交道,与司法机关的关系较常人而言更加密切,因此在职务犯罪的侦查和审判阶段,检察院和法院更应该注重与之有利害关系的工作人员的回避,以保证侦查、审判的公正真实,防止出现故意包庇或者因私废公的情况。

(二)依法独立行使检察权

《人民检察院组织法》规定,人民检察院依照法律规定独立行使检察权,不受其他行政机关、团体和个人的干涉。在惩治预防职务犯罪工作中,依法独立行使检察权尤为重要。职务犯罪的主体主要是国家工作人员,因此检察机关在查办职务犯罪的过程中会受到来自外界的不当干扰。在实际工作中,一些领导干部干预检察机关查办职务犯罪案件的情形时有发生。侦查行为是一种具有尖锐对抗性的行为,尤其是职务犯罪侦查,是法律与权势的一种较量。独立行使检察权,意味着检察官排除非法干预,以事实为根据,以法律为准绳,只服从法律,从而切实贯彻法制原则。①

(三)尊重知情权

犯罪嫌疑人的知情权及其保障,不仅是刑事诉讼问题,而且体现了宪政精神。如果没有对知情权的保障,辩护权利就得不到实现。② 为实现程序公正,检察机关应当充分尊重犯罪嫌疑人的知情权。一方面,要告知犯罪嫌疑人相关的权利和义务。比如《人民检察院刑事诉讼规则(试行)》中第193条规定:"传唤犯罪嫌疑人,应当向犯罪嫌疑人出示传唤证和侦查人员的工作证件,并责令犯罪嫌疑人在传唤证上签名、捺指印。犯罪嫌疑人到案后,应当由其在传唤证上填写到案时间。传唤结束时,应当由其在传唤证上填写传唤结束时间。拒绝

---

① 王刚:《检察机关如何独立行使检察权》,《天津政法报》,2014年8月15日。
② 翁文潮:《论审查起诉阶段犯罪嫌疑人知情权》,《法制与社会》,2010年第9期。

填写的,侦查人员应当在传唤证上注明。"另一方面,要告知嫌疑人家属及其他人员。例如《人民检察院刑事诉讼规则(试行)》中第 114 条规定:"对犯罪嫌疑人决定在指定的居所执行监视居住,除无法通知的以外,人民检察院应当在执行监视居住后二十四小时以内,将指定居所监视居住的原因通知被监视居住人的家属。无法通知的,应当向检察长报告,并将原因写明附卷。无法通知的情形消除后,应当立即通知其家属。"检察机关告知义务的履行有利于保证犯罪嫌疑人对自己所处状态有所了解,是其之后行使申辩权的基础。因此,对犯罪嫌疑人或被告的告知义务是程序公正理念十分重要的内容。

(四)保障申辩权

保障犯罪嫌疑人或者被告人的申辩权是程序公正的重要内容。在《人民检察院刑事诉讼规则(试行)》中明确规定"人民检察院在办案过程中,应当依法保障犯罪嫌疑人行使辩护权利"。犯罪嫌疑人陈述和申辩包括本人陈述和申辩,也包括代理律师代为陈述和申辩。[①]

虽然职务犯罪的犯罪嫌疑人一般为国家工作人员,其身份有一定的特殊性,区分于一般民众,但这并不意味着检察机关就可以限制其法定的权利。同时,犯罪嫌疑人在未被定罪之前都只是有犯罪的嫌疑,因此检察机关必须保障其权利。

另外,检察机关也必须认识到保护犯罪嫌疑人的申辩权是人权保障原则在程序上的进一步延伸,更为重要的是,即使犯罪嫌疑人是国家工作人员,但在具体的诉讼过程中,犯罪嫌疑

---

① 徐继敏:《正当法律程序原则在批捕中的运用分析》,《法治研究》,2010 年第 7 期。

人与行使着国家权力的检察机关的力量仍然处于相当不对等的地位。保障犯罪嫌疑人的申辩权,就是赋予犯罪嫌疑人与检察机关在诉讼过程中的对抗的权利,通过申辩权的行使,犯罪嫌疑人得以说明自身行为的理由与合法性,防止在诉讼过程中检察权的恣意行使,妨碍案件正常审理。例如薄熙来案中,证人徐明、王正刚、王立军出庭作证,控辩双方对证人进行了数十次的交叉询问,尤其是薄熙来对徐明的反询问达 22 次,其申辩权利得到了充分的保障。同时,犯罪嫌疑人的申辩权也是对抗检察机关刑讯逼供的重要武器,通过庭上的质证和辩论环节,犯罪嫌疑人申辩和陈述能够起到抵制检察机关在侦查起诉过程中可能存在的非法取证的作用。另外,赋予犯罪嫌疑人申辩权也是查明案件事实的需要。职务犯罪的隐蔽性较强,检察机关查证困难,通过质证和辩论,可以使相关证据更加明晰,有利于明确案件事实,从而保证案件审判的公正。

(五)公开促公正

在检察机关对职务犯罪案件进行侦查的活动中,侦查程序本身的启动条件、开展的程序、侦查措施以及强制侦查的司法审查机制在《刑事诉讼法》《人民检察院刑事诉讼规则(试行)》中有明确的规定,并且为公众所知。

2015 年,最高人民检察院在《关于深化检察改革的意见(2013~2017 年工作规划)》中提出,构建开放、动态、透明、便民的阳光检察机制,进一步深化检务公开。职务犯罪惩治预防理应是检务公开的应然内容。然而由于侦查活动秘密性的天然特点及犯罪嫌疑人基于刑事追诉的严厉性所固有的本能抗拒倾向,职务犯罪侦查公开不同于一般的检务公开。这就要求检察干警一方面充分认识到侦查公开是自觉接受监督、规范司法的重要途径与时代要求,充分认识到司法规范化与加大对贪污贿赂犯罪的查办力度之间并不矛盾,而是相互促进、相辅相成的关系;①另一方面要把握好职务犯罪侦查公开的内容和时机,根据不同的案情及侦查需要,选择恰当的时间节点,适度公开、相对公开,而不是绝对公开。

四、依法取证理念

惩治预防职务犯罪管理中的依法取证理念是指检察机关在惩治和预防职务犯罪的过程中,要严格按照法律规定,做到取证主体合法、取证对象合法、证据形式合法和取证程序合法。党的十八届四中全会指出,"全面贯彻证据裁判规则,严格依法收集、固定、保存、审查、运用证据,完善证人、鉴定人出庭制度,保证庭审在查明事实、认定证据、保护诉权、公正裁判中发挥决定性作用"。作为法律规定的侦查主体的检察机关应当贯彻依法取证理念,在查办职务犯罪的各个环节都依照法律的规定,合法有序地开展工作。贯彻依法取证理念需要注意以下几个方面。

(一) 取证主体合法

为了实现侦查目的,发掘案件真相,侦查活动经常存在侵犯公民合法权益的可能。出于对公民权利的保护和侦查权力

---

① 罗猛:《职务犯罪侦查公开要适度适时》,《检察日报》,2015年6月5日。

的限制,国家通过法律对有权侦查主体作出了明确规定。《刑事诉讼法》规定:"贪污贿赂犯罪,国家工作人员的渎职犯罪,国家机关工作人员利用职权实施的非法拘禁、刑讯逼供、报复陷害、非法搜查的侵犯公民人身权利的犯罪以及侵犯公民民主权利的犯罪,由人民检察院立案侦查。对于国家机关工作人员利用职权实施的其他重大的犯罪案件,需要由人民检察院直接受理的时候,经省级以上人民检察院决定,可以由人民检察院立案侦查。"

人民检察院在开展侦查活动时应当规范侦查权的行使,选派具备调查取证办案资格的侦查人员按照法律规定的权限和程序开展工作。也就是说,取证主体包括两方面内容,一方面是检察机关对案件侦查在职能上具有管辖权,是法定的侦查主体;另一方面,取证人员身份符合法律要求。比如检察机关一名书记员对职务犯罪案件调查取证,虽然作为侦查主体的检察机关其取证主体合法,但作为办案人员的取证主体却不合法。再如,职务犯罪案件侦查实践中存在的单人提讯、单人取证等现象[1],也属于取证主体不合法情形。

(二)取证对象合法

在初查活动中,检察机关对自行发现或受理的控告、举报线索材料进行分析、甄别后,对有成案价值的线索进行秘密调查,但不得限制初查对象人身、财产权利,不得对初查对象采取强制措施,不得查封、扣押、冻结初查对象的财产,不得采取技术侦查措施。

---

[1] 于小嫚、刘珣:《职务犯罪案件取证合法性探析》,《人民检察》,2012年第12期。

第三章　惩治预防职务犯罪管理理念

而在之后的侦查阶段,由于侦查行为属于司法行为,具有一定强制性,因此对于侦查权的限制不单单体现在侦查权主体的合法性,同时对于侦查对象也有相应的限制。检察机关或者公安机关拥有侦查权并不意味着它可以针对任何事项进行侦查,在侦查获取证据时,侦查机关只能对具体对象采取相应的措施,相关的侦查权不能扩张到所有领域和物品上。在职务犯罪的侦查过程中也是如此。

从言词证据角度来看,讯问犯罪嫌疑人只能在立案之后。询问证人也必须事先确定该人是案件知情人,否则就不能要求某个公民作证。[①] 从实物证据来看,搜查和扣押都只能针对特定的涉案物品。根据刑事诉讼法第139条的规定,在侦查活动中发现的可用以证明犯罪嫌疑人有罪或者无罪的各种财物、文件,应当查封、扣押;与案件无关的财物、文件,不得查封、扣押。同时规定,对查封、扣押的财物、文件、邮件、电报或者冻结的存款、汇款、债券、股票、基金份额等财产,经查明确实与案件无关的,应当在三日以内解除查封、扣押、冻结,予以退还。

(三)证据形式合法

证据形式合法要求证据的具体表现形式必须符合相应的法律的规定。我国《刑事诉讼法》明确规定了具体的证据形式,将物证,书证,证人证言,被害人陈述,犯罪嫌疑人、被告人供述和辩解,鉴定意见,勘验、检查、辨认、侦查实验等笔录,视听资料、电子数据八类材料作为证据,并且没有规定例外情

---

① 孙力:《职务犯罪侦查中的非法取证问题探析》,《人民检察》,2006年12月(下)。

形。也就是说在职务犯罪中,侦查机关收集的证据必须属于这八种证据类型,在这些类型之外的都不属于法定证据,自然也就无法发挥其证明效力。

(四) 取证程序合法

取证程序合法是从程序对取证的规范,只有符合取证程序的证据才具有证明力,否则其真实性将会受到质疑,不能作为证明被告有罪的证据。

1. 严禁刑讯逼供。职务犯罪案件中,由于犯罪手法的隐秘性和毁灭证据的便益性,口供一直是职务犯罪证据中极为重要的证据,尤其是贿赂案件,主要靠行、受贿双方的口供等言词证据,难以有其他形式的证据佐证。① 但这种职务犯罪案件证据的特殊性并不意味着检察机关可以随意地通过各种方式取证。

刑事诉讼法规定:"采用刑讯逼供等非法方法收集的犯罪嫌疑人、被告人供述和采用暴力、威胁等非法方法收集的证人证言、被害人陈述,应当予以排除。收集物证、书证不符合法定程序,可能严重影响司法公正的,应当予以补正或者作出合理解释;不能补正或者作出合理解释的,对该证据应当予以排除。"该条确立了非法证据排除规则,否认了此类通过非法途径获取的证据的合法性。在职务犯罪侦查工作中,检察干警应尊重犯罪嫌疑人的合法权益,充分利用各种科学技术手段,收集各类证据并形成体系,由表及里,一环扣一环地形成完整

---

① 田俊勇、刘明泉:《职务犯罪侦查取证工作的难点分析及应对策略》,《济宁学院学报》,2011年第2期。

充分的证据链条,减少对于言词证据的依赖,杜绝刑讯逼供和威胁、引诱、欺骗等非法获取言词证据的现象。

2. 严格技术侦查。由职务犯罪的复杂化、多样化、智能化、隐秘化等特点所决定,职务犯罪侦查工作需要更有效的手段。《刑事诉讼法》规定,"人民检察院在立案后,对于重大的贪污、贿赂犯罪案件以及利用职权实施的严重侵犯公民人身权利的重大犯罪案件,根据侦查犯罪的需要,经过严格的批准手续,可以采取技术侦查措施,按照规定交有关机关执行"。这一规定明确赋予了检察机关技术侦查权。同时,职务犯罪技术侦查有其特定的适用范围,并不是任何职务犯罪案件都必须使用技术侦查措施,技术侦查措施只适用于职务犯罪的特定案件、特定主体和特定对象,并且还要符合特定条件。① 首先,只有在涉及重大的贪污贿赂犯罪时,检察机关才能够采取技术侦查措施。其次,检察机关并不能直接采取技术侦查措施,而需要通过严格批准交由有关机关执行。最后,相关机关在采取技术侦查措施时,必须严格按照批准的措施种类、适用对象和期限执行。

五、监督制约理念

党的十八届三中全会指出,要"优化司法职权配置,健全司法权力分工负责、互相配合、互相制约机制,加强和规范对

---

① 辛红:《职务犯罪技术侦查措施浅析》,《山西省政法管理干部学院学报》,2014年第12期。

司法活动的法律监督和社会监督"。党的十八届四中全会也明确指出,要"明确司法机关内部各层级权限,健全内部监督制约机制"。习近平总书记也多次强调,要"加强制约和监督,把权力关进制度的笼子里"。这表明,全面推进依法治国,需要建立健全监督制约机制以规范权力运作。为推动职务犯罪惩治预防工作管理,保证惩治预防职务犯罪工作有序开展,检察机关必须贯彻监督制约的理念。

检察机关是国家法律监督机关,通过行使侦查权、逮捕权和起诉权,查办贪污、贿赂、渎职、侵权等职务犯罪案件,对国家工作人员的行为进行监督,通过侦查来实现惩治和预防职务犯罪。孟德斯鸠说过,"任何拥有权力的人,都易滥用权力,这是万古不易的一条经验"①。检察机关职务犯罪侦查权亦是权力的一种,也有可能出现滥用或不规范现象,因此,有必要贯彻监督制约理念,完善检察机关职务犯罪侦查监督机制,保证职务犯罪案件中办案人员能够正确行使自己的权力,严格依法办案。

(一)检察权对行政权的监督制约

职务犯罪侦查权和一般刑事侦查权不同,它是组成检察机关法律监督权的重要部分,具有法律监督的属性。检察机关就职务犯罪展开的侦查活动不仅是查明案件事实的活动,还是检察机关对行政权力进行法律监督的重要途径。从根本上来说,检察机关对职务犯罪的调查就是对国家机关工作人员是否遵守法律、是否正当行使国家权力、是否正当进行职务行

---

① [法]孟德斯鸠:《论法的精神》,北京:商务印书馆1982年版,第154页。

为的法律监督,一旦发现有违法事实,就需要追究行为人的刑事责任。检察权作为一种专门的法律监督权,其对行政权的监督是一种主动性的监督。这种检察权的行使需要检察机关和检察机关工作人员积极主动地发现违法行为并进行监督,如果检察机关工作人员怠于行使职权应当承担相应的法律责任。①

(二) 检察权自身需要监督制约

检察机关开展职务犯罪侦查通常是"由人到事",即通过受理个人或者社会组织的控告、举报,有了明确的被控告人、被举报人之后,才针对具体个人展开侦查活动,相关的犯罪事实需要在侦查过程中查清。在这种模式下,如若缺少监督制约,侦查机关容易滥用权力,可能会出现包庇或者栽赃犯罪嫌疑人的情况。同时职务犯罪缺乏犯罪现场,对言词证据的依赖性比较强,而职务犯罪嫌疑人基本都具有较高的文化程度,有一定的社会地位,依法取得证据的难度较大,因此,职务犯罪侦查取证过程中更加容易出现非法取证的情况。监督者必须受监督,不论谁是监督者,不论赋予监督者多大的权力,始终存在着由谁来监督"监督者"的问题。② 因此,为了保障犯罪嫌疑人的合法权利,保证检察机关检察权的依法行使,推动职务犯罪惩治工作的顺利展开,在惩治职务犯罪的工作中检察机关应当注意建立相关监督制约机制。

---

① 韩成军:《行政权检察监督的若干思考》,《河南社会科学》,2014年第8期。
② 张兆松、张利兆:《论检察权监督制约机制的重构》,《法治研究》,2012年第1期。

(三) 监督制约理念具体体现

检察权作为国家权力的重要组成部分,肩负着履行法律监督职责和维护司法公正的神圣使命,在建设社会主义民主政治和推进依法治国中发挥了积极作用。"权力导致腐败,绝对权力导致绝对腐败",不受监督制约的权力必然导致腐败,检察权也不例外。① 因此需要建立健全职务犯罪惩治预防内外监督制约机制,规范检察权运作,提升执法公信力。

1. 外部制约。对检察机关权力的外部制约主要有两个方面的内容,一方面是其他国家机关与检察机关之间通过权力制约权力,另一方面就是通过公众和社会媒体对检察机关的舆论监督制约。

(1) 立法机关制约。立法机关从实体和程序两个方面实现立法权对检察权的限制。一方面通过《人民检察院组织法》等相关法律规定,运用立法权设定检察机关的职责、任务和权限;另一方面通过《刑事诉讼法》对检察权行使提出了明确的程序要求。检察机关在职务犯罪惩治预防过程中要严格遵循法律划定的界限开展工作,否则就有权力滥用的危险。

(2) 法院、公安机关的制约。我国在立法中明确了人民法院、人民检察院和公安机关之间的制约关系。法院对检察机关侦查权的限制主要是通过刑事审判活动,特别是《刑事诉讼法》有关非法证据方面的规定,如果这些违法行为足以影响证据的合法性,法院有权依法排除非法证据。公安机关对检察机关的权力制约主要通过案件管辖来实现。检察机关应当在

---

① 江必新:《法治中国:通往良法善治之路》,《人民日报》,2013 年 7 月 12 日。

第三章 惩治预防职务犯罪管理理念

法律规定的案件管辖范围内行使侦查权,不得超出管辖范围。

(3) 社会公众舆论监督。社会各界通过广播、影视、报刊、杂志等大众传播媒介,发表自己的意见和看法,形成舆论,从而对国家、政党、社会团体、公职人员的公务行为等实行制约。① 近年来随着技术的发展,网络的普及化,网络各种自媒体平台在权力的监督方面发挥了十分巨大的作用,因此,检察机关在这样的背景下更要多倾听和关注群众和媒体的报道与反映的问题,提高自身工作能力。

2. 内部制约。内部监督制约机制则根植于检察机关内部,无需专门的外部监督机构介入就能够对检察权在刑事诉讼运行的整个过程实施全程动态监督。② 检察机关自我约束主要有四方面的措施。

(1) 分权制约。分权制约是指将职务犯罪追诉过程中的不同环节涉及的不同权限都分配给了不同的部门,以达到内部分权制约的目的。具体来说可以划分为:一是办案部门相互间的监督制约,如公诉部门对批捕后发现达不到起诉条件的案件做出不起诉决定;二是检察委员会的监督制约,如检委会在分析和讨论重大疑难案件时发现检察人员在认定案件事实、适用法律等方面存在问题,及时进行纠正;三是检察长的监督制约,检察长通过审批程序,监督案件承办人、部门负责人在处理案件时是否恰当;四是检察机关内部纪检部门的监督制约,主要通过对办案部门办案活动的规范性实施监督。③ 这样通过各个部门处理不同的事务,相互配合,相互制约,实

---

① 崔立美:《检察权外部监督制约机制研究》,《第九届国家高级检察官论坛论文集》。
②③ 张贺:《检察权内部监督制约机制探讨》,《重庆三峡学院学报》,2012 年第 1 期。

现了检察院的内部分权制约。

（2）引入监督。2003年最高人民检察院出台了《关于实行人民监督员制度的规定（试行）》，在全国检察系统推行人民监督员制度。人民监督员是检察机关根据中国国情探索创建的，此项制度从试点到全面推行，得到了普遍的社会认同。人民监督员制度在强化查办职务犯罪案件的监督机制、扩大诉讼民主、促进检察机关依法独立公正行使检察权等方面发挥了巨大作用。① 通过这一制度，主动将社会监督引入职务犯罪的查办过程，反映了检察机关自觉接受社会监督的态度。②

（3）上级监督。检察机关是上下级领导关系，最高人民检察院领导地方各级人民检察院和专门人民检察院的工作，上级人民检察院领导下级人民检察院的工作。上级检察机关对下级检察机关形成的领导和监督是检察一体化的根本体现，其监督的内容也相当广泛，涉及检察队伍、业务和事务建设的各个方面，以宏观性、决策性和指导性监督为主。③ 目前，检察系统自上而下，建立了"统一受案、全程管理、动态监督、综合考评"的执法办案管理监督机制，成立了以管理案件程序为主，兼管部分实体监督，具体履行"八大职能"的案件集中管理中心④，有力加强了上级检察院对下级检察院的内部监督。

---

① 谢莉波、王耀锌：《试论修订后刑诉法背景下的人民监督员制度》，《武汉公安干部学院学报》，2013年第3期。
② 李建明：《检察机关侦查权的自我约束与外部制约》，《法学研究》，2009年第2期。
③ 杜国强：《检察权运行的内部监督制约机制探讨》，《第九届国家高级检察官论坛论文集》。
④ 杨文平、辛志荣：《完善检察权内部监督机制之思考》，《法制与社会》，2014年第4期。

六、注重效率理念

效率对于实现公平正义有着十分重要的作用,"迟来的正义为非正义"①。国家建立诉讼制度就是为了控制犯罪,然而出于维护社会稳定的需要,国家必定会对司法机关有效率的要求,因此提高效率在职务犯罪的惩治工作中也非常重要。

职务犯罪惩治的基础是职务犯罪侦查,提高侦查效率有助于提高职务犯罪惩治体系的效率。检察机关在侦查阶段重视效率理念,就是要充分、合理运用侦查资源,降低侦查成本,以最小的成本获得最大的成果。侦查效率表明侦查过程中司法资源配置和利用的合理性、有效性,程序运行的经济性,既要考虑侦查过程及其结果在社会上的后果,实现了多大程度的社会正义,同时还必须考虑为取得这个公正的结果付出了多大的侦查成本。

贯彻效率理念,但这并不意味着职务犯罪惩治中效率价值就超过了公正价值,效率只有在公正得以实现的基础上才有意义。检察机关应当在司法公正的前提下追求效率,而不能为了片面追求效率而损害了实体公正和程序公正。例如刑讯逼供的部分原因是由于办案人员迫切希望尽快得到有罪供述或相关证据,这种一味求快而违背侦查规律、不讲质量的做法,虽然可能会加快个案结案速度,但是同时会导致潜在错案增多,不仅没有实现公正,也没有真正实现效率。

---

① 陈瑞华:《看得见的正义》,北京:法律出版社1999年版,第31页。

职务犯罪惩治预防管理体系中的注重效率理念,主要有四方面的要求。

(一)建立科学的侦查结构

通过确立控诉进攻、辩护防御的侦查结构,一方面可以通过控辩平等来实现公正,另一方面也有助于效率提高。在职务犯罪中由检察机关负举证责任有利于实现公平之外,同时也是出于对效率的考虑。检察机关以国家财力为后盾,通过行使国家权力收集证据,虽然犯罪嫌疑人不负举证责任,但他也不享有检察机关在调查取证上的便利。通过这种力量上的平衡保证两者在诉讼过程中势均力敌,防止出现控辩失控、纠缠不清影响诉讼效率的情况。[①]

(二)限制侦查程序期限

《刑事诉讼法》规定了明确的期限和切实可行的司法审查纠正机制,兼顾效率与质量。这既有利于人权保障和程序公正的实现,又有利于合理配置侦查资源,最大限度地追求侦查效率,从而确保侦查程序各方及时从不确定性中摆脱出来,恢复安宁与自由。因此,侦查程序必须尽快产生一项终结性的程序结果,即撤销案件或进入下一个程序,通过对期限的限制促使检察机关加快惩治职务犯罪工作的效率。

---

① 于绍元、马贵翔:《刑事诉讼程序公正的内涵及其限制》,《法商研究》,2000 年第 3 期。

(三) 加强职务犯罪预防

为贯彻注重效率理念,检察机关惩治职务犯罪的同时,也要加强职务犯罪预防体系建设。习近平总书记指出,"预防职务犯罪出生产力",充分肯定了预防职务犯罪工作在反腐倡廉和促进经济社会发展中的重要作用。从犯罪学角度考察,预防职务犯罪是治理腐败的上策,根据"边际效用递减"的原理,单纯强调和使用刑罚并非经常有效,还应当积极采取预防措施。衡量反腐败成效,既要看打击处理了多少犯罪分子,更应当看教育挽救了多少干部,保护了多少资金安全以及堵塞了多少制度漏洞。[①] 加强职务犯罪预防,从源头上减少职务犯罪案件的发生,客观上提升了职务犯罪惩治工作的效率。

七、专群结合理念

专群结合是党的群众路线在司法工作中的具体体现,是司法工作的基本方针。"专"是指司法专门机关、专门工作人员、专门工作方法;"群"是指人民群众的智慧、力量和参与。专群结合是司法机关克敌制胜的重要法宝,也是司法工作创新发展的不竭动力。司法机关作为维护社会公正和保障人民利益的国家机关,在长期工作实践中,与群众建立了密切的联系。大量职务犯罪案件都是由人民群众举报发现,有些职务犯罪

[①] 袁本朴:《对"预防职务犯罪出生产力"的理解和实践》,《光明日报》,2013年11月6日。

的证据也是由人民群众提供,同时职务犯罪的审判和处理,也与人民群众的利益息息相关。

专群结合是实现人民民主的有效形式,通过人民群众的参与,能够充分发挥人民群众的能动性,加强对国家权力运行的监督。专群结合是我国职务犯罪惩治预防的重要理念,检察机关应从两方面贯彻落实。

(一)提高检察机关的专业化程度

1. 侦查职能专业化。我国的法律明确规定,检察机关是国家的法律监督机关,其重要职能之一就是监督国家公务员的职务活动。然而检察机关并非专门的侦查机关,还承担着像公诉等其他职能。内部机构设置上,检察机关逐渐分离了侦查部门和起诉部门,反贪污贿赂局和反渎职侵权局的成立,实现了检察机关内部的专业化。从职能划分的角度来看,中国职务犯罪侦查职能的专业化已经确立了以检察机关的贪污贿赂侦查部门和渎职侵权侦查部门为主体的基本格局。①

2. 侦查人员专业化。职务犯罪侦查人员的专业化,就要求从事职务犯罪侦查工作的人员具备相关的专业知识、专业技能、专业素质、专业经验。例如,近些年在金融、保险、基建、教育等领域的职务犯罪案件较多,对于侦查人员来说,仅仅掌握法律知识是不够的,还必须了解特定行业的规律。同时根据侦查人员个性特长进行专业化分工,例如将侦查破案人员

---

① 何家弘:《论职务犯罪侦查的专业化》,《中国法学》,2007年第5期。

与取证举证人员分工,最大限度发挥每个人作用。① 再如,司法改革中关于职侦主任检察官的制度设计,也是从人员专业化角度来提升侦查效率的。②

3. 侦查技术专业化。随着科技信息化浪潮和"以审判为中心"诉讼制度的确定,依靠传统的"一张纸""一张嘴""一支笔"这种原始的侦查手段根本无法实现新时期要求,这就迫切需要进一步提升检察机关侦查技术与信息化运用的能力和水平,充分利用科技手段提高取证能力和对证据的分析鉴别能力,拓展侦查人员的认知能力,克服对口供的过分依赖③,提高惩治职务犯罪的效率。

(二)依靠群众力量

习近平总书记在一系列重要讲话中明确指出,"反腐败斗争的根本基础是密切联系群众,根本路径是紧紧依靠群众,根本标准是群众满意不满意"。因此,在反腐败工作大局中,在惩治预防职务犯罪工作中,没有群众的大力支持、广泛参与和积极作为,检察机关只能陷入"单打独斗""孤立无援"的境地。《人民检察院组织法》中明确规定,人民检察院在工作中必须坚持实事求是,贯彻执行群众路线,倾听群众意见,接受群众监督。在惩治预防职务犯罪工作中,检察机关要紧紧依靠群

---

① 叶莹:《修订后刑诉法下职务犯罪侦查专业化分工办案模式之探索》,《法制博览(中旬刊)》,2015年第6期。
② 井晓龙、张云霄:《关于职务犯罪侦查主任检察官制度构建的研究》,《河北法学》,2015年第7期。
③ 崔锡猛:《以审判为中心的诉讼制度对职务犯罪侦查工作的影响》,《江苏经济报》,2015年6月11日。

众,坚持走群众路线,完成党和人民赋予的工作使命。主要包括有四方面内容。

1. 依靠群众发现犯罪线索。在职务犯罪的惩治工作中,公民或者其他组织的申诉、检举、控告是检察机关发现职务犯罪行为的重要来源。如果单凭国有单位内部的检举,没有公民或者其他组织的参与,相当大部分职务犯罪都无法被发现,更称不上被惩治。因此,要使职务犯罪侦查工作出成绩,有实效,除了侦查部门发挥积极性主动性摸排犯罪线索之外,还必须抓好线索来源环节的群众广泛参与,转变工作作风,通过多种方式,畅通多种渠道,充分调动群众的积极性,依靠群众拓宽线索来源。① 例如,2009年,高检院开通了检察机关统一举报电话"12309",群众拨打"12309"后,电话将被接往拨打地所在检察机关,方便群众揭露犯罪线索。

2. 依靠群众调查取证。职务犯罪案件犯罪分子大都是利用职权来掩盖其罪行,隐蔽性和迷惑性极大,但无论其预谋如何充分,手法怎么高明,总会有一些蛛丝马迹、异常现象而被人民群众看在眼里,记于心上。广大人民群众往往对贪污贿赂、渎职等职务犯罪深恶痛绝,有很大的积极性帮助检察机关调查取证。很多职务犯罪案件,都是人民群众提供了关键的证据或线索,这表明了取证工作坚持群众原则的可行性。②

3. 依靠群众深化预防工作。预防职务犯罪的工作中更要

---

① 李洁:《浅谈如何在职务犯罪侦查中贯彻群众路线》,正义网,2013年9月2日,网址 http://www.jcrb.com/xztpd/2013zt/201309/QZLXYJCDWJS/201309/t20130902_1194273.html。

② 《浅议如何在查办职务犯罪案件中践行群众路线》,新华网,2013年8月28日,网址 http://www.sn.xinhuanet.com/2013-08/28/c_117132790.htm。

充分发挥群众作用,将专门机关与群众相联系,通过引导群众、动员群众,将反腐倡廉的思想深植到每个人心中,在社会上形成拒绝职务犯罪的氛围。2013年2月起,全国检察机关开展了以"深入反腐败,大家来预防"为主题的"进机关、进企业、进乡村、进学校、进社区",为期两年的专题预防职务犯罪专项活动,发现了一批职务犯罪隐患和线索,使预防专业化与社会化的结合更加紧密,更富有成效。①

八、文明执法理念

党的十八届四中全会指出,"执法司法不规范、不严格、不透明、不文明现象较为突出,群众对执法司法不公和腐败问题反映强烈"。习近平总书记在2015年中央政法工作会议上指出,"全国政法机关要继续深化司法体制改革,为严格执法、文明执法、公正司法和提高执法司法公信力提供有力制度保障"。

文明执法是我国司法文明建设的必然要求,严格、公正、文明执法是党和人民对检察执法工作的基本要求,也是执法工作的永恒主题。文明执法理念是指检察机关要真诚地为人民服务,为国家和社会的中心工作服务,体现检察机关全心全意为人民服务的宗旨,真正做到"立检为公,执法为民"。②

---

① 参见《最高检厅局长访谈之职务犯罪预防厅厅长宋寒松》,正义网,2015年1月29日,网址 http://live.jcrb.com/html/2015/1031.htm。
② 陈乃保:《强化自身监督制约提高严格、公正、文明执法的能力》,《犯罪研究》,2005年第5期。

（一）建设文明执法队伍

文明执法要求有一支文明的执法队伍,以维护法律的公平和正义,保障社会的稳定和秩序。一方面,检察机关应当对执法队伍的人员进行思想政治教育,检察机关的宣传部门要积极开展文明执法教育,通过宣传正反面教材以及其他各种渠道,提高文明执法意识。另一方面,检察机关还应健全奖惩机制,对文明执法干警予以奖励,对执法工作中的腐败现象,要发现一起严肃查处一起,不断纯洁执法队伍。[1] 通过思想教育和奖惩机制,将文明执法理念深深植入到检察干警心中,确保他们在惩治预防职务犯罪的过程中能够文明执法、公正执法,最终确立民众对法律的尊重与信仰。

（二）规范执法行为

侦查职务犯罪环节容易出现侵害公民利益的现象,因此,更应该贯彻文明执法的理念。《人民检察院刑事诉讼规则(试行)》明确规定,搜查人员应当遵守纪律,服从指挥,文明执法。在取证时也要文明,接触证人、被害人,要坚持摆事实,讲道理,以理服人,使他们自愿如实作证,不能以力服人,更不能暴力取证、非法取证。检察机关要加强侦查工作规范化建设,完善侦查机制和办案流程,加强对侦查过程的监督和控制。[2]

要完善执法程序,保障公民和法人的合法权益。办案人员必须牢固树立现代执法理念,增强诉讼民主意识,严格按照法

---

[1] 杜显刚:《检察机关如何严格公正文明执法》,《社会与法》,2009年第11期。
[2] 朱孝清:《中国检察制度的几个问题》,《中国法学》,2007年第2期。

定程序行使职权。要推行检务公开,坚持程序透明、具体、严密,实现执法工作制度化、规范化和程序化。坚持打击犯罪和保障人权相结合,做到既伸张正义,又切实保护当事人的合法权益。① 要使每一起案件的办理做到事实清楚、定性准确、程序合法、处理及时,经得起历史的检验。例如江西省宜春市检察院以涉嫌贪污犯罪对某宾馆原副总经理叶某立案侦查,讯问后对其取保候审。之后叶某在家中煤气中毒死亡,警方确认系自杀。叶某家属及亲友连续上访,认为检察机关刑讯逼供造成叶某死亡。面对质疑,办案人员出示了讯问叶某的全程同步录音录像。不间断的画面从不同的角度清晰地放映了讯问的全景,真实记录了整个讯问过程。随着全程同步录音录像的播放,叶某家属消除了疑虑。②

(三) 构建文明执法外部环境

检察机关独立行使职权是文明执法十分重要的内容。只有保证检察机关能够依法独立公正地行使职权,在职务犯罪惩治预防工作中保持其独立性,不受行政机关、社会团体和个人的干涉,才能保证检察机关行为文明。就确保检察机关依法独立行使检察权而言,在宏观层面应当进一步协调检察机关与地方政府、地方人大以及地方党委之间的关系,在人、财、物方面摆脱受制于地方的局面,使其在权力结构体系中保持应有的独立性,这是一项根本性的变革,也是最为基础、最有

---

① 何毅:《简析检察文化建设的基本内容》,《才智》,2013年第27期。
② 丁海东:《促进规范文明执法"逼"出侦查新水平——实行全程同步录音录像取得四大成效》,《检察日报》,2010年2月23日。

意义的改革。①

(四) 加强自身文明执法监督制约

要通过加强对检察执法工作的监督,实现检察机关的文明执法。权力只有被监督和制约才能实现执法的有序和文明。检察机关一方面必须尊重法律规定的其他司法机关对自己的权力制约,另一方面也要加强内部监督,以确保执法权的行使符合国家和人民的意志,确保执法活动严格运行在法治的轨道上。同时,检察机关必须坚持检务公开,不断增强执法工作的透明度,主动接受公众和各类媒体的监督,从而保证执法文明。②

九、社会和谐理念

构建和谐社会是在党的十六届四中全会上提出的社会发展目标,是党和政府的重大战略任务。和谐社会是全体人民各尽其能、各得其所而又和谐相处的社会,是理性、人本、人与社会、人与自然关系协调和谐发展的社会,要求"民主法治、公平正义、诚信友善、充满活力、安定有序、人和自然和谐相处"。

民主法治是和谐社会六要素中最核心的要素,发挥着统揽全局的作用。和谐社会的所有问题都必然归结于法治问题,

---

① 陈卫东:《司法改革背景下的检察改革》,《检察日报》,2013年7月23日。
② 陈乃保:《强化自身监督制约提高严格、公正、文明执法的能力》,《犯罪研究》,2005年第5期。

或者与法治密不可分,因而必须依靠法律来推动和谐社会的构建,依靠法律来引导和谐社会的发展,依靠法律来保障和谐社会的实现。① 惩治预防职务犯罪管理中社会和谐理念具体表现为:一方面,检察机关对职务犯罪行为的惩治预防本身就有利于和谐社会的建设。另一方面,和谐社会构建对惩治预防职务犯罪工作提出了更高要求。

(一)惩治预防职务犯罪推动和谐社会建设

检察机关作为法律监督机关,发挥着保护公民合法权益,实现社会公正,维护社会稳定的重要作用。在构建和谐社会中,必须以"强化法律监督,维护公平正义"为主题,把维护公平正义,作为强化法律监督职能的切入点和着力点,积极探索强化监督职能的有效途径,增强监督效果,确保监督的及时性、准确性和有效性。

司法权是社会公平正义的最后一道防线,如果司法机关执法不严、司法不公,其直接后果是国家和人民群众在其合法权益受到侵害时得不到司法救助,也会严重损害公众对于法律权威的信仰和对国家司法权的信任,不利于我国法治建设。国家机关工作人员滥用人民赋予的权力,肆意贪污受贿、渎职侵权,不仅侵犯了国家工作人员履行职务的廉洁性和正当性,更为严重的是损害了民众在长期以来形成的对国家工作人员的信任,自然也就不利于社会稳定,从而更谈不上构建社会主义和谐社会,因此检察机关应深入开展反腐败斗争,积极查办群众反映强烈的职务犯罪大案要案,积极处理公民举报或者

---

① 张文显:《构建社会主义和谐社会的法律机制》,《中国法学》,2006年第1期。

有关单位反映的职务犯罪案件。

检察机关惩治预防职务犯罪减少了国家机关内部存在的各种渎职、以公谋私等行为,优化了政府权力运行秩序,这为经济发展和公民权利保护提供了法律保障,有助于推动和谐社会的实现。

(二)构建和谐社会对惩治预防工作提出新要求

和谐社会的每一个要素都与职务犯罪的惩治和预防工作息息相关,社会和谐理念对完善惩治预防职务犯罪工作提出了更高要求。

1. 职务犯罪预防。腐败行为发生与否,与行为主体的思想动因有着十分关键的联系。反腐工作,教育是基础。事前预防的方式将大大减少对我国司法资源的消耗,同时也将从源头解决职务犯罪问题。检察机关要紧密结合当今干部队伍在思想上和行为上存在的问题,加强对国家机关工作人员的思想政治教育,使他们普遍树立起执政为民的理念;帮助工作人员加强自我修养,增强自律意识和防腐意识,主动拒绝腐败。通过加强教育,发扬民主,健全法制,强化监督,创新体制,把反腐败寓于各项重要政策和措施之中,从源头上预防和解决腐败问题。① 2012年以来,河南省检察机关共开展预防调查1326件,发现并移送职务犯罪案件线索216件,自侦部门立案180件;共提出预防检察建议2022件,其中1853件被采纳,推动建立制度1104件,有力消除了犯罪隐患;共制作年

---

① 谢文焕、梁郁娟:《强化预防职务犯罪职能,构建社会主义和谐社会》,《南方论刊》,2007年第2期。

度报告和其他预防报告1037件,通过预防报告推动建立制度689件,有效推动了和谐河南建设。

2. 职务犯罪惩治。"刑罚的目的仅仅在于:阻止罪犯再重新侵害公民,并规诫其他人不要重蹈覆辙。"[1]加大惩治的力度一方面是对其他公职人员的震慑,通过具体案件的惩处使公职人员自觉遵守法律,维护我国现有的职务犯罪惩治制度。另一方面也反映国家对惩治职务犯罪的决心,满足民众对国家的期望,消除民众因职务犯罪案件产生的对政府的不信任感,有利于维护社会稳定,实现和谐社会。

3. 惩治预防体系建设。中共中央《建立健全惩治和预防腐败体系2013～2017年工作规划》中指出,要"善于用法治思维和法治方式反对腐败,让法律制度刚性运行"。制度建设在建立健全惩治预防腐败体系中具有核心作用,要以健全惩防体系为切入点,加大建制力度,筑牢预防职务犯罪相关的制度防线。建立健全反腐败法律法规,运用法律手段防治腐败,切实提高反腐倡廉法制化水平,是我国推进依法治国、建设法治政府的题中之义。[2] 检察机关要积极推动反腐败国家立法,完善惩治和预防腐败体系,形成不敢腐、不能腐、不想腐的有效机制。

4. 惩治预防能力建设。检察机关通过加强队伍建设,要不断提高惩治预防职务犯罪的能力,不断提高法律监督的能力。首先,检察机关应当提高自己在预防职务犯罪中的控制

---

[1] [意]贝卡里亚:《论犯罪与刑罚》,北京:中国法制出版社2005年版,第52页。
[2] 刘素梅:《中国特色惩治和预防腐败体系建设:目标路径与评价》,《学术论坛》,2014年第12期。

力,也就是说检察机关应当对预防的对象、重点有清晰明确的认识,对于涉及国家、社会公共利益的领域特别加强预防,注意其中可能存在的制度或者机制上的问题。其次,检察机关可以通过对职务犯罪的惩治预防活动,鼓励公民和社会舆论发挥作用,形成对职务犯罪行为监督的浓郁气氛。构建社会主义和谐社会,还要不断地创造探索新的方法和途径,没有创新,就没有活力,就将滞后于时代的发展。为了实现和谐社会,检察机关要对预防和惩治职务犯罪工作进行创新,不断满足政治、经济、社会发展的需要。

第四章　职务犯罪举报线索的管理

党的十八届四中全会通过的《中共中央关于全面推进依法治国若干重大问题的决定》明确指出："加强职务犯罪线索管理,健全受理、分流、查办、信息反馈制度。"检察机关作为查办职务犯罪的重要职能机关,加强职务犯罪线索管理,严惩职务犯罪,责任重大。举报工作是查办职务犯罪工作的重要组成部分,加强举报线索管理,一定意义上讲,就是加强职务犯罪线索管理,包括举报线索的受理、分流、查办、信息反馈等。本章主要就职务犯罪举报工作管理,特别是举报线索管理的有关问题进行探讨。

一、举报的基本内涵

一般意义上讲,举报主要是指机关、团体、企事业单位和个人向司法机关和有关部门检举、揭发犯罪嫌疑人的犯罪事实或者提供犯罪嫌疑人线索的行为。举报是宪法和法律赋予公民对国家机关和国家工作人员进行监督的一项民主权利。

我国《宪法》第四十一条规定："中华人民共和国公民对于任何国家机关和国家工作人员,有提出批评和建议的权利;对于任何国家机关和国家工作人员的违法失职行为,有向有关国家机关提出申诉、控告或者检举的权利,但是不得捏造或者歪曲事实进行诬告陷害。对于公民的申诉、控告或者检举,有关国家机关必须查清事实,负责处理。任何人不得压制和打击报复。"修改后的《刑事诉讼法》第一百零八条规定："任何单位和个人发现有犯罪事实或者犯罪嫌疑人,有权利也有义务向公安机关、人民检察院或者人民法院报案或者举报。"宪法和法律的这些规定,为公民以举报的方式对国家机关和国家工作人员行使监督权提供了法律保障,使举报成为公民同职务犯罪作斗争的有力武器和重要手段,也成为我国司法机关、行政监察机关以及其他有关机关和部门发现和查办职务犯罪的主要线索来源和渠道。

职务犯罪举报工作是检察机关的一项重要职能,主要是指人民检察院受理个人或机关、团体、企事业单位的举报,并通过查办举报案件,实行内部制约和行使法律监督职能的一项重要的业务工作。职务犯罪举报工作是专门工作与群众路线相结合的有效形式,是检察机关联系人民群众的桥梁和纽带,是查办职务犯罪案件获取线索和案源的主要渠道,是保障公民依法行使政治民主权利的重要制度,是中国特色社会主义检察制度的有机组成部分。做好职务犯罪举报工作,有利于维护司法公正,保护人民群众的合法权益,促进社会和谐稳定;有利于查办职务犯罪,促进政治清明,推动党风廉政建设和反腐败斗争的深入开展;有利于加强社会主义民主法制建设,加快建设社会主义法治国家的进程。

二、举报制度的历史考察

(一) 中国古代的举报制度

我国是法制文明古国,有着悠久的法律传统。"中国古代法律在漫长的发展过程中,既有内在的连续性,又有因时因事而异的可变性或转化性。"①这些都是我国法文化的宝贵财富。举报制度在我国具有悠久的历史,且有多种形式,从而构成了我国独特而又丰富的法文化风貌。

1. 诽谤木

诽谤木是中国最早的举报形式之一。尧舜时代,政治开明,为"求言"于民,"政府机关"门前或交通要道上树立着一些齐人高的木桩,其顶部有一块横向的木板,它像一个简易的指示路标,鼓励天下人在木板上刻写对君王的批评意见,议论是非,指陈过失,"诽谤"君王,故被称为"诽谤木"。随着时代的推移,到了汉代,诽谤木逐渐演变成了宫殿、城门口甚至皇陵上的雕龙刻云、高耸云霄的擎天大柱,形成蟠龙缠绕的华表,已失去尧舜时代设立诽谤木的本意,成了历代帝王皇宫的装饰物和帝王尊严的标志物。"诽谤"一词的意义也由原来的"议政、提意见"变成了"无中生有,说人坏话,毁人名誉;诬蔑"。诽谤木之制,到了南朝梁武帝时,改为诽谤木旁设一木函(即匣)。《梁书》卷二载,老百姓给官府提意见,可以"投谤

---

① 张晋藩:《中国法律的传统与近代转型》前言,北京:法律出版社,2005年版。

木函"。这种用木头做的匣子,类似于今天的意见箱、举报箱。

2. 肺石

肺石是设立在朝廷门外的石头,为赤色,形如肺,故名。肺石之制起源于西周时代,民有不平事,得击石举报申诉。《周礼·秋官·大司寇》记载:"以肺石达穷民,凡远近茕独、老幼之欲有复于上,而其长弗达者,立于肺石三日,士听其辞,以告于上,而罪其长。"也就是说,朝廷将设立"肺石"的初衷是告诉百姓,凡远近孤苦伶仃和老幼之人有什么需要向朝廷禀报的,本人可立于"肺石"旁击之。最多三天,主管官吏就会听其申诉,若情况属实,将告知上官对下官治罪。这种制度一直流传到唐宋时代。《唐六典》记载:"经三司陈诉,又不伏者,上表,受表者又不答听,挝登闻鼓。若茕独老幼,不能自申者,乃立于肺石之下。"宋代沈括在《梦溪笔谈·器用》中说:"长安故宫阙前,有唐肺石尚在。其制如佛寺所击响石而甚大,可长八九尺,形如垂肺。"所以选择肺形,一是便于捶击,二是肺主声,声所以达其冤也。

3. 缿筒

缿筒是我国最早类似于今日举报箱的器具,出现于西汉时代。据《汉书》记载,"又教吏为缿筒,及得投书"。唐代颜师古在为《汉书》作注时,引用前人关于缿筒是什么器具的话,谓"缿"如瓶,可受投书,"筒"是竹筒,是官府受秘事用的。缿筒就是一件接受信件的器具,就像储钱罐,上面有个小孔,可入不可出。

4. 铜匦

铜匦是唐代武则天于垂拱二年(686)设置的。据宋代王谠《唐语林》记载,铜匦是一个叫鱼宗保的人上书建议设置的,武则天悦而从之。铜匦是个方形铜匣,东南西北各置门,可进不可出,各依一色,共为一室。铜匦的设置,表达了武则天以"仁义、忠信、公平、聪智"四德统治天下的愿望。它主要有四个特点:一是具有多种功能,集举报、建议、举荐、反腐等于一匦。二是使长期生活在社会底层的庶民百姓有了一定程度的言论自由,有了对国家大事发表看法和倾吐心声的机会。三是对举报人给予特殊待遇和特殊保护政策。据《资治通鉴》载,谁是举报告密者,所有官员都不得询问,举报人到京城告密,由官家的驿站负责接待,给予相当于五品官的供应标准。举报人到京后,被引到皇帝所在的地方,即使是农夫、猎户、打柴人,也能得到召见。四是人间善恶事,多所知悉。铜匦的设置,成为武则天了解天下大事的一个窗口,使其对下情有较深入的洞察,有利于巩固其统治。当然,铜匦的设置也出现了一些负面影响,武则天规定,告密有功者赏,不实者不追究,结果告密者越来越多,案积如山,有些人甚至罗织罪名,造成了一些冤假错案。

5. 登闻鼓

相传尧舜时就有了登闻鼓的雏形,当时曾设立了供欲直言诤谏或申诉冤枉者使用的"谏鼓"。登闻鼓正式出现在西晋,西晋在朝堂外悬设登闻鼓,允许有重大枉屈者击鼓鸣冤,直诉于中央甚至皇帝。北魏也在京城宫门外设登闻鼓,允许击鼓鸣冤直诉于朝。以后,历代都有登闻鼓。唐代规定,凡冤无处申诉者,可以通过邀车驾、击登闻鼓等形式向皇帝告诉。宋代登闻鼓的作用发挥得较好,史籍中多有记载。

尽管中国古代的举报形式多样,但对举报也有一定限制。一是严禁诬告,诬告者实行反坐。如秦律规定,故意捏造事实陷害他人者，即构成诬告罪，按被诬告人所受到的刑罚对诬告者进行处罚。二是限制越级告诉。汉朝严格规定了告诉的程序，即由县至郡，由郡至中央廷尉，直至诉于皇帝，严禁越级告诉，违者有罚。唐律规定告诉先向县级控告，再由县而州，由州至中央大理寺，一般情况下禁止越级告诉，对越级告诉和受理者处以笞刑。清律严格禁止越级告诉行为，案件当事人若不服判决，可逐级上诉申控，但不得越过本级主管机关径赴上司申诉，违者即使所控属实也应笞五十，或将本人并同代书诉状之人一体按"光棍"例治罪。三是卑幼亲属不得告诉尊长亲属，实行亲亲相隐原则。西汉武帝后，法律开始儒家化，在起诉中严格限制卑幼亲属状告尊长亲属，否则将以不孝罪处以刑罚。唐律规定，除谋反、谋大逆、谋叛等罪外，卑幼不得控告尊长，卑贱不得控告尊贵，在押犯人或80岁以上、10岁以下老、幼之人以及笃疾者一般也无控告权，禁止投匿名信控告，起诉要有起诉书，且要按规定书写。清代更为严格，依清律，凡依律应属容隐之人，一律不得赴官陈控，包括奴婢、雇工等，均不得控告家长。

值得注意的是，我国封建王朝自汉宣帝时起，一直沿用亲亲相隐原则。亲亲相隐是指亲属之间可以相互首谋隐匿犯罪行为，不予告发和作证。这种主张亲属间首谋隐匿犯罪行为可以不负刑事责任的原则，源于儒家"父为子隐，子为父隐，直在其中"的伦理道德思想。由于这一原则顺应了人的亲缘本性，有利于国家的长治久安，因而得到统治者的青睐。汉宣帝时期明确规定："父子之亲，夫妇之道，天性也……自今，子首匿父母，妻匿夫，孙匿大父母，皆勿坐。其父母匿子，夫匿妻，大父母匿孙，罪殊死，皆上请廷尉以闻。"（《汉书·宣帝纪》）

也就是说,对亲属中的卑幼首匿尊长的犯罪行为,不追究刑事责任;对亲属中的尊长首匿卑幼的犯罪行为,一般犯罪不负刑事责任,死刑案件则上请廷尉,由其决定是否追究首匿者的罪责。由此可见,汉代将亲亲相隐原则作为一项百姓的权利加以规定,宽宥亲人之间因为亲情而包庇藏匿犯罪亲人的行为。唐代继承了这一原则,规定更详细、更全面,并将这一原则发展到一种容隐义务。除谋反、谋大逆、谋叛等危害国家利益的犯罪外,其他的犯罪都适用亲亲相隐的原则。违反容隐义务的,其主处以绞刑,这种处罚远远大于汉代的规定。唐代还扩大了容隐义务的范围,不仅包括直系亲属和配偶,还包括"同居者"、不同居而同姓大功以上亲属及大功以下的一些亲属。唐代的这种发展有利有弊:利在于尊重了人性亲情,符合伦理道德;弊在于将之视为一项义务,未免过于苛刻。

　　古代的这一项原则很值得我们现代社会的执法者深思探讨。我国现行的法律要求,任何人都有揭发、举报、作证的义务,无论被揭发、举报的人是不是自己的亲人,甚至不如实揭发、举报自己亲人的,还有构成包庇罪之虞。据学者统计,目前,世界上多数国家都有亲亲相隐的法律规定,其中自然有其合理性。亲亲相隐这种看似悖谬的法律规定,恰恰反映出先哲们深厚的人文底蕴——对任何社会都居极少数的犯罪人群的惩治绝不能以大多数人的亲情泯灭、良心沦丧为代价,否则就是对社会更深刻、更长久的损害。为了维护社会关系中的人性基础,追求发现真实的法律必须舍国保家,作出巨大的让步。因为家庭是社会最基本的单元和细胞,一旦遭到人为的破坏,就不仅会危及人类本能之爱和家庭的存亡,还会积聚成社会动荡的隐患。在迈向政治文明、构建和谐社会的今天,我们的法律乃至我们的社会价值观,是否应该作出一定的修正,值得深思。

(二)新民主主义革命时期的举报制度

现代意义上的举报制度,在新民主主义革命时期已有了雏形。早在1931年,中华苏维埃共和国临时中央政府在江西瑞金成立,政府下设各部门,工农检查部控告局便是其中之一。同年,工农检查部控告局将一个小木箱挂在了江西兴国县高兴区苏维埃政府,木箱正面用毛笔工工整整地书写着3个大字——控告箱。这也是中国共产党用于反腐倡廉的第一个控告箱,该控告箱现存于中国革命博物馆。1932年初到1934年秋,中国共产党在中央苏区开展了第一次大规模的反腐倡廉运动,通过建立控告局、发动群众开展广泛的检举运动、加强舆论监督、严查大案要案等一系列措施,重点反对贪污浪费,反对官僚主义,为巩固和建设中央苏区根据地发挥了重要作用。

(三)新中国成立后举报制度的新发展

新中国成立后,党中央高度重视反腐倡廉工作,并充分利用群众的力量开展各种反腐败运动,但当时在相当长的一段时间里,举报作为政治斗争的工具,在特定的历史时期成为人们闻之色变的手段。"文化大革命"以后,我国检察工作才正式进入了正轨,打击职务犯罪的工作也开始更多地宣传举报人的重要作用。

1988年3月8日,深圳市人民检察院在全国率先成立了经济罪案举报中心,并在全市范围内设立举报箱,立即受到社

第四章 职务犯罪举报线索的管理

会各界的关注。6月17日,最高人民检察院要求全国检察机关成立举报中心。当年,2734个举报中心便如雨后春笋般出现在全国各地检察机关。10月,全国检察机关第一次举报工作会议在广东召开,这是举报工作历史上一次具有标志意义的会议。12月26日,最高人民检察院公布了《人民检察院举报工作若干规定》。1989年1月10日,最高人民检察院举报中心挂牌成立。此后,全国检察机关为了鼓励群众举报各种职务犯罪分子,都建立了举报中心,并设立举报箱,公布举报电话,建立举报网站,制定各项举报保护、奖励等工作制度,极大地推动了举报职务犯罪工作的深入发展。

举报中心成立后,各地检察机关扎实开展举报工作,相继建立了检察长接待、举报人保护、举报线索的微机化管理、举报奖励、举报宣传、举报线索网上分流等一系列举报制度和工作方法。最高人民检察院还陆续出台了《人民检察院控告申诉首办责任制实施办法》《关于保护公民举报权利的规定》《关于加强举报工作的规定》《奖励举报有功人员暂行办法》《关于认真做好署名举报答复工作的通知》《关于进一步加强和改进举报线索管理工作的通知》等一系列规范性文件,逐步建立了一套举报工作长效机制。2008年2月,全国检察机关第四次举报工作会议在深圳市召开,会议总结了举报工作的成功经验,查找问题和原因,深入研究了加强和改进举报工作的具体措施,为全面推动举报工作健康发展指明了方向。2009年4月,修订后的《人民检察院举报工作规定》向社会公开发布。2014年7月,最高人民检察院对《人民检察院举报工作规定》再次修订。

举报工作理论创新发展。2010年6月,由最高人民检察院主办、河南省人民检察院承办的"中国2010年检察举报工作论坛"在河南登封举行,会议围绕"检察举报制度的完善与发展"进行了深入研讨。这是最高人民检察院首次举办检察举报工作论坛。笔者结合检察举报工作实践,在论坛上作主题发言,提出要构建举报工作位置龙头化、举报线索管理扁平化、举报管理手段信息化的"三位一体"管理模式。上海市检察院以"深化不立案审查机制,践行监督与保障主题"为题,广东省检察院以"建立举报线索集体评估制度,强化问责机制"为题,黑龙江省检察院以"创新实名举报答复制度,提高检察机关公信力"为题,分别介绍经验。同时,笔者结合多年的政法工作实践,以管理学的视角,撰写了《中国控告申诉检察管理模式研究》专著,由河南大学出版社出版,有关专家学者评价该书是"控告申诉检察工作管理的创新",是"理论的升华、实践的超越"。

（四）国外的控告举报制度

很多国家都将举报视为发现犯罪,打击犯罪,保护国家、社会和人民利益的重要手段,并广泛应用于实践。鉴于举报具有如此社会功效,一些国家根据社会发展和实践需要,纷纷将举报立法,用法律手段规范和约束与举报相关的各项行为,使其规范化、制度化,兼具人性化。其中,法律对举报人所享有的权利与国家对举报人所应承担的义务的相关规定明确具体,在实践中切实可行,得到社会的充分信任,具有良好的示范作用。

在司法程序中,诉讼发生前叫举报人,诉讼发生后举报人可以转为证人。举报人是向有关单位检举报告违法犯罪嫌疑

第四章 职务犯罪举报线索的管理

的人,西方国家称其为"吹口哨人"。美国制定了《吹口哨人保护法》,专门对举报人进行保护,以防止举报人遭到打击报复。该法规定,司法部如果在收到举报人投诉、告发后决定作为原告参与起诉,举报人可以分到赔偿额的 15%～25%;如果司法部不参与,举报人可以自行调查、起诉,并可分到赔偿额的 25%～30%。

俄罗斯建立了内部举报制度,制定了多项反腐法案。这套法案包括俄联邦反腐败基本法、俄联邦政府法律修正案及对 25 项联邦法律进行变更和修改的法律。俄联邦反腐败基本法确定了国家在反腐败领域的基本政策。根据俄罗斯的反腐计划,国家机关建立内部举报制度,公务人员有责任举报同事的受贿行为或者受贿倾向。此外,对公务人员受贿行为以及商人的行贿行为将以同等力度进行惩处。与此同时,所有国家机关的人事部门都将设立反腐败工作处,对国家公务人员的行为进行监督。

日本制定了《公益举报人保护法》,努力保护揭发和透露公司主管或分管人员违法舞弊行为的举报人。首先,相关人员要为举报人严格保密,不得以任何形式泄露举报人的真实身份。其次,公司不得以任何理由解雇或用其他任何形式打击报复举报人。如果发生这种情况,将按有关法律严肃处理。

德国制定了《证人保护法》,为那些在诉讼程序中出庭作证的举报人提供保护。证人在被询问时可以拒绝透露诸如住在哪里、在哪里工作等相关的身份信息,可以要求用屏风或者面具等遮挡自己,或者坐在由单向玻璃制作的作证室。证人在确信受到威胁时,可以在排除被告及其律师以及第三人在场的法庭上作证。

在国外,更重要的是,对于公务员的一般渎职行为的惩处非常严厉,对于像透露证人或者举报人身份这样的泄密行为的惩处之严厉,更是超乎想象——这是确保证人或举报人安全的最重要的一个前提。以上所列国家有限,但极具代表性,从中可窥见当今世界举报制度的发展趋势及方向。对我们而言,这种趋势及方向值得研究探讨,其代表的理念——保护举报人、举报人权利至上,是一种先进的理念,是我国法治现代化建设的目标之一。

三、新形势下举报工作面临的新挑战

举报工作是检察机关联系群众、依靠群众、把依法查办职务犯罪的专门工作与群众路线相结合、把专门机关的法律监督与群众的民主监督相结合的一种有效形式。实践中,尽管我国的检察举报工作取得了很大成绩,但仍存在许多问题,面临着严峻的挑战,主要表现为四个"不适应":与深入开展查办职务犯罪工作和反腐败斗争的形势不适应,与侦查一体化机制建设的要求不适应,与检察机关规范执法的要求不适应,与充分发挥监督制约职能、促进社会和谐稳定的要求不适应。具体表现在以下几个方面。

(一)举报线索总量虽呈上升态势,但实名举报比例偏低

举报中心受理的线索资源是开展职务犯罪侦查工作的基础。党的十八大以来,中央加大反腐倡廉力度,重拳出击,打"虎"拍"蝇",对职务犯罪严厉打击,有力震慑了职务犯罪人

第四章 职务犯罪举报线索的管理

员。同时，广大群众踊跃举报，职务犯罪举报线索呈上升态势。据报道，2013年9月2日中央纪委监察部网站开通后，举报网站统计的网络举报数量呈现明显上升之势。9月2日至10月2日，中央纪委监察部举报网站统计的网络举报数量达2.48万余件，平均每天超过800件，而在该年4月至8月平均每天只有300件。就河南省检察机关来说，2013年和2014年，全省检察机关受理举报线索同比分别上升21.3%和10.5%，这些都为查处职务犯罪提供了宝贵案源。

但是，一个不容忽视的问题是，在受理的举报线索中，匿名举报的多，实名举报的少。《中国青年报》曾报道，全国检察机关受理群众举报线索中，匿名举报占举报线索的60%，有的地区达80%以上。从各地检察机关的统计数字来看，实际上匿名举报率还是高达70%左右。实名举报比例偏低的情况已成为制约举报工作健康发展的突出问题。

（二）有的单位举报线索管理不够规范，管理手段相对落后

举报线索管理是举报工作的核心环节。举报线索管理的水平，直接影响着查办职务犯罪工作的开展情况。随着刑事诉讼法的修改，侦监、刑事执行检察、民行检察、预防职务犯罪等部门监督职能不断强化，举报中心统一管理举报线索的难度增大。有的业务部门在收到举报线索后，没有很好地按照有关规定及时向举报中心移交，而是自行处理，造成举报线索多头受理，没有实现统一管理，甚至造成线索积压、流失或随意处理。个别地方院领导收到的举报线索、职务犯罪侦查部门办案带出的线索、各业务部门自己受理的线索或其他单位移送的线索，都不能按规定送举报中心登记管理。一些地方

不按照要案线索备案规定向上级院备案。一些地方举报线索分流不够准确、科学,不便对线索进行查找、归纳、整理、分析,分流的质量和效率不高,线索资源利用率偏低,统计不准确、不客观,难以从宏观上把握举报工作情况,难以适应侦查一体化机制建设。

(三)有的地方举报宣传运动化,宣传效果不够理想

举报宣传工作是发动群众举报、调动群众举报积极性的重要举措。从1999年开始,最高人民检察院每年在全国范围内集中开展一次"举报宣传周"活动,至今已持续了17年。在实践中,利用每年全国检察机关的"举报宣传周"活动进行举报宣传,是检察机关开展举报宣传工作的主要内容。但这种举报宣传有的地方多限于电视讲话、街头宣传、法制讲座等传统形式,宣传内容较为机械,缺乏创新,覆盖面较窄,缺少辐射性和影响力,未能充分调动广大群众的举报积极性。一些检察机关满足于、局限于在"举报宣传周"活动期间进行集中宣传,忽视日常的举报宣传工作,举报宣传不能常态化、经常化、制度化。而且,随着形势的发展,举报宣传的形式老套,宣传的效果不好,起不到充分调动群众举报热情、使之积极投身参与反腐败斗争的作用。基层群众特别是偏远农村地区的群众对检察机关的法律性质、案件管辖范围、办案程序还不是十分熟悉和了解,特别是对党反腐败的决策、信心以及如何举报职务犯罪不清楚,不知举报,不会举报,不愿举报,举报热情还没有被充分激发出来。

第四章 职务犯罪举报线索的管理

(四) 一些地方监督制约职能弱化,初核工作开展不平衡

举报工作在服务职务犯罪侦查工作的同时,也发挥着监督制约作用,但在一些地方,由于群众举报的渠道还不够畅通,举报部门并没有发挥应有的作用。一些举报中心对分流到本院其他业务部门的线索,不能及时掌握处理情况,线索流转到何处、是否查办不清楚,催办不力,有畏难情绪,造成许多线索甚至是实名举报线索长期积压在侦查部门,致使无法及时将线索处理情况答复举报人,一定程度上挫伤了举报人的举报热情。一些地方甚至还存在着漠视群众举报的情况,群众举报后长期不查处、不答复。这些都是造成举报人重复上访、越级上访的重要原因。据统计,近年来发生的检察机关涉法涉诉信访案件中,约有40%是因举报未查处、未答复、答复不及时或对查处结果不满而引发的。

初核是法律赋予举报中心的一项重要职能,如果举报初核安排得当,检察机关就能够把握办案主动权,加快举报线索的消化,减少社会不稳定因素,提升群众对检察机关的信任度。近年来,由于受各种因素的影响,特别是检察机关涉法涉诉信访数量不断增加,越级访、集体访数量逐渐上升,检察机关涉法涉诉信访工作任务艰巨繁重。一些地方受信访形势的影响,把主要精力放在处理涉法涉诉信访工作上,举报初核职能逐渐弱化。一是有些地方对举报初核重视不够,很少甚至没有开展举报初核工作;有的地方明确规定不允许举报中心开展初核工作。二是有的地方举报初核工作侦查化倾向明显,不是出于消化举报线索、化解社会矛盾纠纷、防止涉法涉诉信访发生、维护社会和谐的目的初核,而是片面追求初核转立案

率,有的甚至将举报中心视为职务犯罪侦查部门,直接立案办理贪污贿赂等职务犯罪案件。三是个别单位由于经费紧张,存在受经济利益驱动而初核的情况。

(五)举报工作法律法规不够健全,举报人保护不够到位

目前我国并不缺乏保护举报人的法律制度,但还没有真正意义上的、操作性很强的具体措施来保障公民行使举报权利。举报人不仅得不到有效的保护,反而经常会出现被举报人利用手中"强权"致使举报人遭到打击报复的怪事。现实中,对于职务犯罪的举报,由于被举报人一般都掌握一定的权力,举报人很有可能遭到打击报复。实践中,举报人遭到打击报复的方式是多种多样的,有的人身受到侵害,有的财产被非法剥夺,有的在工作上被迫害,如被调动、降级、撤职、开除等,甚至受到刑事追诉,如被控诽谤、刑事拘留、劳动教养等。从近几年的调研情况及群众举报内容来看,对举报人变相的、披有合法化外衣的打击报复,比如劳动合同的签订、人员的裁减、人事的调整等,甚至辱骂、殴打举报人的现象时有发生,严重影响了人民群众举报职务犯罪的热情。如沈阳市"慕马案"的举报人周伟举报后遭劳动教养和开除党籍,并最终因劳教期间备受折磨而疾病缠身,撒手人寰。

据最高人民检察院统计,从20世纪90年代开始,全国发生的对证人、举报人报复致残、致死案件由每年不足500件上升到现在的每年1200多件。举报人的权益得不到有效保护,极大地伤害了人民群众举报的积极性。因害怕遭到打击报复,举报人不敢举报,即使举报也是匿名举报多,举报材料中的署名往往多是署他人名字或署假名。匿名举报给检察机关

的查案带来极大不便,检察机关由于无法通过举报人核实案件细节,致使不少案件线索不能成案,造成举报线索虽多但成案率极低的现象。

目前我国还没有专门的举报人保护法,有关举报人权益的保护规定散见于《中华人民共和国刑法》《中华人民共和国刑事诉讼法》《人民检察院刑事诉讼规则》《人民检察院举报工作规定》《最高人民检察院关于保护公民举报权利的规定》等法律及相关规定之中。由于这些规定不系统、不统一,与上述形形色色的打击报复举报人的行为相比,缺陷是显而易见的,也就难以起到对举报人权益的有效保护作用。而且这些规定大都是对事后打击报复行为的制裁,多属于事后救济手段,缺乏对举报人防患于未然的预防性保护制度。除此之外,对于举报人受到的精神、名誉及财产的损失,现行法律并没有明确规定是否应该赔偿。如果未达到"情节严重"无法用报复陷害罪调整,对于打击报复举报人的惩罚条款过于原则化、可操作性差、适用范围较窄,难以有效地对打击报复举报人的行为予以惩处,导致实践中打击报复举报人的事件屡屡发生,严重地挫伤了人民群众的举报积极性。

(六)举报工作信息化水平较低,举报中心基础建设相对滞后

近年来,不少地方开发了信访受理应用软件,也开通了网上受理举报,但有的应用不方便,有的是各自开发,数据名称不统一,技术接口不公开,上下级无法联网,与现行检察机关统一业务应用系统的数据不能实现对接,举报人也无法查询办理进展或结果,影响了群众举报的效率和质量。在举报线索管理方面,举报工作信息化水平低,与检察机关执法规范化

和群众的需求很不适应。在举报中心基础建设方面，部分业务骨干流失，人员减少。一些基层检察院甚至没有专职举报工作人员，影响举报工作的正常开展。一些举报工作人员的素质难以适应新形势、新任务的需要，在职业道德、知识结构、法律监督水平和做群众工作能力方面有待进一步提高。

四、举报工作必须树立的"五个理念"

理念决定认识，理念指导实践。党的十八届四中全会对加强职务犯罪线索管理提出了新要求，我们必须进一步解放思想，创新完善举报工作，牢固树立"五个理念"。

（一）公平正义理念

公平正义，是人类社会的共同追求，是社会主义法治的价值追求。公平正义理念要求在举报工作中，必须高度重视人民群众的举报，把人民群众的呼声作为第一信号，把人民群众的需求作为第一选择，认真负责地处理人民群众的每一件举报，对社会关注、人民群众反映强烈的突出问题以及与民生密切相关的举报线索，要及时依法查处，及时向人民群众答复反馈，切实保护人民群众的合法权益，切实维护社会公平正义，实现政治效果、法律效果与社会效果的有机统一。

（二）以人为本理念

人民是依法治国的主体和力量源泉。举报工作是法律监督与群众监督相结合的有效形式。依法受理群众举报，查清事实,保障人民群众的举报权利,是检察机关必须认真履行的职责。要把人民群众的新要求、新期待作为加强和改进举报工作的切入点,切实转变工作作风,改进工作方法。群众举报是查办职务犯罪案件获取线索和案源的主要渠道,要相信群众,依靠群众,把群众作为查办职务犯罪工作的坚强后盾;要从群众举报入手,切实提高发现问题的能力,改进执法工作。

(三)监督制约理念

举报中心的一个重要职责就是在线索管理中强化内部制约。实践中,有的地方举报线索归口不统一、线索流失、举报线索催办措施不到位、监督不力、制约不到位的问题十分突出。要按照最高人民检察院《人民检察院举报工作规定》和《关于进一步加强和改进举报线索管理工作的意见》的要求,切实增强监督制约意识,做到敢于监督、善于监督、依法监督、规范监督。要严格管理举报线索,在举报线索管理中强化内部制约,切实把监督制约纳入侦查一体化的各个工作环节。既要加强举报线索收集的管理与监督,严格落实举报线索统一管理制度,也要加强对举报线索的利用、监督与制约,保证职务犯罪线索有效、充分利用,及时消化线索,减少线索积压。要加强对初查结果的监督与制约,充分发挥举报线索的最大价值,提高突破案件的能力和查案的效果。要防止有案不办、压案不查,要以查案的实际效果取信于民,增强反腐倡廉的社会效果。

(四)服务大局理念

服务大局是社会主义法治的重要使命。检察工作是党和国家工作大局的重要组成部分,在维护社会稳定、促进社会和谐中肩负着重要职责。当前,我国正处于全面深化改革的关键时期,人民内部矛盾凸显,刑事犯罪高发,对敌斗争复杂,腐败问题仍是影响和谐稳定的一个重要因素。职务犯罪是最典型、最集中、最严重的腐败现象,破坏社会公平正义,损害党群干群关系。查办职务犯罪工作直接关系到人心向背和政权存亡,关系到构建和谐社会和维护社会稳定的大局。举报工作作为检察机关直接依靠群众同贪污贿赂、渎职侵权等职务犯罪作斗争的一项业务工作,能否深入开展,关系着查办职务犯罪工作和反腐败斗争是否有效开展,关系着检察机关贯彻党的群众路线的要求是否到位,关系着社会公平正义能否实现。因此,必须牢固树立大局意识,把举报工作置于党和国家的工作大局中开展,努力为党风廉政建设和反腐败斗争服务,着力保障和改善民生,促进社会和谐稳定。

(五)党的领导理念

党的领导是中国特色社会主义最本质的特征,是社会主义法治最根本的保证。举报工作作为党风廉政建设和反腐倡廉工作的重要组成部分,必须坚持党的领导,坚持党性与人民性的高度统一。要切实增强党的观念,始终在政治上、思想上、行动上与党中央保持高度一致,真正做到忠于党、忠于国家、忠于人民、忠于法律。要坚决贯彻执行党的路线、方针、政策和反腐败的重大决策部署,自觉服从党对举报工作的领导,自觉接受党对举报工作的监督。对严重败坏党的形象、严重损害群众切身利益的消极腐败现象和职务犯罪线索,要集中力量优先查办、重点查办。

举报工作的"五个理念"来源于检察工作实践,它们相互联系、相辅相成,是一个有机的整体。检察机关要切实把这"五个理念"落实到举报工作中,以理念的创新带动举报工作的创新,推动举报工作健康深入发展。

五、创新举报线索"三位一体"管理模式

管理出效益,管理出经验,管理出水平。现代管理理念必须以先进的管理模式为支撑。所谓模式,主要是指从不断重复出现的事件中发现和抽象出来的基本规律,是解决问题经验的总结。管理模式则是指管理人在假设的基础上设计出的一整套具体的管理理念、管理内容、管理工具、管理程序、管理制度和管理方法的理论体系,是反复应用于实践并在实践中加以遵守的管理规则。随着新形势的发展,在举报工作中引入管理、管理模式的概念,对于全面推进依法治国、实现举报工作科学发展具有重要意义。根据《人民检察院举报工作规定》和《关于进一步加强和改进举报线索管理工作的意见》,结合工作实践,要着力构建"三位一体"的举报线索管理模式(如图 4-1 所示)。

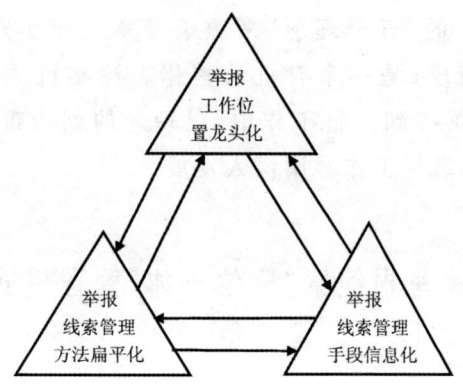

图 4-1 举报线索管理模式示意图

(一) 举报工作位置龙头化

举报工作处于检察机关查办职务犯罪工作的第一个环节,是检察机关查办职务犯罪工作的"龙头"。

1. 举报工作是查办职务犯罪工作的前提和基础

举报工作作为查办职务犯罪工作的重要组成部分,是整个查办职务犯罪工作的源头,是查办职务犯罪工作深入开展的前提和基础。举报工作是否能够有效开展,直接影响着查办职务犯罪工作能否深入推进。举报工作的重要职能就是为职务犯罪侦查工作提供充足的案源,为侦查工作服务。离开了服务侦查,举报工作也就失去了方向,失去了工作重心。服务侦查,最重要的是管好、用好举报线索。举报工作只有高效率地为侦查部门提供高质量的举报线索,才能使侦查工作不因案源匮乏陷于被动,不因线索质量低影响案件的突破,不因线索流转时间过长丧失突破案件的机会。从整体上看,目前,检察机关立案侦查的职务犯罪案件数量有所上升,这与举报工作较好地发挥了线索收集器、查办职务犯罪启动器,发挥了"龙头"作用有直接关系。

第四章 职务犯罪举报线索的管理

2. 举报工作在查办职务犯罪工作中起着枢纽作用

举报工作承担着分流举报线索和监督制约线索处理的双重职责,在查办职务犯罪工作中居于中心位置,起着枢纽作用。举报中心在对部分性质不明、难以归口的举报线索进行初核的同时,要将大量的职务犯罪线索分流到侦查部门,并督促有关侦查部门抓紧初查,按时反馈,对侦查部门长期不查办的线索和对不服侦查部门不立案的处理决定进行催办、审查、监督。

3. 举报工作是检察机关联系群众的桥梁纽带

举报中心作为接受群众举报的"窗口",不仅承担宣传发动群众举报、受理群众举报的职能,同时也负责对职务犯罪线索的查处情况和反腐败斗争取得的成效以适当形式向举报人和广大群众反馈答复,是检察机关面向社会了解社情民意的一个主要窗口,是检察机关联系人民群众的重要桥梁纽带。做好举报工作是检察机关取信于民、接受社会监督的重要举措。

(二)举报线索管理方法扁平化

扁平化管理是现代管理学倡导的一种科学管理模式。实行扁平化管理的目的是拓宽管理的横向域宽,减少中间环节,提高工作效率。如图 4-2 所示,在举报线索管理工作中,运用扁平化管理模式,减少线索流转的中间环节,有利于加快线索流转速度,提高线索的分流速度和效率,有利于解决目前存在的线索从受理到查处间隔时间过长、积压严重甚至因时过境迁而失去价值等问题。例如,2014 年 8 月 27 日,河南省检察院控申举报接待暨检务公开大厅正式启用,当天,笔者连续接待两起来访举报人,并根据举报情况,批交相关部门,有关部门审查后,当天受理,当天进入法律程序,效果良好。

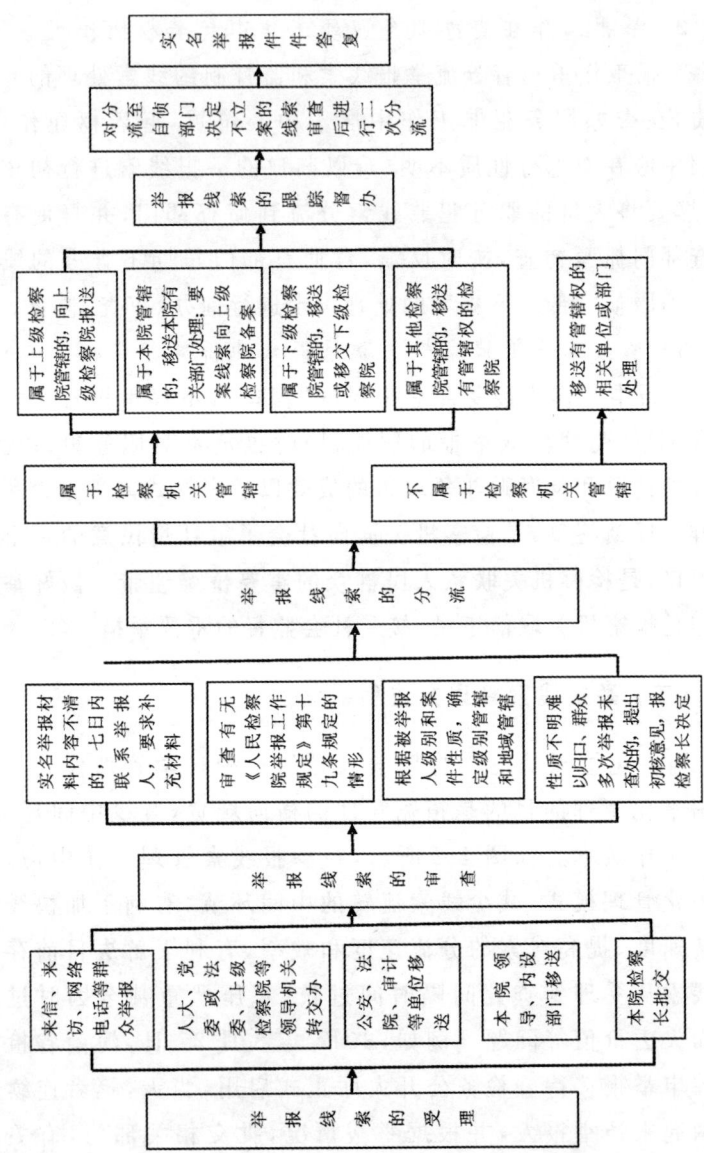

图 4-2　人民检察院举报中心处理举报线索流程图

第四章 职务犯罪举报线索的管理

《人民检察院举报工作规定》第三十条规定,举报中心对接收的举报线索,应当确定专人进行审查,根据举报线索的具体情况和管辖规定,自收到举报线索之日起七日以内作出以下处理:属于本院管辖的,依法受理并分别移送本院有关部门办理;属于人民检察院管辖但不属于本院管辖的,移送有管辖权的人民检察院办理;不属于人民检察院管辖的,移送有管辖权的机关处理,并且通知举报人、自首人;不属于人民检察院管辖又必须采取紧急措施的,应当先采取紧急措施,然后移送主管机关;属于性质不明难以归口的,应当进行必要的调查核实,查明情况后三日以内移送有管辖权的机关或者部门办理。根据这一规定,举报线索应根据不同情况采取以下三种处理方法。

1. 对要案线索实行"一对一"管理。举报中心对受理的县处级以上要案线索,要实行专人管理,由线索专管员负责要案线索的审查、分流、移送、催办、备案等工作。要案线索的分流采取"一对一"的分流渠道,由线索专管员直接向检察长呈报,对检察长负责,以减少线索的中间审查环节,尽可能缩小知情面,充分发挥要案线索的价值。

2. 对本院管辖的线索实行"一站式"管理。举报中心对属于本院管辖的举报线索,要统一编号,按照首办责任制的要求,确定责任部门和办案时限,分流到本院有关部门。有关部门对线索的查办情况要按时反馈给举报中心,由举报中心统一负责对举报人进行答复反馈,必要时举报中心可以与本院有关部门共同答复。

3. 对一般线索实行"流水线型"管理。举报中心对受理的一般举报线索,要按照职能管辖向下级检察院和有管辖权的机关分流。对分流到下级检察院的举报线索,在输入线索信息的同时,采取流水线方式向下级检察院分流,实行举报线索摘要信息网络传输与举报材料原件机要通道邮件传输的"双轨制"分流,加快分流速度,缩短分流周期。对多次举报未查处或者举报人对查处结果不满意、举报人受到打击报复的案件线索,举报中心要代表本院向下级检察院交办,但交办前要向有关侦查部门通报;对下级检察院报告的查处结果认为存在问题的,应当要求下级检察院补充说明或重新办理。

(三)举报线索管理手段信息化

当今世界,科技发展日新月异,信息技术已成为推动经济社会发展的强大力量。加强检察信息化建设,是检察机关更好地履行法律监督职责的客观要求。2003年,最高人民检察院就设立了全国检察机关统一的举报网站。进入最高人民检察院网站主页,"最高人民检察院举报中心"的链接非常醒目。点击进入"举报中心",再点击"我要举报",就可以看到一张中国地图,举报人可以选择相应省份,点击即可进入该省检察机关的举报平台进行举报。"举报中心"会自动生成一个密码,举报人据此密码可以随时查看举报的处理情况。近年来,河南省检察机关十分注重举报信息化建设,特别是建成了一站式检务中心,整合信、访、网、电等功能资源,把接待等候、控告举报受理、视频接访、行贿犯罪档案查询、案件信息查询等工作整合在控申举报接待大厅,通过"一个中心"实现案件实时受理、"一个平台"即时查询、"一站式"解决群众诉求,取得了明显效果,确保了来访人满意。

《人民检察院举报工作规定》第十条规定:"人民检察院应

当加强信息化建设,建立和完善举报信息系统,逐步实现上下级人民检察院之间、部门之间举报信息的互联互通,提高举报工作效率和管理水平。"《关于进一步加强和改进举报线索管理工作的意见》要求大力推行举报线索网络化管理,充分运用信息化手段,尽快实现举报线索网络化管理,提高举报线索管理水平和效率。举报工作信息化管理就是要充分运用信息化手段管理举报线索,实现举报线索管理由传统的"人工"管理方式向"微机化"管理方式转变,由传统的单机管理向网络化管理转变,利用计算机网络分流、管理举报线索,进行线索资源综合研判和预测。举报线索实行信息化管理有利于克服人工操作的局限性和随意性,促进举报线索管理的规范化,防止滥用线索、徇私舞弊等违法违纪行为的发生,提高举报线索的成案率和利用率。

《人民检察院举报工作规定》第二十七条规定:"举报中心应当建立举报线索数据库,指定专人将举报人和被举报人的基本情况、举报线索的主要内容以及办理情况等逐项录入计算机。"举报工作信息化要按照最高人民检察院提出的统一规划、统一规范、统一设计、统一实施的要求,重点做好四个方面的工作。一是各级检察院举报中心要建立举报线索信息数据库,使用统一的举报线索管理软件。在建成全院举报线索信息数据库的基础上,积极建设初核情况数据库、重复举报线索数据库、答复实名举报人情况数据库等,把分散的举报材料、初核情况、大案要案线索备案情况、重复线索、反馈信息等相关内容汇集、储存,形成动态信息管理模式。二是各级检察院举报中心的举报信息数据要实现系统内部互联互通,实现举报线索网上传输、分流、办理、备案和反馈,缩短线索分流周期。三是举报线索信息数据库要与反贪、反渎等部门的信息数据分库实行网络连接,实现举报中心与侦查部门之间分流、移送、查询线索和督办、催办、反馈查处情况的网络化管理,提高线索流转效率。四是上下级检察院举报中心之间、侦查部门之间、举报中心与侦查部门之间要尽快实现系统联网,建立纵横畅通的线索分流、移送、交办、督办、结果反馈和查询等信息化管理机制,提高线索流转效率,强化监督制约。

六、举报线索管理机制的完善

加强举报线索管理,实现举报工作科学发展,必须加强流程管理,着力构建有利于举报工作科学发展的体制、机制。当前,加强举报线索管理,应重点完善以下九项机制。(如图4-3所示)

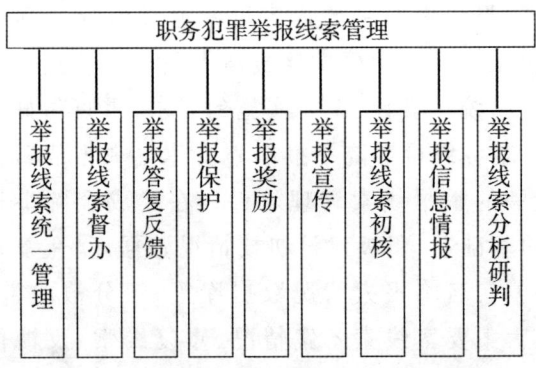

图4-3 职务犯罪举报线索管理机制示意图

第四章 职务犯罪举报线索的管理

（一）举报线索统一管理机制

《人民检察院举报工作规定》第二十四条规定："人民检察院举报中心负责统一管理举报线索。本院检察长、其他部门或者人员接收的职务犯罪案件线索,应当自收到之日起七日以内移送举报中心。"举报线索由举报中心统一管理,有利于对举报线索的保密和及时、正确的处理;有利于方便群众举报,避免多头转办、多头查处;有利于对举报线索的处理情况进行监督制约;有利于督察和掌握举报线索初核情况,依法及时反馈查处结果。要坚持举报中心统一管理举报线索制度。检察长、检察机关各部门及其工作人员收到的举报线索,应当在七日内批交或者移送举报中心处理,有特殊情况暂时不宜移送的,应当经检察长批准。反贪污贿赂和反渎职侵权等部门在侦查中发现的应另案处理的线索,一般应当在两个月内向本院举报中心通报;对暂时不具备查办价值的线索,应当每月向举报中心集中通报一次;经初查不予立案的举报线索,应当在一个月内移送举报中心。其他业务部门在检察工作中发现的职务犯罪线索,应当在移送有关侦查部门处理的同时向举报中心通报。检察长要高度重视,保障举报线索统一管理制度切实执行。有关部门及其工作人员要从大局出发,积极、主动地执行这一规定,及时移送,不得私自截留、隐匿不报。发现违反规定,隐匿、遗失举报材料的,要按有关规定严肃处理。

（二）举报线索督办机制

举报中心收到举报线索不能将线索一转了事,要强化跟踪督办,完善督办机制。

1. 加强督办催办

《人民检察院举报工作规定》第三十一条规定:"侦查部门收到举报中心移送的举报线索,应当在三个月以内将处理情况回复举报中心。"第三十五条规定:"举报中心对移送本院有关部门和向下级人民检察院交办的举报线索,可以采取实地督办、网络督办、电话督办、情况通报等方式进行督办。"根据这些规定,举报中心对移送给侦查部门的举报线索,可以进行催办。第四十六条规定:"举报人不服侦查部门的不立案决定向人民检察院反映,具有下列情形之一的,举报中心应当对不立案举报线索进行审查,但依照规定属于侦查部门和侦查监督部门办理的除外:(一)举报中心移送到侦查部门,经侦查部门初查后决定不予立案的;(二)领导机关或者本院领导批示由举报中心审查的。"举报中心对侦查部门决定不立案侦查的举报线索应当进行审查,审查终结后,制作审查报告,提出处理意见,防止该立不立、压案不查。近年来,上海市检察机关举报中心积极探索开展举报线索不立案审查工作,对职务犯罪侦查部门经初查作出不立案决定的举报线索,从初查内容、查办过程、不立案依据等方面严把审查关,充分挖掘线索利用价值,在提高举报线索成案率,减少违规执法办案,防止不立案信访矛盾发生等方面取得积极成效。

2. 建立定期协商机制

根据最高人民检察院《关于进一步加强和改进举报线索管理工作的意见》的要求,举报中心应当与侦查部门建立定期协商机制,完善相互配合、相互制约的工作制度。举报中心要定期向侦查部门通报线索受理情况,协商线索处理办法,加强部门之间的沟通与协作,及时发现问题,研究解决办法。

3. 坚持定期清理线索

《人民检察院举报工作规定》第二十八条规定："举报中心应当每半年清理一次举报线索,对线索的查办和反馈情况进行分析,查找存在问题,及时改进工作,完善管理制度。"《关于进一步加强和改进举报线索管理工作的意见》规定:"要坚持举报线索定期清理制度,半年清理、分析一次线索处理情况,发现问题及时纠正,防止线索积压和流失。"要坚持半年清理、分析一次举报线索处理情况,摸清各部门处理线索的具体情况,查找存在的问题。对清理出来的线索,举报中心要逐件认真审查,认为应当初查的,应加强催办,认为不具备初查条件应当缓查、存查的,应负责掌握存档,并定期复议,提高线索利用率,防止线索积压和流失。

(三) 举报答复反馈机制

答复举报人是保障群众民主监督权利的内在要求,是保证举报人知情权的重要措施,是检察机关举报工作与群众保持密切联系的重要途径。做好答复反馈工作,有利于提高检察机关执法的公信力,有利于减少重复信访和越级信访,有利于维护社会和谐稳定。例如,2014年,笔者接待某市城中村村民集体上访,村民举报称葛某、周某等多个村的部分"两委"人员,在农民公寓、安置工程等项目建设中,利用职务便利收受巨额贿赂。笔者一边安抚上访群众情绪,一边根据举报情况,对案件作出批示,并要求检察机关对案件办理情况,要及时反馈给举报人。后经检察机关侦查,对17名涉嫌贪污贿赂犯罪、3名涉嫌渎职犯罪的嫌疑人立案侦查,查清贪污贿赂涉案金额达970万元,起诉法院后,20人均被作出有罪判决,其中,3年以上有期徒刑的15人。该案的成功办理,赢得了群众的拥护,使该村由有名的上访村变成了平安村、稳定村。

《人民检察院举报工作规定》第五十四条规定:"实名举报应当逐件答复。除联络方式不详无法联络的以外,应当将处理情况和办理结果及时答复举报人。"要坚持实名举报件件答复制度,对实名举报,要优先组织力量查处,并将处理情况和办理结果及时答复举报人。答复可以采取口头、书面或者其他适当的方式进行。对采用走访形式举报的,应当当场答复是否受理;不能当场答复的,应当自接待举报人之日起15日以内答复。口头答复的,应当制作答复笔录,载明答复的时间、地点、参加人及答复内容、举报人对答复的意见等。书面答复的,应当制作答复函。邮寄答复函时不得使用有人民检察院字样的信封。答复要有理有据,耐心细致,详细说明举报的每项内容、每个问题的查处结果和检察机关所采取的措施。举报人对答复有疑问或不满意的,要做好思想疏导工作,化解矛盾纠纷。举报人诉求有理的要依法处理,避免引发新的涉法涉诉信访问题。对网上举报,可通过网络进行答复。对群众实名举报后因检察机关不答复、答复不及时或对答复不满意引发信访甚至越级访、进京访的,要追究相关人员的责任。

(四)举报保护机制

实践中,因惧怕打击报复等原因,举报人多不敢、不愿署实名举报。匿名举报给查案带来极大不便,检察机关由于无法查找举报人核实案件情节,致使线索成案率较低。要改变这种状况,必须完善举报保护机制,加强对举报人的保护。2013年6月,全国检察机关开展第十五个"举报宣传周"活动,主题就是"完善举报制度,加强举报人保护"。全国检察机关以此为契机,加大宣传力度,采取有效保护措施,极大地激发了群众的举报热情。

目前,我国在保护公民举报权利方面仍存在着立法、执法上的局限性。一方面,要积极探索有利于保护举报人合法权益的经验做法,适时提出立法建议,使公民行使举报权利时能得到更加有效的保护;另一方面,要认真落实《人民检察院举报工作规定》中关于举报保护的规定。《人民检察院举报工作规定》进一步充实完善了举报保护的内容,第五十八条规定:"各级人民检察院应当依法保护举报人及其近亲属的安全和合法权益。"一要严格保密。打击报复举报人,大多因泄密造成,严格保密是防止和减少打击报复事件发生的必要措施。在线索受理、管理、移送、初核、侦查、宣传、反馈和奖励等各个环节,要严格落实保密措施。根据《人民检察院举报工作规定》,举报线索由专人录入专用计算机,加密码严格管理,未经检察长批准,其他工作人员不得查看;举报材料应当放置于保密场所,保密场所应当配备保密设施。未经许可,无关人员不得进入保密场所;向检察长报送举报线索时,应当将相关材料用机要袋密封,并填写机要编号,由检察长亲自拆封;严禁泄露举报内容以及举报人姓名、住址、电话等个人信息,严禁将举报材料转给被举报人或者被举报单位;调查核实情况时,严禁出示举报线索原件或者复印件;除侦查工作需要外,严禁对匿名举报线索材料进行笔迹鉴定;举报中心应当指定专人负责受理网上举报,严格管理举报网站服务器的用户名和密码,并适时更换;利用检察专线网处理举报线索的计算机应当与互联网实行物理隔离。二要严肃查处。对打击报复或者指使他人打击报复举报人及其近亲属的,发现一件,查处一件。经查构成犯罪的,要坚决依法追究刑事责任;不构成犯罪的,要提出检察建议,移送主管机关或者部门处理。要选择典型案例,适时宣传,扩大社会效果,消除群众的后顾之忧,震慑打击报复者,增强干部群众的法制观念。三要统筹保护。举报工作既要注重保护举报人的合法权益,也要注重维护被举报人的合法权益。对举报人因受打击报复造成人身伤害或者名誉损害、财产损失的,检察机关应当支持其依法提出赔偿请求。对举报人利用举报捏造事实、伪造证据诬告陷害他人构成犯罪的,要依法追究刑事责任,但要严格区分诬告陷害与错告、误告的界限,以免影响群众举报的积极性。对举报失实并造成较大社会影响或影响到被举报人正常工作、生产、生活的,要遵照实事求是、依法稳妥的原则,开展举报失实澄清工作。

(五)举报奖励机制

要激发群众的举报热情,鼓励群众积极举报,必须加强举报奖励。举报是公民对国家和社会具有强烈责任感的表现,能够节约法律监督的成本,有利于提高司法监督的效率和质量。因此,只要举报人的举报产生了良好的法律效果与社会效果,就应该获得奖励。《人民检察院举报工作规定》第六十六条规定:"举报线索经查证属实,被举报人构成犯罪的,应当对积极提供举报线索、协助侦破案件有功的举报人给予一定的精神及物质奖励。"第六十七条规定:"人民检察院应当根据犯罪性质、犯罪数额和举报材料价值确定奖励金额。每案奖金数额一般不超过二十万元。举报人有重大贡献的,经省级人民检察院批准,可以在二十万元以上给予奖励,最高金额不

第四章 职务犯罪举报线索的管理

超过五十万元。有特别重大贡献的,经最高人民检察院批准,不受上述数额的限制。"奖励举报有功人员应当在判决或者裁定生效后进行,奖励情况应适时向社会公布。涉及举报有功人员的姓名、单位等个人信息向社会公布的,应当征得本人同意。例如,2010年,因举报人的举报,河北省检察院成功查处一起巨额受贿案,对该举报人给予20万元人民币的奖励。再如,海南省某国营农场多名职工,连续8年公开实名举报原场长叶某等人存在重大经济问题。经检察机关侦查、公诉,叶某因受贿罪被判处有期徒刑8年,为国家挽回经济损失7352.9万元。经最高人民检察院批准,2013年1月,海南省检察机关奖励举报人31万元,群众拍手称快。

(六)举报宣传机制

宣传发动群众举报是检察机关获取职务犯罪线索、惩治犯罪的有力手段。要加大举报宣传力度,千方百计发动群众举报。要结合工作重点,制订宣传计划,精心组织举报中心和有关部门具体实施,不断拓展和改进举报宣传的内容和形式,形成声势大、影响广的举报高潮,使举报宣传活动发挥较好的效果。一要拓宽宣传渠道。在组织好每年一次的"举报宣传周"集中宣传的基础上,要与有关媒体协办举报专栏等开展经常性宣传,要通过到企业、乡镇下访巡访,深入乡村、社区走访等灵活多样、方便群众的方式,开展广泛深入的举报宣传。要向群众宣传举报的方法与途径,说明怎样举报,告诉群众通过来信、来访、电话、网站举报应注意的问题。在2010年至2012年的"举报宣传周"期间,笔者连续三年做客大河网,现场与网民互动交流,通报检察机关查办职务犯罪情况,并就举报方面的知识，现场回答网民提问。同时，近年来，笔者多次接受省电视台采访，宣传检察机关基本职能，宣传法律知识和举报工作情况，社会反响良好。二要突出宣传重点。要立足检察职能，适时结合中央反腐败的重大部署和最高人民检察院查办职务犯罪的重点开展宣传，宣传检察机关惩治和预防职务犯罪的职责、案件受理范围、工作制度和办案程序，宣传检察机关的工作重点，鼓励举报群众最关心、反映最强烈的职务犯罪线索。三要正确把握宣传舆论导向。要鼓励群众实名举报，引导群众正确举报，引导群众举报大案要案线索，引导知情人和单位检举揭发具体明确的涉嫌职务犯罪的事实，提高举报线索的可查性。四要激发群众监督、参与意识。要大力宣传检察机关在查办职务犯罪中取得的丰硕成果，特别是根据群众举报查处的大案要案典型案例，使群众看到实实在在的效果，增强说服力和感召力，给群众以启迪、信心和力量，进一步激发群众的举报热情。

（七）举报线索初核机制

举报中心对举报线索进行初核是准确分流线索、防止线索积压、加强内部制约的必要措施。一些举报反映的犯罪主体不明，案件管辖不清，事实真假难辨。举报中心通过初核，去伪存真，查清管辖，为线索的准确分流提供了依据。举报中心对部分线索进行初核，有利于尽快消化举报线索，减少线索积压，并及时答复举报人，也有利于侦查部门集中精力突破大案要案。例如，2010年，笔者指导河南省检察院初核一起涉及某国有企业的举报线索，移送立案9件11人，其中，查处厅级干部2人、处级干部2人，为国家挽回经济损失1400万元。

举报中心按规定对一些举报线索进行初核,是对侦查部门查案工作的有效补充,也是一种内部的监督制约。各级检察院要高度重视举报线索的初核工作,严格规范。一要明确初核范围。《人民检察院举报工作规定》第四十一条规定:"举报中心对性质不明难以归口、检察长批交的举报线索应当进行初核。对群众多次举报未查处的举报线索,可以要求侦查部门说明理由,认为理由不充分的,可以提出处理意见,报检察长决定。"根据这一规定,举报中心初核的范围是性质不明难以归口、检察长批交的举报线索。对此范围以外的线索,举报中心不能初核。举报中心经初核后认为案件性质明确、属于本院管辖或者有证据证明被举报人涉嫌职务犯罪的,应当及时移送有关侦查部门处理。二要严格初核程序。举报线索的初核应当经检察长批准。要严格按照《人民检察院举报工作规定》的要求开展初核工作,从促进社会和谐稳定和查办职务犯罪工作大局出发,与侦查部门加强协调配合,避免出现与侦查部门争抢案源、多头查处等问题。三要严格依法办事。初核一般应当秘密进行,不得擅自接触被举报人,不得对被举报人采取强制措施,不得查封、扣押、冻结被举报人的财产,不得采取技术侦查措施。初核应当严格执行办案安全防范制度,防止发生办案安全事故。四要完善办案责任制。要明确责任,依法规范办案行为,增强责任心,努力提高办案水平。

(八)举报信息情报机制

举报信息情报是指检察机关有关部门通过公开的或秘密的手段和方法收集的,并经综合分析、整理的有关职务犯罪的信息和基础资料。随着科技的不断进步,职务犯罪呈现出多元化、智能化等新特点,作案手段越来越趋向狡猾,职务犯罪案件的专业性和隐蔽性增强,检察机关惩治职务犯罪工作面临着前所未有的挑战。建立举报信息情报机制是适应新形势下反腐败斗争的客观需要,也是整合检察机关内部资源和利用社会外部资源推动查办职务犯罪工作的需要。一要畅通信息情报渠道。《人民检察院举报工作规定》规定,各级人民检察院应当设立专门的举报接待场所,向社会公布通信地址、邮政编码、举报电话号码、举报网址、接待时间和地点、举报线索的处理程序以及查询举报线索处理情况和结果的方式等相关事项,便于群众举报。各级检察机关要充分利用"12309"全国统一举报电话和检察机关官方举报网站,收集职务犯罪信息情报。二要拓展信息情报收集渠道。要树立举报情报意识,积极探索在检察机关建立举报信息情报联络员制度,在容易滋生职务犯罪、案件多发的部门与行业聘请情报联络员,拓宽举报线索的获取渠道,及时发现职务犯罪线索信息。三要构建资源共享的发现平台。既要加强上下级检察机关之间、同级检察机关有关部门之间的联系,及时获取职务犯罪信息,实现信息情报的资源共享,又要充分利用行政执法与刑事司法相衔接制度,加强与行政执法部门的联系,建立健全与有关执法部门的协作配合机制,及时发现职务犯罪信息情报。

(九)举报线索分析研判机制

建立举报线索分析研判机制,有助于把握举报线索所呈现的内在规律,为领导决策提供更客观、更科学的依据。近年来,河南省检察机关加大投入,设计了举报线索分析评估软件,按照犯罪构成要件、涉案领域、涉案主体身份、涉案金额等条件,对线索价值自动评估,根据不同评估分值,确定可查性等级,从而有效地避免了立案的盲目性,提高了成案率。《人民检察院举报工作规定》第二十九条规定:"举报中心应当定期对举报线索进行分类统计,综合分析群众反映强烈的突出问题以及群众举报的特点和规律,提出工作意见和建议,向上级人民检察院举报中心和本院检察长报告。"要按照《人民检察院举报工作规定》的要求,建立举报线索分析研判机制,充分利用举报线索信息数据库的资源优势,加强对受理的举报线索的分类统计,综合分析群众反映强烈的突出问题以及群众举报的特点和规律,提出意见建议,为上级检察院和本院检察长决策、指导工作提供科学依据。

第五章 职务犯罪侦查管理

习近平总书记指出:"党面临的最大风险和挑战是来自党内的腐败和不正之风。我们惩治腐败的决心丝毫不能动摇,惩治这一手始终不能软。"党的十八届四中全会《关于全面推进依法治国若干重大问题的决定》强调指出:"完善惩治和预防腐败体系,形成不敢腐、不能腐、不想腐的有效机制,坚决遏制和预防腐败现象。"2015年6月26日,在党的94岁生日前夕,中央政治局集体学习的题目是"加强反腐倡廉法规制度建设",并再次强调:开弓没有回头箭,反腐没有休止符。惩治腐败,形成不敢腐、不能腐、不想腐的有效机制,离不开职务犯罪侦查的有力震慑和特殊预防作用。随着侦查学在国内外的发展,与之结合形成许多新的学科,如侦查学与心理学结合,形成侦查心理学;侦查学与逻辑学结合,形成侦查逻辑学等,但对侦查学与管理学结合起来进行研究的较少,尤其是从管理学的角度出发研究职务犯罪侦查的更少。目前,在一些专著里面虽然有一些与侦查管理相关的理论研究,但缺乏把管理学的职能与侦查学结合形成一个"完整"的侦查管理学科体系。鉴于此,选择"职务犯罪侦查管理"作为研究对象,将侦查

第五章 职务犯罪侦查管理

学与管理科学结合，可以探索一种新的理论和研究方法，为检察机关在实际侦查职务犯罪中提供规范化管理模式的理论依据。

什么是侦查管理？它是侦查机关的一项综合性管理活动，是指侦查部门为了规范侦查活动，充分发挥各种侦查资源的作用，降低侦查成本，提高侦查效益，在国家法律、政策的框架内，运用现代科学管理理论、方法和技术手段，通过侦查决策、侦查计划、侦查组织、侦查领导、侦查协调和侦查控制等途径进行的一项综合性管理活动。

为什么要进行侦查管理？侦查管理，作为一门独立的管理学科，有助于促进侦查工作组织的合理化、手段的现代化、程序的科学化，侦查队伍也将因知识技能的不断提高而更臻于专业化。在现实的侦查实践活动中，侦查管理的应用是非常广泛的，侦查工作的各个层次和各个环节中都有侦查管理的运用和渗透。

侦查管理的现实意义有哪些？一是侦查现代化的需要。在科学技术飞速发展的今天，某些新技术一旦为犯罪嫌疑人所利用，必然对社会造成巨大危害。当前职务犯罪的手段和作案方式，呈现出科技化、国际化、智能化、综合化的特点，职务犯罪活动发展的新趋势，使得侦查工作的方针、组织机构、战略战术、信息要求等都将产生一系列的变化。现代的侦查已经不是传统意义上的侦查，仅凭逻辑推理、明察暗访已经不足以对付手段十分狡猾的犯罪嫌疑人。侦查工作的复杂性和艰巨性是现代侦查活动的主要特点，因此，现代化侦查活动需要以科学的侦查管理理论为指导。二是管理现代化的需要。目前，我国侦查管理大多停留在自发管理的层次上，并且侦查管理的水平还比较低,这与当今的新形势和侦查机关所担负的新任务是不相适应的。因此,在社会飞速发展的今天,侦查管理工作必须在继承和发扬优良传统经验的基础上,适应侦查工作的现代化、正规化建设的要求,以先进的管理理论为指导,大胆创新,努力提高侦查管理水平,创建一套比较完整的现代化侦查管理理论,用先进的管理理论去武装广大侦查人员,实现由自发管理到自觉管理,由经验管理到科学管理的转变。三是人才培养现代化的需要。职务犯罪侦查工作现代化建设的一个决定性因素是建立一支政治上过硬、能侦善战、具有相应知识结构的侦查队伍。知识对能力的影响集中表现在人的知识结构同其工作岗位相适应的合理程度上,侦查人员如果不具备足够的管理学知识,很难在事业上获得根本性突破。因此,加快对侦查管理的研究,用系统、先进的管理理论培训广大侦查人员,改变过去在侦查实践中依靠原始积累管理经验的状态是当前一项十分迫切而重要的任务。

一、职务犯罪侦查概述

(一)侦查研究的多维视角

1. 职务犯罪侦查涵义的多种学说

什么是侦查?早在中国古代的《易经》中就有"侦"字的记载,《辞源》里对"侦"的解释是"指问"和"探伺";而"查"字在《辞源》里有五种涵义,五种涵义中只有"考察、检点"与现代"侦查"一词的涵义有些联系。中国《现代汉语词典》对"侦查"

第五章 职务犯罪侦查管理

的解释是：公安机关、国家安全机关和检察机关在刑事案件中，为了确定犯罪事实和证实犯罪嫌疑人、被告人确实有罪而进行调查及采取的有关强制措施。

关于侦查工作的涵义，目前理论界有多种说法，较具代表性的有以下几种。

（1）侦查是指公安机关、人民检察院在办理案件过程中，依照法律进行的专门调查工作和有关的强制性措施。①

（2）侦查是指侦查机关在办理刑事案件过程中，为了收集、审查证据，揭发、证实犯罪，查获犯罪嫌疑人，并查清犯罪的具体情况所进行的强制性的专门活动。②

（3）侦查是侦查机关以达到提起公诉及实现诉讼为目的而发现犯罪嫌疑人和收集证据的程序。③

（4）侦查是指研究犯罪和抓捕罪犯的各种方法的总和。④

（5）侦查是侦查人员对犯罪事件的认识和揭露、证实的过程，亦即人的主观意识对客观真实的反映。因此，侦查的实质就是如实、准确地再现犯罪事件。⑤

（6）侦查是针对某一特定的犯罪行为，采取可行、有效的对应措施和手段，以求查明罪行、揭露罪犯而进行的侦查措施和手段。⑥

为什么出现这么多不同的说法？这是因为学者和研究人

---

① 参见《刑事诉讼法》第106条第1款。
② 《中国大百科全书：法学》，北京：中国大百科全书出版社1984年版，第741页。
③ 肖贤富主编：《现代日本法论》，北京：法律出版社1998年版，第462页。
④ 《简明不列颠百科全书》，北京：中国大百科全书出版社1984年版，第669页。
⑤ 黎明正：《侦查学》，上海：华东理工大学出版社1997年版，第24页。
⑥ 《刑事侦查学》，北京：群众出版社2000年版，第3页。

员从不同角度、不同层面,对侦查的问题进行的广泛而深入探讨的结果。

2. 诉讼论侦查观与方法论侦查观之比较

侦查之所以有多种定义,主要是由于研究视角的不同。从大的方面说,我们可以把对众多侦查的研究划分为诉讼论视角的研究和方法论视角的研究。两者虽都关注侦查问题,但视角却不同。

(1) 侦查概念的理解不同

诉讼论侦查观的侦查概念,基本上采用了以下表述,即"侦查是指公安机关、人民检察院在办理案件过程中,依照法律进行的专门调查工作和有关的强制性措施",侧重于侦查是一种运用现行法律规定的"有关强制性措施"和"专门调查工作"。方法论侦查观对侦查的概念有"合理推理、收集证据、系统调查、细密查验"之义,认为侦查是侦查人员对犯罪事件的认识和证实的过程,强调查明犯罪事实的目的性和技术性。方法论侦查观对侦查研究除运用法律规定的"专门调查工作和有关强制性措施"外,还涉及有利于侦查的各类措施、手段、方法和技术。

(2) 侦查研究的指导思想不同

诉讼论侦查研究的指导思想:一是坚持程序正义。认为"程序正义"是法治国家的标志。侦查研究始终重视程序正义的价值,强调程序优先。二是限制侦查权力。认为绝对的权力,导致绝对的腐败。为了防止侦查权力滥用,需要对权力进行制约。侦查人员在侦查过程中发生的种种违法违纪事实,必须"依法限权,以权制权"。三是保障犯罪嫌疑人权利。认为侦查权以国家强制力为后盾,对整个侦查程序具有绝对的控制权。而作为犯罪嫌疑人则处于被追诉的被动的、劣势的地位，与代表国家权力的侦查权相差悬殊。因此，侦查研究要始终贯彻保障人权，尤其是保护侦查阶段处于劣势的犯罪嫌疑人的各种权益。

方法论侦查研究的指导思想：一是能动履行侦查职能。认为职务犯罪侦查产生于犯罪事实的出现，国家对犯罪人有权依法追究，而犯罪人有义务承担刑事责任。国家把这种追究犯罪人刑事责任的权力赋予了侦查机关。为了完成这项任务，侦查机关要能动发挥职能作用，综合运用侦查措施、手段和谋略，"用对、用足、用活"侦查权。二是查明案件事实。侦查的任务是收集证据，查明犯罪事实，查获犯罪嫌疑人，并对犯罪嫌疑人采取相应的强制措施，防止犯罪嫌疑人继续危害社会，以保护广大人民的利益。侦查应当首先保证准确、及时地查明犯罪事实，查获犯罪嫌疑人。如果刑事案件不能被查明，犯罪嫌疑人不能被抓获，不仅会导致侦查机关本身的虚置，还会造成犯罪的泛滥。三是保护国家和人民利益。侦查的目的，就是通过查处犯罪嫌疑人，保护国家和广大人民群众的利益。这种国家本位的价值观对方法论的侦查研究影响较大。在方法论研究者的观念中，当国家利益和个人利益相冲突，必须要选择其一时，必然优先选择国家利益。

（3）侦查研究的内容不同

诉讼论侦查研究的主要内容在程序正义、限制侦查权、保障犯罪嫌疑人权利的理论指导下，侧重于以下几个方面：一是侦查权制约。主要探讨侦查权的性质、侦查权滥用的根源及制约机制，如刑讯逼供、超期羁押、律师介入侦查难等问题。二是侦查程序。探讨立案、侦查、结案的条件和程序。三是侦查结构。主要探讨侦查人员与犯罪嫌疑人之间的关系。集中在侦查过程中的控辩平衡、侦查监督、侦查制约等问题。四是侦查阶段犯罪嫌疑人的权利和保障。主要探讨犯罪嫌疑人的诉讼地位；犯罪嫌疑人的诉讼权利，如不得被强迫自证其罪的权利、知情权、获取律师帮助的权利等；犯罪嫌疑人诉讼权利的保障及救济等。

方法论侦查研究的主要内容侧重于研究侦查体制、侦查机制、侦查措施、侦查谋略和各类案件的侦查方法。一是侦查体制。重点探讨侦查体制改革的问题。二是侦查机制。重点探讨高效侦查机制、侦查协作机制等。三是侦查措施。重点探讨刑事犯罪具体侦查措施。突出新技术、新措施、新手段的研究，如网上侦查、电子信息、专项活动的研究等。四是侦查谋略。重点研究探讨侦查中常用的谋略。五是侦查方法。重点探讨各类多发案件以及新类型案件的特点及侦破对策。

（4）侦查研究的侧重点不同

诉讼论侦查研究的主要内容侧重于侦查部门应该如何"规范办案"，即刑事案件侦查的途径和程序；方法论侦查研究的主要内容侧重于侦查部门应该如何"侦查破案"，即如何才能查明犯罪事实、查获犯罪嫌疑人、查明犯罪证据。因此，诉讼论的侦查研究关注的是侦查活动的程序、规则和制度，方法论的侦查研究关注的是侦查活动应采取的策略、方法和技术手段。

（5）侦查研究的关注点不同

诉讼论的侦查研究关注的是"应该与不应该"和"可以与不可以"的问题；方法论的侦查研究关注的是"怎么样"和"怎么做"的问题。前者更强调过程，后者则更强调结果。如两者同样关注"证人作证问题"的研究,诉讼论的侦查研究主要关注的是证人作证的义务,证人作证的保障,证人应由两名以上侦查人员进行询问,询问证人前要出示侦查部门的有效证件,询问证人不得使用引诱、威胁等方法;而方法论的侦查研究则主要关注的是如何把握证人的心理状态,了解其与案件的关系,被询问人的观察、记忆及表达能力等,从而分析判断询问结果的准确性和可靠性。(见表 5-1 两种侦查观情况对比表)

表 5-1 两种侦查观情况对比表

侦查观内容区分	诉讼论侦查观	方法论侦查观
概 念	运用现行法律规定的"有关强制性措施"和"专门调查工作"	侦查人员对犯罪事件的认识和证实的过程
指导思想	(1)坚持程序正义。(2)限制侦查权力。(3)保障犯罪嫌疑人权利。	(1)能动履行侦查职能。(2)查明案件事实。(3)保护国家和人民利益。
研究内容	(1)侦查权制约。(2)侦查程序。(3)侦查结构。(4)侦查阶段犯罪嫌疑人的权利和保障。	(1)侦查体制。(2)侦查机制。(3)侦查措施。(4)侦查谋略。(5)侦查方法。
侧重点	侦查部门应该如何"规范办案"	侦查部门应该如何"侦查破案"
关注点	"应该与不应该"和"可以与不可以"的问题	"怎么样"和"怎么做"的问题

3. 多元视角并存的侦查观研究(如图 5-1 所示)

侦查研究应当研究侦查实践的全部领域和完整过程,这就必须从诉讼论和方法论两个视角对侦查问题进行研究,不能局限于其中之一或笼统论之。作为事物的两个层面,不宜采用单一的研究角度。如果方法论的侦查研究脱离诉讼论角度的研究,或者诉讼论的侦查研究脱离方法论的研究,那么研究结果就是片面的。

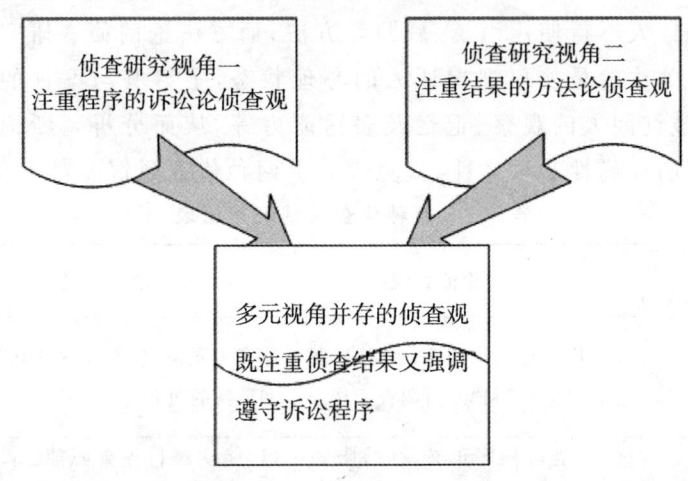

图 5-1

在侦查研究的历史中,早期的侦查研究更多是方法论视角的研究,并以侦查实务部门为主要研究群体。在这种视角研究中,学者们更多地关注如何查明案件事实、收集证据、查获犯罪嫌疑人;更多地关注侦查的方法、技术、手段和措施;更多地关注侦查破案的效率问题。因此,研究成果的突出特点是能够密切地把握犯罪的实际情况及动向和发展趋势,切实地提出侦查对策和策略,并对具体的侦查实务部门具有较强的现实指导意义。不足是对侦查程序重视不够;经验型、工作型的成分多,科学型的内容少。

随着《刑事诉讼法》的修改和整个诉讼理论研究的深化、发展,以及现实侦查实践中刑讯逼供、超期羁押、律师介入等问题的出现,一部分诉讼法学学者开始以诉讼的视野探讨侦查手段和方法的正当性、合理性、人道性和公正性等问题。诉讼论角度的侦查研究群体主要是法学者,他们强调侦查程序的独立价值,强调"重实体,轻程序"和"重结果,轻形式"的弊端,进而强调限制侦查权,保护犯罪嫌疑人的人权,等等。可以说,诉讼论角度的侦查研究加快了侦查的法制化进程,丰富和完善了侦查理论,为我们认识侦查程序的价值开拓了新视野,为评价侦查工作提供了新的标准。但是,这一研究将侦查程序的独立价值强调到了极致,从一个极端走向了另一个极端。

事实上,侦查活动诉讼性和认识性的双重属性,决定了两种侦查研究视角并存的必然性。

首先,侦查是一种认知活动。侦查的直接目的和任务,就是查明犯罪事实,收集证据,查获犯罪嫌疑人。认知犯罪嫌疑人、认知证据、认知犯罪事实,是整个侦查活动的核心任务。由于侦查的这种认识活动不同于一般的认识活动,认识对象复杂,认识过程艰巨,认识难度较大,决定了侦查这种认识活动十分需要讲究方法和策略。研究侦查活动中的方法和策略,就必然成为侦查研究的一个重要方面。

其次,侦查更是一项诉讼活动。侦查不仅是国家发现犯罪进而惩罚犯罪的利器,作为刑事诉讼机制的一部分,它也是国家以理性的"诉讼"形式解决社会冲突的策略,它必然也具有约束权力行使、保障公民自由的积极功能,必须严格遵守《刑法》《刑事诉讼法》和其他有关法律法规的规定。一是职务犯罪侦查工作必须以有《刑法》规定的刑事犯罪存在或可能存在为前提,即只有发生了刑事犯罪活动才能开展侦查,没有刑事犯罪的发生,侦查就没有存在的依据和必要。二是职务犯罪侦查必须遵守《刑事诉讼法》规定的侦查程序要求,如讯问犯罪嫌疑人、询问证人、勘验、搜查、逮捕、拘留等都有严格的使用条件、程序、时限等,侦查工作必须遵守这些规定。三是为了防止滥用侦查权,《刑事诉讼法》对侦查权的使用进行了严格限制。因此,侦查既受到法律的保障,又受到法律的制约。

4. 职务犯罪侦查的定义

综上所述,我们认为,职务犯罪侦查是侦查部门和侦查人员在办理职务犯罪刑事案件过程中,为了查明犯罪事实、收集证据、查获犯罪嫌疑人的同时保障人权,依照法定程序而采用特定侦查手段、方法和措施等活动的总称。侦查活动必须由法定的主体,运用法定的措施,通过法定的程序,在法定的期限内,采取法定的方法开展侦查破案。

(二) 职务犯罪侦查的特点

1. 侦查主体的法定性

《刑事诉讼法》规定:"侦查是指公安机关、人民检察院在办理案件过程中,依照法律进行的专门调查工作和有关的强制性措施。"职务犯罪的侦查主体是检察机关。

2. 侦查对象的特殊性

职务犯罪侦查的对象应与刑法、刑事诉讼法的要求相一致,对象亦为国家工作人员。刑法所称国家工作人员,包括国家机关工作人员〔根据有关立法解释的规定,在依照法律、法规规定行使国家行政管理职权的组织中从事公务的人员,或者在受国家机关委托代表国家行使职权的组织中从事公务的人员,或者虽未列入国家机关人员编制但在国家机关中从事公务的人员,视为国家机关工作人员。在乡(镇)以上中国共产党机关、人民政协机关中从事公务的人员,司法实践中也应当视为国家机关工作人员〕;国有公司、企业、事业单位、人民团体中从事公务的人员;国家机关、国有公司、企业、事业单位委派到非国有公司、企业、事业单位、社会团体从事公务的人员;其他依照法律从事公务的人员。

3. 侦查内容的特定性

侦查活动的内容具有特定性。职务犯罪侦查的内容主要是公职人员或履行公务的人员利用职权从事的犯罪行为,具体就是贪污、贿赂、滥用职权、玩忽职守,侵犯公民人身权利、民主权利,破坏国家对公务活动的规章规范,依照刑法应当予以刑事处罚的犯罪,包括《刑法》规定的"贪污贿赂罪""渎职罪"和国家机关工作人员利用职权实施的侵犯公民人身权利、民主权利犯罪。

4. 侦查程序的合法性

侦查必须严格依法进行,这是对其合法性的要求。合法性具有两方面的功能。一是为了实现侦查目的,保证侦查机关能够发现和收集与案件有关的各种证据,查明案件事实,查获犯罪嫌疑人,防止其继续犯罪或逃避侦查、起诉或审判,保证诉讼活动的顺利进行。二是防范侦查权的滥用,以防止程度不同地带有强制性的侦查活动侵犯公民的合法权益。因此,我国刑事诉讼法对侦查的主体、侦查的内容和方式以及侦查的程序都作了严格的规定。侦查机关在进行侦查活动时,只有严格遵守法律规定,才能客观全面地查明案件事实,充分保护公民的合法权益不受侵犯,更好地完成刑事诉讼法所赋予的侦查任务。(见图 5-2 侦查工作流程简图,图 5-3 侦查工作流程详图之一、二、三)

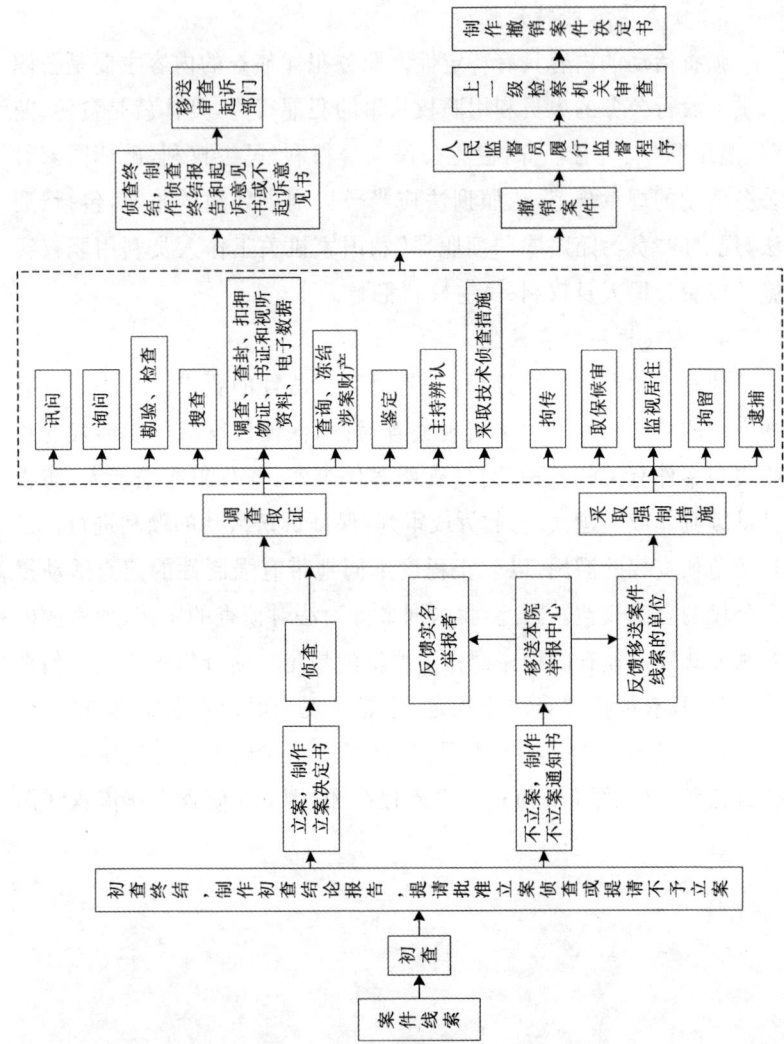

图 5-2 检察机关职务犯罪侦查工作流程简图

第五章 职务犯罪侦查管理

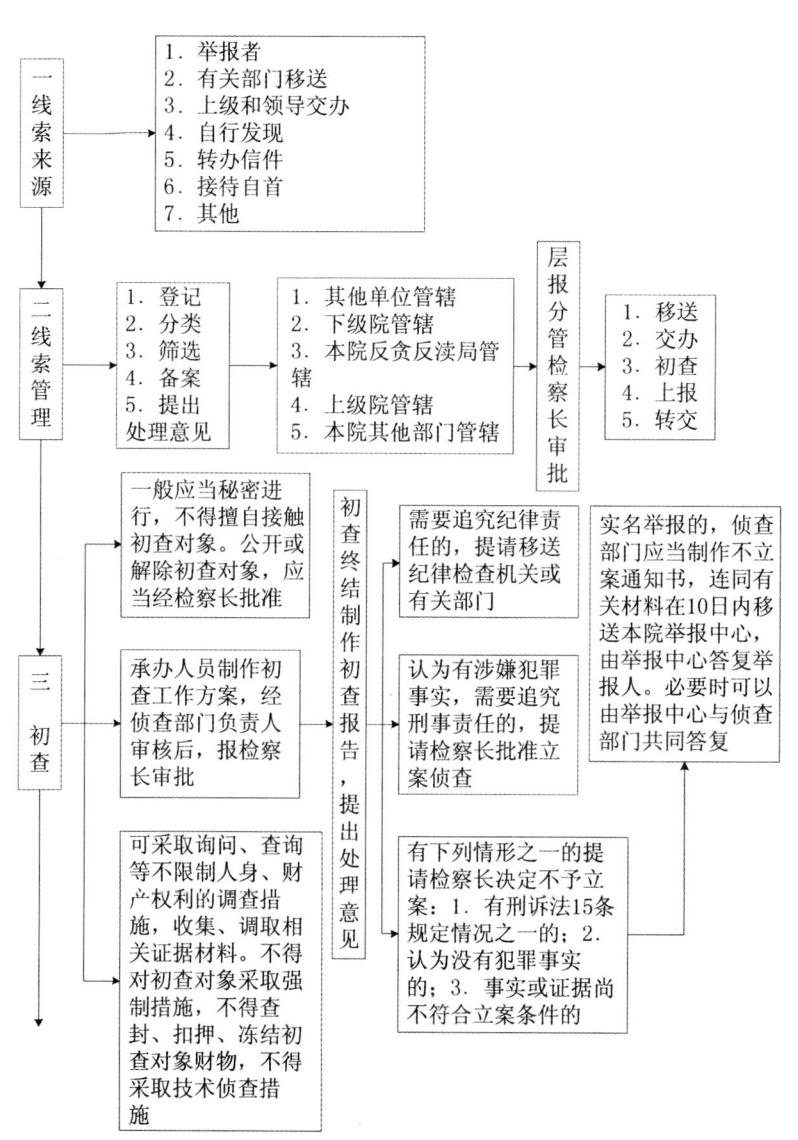

图 5-3 检察机关职务犯罪侦查工作流程详图之一

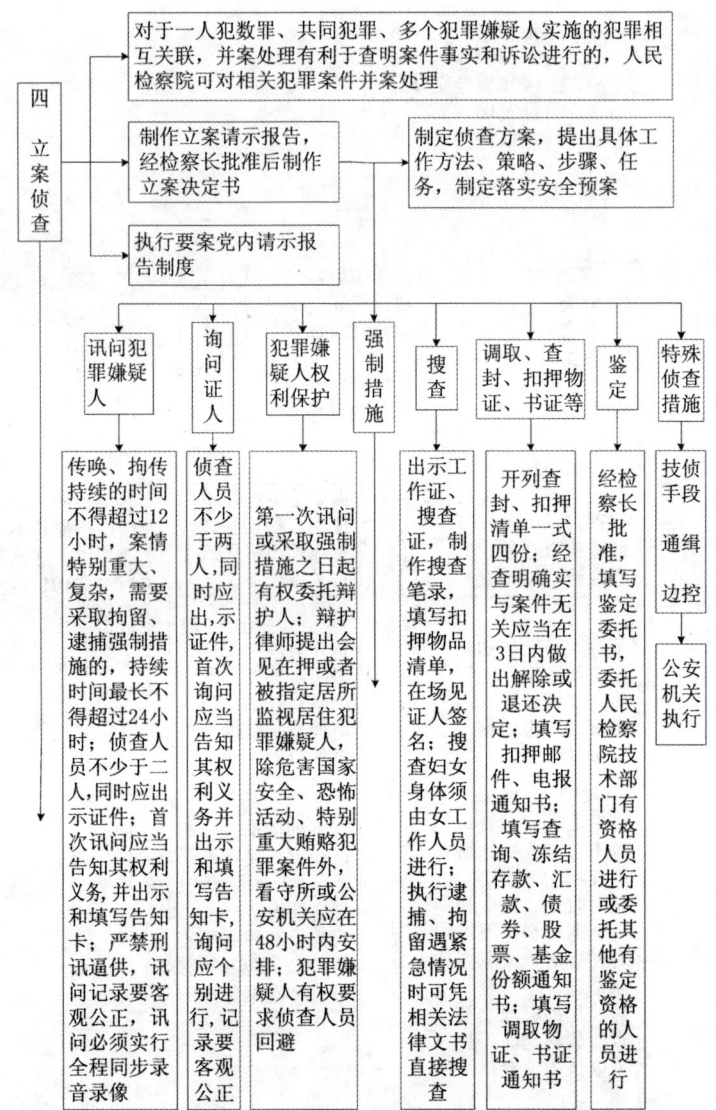

图 5-3 检察机关职务犯罪侦查工作流程详图之二

第五章 职务犯罪侦查管理

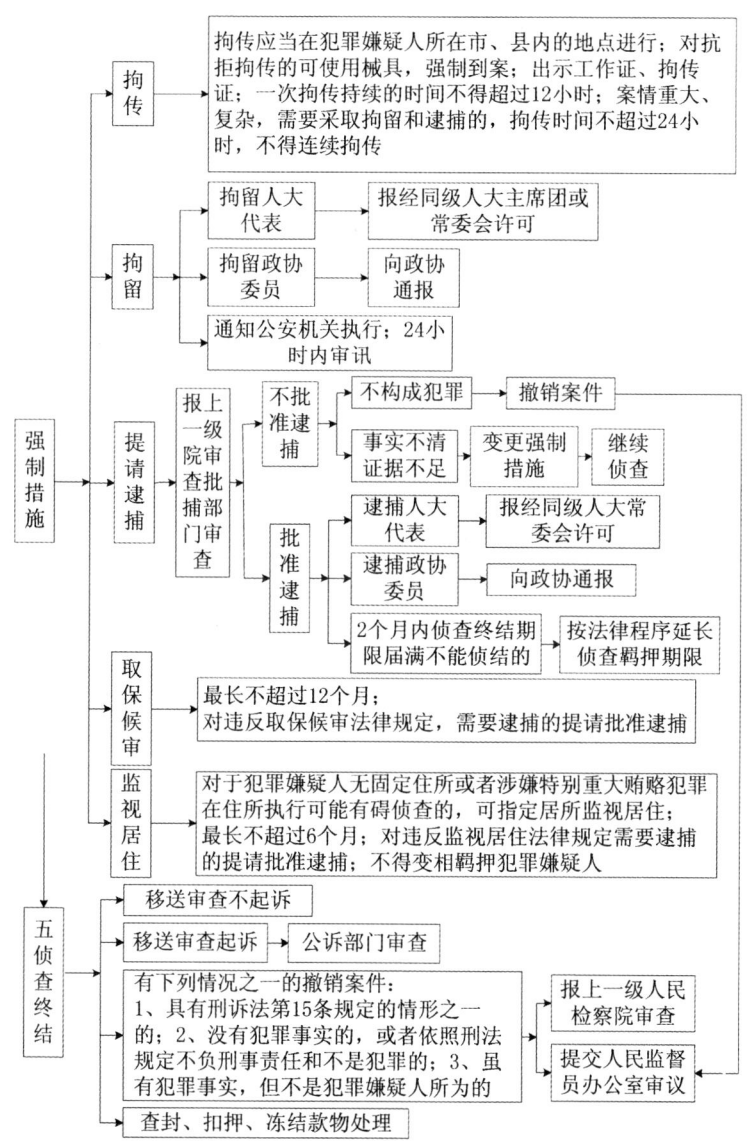

图 5-3 检察机关职务犯罪侦查工作流程详图之三

二、职务犯罪侦查管理概述

(一) 职务犯罪侦查管理的涵义

1. 管理的涵义

"管理"二字,在中国古代典籍中,是很少并用的,尤其是作为动词的意义,古代很多人使用"管"字。《商君书·修权》中就有"管一国之重,以便其私,此国之所以危也"的说法,这里的"管"有掌握权力的意思。在荀况的治国之言中,"管"字获得了管理的涵义,如在《荀子·富国》中所记载:"不富不厚之不足以管下也。""理"字在古籍中虽然也有过动词意义,如《荀子·天论》:"政令不明,举错不时,本事不理,夫是之谓人祅。"但是,在大多数情况下,"理"用作名词,指的是道德、法则。将"管理"二字结合起来并作为动词意义使用是近代以来的事情。

何谓管理?"科学管理之父"弗雷德里克·泰罗(Frederick Winslow Taylor)认为:"管理就是确切地知道你要别人干什么,并使他用最好的方法去干。""现代管理学之父"彼得·德鲁克(Peter F. Drucker)认为:"管理是一种工作,它有自己的技巧、工具和方法;管理是一种器官,是赋予组织以生命的、能动的、动态的器官;管理是一门科学,一种系统化的并到处适用的知识;同时管理也是一种文化。"诺贝尔奖获得者赫伯特·西蒙(Herbert A. Simon)对管理的定义是:"管理就是制定决策。"管理过程学派的创始人亨利·法约尔(Henri Fayol)认为:管理是所有的人类组织都有的一种活动,这种活动由五项要素组成:计划、组织、指挥、协调和控制。

综上所述,所谓管理,是指通过计划、组织、指挥、协调、控制及创新等手段,结合人力、物力、财力、信息等资源,以期高效地达到组织目标的过程。

2. 侦查管理的涵义

自从人类社会有侦查活动以来,管理就伴随着侦查活动的开展而存在。但是,人们对于侦查管理的认识,是一个逐渐的发展过程。侦查人员和学者们从自己的理解出发,对侦查管理这种侦查行为进行解释。然而,由于人们各自所处的社会地位、历史条件不同,其对于侦查管理的感受也不一样,因而对于侦查管理的观点也有很大差别。

笔者认为,侦查管理是侦查机关的一项综合性管理活动,它是指侦查部门为了规范侦查活动,充分发挥各种侦查资源的作用,降低侦查成本,提高侦查效益,在国家法律、政策的框架内,运用现代科学管理理论、方法和技术手段,通过侦查决策、侦查计划、侦查组织、侦查领导、侦查协调和侦查控制等途径进行的一项综合性管理活动。

(二) 职务犯罪侦查管理的原则

检察机关办案人员在侦查职务犯罪案件时,应当遵守以下工作原则。

1. 法治原则

法治原则即依法管理原则,也就是根据法律进行管理,它是任何管理系统都不可或缺的手段。(见图 5-4 案件管理流程图)

侦查权和侦查的特殊性决定了侦查机关和人员进行侦查活动,必须严格遵守法律规定的程序,恪守法治原则,严格依照刑事诉讼法的规定收集证据,严禁刑讯逼供或以引诱、威胁、欺骗等非法方法套取口供。采取强制性措施时,也必须严格遵循法律规定的条件和程序。

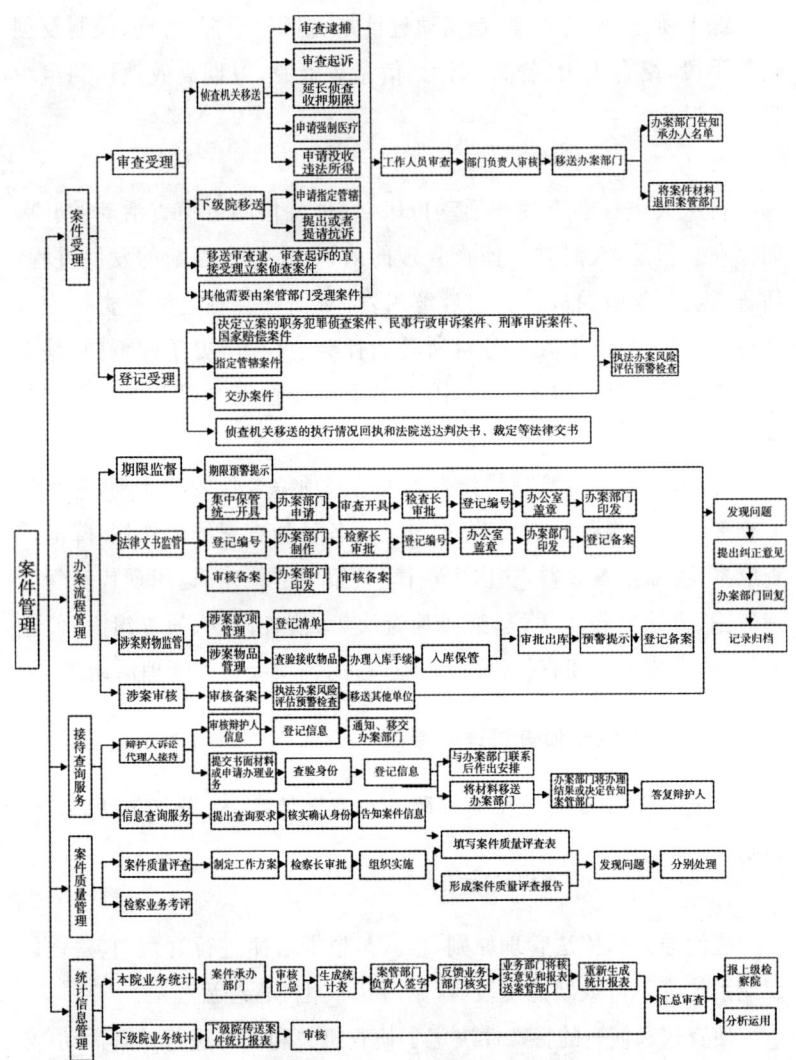

图 5-4 案件管理流程图

2. 证据原则

司法证明活动必须以证据为基石。司法人员的任务就是要通过证据去查明和认定案件事实。坚持证据为本原则,就要求职务犯罪侦查人员在办案过程中,必须从客观存在的证据出发去认定案件事实,不能以主观的臆断或猜测作为认定案件事实的基础。在当前的司法实践中,强调这一原则具有特别重要的意义,因为它可以帮助我们有效地反对司法专横和司法恣意,遏制刑讯逼供,树立理性、文明、科学的现代司法观念。在这种观念指导下,职务犯罪侦查人员在办案过程中就应该认真地按照法律的要求和标准去收集并保管能够充分证明案件事实的证据,取证工作的质量也就会有很大的提高。总之,坚持证据原则,就要求职务犯罪侦查人员提高证据意识和证明意识,同时牢牢把握非法证据排除原则。采用刑讯逼供等非法方法收集的犯罪嫌疑人、被告人供述和采用暴力、威胁等非法方法收集的证人证言、被害人陈述,应当予以排除。收集物证、书证不符合法定程序,可能严重影响司法公正的,应当予以补正或者作出合理解释;不能补正或者作出合理解释的,对该证据应当予以排除。在侦查、审查起诉、审判时发现有应当排除的证据的,应当依法予以排除,不得作为起诉意见、起诉决定和判决的依据。

3. 人本原则

"人本原则"的核心是要求侦查领导者正确地认识人、对待人、激励人、调动人、安排人、使用人,这是提高侦查活动效能的基础。在实际工作中,有些侦查领导者往往只重视技术设备的改进,而不重视侦查人员素质的提高;只重视破案任务,而不注重如何采取有效的措施去调动侦查人员的积极性,其结果往往是刑事技术设备不能充分发挥作用,侦查人员疲于奔命,工作效率低。这些都是由于侦查领导者没有掌握"人本原则"的缘故。

4. 系统原则

职务犯罪侦查活动是一个不间断的过程,这个过程会有许多大大小小的问题产生,解决这些问题需要运用一系列的侦查指挥谋略。纵向地看,有随着侦查活动发展而依次出现的延续谋略;横向地看,有围绕侦查工作重点而同时实施的关联指挥;从全案的结构看,有整体和局部指挥,这些纵横交错、大小相依的侦查指挥,构成了一个有机的指挥系统。各个阶段和环节的指挥优劣及效果都直接或间接地影响全案目标的实现。指挥人员在指挥活动时要统筹考虑,做到局部利益服从整体利益,暂时利益服从长远利益,特别是在对共同职务犯罪案件和连环案件的侦破中,更要注意强化整体意识和全局观念,指挥工作不可仅为抓一个从犯而惊动主犯,仅为侦破一案而丢掉窝案。(如图 5-5 职务犯罪侦查工作流程总图)

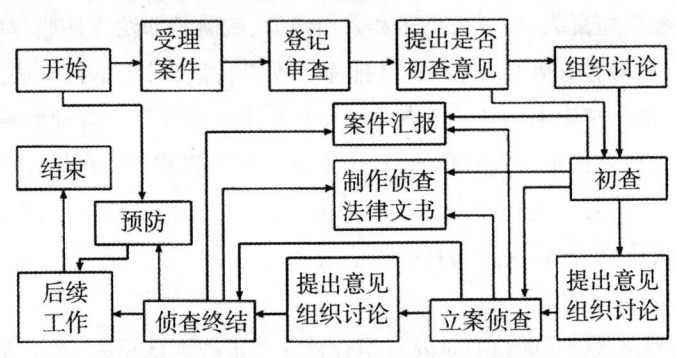

图 5-5　职务犯罪侦查工作流程总图

5. 谋略原则

职务犯罪的犯罪主体是一些学历高、资历深、智商高的人,犯罪时手段诡秘,犯罪后反侦查能力强,而且他们当中很多人位高权重,有着很深的社会背景。在这样的情况下,侦查指挥谋略的运用就显得尤为重要。职务犯罪侦查实践证明,每一个漂亮仗,无不是智慧含量高、谋略运用得好的结果。

为使侦查谋略发挥应有作用,要求侦查指挥人员:一是要有谋略意识,各级侦查指挥人员必须重视和加强对谋略的学习、研究和使用。二是要求围绕关键环节来研究、设计和使用谋略,增强运用谋略的针对性和有效性。谋略虽然重要、管用,但也不能滥用。指挥人员应在初查、使用或变更强制措施、讯问犯罪嫌疑人、询问重要证人、搜查、追逃追赃等侦查工作的重要阶段或环节,发挥谋略的独特作用,这样才能发挥谋略的最佳效力,取得最佳效果。三是运用谋略要巧妙灵活,不落俗套。侦查谋略虽然有其基本规律和方法套路,但难就难在巧妙设计、灵活运用上,如果千篇一律、流于俗套,计谋被犯罪嫌疑人识破,反而会弄巧成拙。职务犯罪的手段和形式在不断演变,每个案件、每个犯罪嫌疑人都有不同的情况特点,这就要求指挥人员运用谋略时切忌固守陈规,而要不断发展和升华谋略内涵,赋予谋略以时代特色,真正做到因案、因人、因时而异,谋略常用常新。四是运用谋略必须合法。尤其不得以刑事诉讼法所禁止的以引诱、欺骗等非法手段收集证据,不得以虚假的承诺或虚假的案件事实和情节诱供、套供。

三、案件线索发现机制管理

线索是职务犯罪侦查工作的基本因素和先决条件。解决案件线索问题,应在主动拓宽案源上狠下工夫。(详见图5-6)

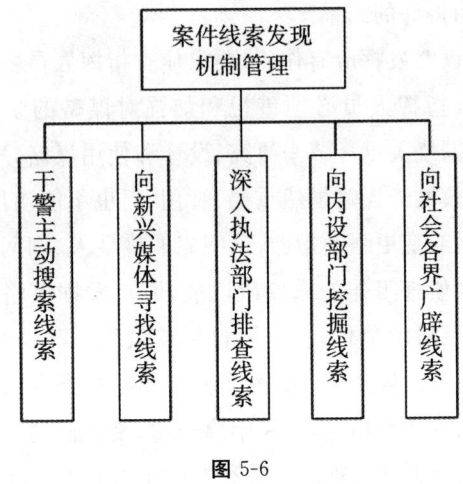

图 5-6

(一) 转变机制,提高干警发现线索积极性

为解决职务犯罪案件线索少、发现难的问题,要变"坐等办案"为"主动出击",在提高依靠群众发现犯罪能力的同时,侦查人员要增强捕捉案件信息的敏锐性,提高自行发现线索的能力。如河南省商丘市检察院在实践中探索出六招,即通过新闻媒体"曝"线索、通过宣传发动"收"线索、整体联动"挖"线索、沟通协作"要"线索、细心留意"捡"线索、"潜规则"中"扒"线索。

(二) 拓宽思路,积极运用信息引导初查

信息引导初查,借助科技手段是发现线索,有效追查犯罪、破解难题、突破案件的关键。比如江苏省徐州市检察机关反贪部门树立"信息引导初查"的理念,将全市检察机关反贪部门办理的所有受贿犯罪案件中涉及的行贿人、发案单位、发案领域、发案环节等信息统一录入市院反贪局建立的数据库,并根据平时收集掌握的相关人员、行业单位的信

第五章 职务犯罪侦查管理

息不断充实完善数据库,定期结合所有信息综合进行分析比对,确定重点调查对象。市院反贪局还编发行贿犯罪情报内参专刊,对行贿犯罪线索统一备案管理,对汇集评估后的重要线索,经筛选后指定基层院查办,并随时对深挖出的再生线索进行二次分配,及时掌控,统一推进。同时,不断加强与纪检监察、法院、公安、审计等执纪执法部门以及社会事务管理部门、公共服务行业的联系沟通,建立覆盖广泛、内容具体、高度集成的"大数据、大信息、大情报"线索资源共享体系,广辟案源渠道,取得显著效果。2010年以来,通过自行发现线索查办的行贿犯罪案件占全部行贿犯罪案件的97.5%。

网络舆情逐渐成为职务犯罪线索的重要来源之一。比如,河南省检察院职务犯罪侦查部门2011年3月搜索到关于瘦肉精事件的网络舆情后,迅速做出反应,并就瘦肉精事件背后可能隐藏的职务犯罪问题,组织力量展开调查,深入养殖场现场取证,搜集固定证据,在较短的时间内,迅速查处了一批涉及瘦肉精事件的职务犯罪案件,先后对62名涉嫌职务犯罪的国家机关工作人员立案侦查。新乡市检察院职务犯罪侦查人员除安排专人从网络舆情收集信息,还注重通过微信、微博、QQ群、网络论坛、留言板等渠道发现有可能涉嫌职务犯罪的蛛丝马迹。他们从网络上发现"新乡存在罗彩霞"帖子后,立即行动,查明了长垣县教育局有关人员招收学生徇私舞弊的犯罪事实,立案涉嫌职务犯罪人员6人。

(三) 主动出击,深入执法部门排查线索

检察机关主动到有关行政执法部门调阅执法档案,从不当的行政审批、行政处罚、行政复议背后排查行政执法人员的职务犯罪线索。如在2008年、2009年全国检察机关开展深入查办危害生态环境职务犯罪专项工作和工程建设领域突出问题专项治理工作中,一些省及地市相继在国土、城建、房管、规划等部门开展了行政执法调查活动。他们深入单位,调取土地审批、房地产交易等档案资料,查阅有没有违法批地办证等情况;调取财务账目,查阅有没有滥用职权减免税费、以罚代管等违法行为。通过上述方法,发现了一大批案件线索。

(四)内部挖潜,积极向各内设部门挖掘线索

通过建立侦查内部协作机制,充分发挥各检察业务部门的职能优势,形成职能优势互补,可以最大限度地发挥检察资源投入的效益,进一步提升查办职务犯罪案件的整体战斗力。同时各检察业务部门之间在配合协作中取长补短,互相学习,也可以促进检察官队伍整体业务素质的进一步提高。内部挖潜的主要方法:一方面侦查部门主动与相关业务部门一起召开信息交流会,建立检察机关内设机构之间的情况通报、信息共享、线索移送、侦结反馈制度。另一方面密切关注检察机关控申、侦监、公诉、民行、监所、反贪、技术等业务部门开展的诉讼监督情况,及时跟踪,仔细审查,从中发现、挖掘裁判不公背后的职务犯罪案件线索。

(五)外部延伸,主动向社会各界广辟线索

公职人员行使职权、履行职责受到的监督是多方面的,既有内部监督,又有外部监督;既有上级监督,又有同级监督和下级监督;既有党纪、政纪监督,又有群众监督、法律监督等。这些监督方式和渠道都能以不同形式发现职务犯罪线索。而作为法律监督的一种,职务犯罪侦查工作只有与其他监督主体和监督形式进行联系和配合,建立互通信息、案件移送等形式的协作机制,才能及时有效地发现职务犯罪线索,形成打击合力,以防止某些职务犯罪被"内部消化""降格处理"。外部延伸可以采取下列方法:一是与党委、人大、纪检监察、

第五章 职务犯罪侦查管理

信访等部门建立联系制度,及时获取案件线索。二是与公安机关经侦部门建立联系制度。从公安机关经侦部门所承办的案件中发现国家机关工作人员职务犯罪线索,比如,诈骗案可能会带出国家机关工作人员签订、履行合同失职被骗案,偷税案可能会引出徇私舞弊不征、少征税款案,等等。三是与新闻媒体建立联系制度。媒体通过新闻调查工作可以近距离接触到一些职务犯罪信息,联系工作做好了,就会获取大量有用的案件信息。例如,某县检察院职务犯罪侦查部门在报纸上发现技术监督局有关工作人员放纵犯罪嫌疑人制售伪劣商品(假农药)案的报道后,及时联系撰文记者,调取了记者拍摄的制假现场照片、采访记录、录音等原始资料,依法进行了证据转换,上述证据在结合其他证据后成为了该案的定案依据。

四、案件线索评估机制管理

加强对案件线索的价值评估是保证办案质量的重要前提。如何建立案件线索评估管理机制?实践中,要做好以下几个方面。(见图5-7)

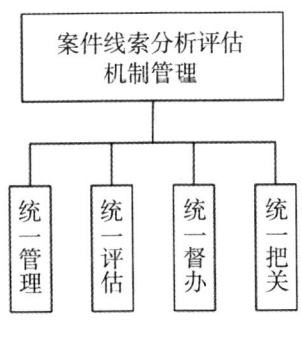

图 5-7

(一) 线索统一管理

对于线索,既要解决各地线索"旱涝不均",也要防止线索流失,省、市(分)两级检察院可以实行案件线索报送制度。省检察院对要案和特大案件线索进行统一掌握和管理,要求市级检察院对所有案件线索统一掌握和管理,可以大大提高对案件线索的利用。如河南省南阳市检察院、鹤壁市检察院制定的《案件线索统一管理办法》规定,各基层检察院必须将辖区内副科级以上国家机关工作人员犯罪线索、政法干警犯罪线索等重大案件线索统一上报市检察院,由市检察院统一管理,合理分配使用,既防止了案件线索流失,又保证了整体上的案源充足,使各基层检察院均有案可办。(如图5-8所示)

(二) 线索统一评估

加强对案件线索的价值评估是保证办案质量的重要前提。河南省检察院对收到的要案和重特大案件线索进行价值评估,并根据评估结果分类做出处理,市级检察院则对掌握的所有案件线索进行价值评估,然后根据情况分类做出处理。如湖南省检察院要求各基层院案件线索一律由市级检察院统一管理,并实行线索三级评估,确定价值等级,分别提出处理意见报主管副检察长或检察长阅批。线索质量高、成案可能性大的确定为一级线索,建议立即组织人员进行初查;线索质量一般,具有可查性,但条件和时机尚不成熟的,确定为二级线索,暂存缓查;线索明显失实的,确定为三级线索,酌情消化处理。同时,将案件线索输入微机加密管理,实行全程跟踪,防止案件线索流失和泄密。通过实行线索价值评估,较好地保证了办案质量。

第五章 职务犯罪侦查管理

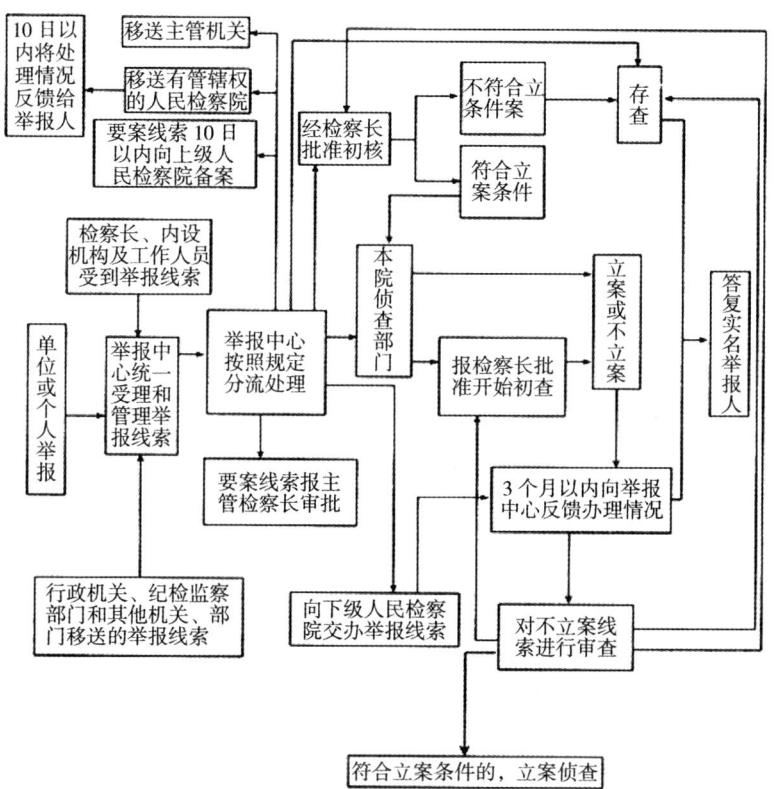

图 5-8　举报线索管理流程图

（三）线索交办统一督办

省检察院和市级检察院对交办或异地交办的案件线索进行跟踪督办。对经初查后决定不立案的，省检察院和市级检察院职务犯罪侦查部门按照分级管理的规定进行备案审查，必要时要求下级检察院携卷到上级院汇报，详细说明原因和理由，理由不成立的由上级院参与或指定初查。通过对案件线索查办情况跟踪监督，确保有初查价值的案件线索不流失。

(四)立案统一把关

加强立案把关,是防止立凑数案、立错案的重要措施。河南检察机关要求下级院在立案前,由分管副检察长、职务犯罪侦查部门负责人、案件承办人携带书面汇报材料及初查卷到上级院汇报案件初查情况和下一步侦查工作思路。上级院在听取汇报的同时,针对案件初查中存在的问题及侦查阶段应采取的措施提出指导性意见。并对办案中有可能遇到的问题,由上级院安排专人负责协调。如河南省洛阳市检察机关查办的"3·31"矿难案件,2010年3月31日,伊川县国民煤业有限公司发生特大瓦斯突出事故,造成44人死亡,4人下落不明,直接经济损失2728.4万元。在此案件查办过程中,省、市检察院先后听取基层院立案前汇报60余次,提出指导性意见100余条,为这一案件的顺利查结起到了重要作用。通过这个办法,上级检察院能够对下级检察院办案进行具体指导,有效防止了立"凑数案"、办"夹生案",确保案件"立得准",为"诉得出、判得了、效果好"打下了坚实的基础。

五、侦查取证机制管理

(一)侦查权力界限管理

职务犯罪侦查权,是人民检察院对于国家工作人员实施的与其职权相关的犯罪,依照法律规定程序进行专门调查工作和适用有关强制措施的权力。依据《中华人民共和国刑法》《中华人民共和国刑事诉讼法》《人民检察院刑事诉讼规则》和人民检察院相关规定,检察机关职务犯罪侦查权具体包括以下几项。

1. 初核、初查权〔《人民检察院刑事诉讼规则(试行)》(以下简称《规则》)第 167 条、第 168 条、第 169 条〕。

2. 立案权〔《中华人民共和国刑事诉讼法》(以下简称《刑诉法》)第 107 条、第 110 条〕。

3. 侦查权(《刑诉法》第 52 条),包括:(1)讯问权(《刑诉法》第 116 条、第 162 条);(2)询问权(《刑诉法》第 122 条、第 162 条);(3)勘验、检查权(《刑诉法》第 126 条、第 162 条,《规则》第 209 条);(4)搜查权(《刑诉法》第 134 条、第 162 条,《规则》第 220 条);(5)调取、查封、扣押物证、书证和视听资料、电子数据权(《刑诉法》第 139 条、第 162 条,《规则》第 232 条);(6)查询、冻结涉案财产权(《刑诉法》第 142 条、第 162 条);(7)鉴定权(《刑诉法》第 144 条、第 162 条,《规则》第 247 条);(8)主持辨认权(《规则》第 257 条);(9)采取技术侦查措施权(《刑诉法》第 148 条、第 162 条)。

4. 强制措施权(《刑诉法》第 64 条),包括:(1)拘传(《刑诉法》第 64 条);(2)取保候审(《刑诉法》第 64 条);(3)监视居住(《刑诉法》第 64 条);(4)拘留(《刑诉法》第 163 条);(5)逮捕(《刑诉法》第 163 条)。

侦查部门和侦查人员必须依法全面履行职责,所有行为都要于法有据,不得法外设权。一切违法违规的行为都要追究,一切执法不严不公不文明的现象都必须纠正。

(二)收集证据管理

收集证据贯穿于整个刑事诉讼活动的始终,是查明案件事实的前提。收集证据管理,是指侦查部门在收集证据时应当遵守的具体的操作规程。侦查实践证明,收集证据的工作做得好坏,最终决定着案情事实能否查清和是否能够准确、及时地对全案做出处理。

1. 收集证据管理的基本要求

从司法实践和理论研究来看,收集证据的基本要求主要有以下几个方面。

(1)客观性。在收集证据时必须符合客观的要求,从实际出发,实事求是,尽可能按照事物的本来面目去反映事物,既不能夸大,也不能缩小。对被害人陈述、犯罪嫌疑人的供述和辩解、证人证言客观地进行记录,不应加入办案人员的主观臆想和个人理解,也不能任意取舍。证言中的矛盾,应当由证人自己做出解释。严禁对上述人员采取刑讯逼供、引供、诱供、骗供、指名指事问供等非法方法收集所"需要"的证据。勘查笔录一定要忠实于现场实际和勘验的真实过程,勘查笔录是在现场勘查时制作的,是现场勘查工作的客观、准确地反映。勘查笔录的真实性,为以后确定案件性质、划定侦查范围等侦查工作提供了依据。物证、书证、视听资料等证据的收集要求提供原物或保持原状,物证只有在原物不便搬运、不宜保存或者依法应当返还被害人的情况下,才可以不提供原物,而通过拍摄足以反映原物外形或者内容的照片、录像等方式进行收集。对于书证如果有不便提取原物的情况,摘抄和复制书证时必须保持原件内容的完整性,不能任意取舍或断章取义。

(2)全面性。在调查收集证据时,凡是与本案可能有联系的证据材料应当一律收集,而不能凭一时的主观判断取舍。具体而言,全面性有几方面的涵义。

一是收集正反证据的全面性。在收集证据时,不能只注意收集能够证明犯罪嫌疑人、被告人有罪和罪重的证据,还要注意收集证明其无罪和罪轻的证据。这体现了刑事诉讼中的客观义务原则。我国

《刑事诉讼法》规定是与客观义务原则相符的,即审判人员、检察人员、侦查人员必须依照法定程序,收集能够证实犯罪嫌疑人、被告人有罪或者无罪、犯罪情节轻重的各种证据。

二是收集证据种类的全面性。在收集证据时不能只重视收集直接证据,而忽视间接证据的收集;不能只重视定罪证据的收集,而忽视量刑证据的收集;不能只重视言词证据的收集,而忽视其他物证、书证的收集。

三是收集同类证据的全面性。如对证人证言的收集,要尽可能收集到所有相关证人的证言,避免出现遗漏。

(3) 合法性。侦查人员只有严格按照法定程序收集证据,收集到的证据才是有效的,这是证据的合法性问题。程序合法是实体合法的前提条件。合法性主要包括:

一是收集证据的主体必须合法。根据《刑事诉讼法》的规定,在刑事诉讼中有权收集证据的人员是:侦查人员、检察人员、审判人员、律师、自诉人。除此之外,其他任何人都不得违法从事收集证据的工作。即使是公、检、法机关的工作人员,如果不是案件的具体负责办案人员,也不得插手自行收集与此案有关的证据。

二是收集证据的手段方法必须合法。非法方法获得的证据不能作为定案依据,这就要求在收集证据时一定要合法,防止辛辛苦苦收集到的证据因程序违法而失去效力。禁止以非法方法收集证据,是避免冤假错案的重要保证。

三是证据的表现形式必须合法。我国《刑事诉讼法》规定了8种证据,即物证,书证,证人证言,被害人陈述,犯罪嫌疑人、被告人的供述和辩解,鉴定意见,勘验检查、辨认、侦查实验等笔录,视听资料、电子数据。只有上述8种证据,可以成为刑事诉讼中的有效证据。其他形式的证明材料,不具有证据的效力。例如,匿名的检举信,只能作为查证的线索,而不能成为诉讼证据;以机关、团体等单位的名义出具的证明犯罪经过的"证言",也不能成为诉讼证据。

(4) 手段科技性。现代社会是高科技日新月异飞速发展的社会,犯罪手段也在不断发展变化,出现了许多利用高科技实施的"智能型"犯罪。例如,许多犯罪嫌疑人利用计算机、网络、移动电话等高科技器材作为犯罪工具。同时,利用高科技手段逃避侦查、打击的现象也日渐增多,如利用计算机系统犯罪后,又用病毒破坏计算机系统反侦查。这些犯罪的证据采用一般的方法是难以发现和收集的,必须采取高科技手段。面对这些新形势、新情况和新特点,侦查部门为有力地揭露和证实犯罪,就必须广泛地借助和运用现代科技手段发现、固定和提取证据。

2. 规范收集证据管理的重点

(1) 办案主体适格。检察机关反贪、反渎等业务部门不得指派没有检察官资格的人员独立承办案件;上级检察院立案侦查的案件,抽调下级检察院人员办理的,必须先任命法律职务再开展办案工作。职务犯罪案件侦查中,司法警察可以协助办案,但不能独立承办案件;要严格落实两人办案制度。

(2) 规范落实同步录音录像制度。应按照"全面、全部、全程"的要求落实同步录音录像制度,不能选择性录音录像,或者先审后录、不供不录;录音录像和纸质讯(询)问笔录必须相互吻合对应;录音录像过程中,不得使用与被讯(询)问人原意不符的总结性、概括性语言;在讯(询)问过程中不能有接打电话等不适当的言行举动存在;录音录像与讯(询)问笔录保存时要分类对应保管,务必保证公诉审查、法庭审理时能够顺畅播放和展示。

(3) 规范行政执法和纪委查办案件过程依法收集的证据使用。在行政执法和查办案件过程中收集的物证、书证、视听资料、电子数据等证据材料,在刑事诉讼中可以作为证据使用。以纪委名义调取的证据,需要予以专门说明。关于言词证据,纪委收集的必须依法转换;行政机关收集的,除因法定情况无法重新收集,且经审查符合法定要求的以外,也必须依法转换。

(4) 规范适用指定居所监视居住。应坚持"敢用、慎用、短用"的原则,既要敢用,更要慎用、短用,用准、用好。对特别重大贿赂犯罪案件,涉嫌犯罪数额达到50万元以上的情形,适用指定居所监视居住,必须经过初查有一定的证据支持,不能仅凭举报材料草率适用。对无固定住所的犯罪嫌疑人决定指定居所监视居住的,必须报上一级检察院备案,同时通报本院侦查监督部门和监所检察部门。严格控制适用时间,原则上控制在15天以内。基层检察院适用该措施超过15天的,必须报市级检察院职务犯罪侦查部门批准;市级检察院适用超过15天的,必须报省检察院侦查部门批准。

(5) 落实涉案财物管理规定。严格落实最高人民检察院印发的《人民检察院刑事诉讼涉案财物管理规定》,按照查封、扣押、冻结、处理涉案款物与保管涉案财物相分离的原则,办案部门负责对涉案财物依法进行查封、扣押、冻结、处理,并对依照规定不移送案件管理部门或者不存入唯一合规账户的涉案财物进行管理。案件管理部门负责对办案部门和其他办案机关移送的涉案物品进行保管,并依照有关规定对查封、扣押、冻结、处理涉案款物工作进行监督管理。计划财务装备部门负责对存入唯一合规账户的扣押款项进行管理。监察部门依照有关规定对查封、扣押、冻结、保管、处理涉案款物工作进行监督。

(三) 证据审查的管理

1. 证据审查管理的基本要求

收集到的证据是真是假,能否作为定案的根据,是否需要收集新的证据等,要通过审查来确定。刑事诉讼法明确规定,证据必须经过查证属实,才能作为定案的根据。所谓查证属实,其实质就是审查。案件事实的认定,必须经过收集证据、审查证据和认定证据等环节才能完成。离开了证据的审查,对案件事实的认定就是不可能的,证明任务也就无法完成。审查证据管理的任务,就是依据一定的规则分析、研究、确定所收集的证据能否用作定案的根据以及证明价值的大小。根据审查证据管理规则,其基本要求是以下三个方面。

(1) 审查证据的真实性。证据的真实性,就是我们通常所说的证据的客观性。对于收集到的每个证据材料,只有通过审查,才能确定其是否真实可靠,即是否符合案件的实际情况。诉讼法明确规定,证据必须经过查证属实,才能作为定案的根据。因此,审查证据的真实性,就成为审查证据的首要任务。根据司法实践经验,审查证据的真实性,一般应从以下三个方面进行。

一是审查证据的来源。证据的来源不同,其真实可靠程度也会有所差异。因此,审查证据首先要查明证据的来源,包括查明证据是如何形成的,由谁提供或收集的,收集的方法是否科学,证据的形成是否受到主客观因素的影响,等等。经过查证,只有那些有根有源,来自客观实际的证据,才有可能成为证明案件事实的根据。一切来历不明的物品、痕迹,道听途说的言词,捕风捉影的议论,或者没有出处的匿名信等,都只能是仅供参考的"线索",不能作为定案的证据使用。对于那些未采用科学方法提取或固定的证据,其真实性亦可能受到很大影响,在使用时要特别慎重。

二是审查证据的内容。对证据内容是否真实的审查,是整个审查证据工作的关键。要注意每个证据本身的不同特点。例如,物证、书证比较稳定,其本身不容易发生变化,但却可能被伪造、变造或篡改,在审查时应特别注意有无这方面的问题,一旦发现可疑迹象,就应进一步查证清楚,以判明其真伪;对于刑事被告人的口供,考虑到他所处的特殊地位,应注意查清有无对被告人进行刑讯逼供或骗供、诱供等非法行为存在;对于鉴定意见,则应注意审查鉴定人的资格和能力,以及鉴定的材料是否充分,鉴定的方法是否科学,等等。

三是审查证据之间有无矛盾。应注意分析供述、陈述与证言之间、证人与证人的证言之间,以及这些言词证据与物证、书证、鉴定意见、视听资料、勘验检查笔录等证据之间有无矛盾,以便从中发现问题,进一步查证核实每个证据的真实性。证据的内容必须符合客观事物的发展规律。如果证据的内容含糊、模棱两可或者自相矛盾,就不能证明任何案件事实。

（2）审查证据的关联性。证据的关联性,又称证据的相关性,是指证据与案件事实之间的内在联系性。作为证据的事实必须是与案件事实存在着某种联系,即能够证明案件事实。如果证据事实与案件事实之间没有这种关联性,就起不到证明作用,也就不能成为诉讼证据。因此,审查证据的关联性,就成为审查证据的一项重要任务。

（3）审查证据的合法性。证据的合法性,又称证据的法律性,是指证据的形式以及证据的收集和运用必须符合法律的规定。作为认定案件事实依据的证据必须符合法律规定的形式和要求,具有合法性,否则可能因不符合证据能力方面的要求而丧失证据资格,不能作为诉讼证据被采纳。因此,审查证据的合法性,也是审查证据的一项重要任务。审查证据的合法性,一般应从三个方面进行,一是审查证据是否具备法定的形式;二是审查收集证据的程序是否合法;三是审查证据的运用是否合法。

2. 证据审查管理的方法

不同案件审查证据的过程各有特点，但一般来说都应包括以下三个方法。

(1) 单个证据的可采性审查。一个证据要想得到采纳和发挥其应有的证明力，其前提是必须符合证据的"三性"，即合法性、客观性和相关性。证据只有具备了这"三性"，才是有效的，才能被采纳，否则要被依法排除，更谈不上用其作为定案的根据。因此，刑事证明的第一个环节就是对单个证据"三性"的审查。审查证据"三性"的方法包括依照证据的法律法规审查证据的"合法性"，按照经验法则、逻辑法则等手段审查证据的客观性和相关性，经过对证据可采性的审查，排除不可采的证据等。

(2) 数个证据的真实性判断。判断证据的真实性仅靠从单个证据的来源、取得程序、形式、提供证据的主体等方面来进行是不够的，应通过证据间相互印证来确认。证据间印证得越多，证据的真实性就越大。当然不能排除一些精心制作的证据，如指供、诱供、刑讯逼供所得证据有时也能得到相互印证，甚至印证到惊人、出奇的地步，但这些证据却是不真实的。所以司法实践中的一条经验是，有时过于印证，印证到不符合经验法则的证据是不真实的，而真实的证据在印证上往往存在一定的合理差异，特别是言词证据，证据间的这些矛盾和差异在通常情况下是合理的。例如，对于人的身高，通常据以目测，很难有一个精确的数字，而且人们常以自己的身高为基准加以目测，不同的人得出不同的目测结果实属正常。对于作案时间，人们也较少于案发当时查看手表、时钟，多基于吃饭、回家等时间往后推移估计，结果不同也在情理之中。

(3) 全案证据的充分性衡量。司法实践经验告诉我们，对于某一证据是否合法、有效、客观及与案件是否相关,一般不存在较大的争议;对于案件证据是否真实,不同的人可能有不同的判断(一些冤假错案的产生即是明证);而对于全案证据是否达到充分的证明标准,是否足以定案,有时意见分歧很大。通常存在两种情况,一是不同诉讼环节不同机关就同一案件的证据是否确实充分存在不同的看法。二是同一办案机关内部的不同人员,对同一案件证据是否确实充分存在不同的意见。出现上述现象的原因在于,对案件证据是否充分、是否达到了定罪量刑的证明标准的认识,是一个内心的主观判断过程,或称心证过程。这个心证过程比较复杂,它不仅牵涉到对单个证据证明力强弱的判断,还牵涉到对全案证据链的完整性、闭合性的综合评价,需要运用经验法则、矛盾法则、发展法则、逻辑推理、刑事推定、相互印证等方法考量。内心确信是从正面来说,排除合理怀疑是从反面来说,其实两者实质相同,皆为心证过程。

六、侦查审讯机制管理

(一) 正确把握侦查讯问对象的法律地位和自卫本能

侦查讯问的对象是犯罪嫌疑人,法定意义上的犯罪嫌疑人一般是指涉嫌犯罪已由侦查机关立案侦查或者已被采取传唤、拘传、取保候审、监视居住或拘留、逮捕的人。

犯罪嫌疑人是刑事诉讼当事人,为了保障诉讼参与人的正当权利,我国的《刑事诉讼法》赋予犯罪嫌疑人在侦查阶段一系列的诉讼权利。这就要求侦查人员必须明确犯罪嫌疑人享有的诉讼权利并切实予以保障,进行合法讯问。同时,犯罪嫌疑人作为刑事追诉的对象，其所处的特殊地位和特定的环境，必然导致其形成与常人不同的心理，又由于犯罪嫌疑人年龄、性别、职业、经历、文化以及案情等具体情况的不同，在讯问过程中，不同的犯罪嫌疑人会出现不同的心理特点，同一犯罪嫌疑人也会随着讯问的进程而产生相应的心理变化。因此，在讯问人员和犯罪嫌疑人双方法律地位处于对立，侦查人员追诉犯罪与犯罪嫌疑人自卫本能处于冲突状态下的讯问活动中，如果不注意研究犯罪嫌疑人的个性特点，不掌握犯罪嫌疑人在讯问中的心理变化规律和反讯问的手法，那么，讯问活动就会是盲目的，讯问对策就缺乏针对性，讯问就难以取得成功，甚至会陷入僵局。

（二）全面保障侦查讯问中犯罪嫌疑人的诉讼权利

我国《刑事诉讼法》对犯罪嫌疑人在侦查讯问中的诉讼权利作了明确的规定。根据有关规定，犯罪嫌疑人在侦查讯问中的诉讼权利主要有以下几项：获得法律帮助的权利、申请回避的权利、使用本民族语言进行诉讼的权利、申请取保候审的权利、对本案无关的问题的讯问有拒绝回答的权利、要求解除强制措施的权利、申请补充鉴定或重新鉴定的权利、核对笔录的权利、对侵权提出控告的权利等共计9项。另外，还涉及律师介入诉讼活动后律师的权利问题，包括代理申诉和控告、为嫌疑人申请取保候审、提供法律咨询，等等。职务犯罪侦查指挥工作必须在尊重和保护以上权利内容的基础上开展。对犯罪嫌疑人合法权利的尊重和保护，有助于侦查人员全面、客观地了解案件事实真相，防止偏听偏信或主观片面而造成无根据的追诉和冤假错案。侦查人员应当耐心、全面地听取犯罪嫌疑人及其辩护人无罪、罪轻的辩解，不能把犯罪嫌疑人的辩解一律视为"狡辩""抵赖""态度不好"。

（三）针对犯罪嫌疑人的心理变化积极运用侦讯策略

不同的犯罪嫌疑人，由于其个性、经历、犯罪恶性程度不同，在审讯中表现出的心理特点亦不尽相同，即使是同一个人，在审讯的不同阶段，其心理也是不断发展变化的。审讯实践表明，犯罪嫌疑人在审讯中的心理变化一般要经历四个阶段，即试探摸底阶段、对抗相持阶段、动摇反复阶段、交代供述阶段。当然这四个阶段的划分并没有绝对界限，不同的犯罪嫌疑人的表现也是有区别的。

1. 试探摸底阶段的侦讯策略

试探摸底是犯罪嫌疑人在讯问之初的一种心理现象。这种心理现象是犯罪嫌疑人为了达到自我保护目的的心理反应。在审讯初期，犯罪嫌疑人往往利用与审讯人员初次接触、彼此陌生的机会，以试探的方式进行摸底，从而据此确定相应的防御策略。

（1）犯罪嫌疑人试探摸底的主要内容。在试探摸底的过程中，犯罪嫌疑人想试探的内容，主要有以下几个方面。

一是试探自己罪行暴露的程度。作案后案情暴露如何，是犯罪嫌疑人最为关心的问题。案情暴露得多犯罪嫌疑人在交代时就会老实些，暴露得少犯罪嫌疑人就会在讯问时交代得隐蔽些，或者不将作案的情况交代出来。在试探过程中，犯罪嫌疑人如果试探到了这些内容，将会给讯问带来后患。

二是试探同伙暴露的程度。在共同作案的犯罪嫌疑人中，同伙的情况是他们关心的问题。一是同伙暴露的情况。同伙暴露了，或者已经被捕了就难以隐瞒自己的案情，这时犯罪嫌疑人可能对如何供述作出选择，一般倾向于交代问题。二是弄清同伙被捕后交代了些什么。一旦知道自己的同伙交代了案件中的事实，其他人就会觉得隐瞒已经没有意义，只好交代实情。

三是试探侦查部门案情掌握程度。犯罪嫌疑人一旦知道侦查人员是如何知道案情的,也就了解了侦查人员掌握案情的程度,如果案件的源头、来龙去脉已经被侦查机关查清,隐瞒就没有必要;如果试探发现侦查机关只知其一,不知其二,那就还有隐瞒与推脱的机会和条件。

四是试探将会受到处罚程度。犯罪后将受到何种处罚,是犯罪嫌疑人最关心的事情。犯罪嫌疑人会按照自己罪行的轻重考虑选择交代与否的问题,如果要处以重刑,隐瞒的心理会占据上风,如果是轻刑,交代的心理会更强些。

五是试探讯问人员自身个人情况。试探讯问人员的情况是犯罪嫌疑人在讯问中重要的心理活动,讯问人员的脾气、个性、性格、爱好、品德、水平、法律知识、态度等都是他们急于想知道的。了解了这些问题,他们就可以在讯问时选择自己认为合适的对策。

(2) 犯罪嫌疑人试探摸底阶段的行为表现。试探摸底是犯罪嫌疑人在讯问中表现出来的心理变化的重要阶段,是一系列心理活动的前兆阶段。心理活动表现在行动上,常有以下几种表现。

一是静观其变。犯罪嫌疑人对讯问一般并不立即回答,而是用心琢磨,反复推敲,自认为能够正确地估测讯问的真实意图后,才做开脱式的回答。有的犯罪嫌疑人害怕误入圈套,便以沉默代替回答。

二是示假隐真。犯罪嫌疑人采用谎供、乱供、以假乱真的方式试探审讯人员。如果审讯人员相信其所说的,便说明审讯人员对其所犯之事知之甚少或不知;如果不相信,则证明审讯人员可能掌握了与案件有关的证据,对案情有一定的了解。

(3) 侦讯人员的主要策略。在这个阶段中,如果侦查人员没有把握讯问的主动权,把握犯罪嫌疑人的心理表现,尤其是让犯罪嫌疑人试探摸底成功,以后的讯问工作就将遇到一系列困难;相反,把握了犯罪嫌疑人的心理,心理转变工作做得好,以后的讯问工作就能顺利进行。针对犯罪嫌疑人上述心理特点,审讯人员须慎重从事,对犯罪嫌疑人的供词不随便表态,不显山露水、喜形于色;对要追究的要点,应详细进行研究,不轻易透露审讯意图和所掌握的线索,以防止被犯罪嫌疑人掌握和利用;问话要把握好时机,得当有力,不让犯罪嫌疑人有空隙去考虑。只有这样,才能从心理上首先战胜犯罪嫌疑人,使之低头认罪。

2. 对抗相持阶段的侦讯策略

对抗相持阶段是指犯罪嫌疑人以对抗心理作为其精神支柱,同审讯人员做激烈交锋的阶段。由于犯罪嫌疑人的反抗心理正处于上升时期,因此审讯人员的政策攻心和审讯策略一时难以奏效,审讯处于僵持状态,如何打破僵局是顺利通过此阶段的关键。

(1) 犯罪嫌疑人和侦讯人员对抗的主要方面。这是审讯最艰苦、最精彩和最复杂的阶段,也是犯罪嫌疑人侥幸心理急剧膨胀的阶段。犯罪嫌疑人针锋相对地同审讯人员进行较量,对抗常有以下几个方面。

一是思想认识上的对抗相持。侦查活动与犯罪活动的对抗性决定了犯罪嫌疑人在讯问活动中思想认识上与讯问人员的对抗。绝大多数犯罪嫌疑人在讯问中力图掩盖犯罪形迹或者为自己做无罪、罪轻的申辩,竭力采取各种反讯问伎俩,影响讯问人员的意志、思维和情感,以不供、少供、假供的方式逃避或减轻法律的制裁;而讯问人员则力图运用各种讯问策略,改变犯罪嫌疑人的消极心理倾向,使他们在法律、事实和证据的制约下坦白交代、认罪伏法。因此,在这种讯问双方各自为达到自己的目的而斗争,讯问对策与反讯问的伎俩针锋相对的对抗性思维运作过程中,犯罪嫌疑人与侦查人员在思想上的对抗相持局面在讯问初期阶段随时可见。如果讯问过程中讯问人员不能成功地消除其错误的认识,矫正其偏激的观点,批驳其歪理邪说,犯罪嫌疑人将可能纠缠不休,僵局难于打破,讯问就很难顺利进行。

二是案情上的对抗相持。案情暴露的情况是相持的一个重要内容。随着讯问的深入和侦查工作的深入,案情将会更加暴露,但犯罪嫌疑人未必就肯认罪伏法。随着时间的推移,他会将讯问中传递出来的对自己有价值的信息加以利用,重新形成防御对抗的体系,对案件中某些事实的是与非、对与错、单个还是同伙、有责任还是没有责任等问题纠缠不休,从而加大了讯问的难度。

三是意志精力上的对抗相持。坚强的意志力是讯问人员的重要素质之一。讯问中和犯罪嫌疑人的较量,既有智力的较量,也有意志的抗衡,顽固不化的犯罪嫌疑人总是要和讯问人员进行意志较量。这就需要讯问人员具有良好的意志能力,即坚忍不拔的忍耐力和持久力,冷静沉着的自制力和良好的自我调节力,同时,保持充沛的体力和旺盛的精力,在体力上、精神上压倒对手。进行意志较量的时候,犯罪嫌疑人往往会采取刺激的方法,试图使讯问人员失去理智,在这种时候,讯问人员必须保持稳定的情绪情感,不为犯罪嫌疑人的表面现象所迷惑,始终适应在复杂环境下面临的意志能力的考验。

(2)犯罪嫌疑人对抗相持阶段的行为表现。因为在第一阶段中了解了讯问人员对案件的了解程度,认为其所掌握的证据无法定罪,便幻想逃脱法律的追究。犯罪嫌疑人在了解了审讯人员的个性和讯问策略的基础上,迅速产生了强烈的对抗心理和侥幸心理,对审讯不作交代。主要表现是:

一是伺机反驳。在审讯中,先暂不言语,千方百计从审讯人员的问话中找出破绽,然后伺机反扑,主要是想变被动为主动,从气势上压倒审讯人员。

二是极力开脱。对审讯人员的问话、关键问题避而不谈,无关的问题却滔滔不绝,目的都是在为自己的行为开脱,承认犯罪事实的内容极少,常常把自己的所作所为说成是不得已而为之或者为自己的行为找出其他众多理由等。

三是对抗狡辩。犯罪嫌疑人在审讯中,不仅不承认犯罪事实,甚至反诬司法机关传唤其是违法行为;有的即使被迫承认事实,也不承认犯罪的动机、目的。

四是沉默拒供。犯罪嫌疑人在审讯过程中拒绝回答审讯人员提出的所有问题,究其原因有的是深知自己罪恶深重,其犯罪证据为司法机关掌握,认为即使坦白也将受到法律的严厉制裁,不如拒绝供述,或许还有一线希望;有的则因为平时说话易露破绽,审讯时三缄其口,以防失言。

(3) 侦讯人员的主要策略。面对这种意志和智谋的较量,侦查人员在这一阶段实施心理对策的宗旨,就是压制犯罪嫌疑人的抗审气焰,逐渐削弱其拒供心理。针对对抗的主要心理因素和表现,讯问人员应采取以下主要心理对策。

一是判明拒供主导因素。侦查人员应通过阅卷、调查和与犯罪嫌疑人接触等方法,查明犯罪嫌疑人形成拒供心理的主导因素。当判明了犯罪嫌疑人形成拒供心理的主导因素后,即可运用有针对性的心理对策予以消除或削弱。

二是及时调整心理对策。应把握犯罪嫌疑人拒供心理因素的变化,及时灵活地调整对策,以削弱或消除其新的拒供心理因素。例如,当发现畏罪心理占主导支配地位时,就采取减缓压力、指明出路、给予希望的心理对策;当占主导地位的畏罪心理消除以后,如果原来处于次要地位的侥幸心理上升为主导地位,这时则应巧妙地使用证据破除其自信和幻想的心理对策。

三是适时实施攻心策略。应遵循"隐己露彼""先虚后实"的一般原则。通常应先迂回,后突破;先教育攻心,后使用证据;先暗示,后明示;先一般,后重点。不可盲目冒进、乱抛证据,以及暴露讯问的意图和我方掌握证据的底细,这样才能掌握讯问主动权。

四是多策并举促犯罪嫌疑人使放弃抗拒。在这一阶段,由于犯罪嫌疑人的抗拒心理正处于上升时期,审讯人员只靠政策攻心等单一讯问方式恐怕难以取得好的效果,如果要想战胜对方,审讯人员首先要有充分的思想准备,要有足够的耐心和信心;其次讯问中要态度鲜明,打消犯罪嫌疑人的抵赖和侥幸心理;另外还要注意讯问的技巧,如善于抓住对方的矛盾之处,适时使用证据等;最后可以调动社会力量给予协助。如同犯罪嫌疑人的家属、朋友等取得联系,让他们规劝犯罪嫌疑人放弃抗拒,交代问题,争取司法机关从轻处理。

3. 动摇反复阶段的侦讯策略

动摇反复阶段是犯罪嫌疑人心理防线出现漏洞,防御体系开始崩溃,心理矛盾最为激烈和心理最痛苦的阶段,也标志着审讯工作开始出现转机。

(1) 犯罪嫌疑人动摇反复阶段的主要行为表现。由于审讯人员多次对其进行教育、适时出示证据,犯罪嫌疑人意识到其犯罪事实已被审讯人员掌握,如果继续顽抗将造成严重后果,但同时又存在种种疑虑,因而在坦白交代与抗拒隐瞒之间动摇犹豫。动摇反复阶段主要行为表现以下几种。

一是态度由硬变软。当犯罪嫌疑人意识到自己的罪行已经或者将被揭露时,就丧失了继续对抗的信心,其突出的表现是态度由硬变软,有的低头不语,面红耳赤,呼吸短促;有的神色紧张,竭力回避侦查人员的目光;有的自言自语,唉声叹气,似有悔恨之意。

二是提出交代条件。犯罪嫌疑人产生供述动机的同时,必然会考虑到交代罪行以后可能带来的法律后果。有的找出各种客观理由为自己的罪行开脱,有的提出这样或那样的要求,作为供述罪行的交换条件。

三是动作举止不安。当犯罪嫌疑人在讯问中突然感到罪行已经无法隐瞒时,常常会出现惊慌恐惧、举止不安、不知所措的情况。有的额头、鼻尖、手心冒汗;有的唇干口渴,要求喝水、吸烟;有的搓搓手、揉揉衣角,下意识的动作增多。在监室内,有的坐卧不安,不能入睡;有的沉闷无语、神态发呆、委靡不振。

四是心理举棋不定。由于犯罪嫌疑人在此阶段思想斗争复杂,考虑甚多,因此不仅在交代与不交代上存有疑虑,而且在交代时机和向谁交代等问题上也犹豫徘徊,有的还会在交代前提出这样或那样的要求,如不向外传播,不要告知其家人所犯罪行等。

(2) 侦讯人员的主要策略。动摇反复阶段是犯罪嫌疑人处于交代与不交代之间艰难选择的关键时刻,动摇反复阶段需要催化。针对犯罪嫌疑人的上述心理状态,侦查人员若能把握得当,引导得法,就可促其向供认阶段转化;若把握不好,或引导失当,就可能使犯罪嫌疑人重新萌发畏罪、侥幸和对立心理,修补和重新构筑防御体系。审讯人员应抓住时机,采取针对性措施,穷追不舍,一鼓作气,彻底摧毁犯罪嫌疑人的心理防线,追其交代罪行。因此,侦查人员应敏锐地抓住犯罪嫌疑人犹豫、动摇的时机,实施有效的心理对策。主要心理对策有以下几个方面。

一是加强攻心,多做心理转化工作。讯问人员必须把政策教育的内容与犯罪嫌嫌疑人的实际情况结合起来,有针对性地施加心理影响,在讯问中要注意刚柔相济,考虑其情感的承受能力,尽量避免和减少同犯罪嫌疑人情感上的对立。如某省反贪部门有一起运用亲情感化成功攻破防线的案例。一市高新区地税局原局长张某被立案后,拒不供述,声称检察机关抓错了人。办案人员采取思想教育、讲法律讲政策和坚持每天为其检查身体三管齐下的策略对其进行攻坚,并根据前期查询掌握的张某家庭信息,及时将张某女儿中招考试的有关情况传递给张某,使其感受到检察机关既查办案件又注重人文关怀的司法理念,心理防线逐步松动。抓住张某对抗情绪有所松动的有利时机,针对其文化素养较高的实际,该院擅长书法的检察长亲自出面与之交锋,促使其交代了个人受贿问题。

二是依法依据宣讲法律。针对犯罪嫌疑人存在害怕供述后得不到从宽、从轻处理的疑虑,应结合其罪行和宽严典型的实例,宣讲政策,教育犯罪嫌疑人认真权衡利弊得失,让其切实体会到供认对自己有利,从而推动其下决心供认罪行。

三是合法合理处理犯罪嫌疑人要求。对犯罪嫌疑人提出从轻或免除处罚以及满足其情感和生活方面的某些要求,讯问人员既不能违法或无原则地许诺,也不能随便训斥或置之不理,应视不同的情况,依法、依理予以解答,巧妙地运用模糊性语言,既不违反政策,授人以柄,又给其以希望。对犯罪嫌疑人提出的一些不违背法律与政策、合情合理的生活等方面的要求,讯问人员承诺后,必须兑现。

4. 供述罪行阶段的侦讯策略

供述罪行阶段是审讯双方经过激烈的心理战,审讯人员战胜犯罪嫌疑人使之交代罪行的阶段。犯罪嫌疑人之所以交代其罪行主要是由于在审讯人员实施政策攻心、步步追问以及看到确凿证据之后,认识到只有如实供认自己的罪行才是唯一的选择时,其心理活动就进入了供认阶段。在此阶段,犯罪嫌疑人往往会意识到,隐瞒已没有必要,如实交代问题才是出路,或许可以得到宽大处理的结果。

(1) 犯罪嫌疑人供认阶段的主要行为表现。在此阶段,嫌疑人的心理防御体系虽已崩溃,但他们毕竟有罪,必须接受法律制裁,处

罚的结果直接关系到个人的名誉、地位和前途,其家庭也将受影响,因此畏罪心理和侥幸心理并未彻底消除,其主要表现为:

一是供认罪行不够彻底。有的犯罪嫌疑人采取且战且退的策略,能瞒则瞒,能辩则辩,以尽量减轻罪责;有的则采取"留有余地"的策略,对罪行原则上承认,但对犯罪事实不作具体交代或隐瞒关键情节,甚至隐瞒重大罪行。

二是拒供心理仍然残存。在不良外因(如受人教唆)或讯问对策失误的影响下可能出现心理反复,导致翻供,推翻原来的真实供述。

三是认罪供述附带申辩。由于畏罪心理的影响,犯罪嫌疑人的供述往往并不是为了承担全部罪责,而是希望得到从轻处理,因此强调客观因素的影响,或者反复申辩是受他人的指使或陷害而犯罪,还有的极力表示是过失犯罪并愿意悔罪,请求给予改过的机会等。

(2) 侦讯人员的主要策略。供认阶段是犯罪嫌疑人的拒供心理向供认心理转化的最后一个阶段。在这一阶段,侦查人员决不可掉以轻心,应将其作为与犯罪嫌疑人"心理战"的决胜时刻。因此,针对犯罪嫌疑人心理活动的特点,应采取以下主要对策。

一是对犯罪嫌疑人做好疏导教育工作。肯定其已有的进步,稳定其情绪,强化和巩固其供认心理,及时打消和纠正其以假坦白换取宽大处理的企图,并可结合使用证据,揭穿其假供,迫使其端正态度,老老实实交代罪行。

二是深追细节防止翻供。根据犯罪嫌疑人交代的犯罪事实,对其作案的时间、地点、目的、赃款赃物等做深入细致的调查了解,以固定证据,防止翻供。针对犯罪嫌疑人初步承认犯罪后,往往不供述犯罪的具体情节,存有日后翻供幻想的情况,讯问人员在犯罪嫌疑人承认犯罪后,不要麻痹松懈,而应再接再厉,乘胜追击。尤其要把影响定罪量刑的细节进行固定,注意追查犯罪嫌疑人犯罪的动机和目的,杜绝犯罪嫌疑人日后翻供。

三是具体分析区别对待翻供。如果是推翻过去所作的伪供、假供就应该及时鼓励,肯定其表现,并稳定其情绪,固定其陈述的内容;如果是为了抵赖罪行、统一前后口供,就应及时予以揭露和批驳,并做好各方面的工作,防止供述的反复。

七、侦查保障机制管理

侦查工作保障管理机制建设,应重点抓好以下几个关键环节。(见图5-9)

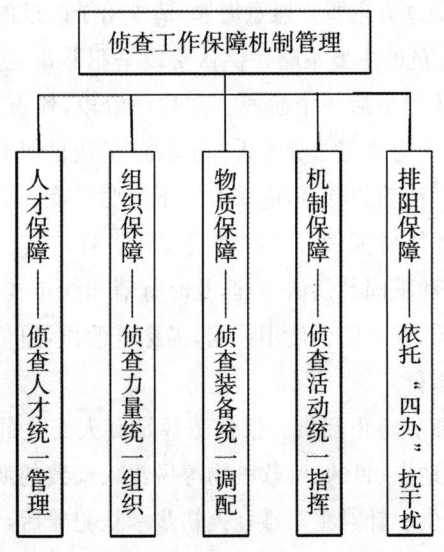

图 5-9

第五章 职务犯罪侦查管理

（一）人才保障——侦查人才统一管理

加强侦查人才队伍建设，是实施侦查工作保障机制管理创新的重要力量保证。高检院、省检察院和市级检察院已分别建立了侦查骨干一、二、三级侦查人才库，严格入库标准，对入库人员身体状况、政治业务素质、侦查业绩等条件，以及入库人员数量都做了严格要求，以确保侦查精英人才入库。在侦查人才库人员工作调整时，其所属的下级院必须征得上级院的同意，以维持在库人员的稳定性。对因工作需要调整出去的人员，应及时调整和补充新的优秀侦查人员入库。另外，在严格选拔人员的同时，还对侦查人才库人员进行有针对性的培训，提高其综合素质和侦查技能，使其适应日益复杂变化的办案情况和环境。比如湖南省在每年调整、充实全省检察机关反贪侦查人才库的基础上，又建立了全省检察机关反贪综合指导人才库，制定《湖南省人民检察院反贪局综合指导人才库人才选拔、管理、使用办法》，统一管理和调度使用反贪综合指导人才库人才，研究解决全省反贪工作重大问题，建立健全反贪工作机制，总结推广反贪办案经验，形成综合指导工作合力，推动工作发展。湖南省院还针对不同人员的职责特点，开展不同专题的培训，增强培训的针对性和实效性。如对反贪局局长、副局长及侦查科（处）长的培训，突出侦查指挥决策、队伍建设和管理等能力的塑造和培养，切实提高领导干部驾驭全局、科学决策和危机管理方面的能力；对侦查人员的培训，重点从反贪侦查策略与技巧、犯罪心理分析、证据收集和认定等方面开展；对综合指导人员的培训，重点从提升综合指导、法律适用、综合材料写作、统计、案件管理等方面开展。省院反贪局在办案中更是充分运用侦查一体化机制，先后共抽调300余名下级院反贪干警参与省院反贪局组织的大要案的查办工作，在办案实战中发挥培训和传、帮、带作用,促进了参与办案干警侦查水平和实战能力的提高。

(二)组织保障——侦查力量统一组织

1. 由上级检察院统一指挥查办大要案。在查办大要案时,要由上级检察院抽调侦查人才库人员组成精锐的攻坚队伍,由上级检察院统一指挥侦查。如 2009 年 4 月 3 日,焦作市检察院反渎部门接到被害人家属范某举报孟州市公安局巡警队徐某等 4 人涉嫌刑讯逼供造成薛某膀胱破裂的线索后,立即组织人员进行初查。在取得扎实的外围证据后,市检察院统一组织调用沁阳、中站、孟州检察院的骨干侦查力量,集中查办了徐某等 4 人涉嫌刑讯逼供案件。在将犯罪嫌疑人徐某等 4 人通知到案后,兵分六路进行讯问,仅用 9 个小时,就将该案突破,使 4 名被告人受到法律应有的惩罚。

2. 运用专案调查机制组织侦查。在查办重大复杂案件、跨区域案件或多人犯罪案件时,由于案件涉及面广、涉案人员多,上级检察院要统筹指挥,统一组织对多个涉案人员、涉案问题的有序查办,运用专案调查机制,做到对案件侦查工作的统一掌控和统筹谋划,可采取分院包案、分院包人组织侦查。即由上级检察院成建制地抽调下级检察院办案人员组成各办案单位,就全案中的一项或一人负责组织突破。如鹤壁市检察院,在查办王某等 6 名公安干警刑讯逼供致人死亡一案中,就采取了分院包人的方式,市检察院和五个县区院共 6 个单位,每个院负责突破一名犯罪嫌疑人,各负其责,自加压力,市检察院统揽办案全局,汇总情况,沟通信息,下达指令,上下沟通,强化办案责任,提高工作效率,节约侦查资源,使这一影响重大的公安干警刑讯逼供致人死亡案件得以迅速侦破。也可以专项工作为依托,统一部署和组织案件查处。如 2010 年,新乡市检察院在查办人防工程建设领域职务犯罪专项侦查活动中,市检察院成立专案组,统一指挥,统一行动。由于组织指挥有力,共立案侦查人防工程建设领域职务犯罪案件7件11人,成功查处了新乡市卫滨区解放路办事处书记王某、副主任买某滥用职权、私分国有资产案,新乡市人防办纪检书记杨某(副处级)滥用职权案,为国家挽回经济损失1100余万元。

(三)物质保障——侦查装备统一调配

运用先进的侦查装备开展侦查工作,是适应新形势下侦查工作的必然要求,也是当前实行侦查工作保障机制管理创新的重要保证。为了确保侦查工作保障机制管理创新的顺利实施,上级检察院有权在辖区内调用所有检察机关的侦查办案装备。这样,一方面可以使一些先进的、投入较大的装备和设备,物尽其用,同时也节约了当前并不宽裕的办案经费,不至于重复投入,造成资源浪费。对办案所需的常规装备,如交通、通讯等日常工具性装备,上级检察院在调用侦查人员时可一并调用,使用中产生经费由上级检察院负责。这样既保证了办案的必须,缓解了"大兵团作战"在物质装备方面不足的压力,也照顾了各个办案单位的工作便利。

(四)机制保障——侦查活动统一指挥

实行侦查三级联动。省检察院发挥指导、督促和重大问题协调指挥的主导作用。如河南在查办房地产建设涉"容积率"案件背后的职务犯罪案件中,省检察院、市(分)院和基层院三级联动,省检察院领导、职务犯罪侦查部门领导以及侦查人员多次深入市(分)院及基层院办案一线,共同研究案情,制定对策,提出指导意见,帮助排忧解难。市检察院发挥领办、统筹指挥和案件把关定向的主体作用,从而减轻基层院独立办案面临的人际关系困扰和环境影响。基层院则发挥集中统一办案的基础力量和主力军的作用,使案件查办工作既有统一的领导和指挥,又有明确的任务分工和责任,有效破解了办案中的阻力和困难。

(五) 排阻保障——依托"四办"抗干扰

上级检察院对下级检察院管辖和办理的案件,根据情况进行提办、交办、参办、督办,通过"四办",可以有效排除办案中遇到的一些来自内外部的干扰,保证查案的顺利进行和案件的公正处理。

1. 提办。主要是针对下级检察院查办确有困难,采用一般的督办形式难有突破性进展的案件,提到上级检察院直接办理,以脱离案发当地的复杂办案环境,使案件能够顺利推进。如 2008 年,平顶山舞钢市检察院接到举报,舞钢市福田房地产公司在未办理任何手续的情况下,擅自开发、建设商品楼,使国家损失百万元的土地出让金和城建规费。初查中发现,舞钢市建设局监察室主任路某涉嫌玩忽职守犯罪,同时牵出建设局局长董某涉嫌滥用职权犯罪的线索。舞钢市检察院及时将情况向平顶山市检察院作了汇报。考虑到此案由当地检察机关查处有相当难度,平顶山市检察院果断决定直接提办,舞钢市检察院配合。经过侦查,不仅查清了城建局局长董某滥用职权、监察室主任路某玩忽职守给国家造成 200 余万元损失的事实,还顺藤摸瓜,发现和查处了涉及招商、城建、国土等部门的 4 名国家机关工作人员职务犯罪案,并挽回经济损失 500 余万元,净化了舞钢市房地产开发市场,取得了良好的法律和社会效果。

2. 交办。主要是异地交办,这样可有效避免案发地有关部门的干扰。如在查办沈丘县张绍友冤假错案背后的职务犯罪窝案和尉氏"水艺方"商务会所强迫、介绍高、初中女生卖淫案件背后有关行政执法人员职务犯罪案中,省检察院异地交新乡市检察院分别组织专案侦查,并全程跟踪督办,协调指导,最终成功查处了沈丘县公安局侦查大队副大队长蒋某、刑警王某玩忽职守案,刑警顾某玩忽职守、刑讯逼供案,尉氏县公安局工业派出所副指导员、民警刘文进玩忽职守案。2009年以来,省检察院先后交办和指定管辖案件20余件,这些案件都得到了顺利的查处。

3. 督办。主要采取要结果督办、派员督办和电话督办等方式。通过督办的方法,可以使下级检察院"师出有名",有效应对来自于当地的干扰,减轻下级检察院办案的压力,同时也增强了下级检察院的责任感,推动了查案工作的开展。

4. 参办。通过上级检察院参办下级检察院案件办理,可以适时掌握情况,及时帮助协调和解决问题,支持下级检察院办案。如在查处项城市城建局副局长卫某、国土资源局副局长崔某、执法监察大队大队长高某等9人滥用职权犯罪案件时,周口市检察院领办和参办,沈丘县检察院主办,使案件得以成功侦破,并挽回经济损失350余万元。这一案件的成功查处在社会各界影响很大,受到当地党委和群众的一致好评,取得了良好的社会效果。

第六章 职务犯罪侦查组织指挥管理

2014年10月16日,习近平总书记在中央政治局常委会听取中央巡视工作领导小组关于2014年中央巡视组第二轮巡视情况汇报时指出:"巡视发现的问题再次印证了反腐败斗争形势依然严峻复杂的判断。魔高一尺,道高一丈;魔高十丈,道高百丈。党要管党、从严治党任务尤为紧迫,是一场持久战。"要实现魔高一尺,道高一丈,离不开侦查组织指挥。

根据反腐败最新的形势发展,尤其是近期中央纪委鲜明提出纪检监察机关转职能、转方式、转作风的"三转"部署,使纪委执纪职能与检察司法职能在反腐败的斗争中的分工越来越清晰,检察机关职务犯罪侦查组织指挥正在面临新的机遇和新的挑战。根据2010年12月29日中国首次发表关于反腐败的白皮书——《中国的反腐败和廉政建设白皮书》正式官方介绍,根据中国的国体和政体,在反腐败实践中,探索形成了党委统一领导、党政齐抓共管、纪委组织协调、部门各负其责、依靠群众支持和参与的具有中国特色的反腐败领导体制和工作机制。在中国,反腐败的具体职能机构,主要有中国共产党纪律检查机关、国家检察机关、政府监察机关和审计机关以及

第六章 职务犯罪侦查组织指挥管理

国家预防腐败局。不同的反腐机构具有不同的反腐职能。这些具有不同职能的机构,在反腐各项工作中相对独立、各司其职。在中国反腐败的职能机构中,各级纪委是中国共产党党内监督的专门机关。监察机关是对国家行政机关及从事公务的人员执法、廉政、效能情况进行监察。依照刑事法律,对构成职务犯罪,具有侦查职能的机构只有检察机关。但是在实际工作中,纪委与检察机关存在错位、越位、缺位的情况,中央纪委监察部网站2014年至2015年发表的系列评论文章,对此进行了反思,并提出纪检监察机关要进行"三转",即转职能、转方式、转作风。评论文章中批评:一是这些年,纪律检查机关虽然围绕党章规定做了大量工作,但是,也干了大量分外的事。参加了各种议事协调机构,把时间耗在文山会海上;热衷于组建"领导小组办公室",搞检查、考核、评比,滋生"四风"问题;对参与小金库、"三乱"专项治理等乐此不疲,揽了不少不该揽的事。省级纪委参与的议事协调机构竟有4600多个,有的省参加了200多个。二是现在存在一种倾向,纪委办案混淆了依"纪"与依"法"问题。在纪律审查中贪大求全,在查办案件中追求大要案,追求"吃干榨尽"。如何开展纪律审查?中央纪委监察部网站6月1日至23日相继推出系列评论文章,更是再三强调,纪委不是党内的公检法,不是司法检控,纪律审查是依"纪",司法是依"法",二者不能混淆。纪委的职责是依"纪"进行监督执纪问责。要求纪委必须回归本职,回归"原教旨",强调纪委要突出执纪特点,在确保质量的前提下缩短时间,快查快结,快进快出,"依纪"把违反纪律的主要问题查清后,涉嫌犯罪的应及时移送司法机关继续"依法"查处。这意味着将来纪委与检察机关在反腐工作的分工越来越清晰：纪委的职责是对党员干部抓早抓小依"纪"进行监督执纪问责；检察机关的职责是对有严重问题的干部依"法"进行侦查和刑事追诉。纪委的"三转"，同时也意味着许多初期由原来纪委组织指挥查办涉嫌犯罪的大要案的任务交由检察机关来完成。检察机关职务犯罪侦查组织指挥的时间越来越靠前，任务会越来越重。检察机关的侦查干警，尤其是侦查指挥人员一定要有高度的政治敏锐性和前瞻性。

职务犯罪侦查组织指挥，主要包括两部分的内容：一是侦查主体在思维中再现构成犯罪的"人、事、物、时间、空间"要素，揭示犯罪的动机、目的和条件，即达到对案件本质的认识。二是侦查主体对揭露和证实犯罪的策略、手段、步骤的设计，对侦查中的人力、物力、方法的统筹部署，对侦查结局的控制。职务犯罪侦查组织指挥的这两部分的内容，在犯罪事件"是什么"和侦查行为"怎样做"之间架起了一座由此及彼的桥梁，从而把主观认识和客观实践联结起来。接收信息，形成认识，是职务犯罪侦查组织指挥的前提条件，而设计方案，选定方案，按既定方案去部署实施，这才是实际的运筹活动。侦查人员认识案情，是为了揭露和证实犯罪，缉获犯罪人，但要实际地侦破案件，又必须制定各种方案，作出各种决策，正确合理地指挥。

第六章 职务犯罪侦查组织指挥管理

一、职务犯罪侦查组织指挥概述

(一) 职务犯罪侦查组织指挥的内涵

职务犯罪侦查组织指挥是指对职务犯罪侦查工作的目标、规划、政策策略、行动方案和措施做出决定、选择,并对未来目标及其实现手段的多种方案的最优组织。

现代职务犯罪侦查犹如现代战争,因此,现代职务犯罪侦查组织需要多兵种、多层次的结构。各种不同功能的侦查装备的应用,不同业务知识和不同数量的侦查人员的配比,以及各侦查单元之间的相互联系和制约,消除了侦查的随意性,也大大突出了职务犯罪侦查组织指挥在侦查活动中的作用和地位。组织指挥是使各个侦查要素之间实现结合的一个必不可少的前提和重要因素,只有科学的组织指挥管理才能保证侦查活动的正常进行。

(二) 职务犯罪侦查组织指挥的内容

1. 侦查决策

侦查决策是侦查指挥员在分析案情基础上,设计、优选侦查方案,并根据案件进展不断对方案修订、完善的过程。侦查决策是侦查工作开展的依据。没有侦查决策,侦查工作便无法启动,失去遵循,丧失目标。做好侦查决策,一是要找准焦点问题。焦点问题乃决策之起点,焦点问题找不准,决策便失去了靶子。二是要确定目标。侦查工作阶段不同要解决的问题也不同,因此必须确定好不同环节的目标。三是要优选方案。科学决策应是在多个方案当中优选出来的,制订方案要优中选优。四是要修正方案。修正方案包括信息回馈和调整两个过程。侦查工作中情况瞬息万变,要随时掌握案件进展与犯罪嫌疑人心理动向,只有根据情况对方案进行修正和完善,才能保证侦查始终处于主动位置。

2. 侦查指挥

侦查指挥是侦查指挥员调动办案力量,实施侦查决策的过程。简单地说就是组织决策实施。基本原则应该是人尽其才,把好钢用在刀刃上。有效的侦查组织是队伍思想统一、步调一致的保证。办案过程中,干警的精神与身体经受严峻的考验,指挥员应正确处理工作与休息的关系,调整好干警的工作与生活,这样才有助于战斗力的保持。

3. 侦查协调

侦查协调是侦查指挥员为实现侦查决策,与检察系统内外进行沟通,保障侦查工作顺利进行的过程。到位的侦查协调,有助于创造良好的执法环境,保证办案质量,保证侦查工作取得良好的法律与社会效果,树立检察机关良好的执法形象。

(三)职务犯罪侦查组织指挥的原则

侦查组织指挥应遵循以下原则。(见图 6-1)

1. 信息先导原则

侦查组织指挥一方面要占有充分的信息。因为组织指挥的过程实际上是信息的搜集、加工和使用的过程。组织指挥的科学性、准确性是与信息的数量、质量成正相关关系的,信息越充分、准确,组织指挥就越符合客观实际。另一方面,要

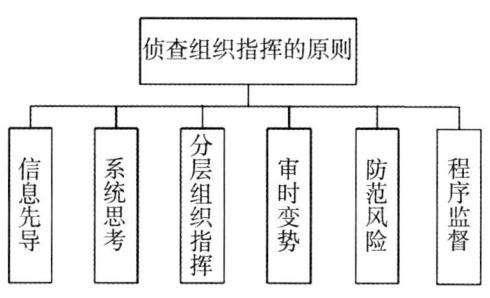

图 6-1

加强预测工作。因为信息资料提供的仅是与组织指挥对象有关的过去和现在的信息,而不是组织指挥对象的未来情况。如果对组织指挥对象的未来情况不明,组织指挥的质量就要受到严重影响。预测正是为组织指挥者提供组织指挥对象未来情况的重要手段。总之,信息和预测是组织指挥的基础,只有建立在充分信息和科学预测基础上的组织指挥,才是具有科学依据的组织指挥。

2. 系统原则

侦查活动是一个由多因素组成的有机系统,总系统又分成若干个子系统。因此,侦查组织指挥必须综合考虑整个系统及与系统相关因素的相互联系与相互作用,统筹考虑主要目标与次要目标、整体与局部、已知证据与未知证据、外部环境与内部条件等相互关系,在综合分析的基础上进行,防止顾此失彼。首先,侦查指挥员要用联系的观点看待问题,办理一起案件要考虑到案件背景,处理具体环节上的问题要考虑到全案。其次,要用动态的观点看待问题,要深入思考事物变化的可能性,对案件进展多角度提出预案,以减少漏洞出现的机会。其三,要善于逆向思维,即从正常思考问题相反的方向进行思考。比如,案件缺少赃款方面的证据,正常思维方式是如何查找到这些证据,以完善证据链条。而逆向思维则是考虑如果这个证据找不到,应该如何从其他证据入手弥补这个问题。这样在两个方向上同时开展工作,胜算的几率就更大。

3. 分层组织指挥原则

检察机关及其内部侦查系统的组织机构和人员是分层次的。与此相适应,侦查组织指挥也必须分层次进行。除了有关侦查方针、原则等宏观组织指挥可以"一竿子插到底"外,对具体案件的侦查组织指挥则必须分层进行,使组织指挥与该层次的职责相适应。一方面,上级检察机关及领导者对属于自己职责范围的事要切实负起责任,而对下级职责范围的事则不要包揽、干预过多,让下级自行做出决定。另一方面,下级也要不等不靠,在职责权限内大胆负责地组织指挥。只有这样,才能充分发挥各级侦查部门和广大侦查人员的主观能动性。同时,侦查工作不可控因素多,随机性大,需要赋予侦查人员一定的相机组织指挥权。如果领导者包揽过多,统得过死,势必只能发挥少数人的主观能动性,而窒息了多数人的主观能动性,也势必使侦查工作失去随机应变、适应客观实际的灵活性。组织指挥有常规性组织指挥与非常规性组织指挥之分。常规性组织指挥是指侦查活动中重复出现的例行组织指挥,组织指挥者基本上可以按照例行规章和程序去做出决定,而不必事事请示领导。非常规性组织指挥是指侦查活动中非重复出现、无明确规章和程序可循的组织指挥,组织指挥者必须请示领导。因此,要通过制定规章制度、程序等使组织指挥规范化、程序化,尽量增加常规性组织指挥,减少非常规性组织指挥。

4．审时度势原则

侦查指挥员的审时度势，是指职务犯罪侦查工作有着特殊的复杂性，要考虑各方面的因素，做到进退自如，游刃有余。从整体工作看，针对一个线索的查办有一个时机选择的问题，在最佳时机开展侦查，工作就顺利。因此，有的案件要闻风而动，有的案件要待机而动，有的案件要以静制动，有的案件要以动制动。对于特殊案件，必要时也不妨做出侦查让步。

5．防范风险原则

办案中要注意"三防"：一防错案，不能只重视口供，必须始终树立证据意识，把案件办成铁案；二防事故，在办案同时安排和检查安全措施的落实，杜绝犯罪嫌疑人逃跑、自杀；三防"渗透"，坚持做好思想工作，抓好队伍管理，防止干警出现思想滑坡。

6．程序监督原则

完整意义上的程序，包括一切依据刑诉法制定出来的刑事诉讼规则、规定和保障办案质量与安全而制定的相关禁令、条例、规程和制度。程序应当服务、服从于实体，其本身又同时具有体现法律正义、社会公正的独立价值。作为职务犯罪侦查工作的指挥员应当在这种理念的指导下指挥侦查，这在目前一线侦查员法律素养与社会素养普遍不高，不能很好地适应职务犯罪侦查工作需要的情况下，尤为必要。实务中，由于侦查员不按诉讼程序办案，导致案件在审判阶段翻案的现象经常发生。要克服这一不足，指挥员要以程序意识对案件初查、侦查计划进行审定，对侦查员实施讯问、询问、搜查、取证、羁押等各个环节进行监督。不能借口办案需要突破程序法的限制，而把自己和队伍带入执法误区。

二、职务犯罪侦查决策管理

"管理过程是决策的过程。"侦查管理活动亦如此,侦查计划的制订,需要侦查决策;侦查计划中任务如何区分,需要任务决策来解决;侦查计划中时间如何分配,也需要时间决策进行合理的分配;侦查计划中如何运用侦查方法,也需要策略手段的侦查决策,等等。因此,侦查决策也是侦查管理实现的首要任务和职能,贯穿于侦查管理过程的始终。侦查决策的优劣决定着侦查管理活动的前途和命运。

(一)侦查决策的概念

侦查决策是指侦查决策主体在侦查案件过程中就面临的实际问题,为实现一定的组织目标所做的行为设计和抉择的过程。一方面,侦查决策的主体是领导者,领导者既可以单独做出决策(即个体决策),也可以和其他管理者共同做出决策(即群体决策)。侦查决策是侦查主体主观能动性的突出表现。侦查决策的必要性,就在于侦查主体的意志活动对推动侦查活动的进程有巨大的作用。侦查主体通过侦查决策控制着整个侦查系统的运行。

侦查决策是侦查人员思维活动的结果,可以随人的意志而改变。因此,侦查主体的意志、能力同侦查决策有着密切的关系。

侦查决策是一个过程。侦查决策主体对侦查行动对策的确定并不是突然的、随意的,要经过发现问题、搜集侦查资料、拟定备选方案、分析确定、实施方案、监督反馈、修正完善等一系列活动环节。绝不能把侦查决策理解成一挥而就的事情，否则，容易导致侦查决策的随意性。

侦查决策权来源于侦查权。只有具有侦查权的机关单位及其成员才能成为侦查决策的主体。侦查权的行使直接关系到国家、社会、人民的安全，我国刑事诉讼法及其他法律法规对侦查组织的侦查权有明确的规定，各级侦查组织应该在各自的职权范围内进行决策。

(二) 侦查决策的原则

侦查决策遵循的不是最优原则，而是满意原则。对侦查决策主体来说，要想使侦查决策达到最优，必须具备三个条件，缺一不可。一是侦查决策主体容易得到与侦查决策有关的全部信息；二是侦查决策主体真实了解全部信息的价值所在，并据此拟定出所有可能的方案；三是侦查决策主体准确预测每个方案在未来的执行结果。

在实际侦查过程中，上述这些条件往往得不到满足。具体的原因有：其一，侦查组织内外的很多因素都会对侦查组织的运行产生不同程度的影响，但侦查决策者往往很难收集到反映这些因素的信息；其二，侦查决策者对于收集到的有限信息，其利用能力也是有限的，从而侦查决策者只能拟定数量有限的方案；其三，侦查决策者拟订的方案都是在未来实施的，而未来是不确定的。侦查决策者对未来的认识和影响是十分有限的，从而侦查决策时所预测的未来状况可能与实际的未来状况不一致。现实中的上述情况决定了侦查决策者难以做出最优的侦查决策，只能做出相对满意的侦查决策。

(三) 侦查决策的要素

侦查指挥决策一般包括以下三个基本要素。

1. 明确的预期目标。侦查指挥决策是为了实现侦查目的而做出决策。没有目标就是无的放矢。

2. 推测侦查结果。侦查方案付诸实施后都会产生某种结果,侦查指挥员必须比较清楚地了解可能的侦查结果。

3. 侦查方案具有可操作性。好的侦查方案应该符合实际,具有可实施性。不具有可操作性的侦查方案对于侦查指挥决策来说是失败的,有时甚至会产生反作用。侦查方案应有多种预案,因为情况总是在不断变化的。

(四) 侦查决策的基本步骤

科学地进行侦查决策,不仅要用辩证唯物论的认识论做指导,还必须建立科学的决策程序。科学决策,应注意把握以下环节。(见图6-2)

1. 调查研究,发现问题

发现案件是构成侦查决策的起点。只有发现问题,才能抓住关键问题正确决策。为了适应当代职务犯罪侦查指挥协调工作的客观要求,首先,要建立和健全范围广泛、信息量大、传递及时的职务犯罪信息情报网络体系,保证各种涉案信息情报及时准确地汇集到侦查指挥协调机构及人员手中。其次,要合理地界定信息情报的重点范围和内容。所谓"重点范围",是指犯罪嫌疑人职务管辖的区域及其涉及的领域和其社交活动所涉及的范围。凡是在犯罪嫌疑人任职期间上述范围的涉案信息情报,都属于重点时空范围的信息情报。这里所

第六章 职务犯罪侦查组织指挥管理

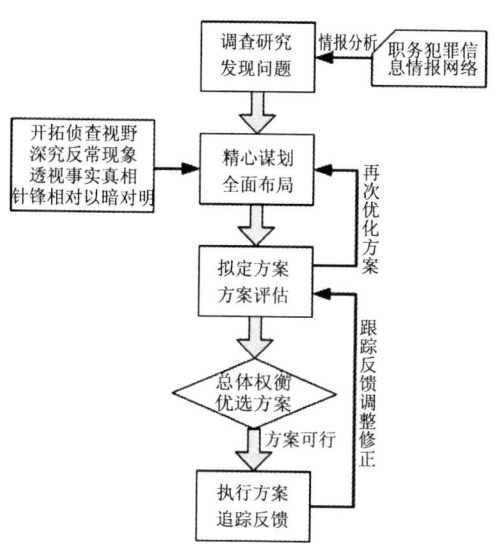

图 6-2

说的"重要内容",是指在重点时空范围内的与举报内容或与犯罪嫌疑人职务活动有联系的涉案信息情报。对于所搜集和掌握的信息情报,要结合举报的事实和案件线索材料,及时全面地进行综合研究,分析各种信息情报所反映的事实之间的内在联系和因果关系,尽可能地从中找出规律性和必然性的东西,以便制定出切实可行的侦查决策方案。

2. 精心谋划,全面布局

制定侦查决策还要在广泛搜集信息、综合研究的基础上进行精心谋划、全面布局。当前,在大案、要案融合的趋势中还显现出串案、窝案、群案交织的网络状态。我们的侦查决策和指挥稍有不慎就会"打草惊蛇","牵一线而动一片",造成我动他知、证毁人逃的被动局面。因此,科学的侦查决策和精明的指挥人员,应当透彻地研究涉案的各种综合信息,统筹考虑,全面布局，精心策划，周密部署。要注重以下几个方面。

（1）运用"联想法"开拓侦查视野。在决定侦查方向和范围时不应仅限举报或情报提供的信息和线索，而应根据犯罪的手段、规律和特点，把犯罪嫌疑人有发生犯罪可能性的其他职务范围及其活动区域纳入侦查视野。

（2）运用"疑问法"举一反三。侦查指挥人员在决策过程中要特别注意细致研究情报信息、举报材料和掌握的零散证据中有特殊价值的"疑点"和"反常现象"，抓住其中有破绽的片言只字或有蛛丝马迹的一言半语，深究各种疑点和反常现象，从中挖掘和捕捉大要案的新线索。

（3）运用"透视法"由表及里。侦查决策既要以现有的信息和材料为依据，又不能被现有情况的某些表象所迷惑，尤其要从有影无形、若明若暗的一些表面现象中窥视其事实真相，透视其本来面目。

（4）运用"以暗对暗法"密查案情。大案、要案的一个突出特点是犯罪嫌疑人利用合法身份、地位和职权做掩护，"暗中作案"或"暗中反侦查"。因此，侦查对策也应当针锋相对地暗中密查。这与"检务公开"制度并不矛盾，检务公开要求法定侦查程序公开，并不要求侦查方法、意图、案情也公开。相反，有些案件本身就是国家机密，倘若公开反而构成泄露国家机密罪。"以暗对暗"密查案情既可防止打草惊蛇而证毁人逃，又能避免一些干扰阻力和说情风的困扰，还能防止或减少对被诬告陷害和举报失实的嫌疑人造成不良影响。

（5）运用"逆向思维法"查事觅证。犯罪嫌疑人、有污点的证人、有亲友关系的知情人和说情人、有袒护倾向的领导人等，主动为犯罪嫌疑人歌功颂德反复强调其清白的事项，往往就是不清白的症结所在。对此,指挥者的侦查决策应将其列为深入侦查细致取证的重点。

总的来说,侦查指挥人员在制定侦查决策时,要尽量站得高,望得远,眼观六路,耳听八方,居高临下,俯视全案,精心谋划,全面布局。

3. 拟订方案,审慎评估

要围绕决策目标进行调查研究,广泛收集信息、资料。进行职务犯罪侦查决策时,应制订多种可供选择的方案。评估方案,就是对可供选择的各个方案进行分析、权衡和认证。一方面,要对限制因素分析。即分析各种方案在实施时所拥有的人力、物力、时间、技术及它的合法性,侦查对象的特点及其他条件,看该方案能否实行;另一方面,要对潜在问题分析。即找出问题发生的原因,研究应采取的措施。

4. 总体权衡,优选方案

总体权衡,优选方案是职务犯罪侦查决策的核心问题。即在进行决策时,对各种可供选择的方案权衡利弊,然后选其一或综合为一。一个方案,有的利多弊少,有的利少弊多,有的利弊相当,全部指标都达到最优的方案是少有的。一般只能选择主要指标能达到的方案,就可称最优方案了。

5. 执行决策,追踪反馈

执行决策,就是把决策的具体目标落实到具体执行单位,明确具体责任,制定具体的规章制度,并通过控制系统和报告制度迅速及时地掌握决策实施的具体情况。追踪反馈,就是监督、检查决策执行情况与决策目标间的偏差,并根据客观条件的变化和实践提出的要求对各项决策进行必要的调整和修正。这样才能使侦查工作少走弯路,达到及时破案之目的。

三、职务犯罪侦查指挥管理

(一) 侦查指挥的涵义

侦查指挥,是指侦查领导人员通过下达命令、指示等形式,使系统内部各个人的意志服从统一的意志,将侦查决策和计划变成全体成员的统一行动,使全体成员协同一致地去完成侦查任务的行动过程。

侦查指挥具有以下特点:一是指挥就是组织;二是指挥就是管理;三是在特定的情况下,指挥还可以表现为指挥员"带头干"。指挥员"带头干"的环节和时机往往有如下两种情况:一种是成败对全局起关键作用而难度又较大的工作环节;另一种是在侦查过程中,遇到较大困难、士气低落的时候,指挥员应该在这种时候抓住某一工作难点,亲自动手取得突破和进展。

(二) 侦查指挥的原则

侦查指挥原则,是对侦查指挥活动规律的概括,是侦查指挥员在整个侦查活动中应当遵循的具有普遍意义的行为准则。案件情况千差万别,指挥方法也就各不相同,但就侦查指挥这一类型的社会实践来说,各种指挥又有着共同的规律性,依据这些规律所进行的侦查指挥活动,也就有了可以发现、掌握并遵循的一般原则。

1. 权责统一原则

指挥员拥有对部属的指挥权,对部属人员的思想、纪律、工作以及案件的侦破结果负责。这一原则是侦查指挥员权力和责任的统一,也是侦查指挥员对案件侦查活动进行统筹指挥,提高效率,防止"令出多门""打乱仗"的组织保证。在案件侦查中实行指挥员负责制的原则是由侦查工作的特点所决定的。侦查队伍处在同犯罪嫌疑人斗争的第一线,案情千变万化,要求侦查活动必须不失时机,因此,侦查队伍必须反应敏捷,行动迅速,处置果断。实行指挥员负责制,有利于发挥侦查指挥员的主观能动性和积极性,提高侦查指挥效率。当然,指挥员负责制是建立在民主集中制基础上的。因此,指挥员在指挥活动中,必须充分发扬民主,在充分民主的基础上果断集中,进行侦查指挥。可以说,指挥员负责制是我们党的民主集中制在侦查活动中的特殊体现。

2. 目标导向原则

如果没有方向一致的分目标来指导每个人的工作,则规模越大,人员越多,发生矛盾和浪费的可能性也就越大。管理人员必须学会科学地选定目标和建立方向一致的分目标来统一每个人的行动方向和步骤,并区分每个人的职责。这是规模化的社会实践对管理的必然要求。现代侦查指挥同样需要遵循目标导向原则。侦查指挥员应尤其注意,在侦查指挥实践中围绕证实犯罪的目的,科学制定侦查行动所要达到的目标,并层层分解,选定各个侦查小组乃至人员经过努力有可能达到的目标和各个阶段的分目标,以此统筹各个侦查方向、各个侦查阶段、各个侦查员的侦查活动,提高侦查活动的协调性和有效性。通过建立各种目标,把整个侦查队伍的思想和行动凝聚和统一起来。

3. 队伍激励原则

案件的侦破靠侦查人员进行，没有侦查人员的积极性、主动性和创造性，案件的侦破便是一句空话。因此侦查指挥员在指挥活动中，不但要时时注意分析敌情（案情），还要注意顾及我情，要遵循队伍激励原则，最大限度地调动起侦查人员的积极性、主动性、创造性，使其在侦查活动中尽可能充分地发挥聪明才智，促进案件的迅速侦破。

4. 人权保障原则

在侦查指挥中坚持人权保障原则的基本涵义是指给犯罪嫌疑人必要的人文关怀，最大可能保障其人权及各项诉讼权利的实现。不少侦查人员仍然习惯于以一些不近人情的方式和手段，粗鲁地对待他们，漠视和忽视了对他们人格尊严的尊重，把严格执法等同于"冷酷无情"。对人道主义、人权保障范畴内的正常需要不予关注和重视，其结果不仅侵犯了犯罪嫌疑人作为一个公民的宪法权利，而且还直接破坏和危害了侦查工作的政治、社会效果。上述做法与文明办案的要求相去甚远，应予以摒弃。必须打击与保护并重，过程与结果并重。

在办案过程中，应当针对不同类型状态的涉案对象，采用不同强度的侦查方式，在适用搜查、扣押、刑事拘留、逮捕等侦查手段、强制措施时，应尽可能避免和消除一定的负面影响，凡可以不用极端司法手段的则尽可能不用，以防止群众的误解和产生不良的社会反响。在查办职务犯罪案件中涉及的人权保障内容主要是依法保障诉讼参与人的各项诉讼权利，还涉及律师介入诉讼活动后律师的权利问题，它包括代理申诉和控告、为嫌疑人申请取保候审、提供法律咨询，等等。职务

第六章 职务犯罪侦查组织指挥管理

犯罪侦查指挥工作必须在尊重和保护以上权利的基础上开展。（如表6-1、表6-2、表6-3所示）

表6-1 立案侦查阶段当事人的权利

共有的诉讼权利	①提出控告； ②有权使用本民族语言、文字； ③申请回避； ④针对非法侦查行为提出申诉或控告。
犯罪嫌疑人	①犯罪嫌疑人自被侦查机关第一次讯问或者采取强制措施之日起，有权委托辩护人； ②申请指定辩护和法律援助； ③申请变更、解除强制措施； ④对非法侦查申请救济，向有关机关申诉或者控告； ⑤侦查机关侦查终结时应将案件移送情况告知犯罪嫌疑人。

表6-2 侦查阶段辩护律师的权利

代理申诉、控告	对于司法机关及其工作人员有下列行为之一的，辩护律师有权向该机关申诉或者控告： ①采取强制措施法定期限届满，不予以释放、解除或者变更的； ②应当退还取保候审保证金不退还的； ③对与案件无关的财物采取查封、扣押、冻结措施的； ④应当解除查封、扣押、冻结不解除的； ⑤贪污、挪用、私分、调换、违反规定使用查封、扣押、冻结的财物的。
申请变更、解除强制措施的权利	检察院和侦查机关收到申请后，应当在3日以内做出决定；不同意变更强制措施的，应当告知申请人，并说明不同意的理由。（《刑诉法》第95条）

续　表

提出意见权	向侦查机关了解犯罪嫌疑人涉嫌的罪名和案件有关情况，提出意见。在案件侦查终结前，辩护律师提出要求的，侦查机关应当听取辩护律师的意见，并记录在案。
会见、通信权	①辩护律师持"三证"（律师执业证书、律师事务所证明和委托书或者法律援助公函），即可行使会见权； ②辩护律师要求会见在押的犯罪嫌疑人、被告人的，看守所应当及时安排会见，至迟不得超过48小时； ③危害国家安全犯罪、恐怖活动犯罪、特别重大贿赂犯罪案件，在侦查期间，辩护律师会见应当经侦查机关许可；（《刑诉法》第37条） ④辩护律师会见在押的犯罪嫌疑人，可以了解案件有关情况，提供法律咨询等；（《刑诉法》第37条） ⑤辩护律师会见在押的犯罪嫌疑人（被监视居住的犯罪嫌疑人）时不被监听。
侦查终结时的权利	侦查机关侦查终结时应将案件移送情况告知辩护律师。

表6-3　侦查阶段辩护律师的义务

特定证据开示义务	辩护人收集的有关犯罪嫌疑人不在犯罪现场、未达到刑事责任年龄、属于依法不负刑事责任的精神病人的证据，应当及时告知侦查机关、人民检察院。
保密义务	辩护律师对在执业活动中知悉的委托人的有关情况和信息，有权予以保密。但是，辩护律师在执业活动中知悉委托人或者其他人，准备或者正在实施危害国家安全、公共安全以及严重危害他人人身安全的犯罪的，应当及时告知司法机关。

第六章 职务犯罪侦查组织指挥管理

续　表

不得破坏证据和干扰诉讼活动	辩护人或者其他任何人,不得帮助犯罪嫌疑人隐匿、毁灭、伪造证据或者串供,不得威胁、引诱证人作伪证以及进行其他干扰司法机关诉讼活动的行为。违反上述规定的,应当依法追究法律责任。
追究律师伪证罪的程序	①辩护人涉嫌犯罪的,应当由办理辩护人所承办案件的侦查机关以外的侦查机关办理; ②辩护人是律师的,应当及时通知其所在的律师事务所或者所属的律师协会。

(三) 侦查指挥的内容

侦查指挥是个系统工程,内容丰富。从管理学角度分析,应包括以下主要内容。

1. 统一指挥

统一指挥是侦查工作协调有序的重要保证。如果指挥不统一,不仅难以统一意志和行动,而且会使下级人员在多头指挥下无所适从,造成工作混乱,还可能使上下级或同级领导人之间由于越级指挥或意见不一致而产生隔阂、猜疑以致对立,使侦查工作受到损失。统一指挥要把握关键两点:一是指整个侦查工作要服从一个指挥,防止政出多门,各行其是;二是指一个下级工作人员只接受一个上级领导人的直接指挥,并对这个领导人负责。在正常的情况下,上级领导人不能越级指挥,下级工作人员也不能越级请示汇报工作。

2. 分解任务

分解任务是指挥管理的必需条件。不论案件来自哪个方面,指挥员都要及时把任务分解下去,落实到人头进行调查或侦查。分解任务前，指挥员首先要熟悉案件情况，根据案件的性质、大小、易难等特点，结合侦查人员的素质、特长，进行合理的分配，分解任务要因案而施，因人而异，合理安排。

3. 组织力量

组织力量体现管理者的水平。对侦查力量的安排、使用，应考虑到各种条件和因素，例如侦查人员之间业务能力的差异，组织能力的差异，特殊技能的差异，年龄体质的差异，以及气质、个性、情绪等心理活动的差异等。组织力量，一是要根据每个人的特点和优势，做到量才适用，充分发挥每个人的才干和能力，最大限度地调动每个人的办案积极性。二是在力量组织安排上，要根据案情将侦查人员分成若干个小组或其他形式的群体，发挥群体功能作用。三是要善于借用他人力量，为我所用。如借用其他检察机关的侦查力量，搞好协查工作；加强与纪检监察的协作配合，形成合力；取得发案单位的配合与支持；借助其他行政执法机关（例如公安机关、税务机关）甚至其他国家、国际组织的力量，查办职务犯罪案件，等等。

4. 把握时机

犯罪侦查工作一条重要的原则，就是抓住战机，及时破案。在侦查活动中，如果不善于把握战机，就有可能造成案犯潜逃、串供、毁灭罪证，增大侦查取证工作的难度，造成被动局面。

5. 方法运筹

职务犯罪侦查中，不仅侦查员要考虑侦查方法，侦查指挥员更应考虑。一个高明的领导者或者指挥员，除了给部下布置任务，还应向部下传授完成任务的方法。在侦查活动中，侦查方法有多种多样，既包括侦查技术、侦查策略，也包括侦查手段；既可以独立成为一种侦查方法，也可以综合成为复杂的侦查方法。多年来的办案实践使我们体会到，不少举报线索在初查时内容含糊笼统，为了既不暴露我们的身份和意图,又能摸清情况,获取证据,对于一些案件我们采用改变身份的方法进行侦查效果较好。有的先以财税、工商、审计、物价等部门人员的身份出面摸清犯罪嫌疑人财务、经营情况,获取证据;有的由办案人员假冒业务员、供销员等身份,进行秘密调查,使被调查对象在疏于防范之中吐露真情。

善于用己所长,攻敌之短。一是对本院侦查人员的个性、能力、特点进行分析,对自己的侦查人员的情况了解清楚,心中有数,才能做到发挥每个人的长处。二是要调查了解被查对象的性格特点。在讯(询)问前和讯(询)问过程中了解对方意志强不强,性格内向还是外向,善不善于交谈,自尊心强不强,从而决定对策。三是在调查活动中,根据被查对象的性格特点,适时调整侦查人员,采用"软""硬"结合,"唱红脸""唱白脸"搭配,充分运用自己的长处,攻其之短,从而突破案件。

6. 队伍激励

侦查指挥员在指挥活动中,不但要时时注意分析案情,还要遵循队伍激励原则,最大限度地调动侦查人员的积极性、主动性、创造性,使其在侦查活动中能充分地发挥聪明才智,促进案件的迅速侦破。激励的过程也是思想政治工作的过程,其方式主要包括目标激励、信任激励、情感激励、荣誉激励、奖惩激励。

7. 侦查保障

侦查保障是侦查工作得以顺利进行的前提和基础。侦查指挥员要善于做好侦查保障工作。侦查保障要重点做好以下三个方面:一是人员保障。在初查或侦查的某一时段,如突破案件时,需要投入大量的人员,而侦查部门人员较少,满足不了需求。这就要在全院范围内抽调人员参与办案。因此,在工作开始前,指挥员就要把所需人员全部调配到位,以保证办理案件的需要。二是技术保障。在侦查工作中需要用到录音、录像、照相等设备。因此,指挥员应指定相关人员事先进行检查,使设备处于良好状态,保证随时能使用。三是后勤保障。办案人员的吃、住、行都要安排有关人员负责落实,以便侦查人员一心扑在办案工作上,保障办案工作的顺利进行。

(四) 侦查指挥的方法

侦查职务犯罪大案要案中的窝案、串案和群案以及查办这类案件主要的带共性的侦查指挥工作。其主要方式有:

1. 纵向指挥——立体作战

对于跨区域的案件和因地方保护主义造成管辖争议或有碍侦查的案件,以及犯罪活动本身自上而下或从下到上连线成串的案件,应由所有涉案地共同的上级检察院进行统一的纵向指挥,立体作战,统一协调协查。如通过依法确定或指定管辖,排除地方、部门、行业的干扰、阻力;通过纵向统一指挥侦查,减少多层次多环节的汇报、请示和研究,有效加快侦查进度并加强力度,保证不枉不纵地揭露和证实犯罪。

2. 横向指挥——整体作战

对于涉案面广的地域性的群案和案涉多人的行业性窝串案,应集中兵力,步调一致地分别进行侦查取证,控制犯罪嫌疑人,追缴赃款、赃物等,既能避免分散办案打草惊蛇导致犯罪嫌疑人逃跑、自杀、毁证匿赃等情况,又能减少诸多环节的重复侦查导致时过境迁,贻误战机,还能利用这类案件本身的交织性、交叉性、网络性等特点,选用其中多案共涉的同一证据印证多案多罪,充分发挥一证多用的功能,起到节约和高效的双重作用。

3. 集中指挥——独立作战

对于案涉多罪、多人、多地、多行业的,应集中指挥,统一部署和协调,统一规定侦查任务、要求、时限、办案力量和案件质量等。要强调各侦查单位发挥各自独立作战能力。按时间汇报侦查进度和情况,指挥机关也要及时向各侦查单位通报信息,下达指令或调整部署。这不仅有利于节省人、财、物和时间,还有利于抓住战机及时在各涉案地分头同时侦破全案,充分发挥检察机关反职务犯罪侦查的整体功能和综合优势。

四、职务犯罪侦查协调管理

(一)侦查协调的涵义

侦查协调是解决侦查组织系统中的矛盾,保证侦查系统内的所有部门、人员与侦查资源在实现侦查任务中发挥其自身的作用,实现侦查组织系统整体效能的最大化。

侦查协调是在分工明确的前提下调适各项分散的侦查活动,使其形成有机的配合与协作,发挥侦查工作的整体功能和综合优势。协调不是命令,协调的本义是协商调适。只有侦查协调工作做好了,才能使有关各方的侦查人员及其组织者与侦查指挥、决策、协调人员保持思想认识上的统一和侦查行为上的一致,保证侦查活动的同步与和谐,有效提高侦查工作效率,有效地减少或杜绝人力、物力、财力、时间和其他侦查资源方面的浪费。

(二)侦查协调的主要方式

1. 横向协调——统一步骤

有些大案、要案其承担者涉及两个以上的同级检察机关,就很可能需要进行横向的侦查协调,这种协调是同级侦查主体之间的平行协调,所以叫作横向协调。这种协调的目的主要在于统一步骤。因为由不同的侦查主体在不同的侦查管辖区域侦查同一案件或有牵连的不同案件,如果不统一步骤和行动先行侦查,或先采取财产、人身强制性措施,势必引起其他地方同案的或有牵连的不同案件的犯罪嫌疑人的警觉,他们就会立即采取反侦查措施,要么转移、隐匿赃款赃物,要么串供串证订立攻守同盟,要么毁证灭迹携款潜逃,从而给侦查工作造成难以挽回甚至无可弥补的损失。由此可见,横向协调在大案要案侦查中的作用非同小可。它除了协调统一侦查步骤外,有时还要协调侦查资源和涉案地方利益等方面的事项。如沪、苏、浙、皖四省市检察机关签署职务犯罪侦查协作协议。上海市院检察长陈旭、江苏省院检察长徐安、浙江省院检察长陈云龙、安徽省院检察长薛江武在安徽池州共同签署《沪苏浙皖检察机关职务犯罪侦查协作协议》,进一步加强和规范沪、苏、浙、皖四省市检察机关职务犯罪侦查协作工作。《协议》规定,沪、苏、浙、皖检察机关将采取承办案件的检察院派员侦查和负有协作义务的检察院代为侦查的方式,就情报沟通、信息共享、线索移送、调查取证、侦查技术运用、采取强制措施、强制性侦查措施适用以及追捕在逃职务犯罪嫌疑人等八大侦查事项加强协作配合。《协议》就侦查协作手续的办理,协作请求完成的期限,协作中争议事项的处理,履行协作事项所引起的法律后果承担,不履行协作职责或阻碍协作行为的处理以及案件线索的移送,查办特定领域及典型案件经验材料的共享,日常工作情况的沟通、交流、通报等方面全面加强交流与合作等作了详细规定。

2. 纵向协调——理顺关系

纵向协调是指有隶属关系的不同层级的侦查主体之间进行的关系协调,通俗地讲就是检察系统上下级之间的协调。有些大案、要案是上下连成一串,查办这样的串案,往往是组成涉案地的各级检察机关共同参与的侦查模式,从最高检到基层院都承担一定的侦查任务。但是,侦查任务的分工总是原则的、粗略的,而串案的侦查活动则是具体的、十分细致的,二者难免发生混乱和矛盾。如按地域管辖分工又与要案的级别管辖发生冲突,按级别管辖分工行贿人员与受贿人不在同一侦查管辖区,还有侦查资源的配置与侦查成本的负担问题,都需要进行纵向协调、理顺关系。根据需要,既可以建立一个统一的权威机构全面负责统一协调,又可以自上而下分级负责层层协调。如山东省滨州检察院在查办滨州黄河河务局原副局长张某受贿案中,经过综合信息查询分析,准确掌握了张某的固定住所后,立即通过侦查指挥中心下达搜查指令,在搜查过程中启用单兵执法仪,将搜查现场的画面通过侦查指挥车传输到侦查指挥中心,指挥员对搜查现场进行全程掌控,并根据搜查进展情况实时安排部署下一步的侦查工作。同时,根据掌握的案件信息,通过市县两级院联网的侦查指挥系统及时召开联席会议,组织三个基层院的办案力量,集体研究、远程调度、统一指挥、集中行动,一举查办了滨州黄河河务局10件11人的职务犯罪窝串案。又如2009年河南省检察院在组织查办周口及下辖的项城市两级司法机关在办理孔刚等团伙犯罪中,由省检察院牵头组织,指定南阳市检察院为具体办案单位,组织30余名干警参与侦查,统一协调指挥,一举查处了原项城市公安局副局长(后任太康县公安局政委)张某、刑警大队中队长许某等18人重大违法违纪案件,各相关责任人均受到了刑事或纪律追究。又如2010年河南省检察院组织查办的白玉岗涉黑案,该案涉及以白玉岗为首的黑社会性质组织,频繁实施故意伤害、敲诈勒索、寻衅滋事、聚众斗殴、强迫交易等犯罪活动,在社会上造成了恶劣影响,引起中央、省委领导及新闻媒体的高度关注。该案由省检察院直接领办,抽调有关市检察院 10 余名干警参加专案组调查,历时两个月的缜密侦查,相继查处了曾对白玉岗做出减刑决定的驻马店市监狱监狱长冯某、原驻马店市中院刑二庭庭长、平舆县法院院长刘某等 4 件 5 人滥用职权案,取得良好的办案效果。

3. 外部协调——争取协助

外部协调是指协调检察机关与有关单位之间的关系,争取党委支持和有关单位协助检察机关侦查大案、要案。一是针对不同环节、不同案件对象的具体情况、不同案件的影响力,做好向党委请示报告和沟通协调工作。二是对办案中遇到的困难和阻力,要及时报告党委或协调发案单位的上级主管部门帮助解决。三是对需要有关方面给予配合、支持、帮助的,要主动说明情况,积极协调。四是对查办案件中涉及行业性、专业性、技术性强的问题,要邀请专业机构和专业人员提供帮助。

4. 内部协调——强化合作

内部协调是指一个检察院内各有关业务部门之间的关系协调。职务犯罪侦查工作无疑是以检察机关的侦查业务部门为主,但又离不开其他业务部门的合作,尤其是后勤保障部门、刑事技术部门、侦查监督部门、公诉部门、刑事执行检察部门、举报和申诉部门,等等。有的大案、要案还要从各业务部门抽调骨干配合侦查。因此,务必搞好内部协调,在各司其职的前提下通力合作。

(三)侦查内部协调管理

内部侦查协调机制,是指人民检察院依照国家的法律、法规和检察机关的有关规定,形成检察长统一指挥、各部门协作配合、各诉讼环节协调通畅、优势互补、反应迅速、功能完备的职务犯罪侦查工作制度。(内部侦查协调的主要内容见图 6-3)

第六章 职务犯罪侦查组织指挥管理

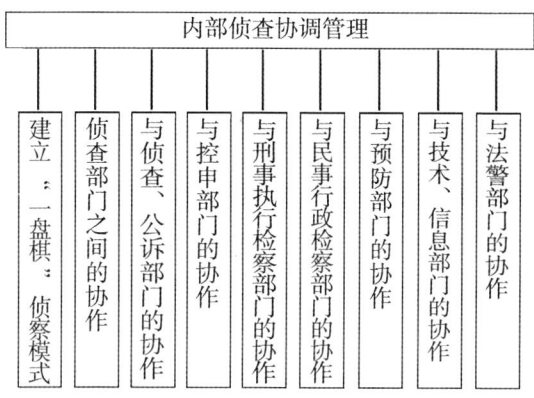

图 6-3

为什么要建立侦查内部协作机制？一方面是基于法律上的要求，因为现行刑法、刑事诉讼法对职务犯罪侦查方式的科技化及合法性要求越来越高；另一方面则为了适应新形势下反腐败查办职务犯罪大案要案的现实需要。通过建立侦查内部协作机制，充分发挥各检察业务部门的职能优势，形成打总体战的工作格局，形成职能优势互补，最大限度地发挥检察资源投入的效益，进一步提升查办职务犯罪案件的整体战斗力。同时通过建立侦查内部协作机制，各检察业务部门之间在配合协作中取长补短，互相交流，互相学习，促进检察队伍整体业务素质的进一步提高。建立侦查内部协作机制应做好以下几个方面工作。

1. 建立"一盘棋"侦查模式

所谓"一盘棋"侦查模式，是指通过对办案制度的改革，打破固有的侦查部门单打独斗的侦查模式，实行全院"一盘棋"，形成检察长统一指挥、各部门协作配合、各诉讼环节协调通畅的侦查模式。加强各个业务部门的信息沟通，消除信息壁垒，完善情况通报、信息共享、线索移送、侦结反馈等制度。如某县检察院公诉部门在审查一起盗伐林木的案件时,发现某镇农业服务中心副主任孙某可能涉嫌职务犯罪。公诉部门当日就将线索移交反渎部门,并通报了案情。反渎部门第一时间邀请本院技术部门介入侦查,并由技术部门出具了相关林业资源毁损鉴定。在该职务犯罪案件侦查终结前,依据一体化机制要求,本院民行部门介入侦查,会同反渎部门讨论案情,确定对嫌疑人孙某提起刑事附带民事诉讼。孙某被依法判处滥用职权罪,民事部分判决孙某赔偿现金1万元。该案件的查处,取得了良好的社会效果和法律效果。

2. 侦查部门之间的协作

反贪污贿赂部门和反渎职侵权部门是检察机关职务犯罪侦查的主要职能部门,侦查实践中,两个部门的侦查工作时常有交叉情况,对贪污贿赂与其他职务犯罪数罪并存却又不完全属于同一侦查部门受理的案件,有必要开展协作侦查。通过加强部门间的协作配合,实现在人力、物力上的相互支持,案件线索上的"资源"共享,侦查过程中的优势互补,集中使用侦查力量,整合内部侦查资源,畅通案件信息反馈渠道,有效形成侦查合力,提高突破案件能力。如某县检察院反渎部门在查办人防工程建设领域职务犯罪专项工作中,成功办理多起职务犯罪案件的同时,还向反贪部门移交13件职务犯罪案件线索。

3. 与侦监、公诉部门的协作

职务犯罪侦查部门要主动协调,完善与侦监、公诉部门之间的双向延伸机制,在侦查环节,及时邀请侦监、公诉部门派员介入侦查活动,指导收集固定证据;在起诉环节,侦查部门向后延伸,及时补充完善证据,确保案件质量。一是要加强与侦监部门的配合。在职务犯罪案件审查逮捕权上提一级改革实施后,侦监适时介入侦查工作的情况大幅增加。职务犯罪侦查部门可以在更早阶段邀请侦监部门介入侦查,熟悉了解案情,积极引导取证,及时跟踪掌握侦查进度,确保案件质量。二是要加强与公诉部门的配合。在办案过程中,使侦查工作逐步习惯于从起诉的角度看问题,切实解决好侦查为起诉服务的问题,提高法院对侦查工作收集证据的采信率。尤其对重大、疑难、复杂案件,职务犯罪侦查部门应在批捕后及时向公诉部门通报情况,征求公诉部门意见,共同研究,科学、合理地制定侦查方案。三是职务犯罪侦查部门对侦监部门、公诉部门审查的重大疑难案件进行必要协作和跟踪配合,充分发挥了解案情的优势,及时提供案件信息、证据材料,准确补充收集证据。如河南省检察院反渎部门为进一步加强检察机关侦查监督部门和职务犯罪侦查部门的联系协作,健全完善职务犯罪案件线索审查、移送、查处的衔接配合机制,形成法律监督合力,提高检察机关法律监督的整体效能,与省检察院侦监处共同下发了《关于办案中做好职务犯罪案件线索移送工作的通知》。《通知》要求,侦查监督部门在办理刑事案件过程中,应当认真审查办案中的违法行为,注意从中发现职务犯罪案件线索,并及时进行线索登记、审查、移送,与职务犯罪部门加强信息沟通。

4. 与控申部门的协作

职务犯罪侦查部门要与控申部门共同建立侦查情况通报、信息共享、线索移送和侦查反馈制度。控申部门要采取多种形式大力开展举报宣传工作和案件评估工作,切实为职务犯罪侦查部门提供高质量的案件线索。对控申部门初查的案件需要立案侦查或可能成为大要案的,应及时移交职务犯罪侦查部门。案件侦结后,职务犯罪侦查部门根据案件情况,向控申部门作侦结信息反馈。

5. 与刑事执行检察部门的协作

职务犯罪嫌疑人一经采取拘留、逮捕强制措施,职务犯罪侦查工作与刑事执行检察工作就形成了衔接。犯罪嫌疑人被关押后,刑事执行检察部门既要协助职务犯罪侦查部门运用对监管场所的检察,对在押犯罪嫌疑人进行动态掌控,防止串供和泄露案件信息,还要密切关注、及时掌握犯罪嫌疑人的认罪态度、心理变化等思想动态,根据情况适时疏导,并与职务犯罪侦查部门及时沟通,便于职务犯罪侦查部门有针对性地开展工作,保证案件顺利侦结。同时,职务犯罪侦查部门在驻监检察、看守所等部门的配合下,根据具体案情可以积极使用"耳目",有目的地了解、掌握职务犯罪嫌疑人的犯罪事实、犯罪心理等情况,及时获取相关证据。

6. 与民事行政检察部门的协作

职务犯罪侦查部门要加强与民事行政检察部门在办案中的配合协作。一方面民事行政检察部门在民事行政法律监督工作中发现司法工作人员涉嫌职务犯罪的线索,应当移送职务犯罪侦查部门处理;对是否涉嫌犯罪不明确的,可视情况移送职务犯罪侦查部门处理或者进行职务犯罪行为调查;民事行政检察部门对职务犯罪行为进行调查,认为涉嫌职务犯罪的,应当在调查完成后向职务犯罪侦查部门移送线索,并为保障后续初查、侦查工作顺利进行,就是否、何时提出纠正违法意见、更换办案人的意见以及其他相关检察建议向职务犯罪侦查部门征求意见,协商一致。另一方面职务犯罪侦查部门可以参与民事行政检察部门对职务犯罪行为的调查活动;职务犯罪侦查部门在对涉及民事、行政诉讼的职务犯罪案件初查、侦查中,可以邀请民事行政检察部门给予协助和提供咨询、帮助审查案件证据材料、帮助侦查部门隐蔽意图、隐蔽身份、调取相关材料、提供相关人员和事项信息、协助实施秘密调查措施等;职务犯罪侦查部门对涉及民事、行政诉讼的案件线索评估、初查、立案、报捕、侦结等重大环节的讨论,也可以邀请民事行政检察部门参加,帮助评估案件线索,对初查、侦查工作提供相关意见。

7. 与预防部门的协作

与预防部门的侦查协作要把重点放在案件线索移交方面。预防部门要在开展预防职务犯罪工作中,注意发现、收集职务犯罪案件线索和侦查的相关信息,并及时移交职务犯罪侦查部门;职务犯罪侦查部门对移交的线索应及时处理,并将办理结果反馈预防部门,以利于预防部门开展后续工作。如新蔡县检察院在对县水利局安全饮水工程开展预防工作中,移交职务犯罪线索2件,为国家挽回经济损失200余万元。又如禹州市检察院针对重大工程建设项目开展同步预防时,移送侦查部门立案7件7人。

8. 与技术、信息部门的协作

与技术部门的侦查协作要把重点放在发挥技术侦查的优势上。随着科技进步和经济发展,职务犯罪的犯罪手段呈现多样化、智能化的特点,一些利用科技手段实施的智能型犯罪不断出现,这就要求检察机关必须转变传统的侦查理念,在办案实践中,充分发挥技术侦查优势,提高职务犯罪侦查部门运用技术手段突破案件的技能,进一步增强侦查工作的科技含量。

9. 与法警部门的协作

与法警部门的侦查协作重点在办案安全方面。职务犯罪侦查部门在办案工作中,要严格遵守各项规章制度,检察官、司法警察相互监督制约,做到安全防范工作"人人肩上有担子,个个身上有责任";将审讯室与谈话室分离,进一步完善审讯室所需安全设施,充分发挥以视频监控、红外监控等设备组成的安防监控网络的作用;办案安全每案必讲,始终把办案中的安全工作强调在前、安排在前、贯穿于办案全过程;实行看审分离,法警队认真履行办案中的看押、传唤、押解、警戒办案场所安全的职责,保证办案安全。

(四) 侦查外部协调管理

建立职务犯罪侦查外部群体支持机制,主要目的就是协调配合国家各个相关部门,在查办职务犯罪方面与之加强沟通联系,形成强大合力。

职务犯罪侦查工作是一项复杂的系统性工作。职务犯罪主体为国家机关工作人员,不少人关系网多,保护层厚,反侦查能力强,因此办案阻力大。要解决查证难、处理难、阻力大问题,就必须协调国家机关各个相关的部门,协同作战,合力攻坚。

公职人员行使职权、履行职责受到的监督是多方面的,既有内部监督,又有外部监督;既有上级监督,又有同级监督和下级监督;既有党纪、政纪监督,又有群众监督、法律监督等。这些监督方式和渠道都能以不同形式发现职务犯罪线索。而作为法律监督的一种,职务犯罪侦查工作只有与其他监督主体进行联系和配合,建立互通信息、案件移送等形式的协作机制,才能及时有效发现职务犯罪线索,形成打击合力,以防止某些职务犯罪被"内部消化"、"降格处理"。

如何进行职务犯罪侦查群体决策支持机制的构建,应重点抓好以下方面。(见图 6-4)

第六章 职务犯罪侦查组织指挥管理

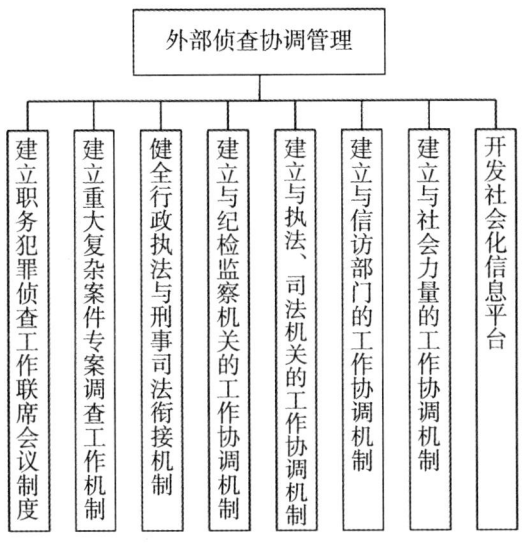

图 6-4

1. 建立职务犯罪侦查工作联席会议制度

建立由党委统一领导,纪委、政法委牵头,组织、监察、法院、检察、公安、司法、政府法制办等部门参加的职务犯罪侦查工作联席会议制度,主要任务是统筹本辖区内职务犯罪侦查工作开展,分析研究工作形势,提出工作任务和查办案件重点,协调解决工作中的重大问题,组织开展对职务犯罪侦查工作中突出问题调查和督促检查等。

2. 建立重大复杂案件专案调查工作机制

对发生的重大生产安全事故、重大食品药品安全事件、重大环境污染事件、重大危害国土资源和重大工程建设等案件,纪检监察机关、人民检察院与相关司法、行政执法机关要及时组成联合调查组展开调查,准确查明事实和原因,积极稳妥地做好善后工作,依法严肃追究有关人员的责任。对发生的重大生产安全事故,安全生产监督管理等部门应当第一时间通知纪检监察机关、人民检察院。纪检监察机关、人民检察院有权同步介入重大事件、重大事故的调查,有权调阅有关材料,并依法进行审查。对发现涉嫌构成职务犯罪的人员,要及时立案查处。

3. 健全行政执法与刑事司法衔接机制

进一步健全检察机关与行政执法机关之间监督配合的工作机制,构建执法信息共享、线索移送、案件协查、共同预防的工作格局。一是职务犯罪侦查部门要积极查处行政执法单位的职务犯罪案件,行政执法单位在工作中发现或者收到群众举报行政执法人员职务犯罪等线索,应当依照有关规定及时移送。职务犯罪侦查部门应结合办案,为这些单位积极挽回经济损失。二是规范联席会议、情况通报、案件移送和行政执法检查活动。双方应加强工作联系、协调、配合和信息沟通,增强控制和防范行政执法人员职务犯罪的能力。三是建立行政处罚文书副本审查备案制度,通过查阅行政执法部门行政处罚案卷、台账、档案,从中发现滥用职权、以罚代刑,不移送刑事案件等职务犯罪线索。四是加强分类指导,结合各行政执法机关的管辖范围及职权,将查处严重行政违法案件可能涉及的相关罪名及其立案标准进行分类,为行政执法机关准确把握移送和立案标准提供指导。五是完善提前介入和备案审查制度,要求行政执法机关在调查重大行政执法案件时,邀请检察机关派员同步取证;在移送侦查机关立案的同时,将案件材料报检察机关备案。六是建立行政执法部门业务学习制度。针对职务犯罪案涉及的法律法规、领域、技术、专业性较强的特点,根据每位职务犯罪侦查人员的特点,分工包工,落实具体责任制,负责对分工的行业部门法律法规、内部运作程序、岗位职责进行学习研究,为在本行业、部门收集线索和查办案件打下基础。如江苏省沭阳县检察院针对反职务犯罪案件发现难、取证难、处理难的特点,在全县行政执法机关广泛开展反职务犯罪业务见习制度,即派出干警到辖区内与反渎业务相关的行政执法单位进行短期业务学习,开拓干警视野,扩大知识储备,以见习促进学习,以学习提升能力。

4. 建立与纪检监察机关的工作协调机制

检察机关职务犯罪侦查部门应进一步加强与纪检监察机关的工作协调和配合,加大与纪检监察机关的工作沟通力度,促成建立案件线索移送和工作协调等工作机制,形成惩治职务犯罪的整体合力。纪检监察机关和检察机关在受理初查、调查、侦查案件的过程中,要根据查办案件的具体情况适时通报案情,充分借力各自的工作优势,通过反腐败斗争中的协调配合机制推动办案工作。纪检监察机关在案件突破之时应及时通知检察机关启动侦查程序,同步介入案件的调查,固定证据。通过法定的侦查手段,整合办案力量,提高工作效率,迅速把办案工作推向深入。检察机关在初查案件中需要接触被初查人时,可根据办案需要及时通报纪检监察机关,以便于纪检监察机关及时介入调查,也便于适时借力纪检监察机关的"双规""双指"等调查手段,为突破案件创造更好的外部环境。如获嘉县检察院在办理县农牧局动物防疫检疫中心站站长李某等4人滥用职权、玩忽职守案过程中,办案干警配合纪检干部与被调查对象进行谈话,在被调查对象防范意识不强的时候开展有针对性的询问,收集被调查对象涉嫌职务犯罪的基本证据和事实,及时掌握被查对象涉嫌滥用职权、玩忽职守的犯罪情节,从而使案件取得重大进展,检察机关迅速对4人依法立案侦查并采取强制措施。同时,通过与纪检部门的配合,直接过滤掉没有涉嫌职务犯罪的其他相关人员,缩短了初查时间,提高了办案效率,节约了司法成本,达到了事半功倍的效果。

5. 建立与执法、司法机关的工作协调机制

公安经侦、刑侦部门以及法院民事、刑事审判部门在办理案件

中,容易发现隐藏在案件背后的国家机关工作人员职务犯罪线索,因此,检察机关职务犯罪侦查部门要积极与上述部门制定案件线索移送、工作协调等制度,使犯罪线索及时得到移送。在查办职务犯罪过程中,原案即非职务犯罪案件的侦破和职务犯罪案件有着重要的联系。办案人员要在查办案件中加强与侦查机关的沟通,对职务犯罪线索或案件涉及的刑事犯罪案件,要求侦查机关提供已经掌握的证据资料并及时复制。对已被侦查机关控制的非职务犯罪嫌疑人,及时提审,调查核实和固定相关证据,并从中发现相关职务犯罪线索。如新乡市原阳县检察院在得知平原新区公安局控制了几名涉嫌生产有毒有害食品罪的肉制品厂负责人、工作人员和贩卖"瘦肉精"的人员时,敏感地意识到背后可能存在职务犯罪,立即安排人员介入,并要求侦查机关予以配合,在调查讯问时对涉及职务犯罪的相关资料予以全面考虑。办案人员通过查阅复制相关证据资料,讯问相关犯罪嫌疑人,很快发现了辉县市畜牧局动物卫生监督所工作人员李某等8名长驻辉县市大众肉制品厂的检疫人员玩忽职守,不履行监督检疫职责,致使该厂问题猪肉制品流入市场,给广大人民群众的身体健康造成了严重隐患,原阳县检察院及时对犯罪嫌疑人李某等8人涉嫌放纵制售伪劣商品犯罪的行为立案侦查。又如卢氏县检察院职务犯罪侦查人员在与法院刑庭干警座谈时,了解到法院审理的一起盗伐林木案件,犯罪嫌疑人两次盗伐林木,均已涉嫌犯罪,但第一次盗伐可能存在以罚代刑情况。于是与法院协调,借阅了该案卷宗,带领干警深入案发地调查,立案查处了1件2人涉嫌徇私舞弊不移交刑事案件案。

6. 建立与信访部门的工作协调机制

各级检察机关职务犯罪侦查部门要定期到信访部门认真查看群众来访信件、信访登记记录等内容,从群众反映强烈、集中的事件中寻找职务犯罪线索。实践证明,这已经成为各个基层检察院职务犯罪线索的来源之一。如安阳市内黄县检察院从县信访局了解到,信访人韩某因对县公安局法医的一份伤情鉴定不服,先后11次赴省、赴京非正常上访(先后人访或信访到省信访局、国家信访局、中共中央办公厅、温家宝总理办公室),严重破坏了全县的信访稳定大局。县检察院职务犯罪侦查部门了解情况以后,迅速向检察长、政法委书记、县委书记进行汇报,得到了领导同意后,立案查处了县公安局两名法医玩忽职守案。案件的查处,稳定了信访人的情绪,维护了全县的信访稳定大局,得到了各级领导的肯定。

7. 建立与社会力量的工作协调机制

社会力量历来都是发现、揭发腐败的重要渠道,这一渠道在信息化时代发挥的作用尤其强大。所以,一方面要畅通自身被动接收腐败信息的窗口,另一方面,也要主动与企业、社会团体、新闻媒体进行一定的联系,建立一套有效的沟通机制,将重要的社会监督信息转化为职务犯罪侦查信息。

8. 开发社会化信息平台

(1)建立公共政务信息联网平台。建立公安、司法、审计、工商、税务、质量技术监督、食品药品监督管理、国土管理、城市规划、房产管理、矿产资源管理、环境保护等行政执法机关与检察机关之间互联互通的信息联网平台。可以充分利用已有电子政务网络和信息共享公共基础设施等资源,实现行政执法机关、侦查机关、检察机关之间执法、司法信息互联互通。行政执法机关应当在规定时间内,将查处的案件信息录入信息共享平台;各有关单位应当在规定时间内,将移送案件、办理移送案件的相关信息录入信息共享平台,积极推进网上移送、网上受理、网上监督,提高衔接工作效率。

(2)建立行政执法权限查询系统。职务犯罪查案工作涉及行政单位众多,职务犯罪的成立以行政职责、法律授权、委托权限存在为前提。因此,建立起包括全部行政执法事项、权限、部门规章等在内的行政执法权限查询系统,将有助于办案效率的提升,有利于案件线索初查的秘密性、主动性和及时性。可以加强与有关行政执法部门的联系沟通,建立协作机制,实现行政法律法规、规章等资料的共享交流。在日常工作中,办案人员也可以将具体办案过程中收集到的信息及时录入信息系统,使行政执法权限查询系统有效覆盖全部行政执法单位。

(3)开发建立个人信息查询系统。该系统主要包括特定人员信息、资产动向信息、证件执照信息、案件管理信息等信息资源。由于这类信息涉及个人信息保密,可以根据信息种类实行直接连线实时查询、协议"绿色通道"查询等方式。与有关部门实现直接连线实时查询的信息包括房籍信息、养老保险、医疗保险的资金使用情况、人口信息、车辆登记、住宿登记资料、驾驶证、家庭成员、工商、税务资料、公务员、事业单位人员信息、人大代表、政协委员、企事业单位注册代码、地籍资料、土地拍卖、招投标信息、用电、用水等信息。与有关部门建立协议"绿色通道"查询的信息包括通讯、银行账户、证券、保险等信息。通过对犯罪嫌疑人的个人经历、社会关系、财产状况等信息进行全面综合分析判断,能更有效把握犯罪嫌疑人性格特征、家庭背景、社会关系、资产情况等重要信息,可以为线索初查、领导决策、案件突破、是否存在深挖可能性等提供全面信息支撑,更有利于明确案件侦查方向,促进侦查工作开展。

五、侦查谋略管理

众所周知,古代谋略有"三十六计"之说,其实这只是古代谋略中的精华而已,从谋略的本质属性看,在双方较量中,凡是以智见长、以智取胜的智慧性方案,都属于谋略的范畴,内容非常广泛,套计无穷无尽。但要特别明确侦查谋略要把依法施谋作为首要原则,在实施的过程中,每一项措施、每一个环节都要符合有关法律法规的要求和符合我国的国情、民情和风俗习惯依法办事,合乎情理。同时大量侦查实践表明,侦查谋略的实施程序和方法,不是僵硬的教条和程式,不能机械理解和对待,它只是侦查谋略的一般行动指南。由于各类书籍侦查谋略的类型介绍较多,在此笔者重点研究侦查谋略规律性的东西,对侦查谋略的诸多类型不再介绍。

(一)什么是侦查谋略

侦查谋略是指侦查人员根据犯罪活动的规律特点和侦查对象的具体情况,运用心理学、行为学、逻辑学、运筹学等专门知识,为主动进攻推进侦查活动而设计的一种斗智方案。

侦查谋略作为一种"斗智方案",可以从以下方面理解。

1. 施谋主体

即"斗智方案"的设计者和实施者,是侦查部门和侦查人员。侦查谋略的设计和实施,作为一种侦查活动,没有侦查权的部门和没有侦查资格的人员,是不能成为施谋主体的。需要说明的是,有的侦查谋略在实施过程中也会吸收一些其他人员参加,如协助寻找知情人的群众、进行鉴定的专家、协助工作的秘密力量等。但这些人员的活动都是在侦查人员的主持下进行的,不能单独开展活动,不能成为施谋主体。

2. 施谋客体

亦称施谋对象,是侦查对象及其家属和不愿配合的证人。侦查对象及其家属是实施侦查谋略的主要对象。在侦查活动中,如果遇到因种种原因而不愿配合的证人,有时也需要运用侦查谋略,以达到获取证据的目的。不过,对不愿配合的证人,使用谋略时相对宽松,只要使证人能够配合,能获取到证据即可。

3. 施谋目的

旨在诱导施谋对象的心理活动和行为取向,朝着我们所期望的方向转化,从而达到创造战机,主动进攻,推进侦查活动的目的。

(二)为什么要使用侦查谋略

侦查员在侦查具体案件时要做到知己知彼、慎思明辨、审时度势、驾驭全局、防范风险,这期间,离不开侦查谋略。在侦查活动中侦查谋略具有重要作用:一是侦查谋略能对全局性侦查工作起统帅作用。比如,突出打击重点的对策谋略,职务犯罪侦查一体化的对策谋略,都对全局性的职务犯罪侦查工作起着统帅作用。二是侦查谋略能对案件侦查工作起到指导作用,具有方向性意义。如果谋略运用不当或错误,就会偏离侦查指挥目标,使侦查工作走向失败。反之,就会势如破竹。如有些案件从侦查结果看并不复杂,但是如果换一个指挥者或换一种方式,结果可能就会是另一种情况。三是侦查谋略能够对具体侦查行为起设计作用。侦查谋略是对各种调查方法和强制措施的合理组合,是对侦查资源和侦查对象的全面调动。策略得当,就能够提高侦查工作的准确性和侦查效率。侦查谋略寓于刑诉法规定的各种调查方法和有关强制措施中。

侦查谋略本身是一种创造性思维,个案的千差万别和社会的发展进步使侦查谋略千姿百态、变化无穷。但是,先哲们总结的某些经典谋略在侦查中还是屡试不爽的。如孙子兵法中的示假隐真,出其不意、攻其不备,攻心为上的基本谋略,在职务犯罪初查环节、立案突破环节和预审取证环节都可以说是克敌制胜的锦囊妙计。

(三) 侦查谋略的特性

侦查谋略与军事谋略、政治谋略相比,既有共同特点,又有其自身的特点。从总体上考察,侦查谋略的特性主要有以下数种。

1. 主观能动性

谋略,离开了人们的主观能动性,任何谋略都不可能产生。因此,谋略与其他社会现象相比,具有主观能动性的特性。它强调的是人的主观能动性的发挥,人们只有通过积极的思索和谋划,才有可能胜对方一筹,达到预定的目的。侦查谋略也是如此,侦查谋略的制定和实施虽然受案情、侦查对象情况、财力、物力和法律要求等客观因素的制约,但是,侦查谋略的成功与否,主要还是靠侦查人员主观能动性的发挥和设计的侦查谋略的优劣。大量侦查实践活动表明,不同的侦查人员对侦查谋略的设计和运用的水平是不同的,谋略的实施效果也是有差异的。这就要求侦查人员在运用侦查谋略的活动中要积极开动脑筋,充分发挥主观能动性,设计出最优化的侦查谋略,并有效地加以实施,为侦查破案服务。

2. 积极进攻性

这是侦查谋略区别于军事谋略、政治谋略的主要特性。在军事谋略和政治谋略中,既有进攻也有防御,而在侦查谋略中只有进攻,没有防御。犯罪嫌疑人作案后为了逃避惩罚,往往会想方设法隐蔽起来,逃避侦查,如果我们不去主动找他,他是不会向公安机关、侦人员主动"进攻"的。因此,侦查人员要从"积极侦查"的要求出发,在筹划、设计侦查谋略时,其方向、目标始终是主动进攻的。但进攻的方式方法要灵活,要从案件和施谋对象的实际出发,进攻的目标和方式方法要随着案情的变化而依情转移。

3. 巧妙隐蔽性

谋略施谋形式是让对方知道的,但意图始终是严格保密的,它隐藏在施谋形式的背后,往往是在正常、平凡的活动中要利用各种手段隐瞒自己的真实意图。施谋意图隐蔽得越巧妙,实现意图的可能性就越大,一旦暴露了它的真实意图,不仅毫无作用,反而有可能被施谋对象所利用,招致失败。这就要求侦查人员在制定和实施侦查谋略时,行动要沉着,借口要合理,方法要巧妙,以假象掩盖真相,以形式掩盖内容,给对方造成虚幻的错觉,从而使其在对策和行为的选择上发生失误,达到施谋的预期目的。

4. 施谋合法性

谋略虽然重要、管用,但也不能滥用,指挥人员应在初查、使用或变更强制措施、讯问犯罪嫌疑人、询问证人、搜查、追逃追赃等侦查工作的重要阶段或环节,严格依法,尤其不得以刑事诉讼法所禁止的非法手段收集证据。

(三) 侦查谋略的基本要求

1. 依法施谋原则

这是侦查谋略的首要原则。依法施谋原则,是指在实施侦查谋略的过程中,要依法办事使每一项措施、每一个环节都符合我国的国情和有关法律、法规的要求。在法制日益健全的今天,侦查机关和侦查人员的一切活动,都必须自觉地置于严格的法律监督之下。侦查谋略的种类可以是广泛、多样、灵活的,但谋略的实施不能离开法律的制约和监督,运用侦查谋略必须严格遵守国家法律和侦查纪律,要求侦查人员在运用侦查谋略时,一切行为都要在法律、法规规定的范围内进行,严禁使用违反法律要求的和法律禁止的手段,更不得以任何借口非法施谋。严禁使用许愿、恐吓、威吓、侮辱人格、刑讯逼供等违反侦查纪律的方式方法,这是一条极其严肃的原则。运用非法证据排除规则。采用非法方法收集的犯罪嫌疑人、被告人供述和证人证言、被害人陈述,应当予以排除。收集物证、书证不符合法定程序,可能严重影响司法公正的,应当予以补正或者做出合理解释;不能补正或者做出合理解释的,对该证据应当予以排除。在侦查、审查起诉、审判时发现有应当排除的证据,应当依法予以排除,不得作为起诉意见、起诉决定和判决的依据。接到报案、控告、举报或者发现侦查人员以非法方法收集证据的,应当进行调查核实。对于确有以非法方法收集证据情形的,应当提出纠正意见;构成犯罪的,依法追究刑事责任。

2. 因势制宜原则

因势制宜,就是侦查人员要依照具体情况、具体态势确定侦查谋略,因势制宜的要求是由侦查谋略的性质决定的。侦查谋略的合理性,要求侦查人员的谋略意图与侦查活动中的具体态势高度统一,如果主观意图不符合客观情况,侦查谋略的实施必然会招致失败。在实际斗争中常有这样的情形:同一谋略,在此一案件能够奏效,用于彼一案件则不一定有效。究其原因,都有一个从案件的具体情况出发灵活应变的问题,所以,实施侦查谋略必须遵循因势制宜的基本原则。

因势制宜的具体内容包括:因人施策,因事施策,因时施策,因地施策,因情施策。侦查人员在运用谋略时,要注意综合考虑。

3. 以奇制胜原则

以奇制胜，就是侦查人员运用的谋略要出乎犯罪嫌疑人的意料之外，即必须出于常识、常规、常理之外，变化无定迹，行动难猜测，侦查谋略的实施只有出乎犯罪嫌疑人的意料之外，才能达到预期的目的。"奇"是与"正"相对而言的。正，是指刑事侦查的常规，在侦查实践中遵守常规办案的为正。奇，超出一般规律，在侦查实践中灵活运用、随机应变为奇。如果没有正常的斗争规律，也就不会有以奇制胜的斗争方式。所以，奇出于正，正中生奇。要做到以奇制胜，要求侦查谋略的运用，必须在常用常新上下工夫。谋略，在人们千百次的运用、总结、归纳的基础上已形成了基本的和比较稳定的形式。但是，在把具体的谋略形式运用于侦查实践的过程中，应该赋予这些传统的谋略形式以新的活力，使之在常规中显异彩，常用常新，只有这样，侦查谋略才能发挥其应有的作用，才永具魅力。

4. 得失相宜原则

得失相宜原则，类似于侦查的比例原则，是指用谋的预期效果应当与施谋过程中人、财、物的投入成正比，与失败风险成反比。它要求侦查人员在设计谋略的种类和实施谋略的规模上，既要考虑案件的重大程度和用谋预期效果对整个案件侦破作用的大小，又要考虑人、财、物投入的多少，要进行成本核算，讲求用谋效益，防止出现"杀鸡用牛刀"的现象。任何侦查谋略的实施都具有一定的风险性，或全部成功，或部分成功，或招致失败。正如古人所云："水能载舟，亦能覆舟，或用间以成功，或凭间以倾败。"案件重大、用谋预期效果对侦破案件作用大的，用谋的风险应当小一些，成功的希望也就要大一些，否则就不要轻易使用，以避免出现"一着不慎，满盘皆输"的被动局面。从侦查实践看，犯罪嫌疑人因发现施谋行动而毁证、逃跑，或因察觉用谋意图而拒绝交代的事是时有发生的。

(四) 侦查谋略实施基本程序

侦查谋略的实施程序,就是侦查谋略从设计到实施的先后过程和基本步骤。侦查谋略的类型多种多样,内容千变万化,但设计、实施谋略的过程和基本步骤是大致相同的。

1. 了解施谋对象

侦查谋略的设计、筹划和实施,是以客观存在的案件情况和施谋对象的具体情况为基础的,要取得良好的施谋效果,就应当尽可能全面地了解施谋对象的情况,以便有针对性地使用谋略。从侦查谋略实施的角度看,施谋对象的具体情况一般可以分为以下几种:(1)不愿配合侦查工作、不肯如实提供情况的相关知情人。(2)有包庇思想、提供假情况、企图掩盖某些事实真相的犯罪嫌疑人的亲属。(3)犯罪嫌疑人。施谋的目的是为了让其如实交代犯罪事实,并扩大线索,挖清余罪。对这些人员的个性特点、知识阅历、亲情程度等,要分类了解清楚,以便找出比较容易突破的施谋对象,并使用适合其个人特点的谋略。

2. 明确施谋目的

明确施谋目的,是设计和实施侦查谋略的前提。只有有明确施谋目的,才有可能做到"有的放矢"。侦查人员应根据侦查任务和施谋对象的具体情况,进行细致分析,确定施谋目的。从总体上看,与施谋对象相联系,施谋的主要目的有:促使不愿配合侦查工作的知情人和有包庇思想的犯罪嫌疑人亲属如实提供情况;促使犯罪嫌疑人暴露线索和证据;对基本确定的犯罪嫌疑人进行甄别;促使藏匿或潜逃的犯罪嫌疑人归案;对持枪持爆劫持人质与警方对峙、拒捕的犯罪嫌疑人,在确保人质和周围群众安全,并努力减少我方力量伤亡的前提下缉拿归案或击毙;促使已被归案,但负隅顽抗、拒不认罪的犯罪嫌疑人如实交代犯罪事实等。

3. 选择谋略种类

施谋目的明确以后,要根据案件情况、施谋对象的个体特征、施谋目的和确定出来的施谋焦点,来选具体的谋略种类。侦查谋略的种类是多种多样的,在同一种情况下,有时有多种谋略可供选用。例如,在重大嫌疑对象基本明确,但关键性证据获取有困难的情况下,为了打破侦查的僵局,这时可以采取的谋略有:欲取故予,化装收购;敲山震虎,促敌不安;欲擒故纵,明撤暗侦;声东击西,示假隐真等。施谋方在选用具体的谋略时,要反复比较,认真筛选,从可供选择的各种谋略中择其优者而采用。需要指出的是,突破一个环节,并不是一定只能采用一种谋略,有时可以两种或多种谋略并用,多管齐下,综合发挥作用。不过,应当注意所选用的谋略之间,要互相协调,互相补充,不能发生冲突。

4. 拟订施谋方案

谋略种类选定后,要拟订实施方案,进行周密设计,精心安排。施谋方案的主要内容包括以下几个方面:一是主要案情和施谋对象的具体情况。其包括案件性质、作案人数、作案手段、动机目的、危害大小,施谋对象的职业特征、个性特点、知识阅历、法制意识、违法犯罪历史、作案经验、家庭情况、技能特长、对家庭成员的亲情程度、所处的时空环境等。二是施谋目的。施谋是为了获取线索、证据,发现重大犯罪嫌疑人下落,缉捕犯罪嫌疑人,还是促使不愿配合的相关知情人和犯罪嫌疑人亲属如实提供情况,抑或是突破案犯口供等,都要阐述清楚。三是使用谋略的焦点和具体种类。如果是多种谋略并用,各种谋略都要记录在案。四是选用的侦查措施。对多谋并用的案件,每一种谋略的措施都要阐明。五是施谋的时间、地点,即每一项侦查措施具体实施的时间、地点和人员分工。六是施谋时的人员分工。包括指挥员、各个战斗小组的负责人,每个参战人员的工作职责,都要交待清楚,落实到人。七是施谋所需的装备、器材和后勤保障。八是注意多种谋略之间、参战人员之间的配合问题。九是要对侦查谋略实施后的效果和可能出现的问题做出预测和估计。凡事预则立,不预则废。有了事先的估量,侦查人员就能做到胸有成竹,指挥若定,不被可能发生的各种情况所干扰,并做好应付的准备和对策,这样,侦查人员就能在谋略运用中稳操胜券,始终处于主动地位。

5. 实施施谋方案

侦查谋略的施谋方案确定之后,应当适时付诸实施,实施时应做到以下几点:一是按照方案落实分工,责任到人。指挥层、执行层、战斗小组都要有负责人,并做到每人的分工明确,责任到人。二是实施过程中,发现问题要及时报告,能自己处置的,要依照常规权限及时处置。三是指挥人员要做到近程指挥,掌握动态,及时决策。既要掌握现实情况,又要对发展态势进行必要的预测分析,以便出现意外情况时,及时、正确地进行决策。四是情况变化,依情转移。要遵循"灵活进攻"原则,在实施过程中发现情况变化,应及时依情转移,以防贻误战机。五是做好后勤保障工作。对参战人员的装备、给养、交通、通信和家庭的实际困难,要努力做好保障工作,以便参战人员能全身心地投入工作。

6. 及时谋略修正

谋略修正是指在施谋方案执行过程中,施谋主体通过信息反馈,经常印证预期结果和现实之间的距离,修正原来的谋略和施谋措施。谋略修正可分为正向修正与反向修正。凡基本维持原谋略方案,只是稍稍调整、补充的,可以看作是完善方案,加速侦查进程,为正向修正。凡是基本上放弃原谋略方案而另作他图的,为反向修正。侦查谋略付诸实施后,从谋略实施的后果可以看出,预选的最佳方案中,有的被侦查实践证明是符合实际的,由认识上的"最佳"变为客观的现实。有的被证明是"中性"方案或最差方案,之所以会出现这种情况,是因为侦查谋略毕竟是侦查人员对案情认识的主观成果,人的主观认识与客观实际总是有差距的,或者是由于谋略在执行中,出现了新情况,导致了原有谋略的失误。因此,侦查人员在谋略实施阶段必须十分重视谋略修正工作。谋略修正应当注意以下几个问题:一是客观冷静,当断则断。往往有这种情况,发现了问题,理智上是承认的,感情上是不愿接受的,总还想观望一番,在这种情况下必须下决心与错误的东西一刀两断,因为错误的东西执行得越久,损失就越大。二是注意反思,全面分析。侦查谋略的设计、实施,是从分析当时的情况入手的,谋略修正也要从反思入手,对原有谋略产生的环境与机制进行全面分析,查找失误原因。越是前面的环节出问题,影响就越大,即所谓"失之毫厘,谬以千里"。反思不仅要找出失误根源,还应指明原谋略中的合理成分,反思应当是扬弃的过程,而不是全盘否认,汲取原谋略中合理的部分,为转误为正所用,节省警力资源。

第七章 惩治和预防职务犯罪信息化管理

在党的十八大报告中,有19处表述提及了信息、信息化、信息网络、信息技术与信息安全。更重要的是,报告明确把"信息化水平大幅提升"纳入全面建成小康社会的目标之一,并提出了走中国特色新型工业化、信息化、城镇化、农业现代化的"四化"新道路。信息化上升到了国家战略、民族战略的高度,信息化本身已不再只是一种手段,而成为国家发展的目标和路径。近年来,以互联网、物联网、移动智能终端、云计算、大数据等信息技术为代表的新科技革命迅猛发展,正在深刻地改变着经济和社会的面貌,包括职务犯罪在内的犯罪手段也呈现出多样化、隐蔽化、网络化、智能化的特点,犯罪分子反侦查能力不断加强。同时职务犯罪惩治和预防逐渐由传统方式向信息化方式转变,并越来越体现出以信息占有为基础、信息利用为主导、信息平台为载体的特点。为应对职务犯罪手段变化的新趋势、新动向,必须适应时代发展要求,寻求新突破,占领新优势,强化"信息引导侦查"意识,全面有效地提升打击职务犯罪的手段能力和科技水平,走信息化带动检察工作现代化的发展之路。

一、信息化发展新形势对惩治和预防职务犯罪提出的新要求

截止 2014 年,中国已接入国际互联网 20 个年头。20 年来中国互联网等信息化产业抓住机遇,快速推进,成果斐然。据中国互联网网络信息中心 CNNIC 发布的报告,截止 2014 年底,中国网民规模达 6.49 亿,其中手机网民规模达 5.57 亿,占全部网民的 85.8%;国内域名总数 2060 万个,网站近 400 万家;全国企业使用计算机办公的比例为 90.4%,使用互联网的比例为 78.7%,开展在线销售、在线采购的比例分别为 24.7% 和 22.8%,利用互联网开展营销推广活动的比例为 24.2%。全球十大互联网企业中我国占有 4 席。全国信息消费整体规模达到 2.2 万亿元人民币,电子商务交易规模突破 10 万亿元人民币。中国已是名副其实的"网络大国"。(如图 7-1)①

图 7-1 中国网民规模和互联网普及率

---

① 数据来源:《中国互联网发展状况统计报告》,2015 年 1 月,中国互联网络信息中心 CNNIC。

第七章 惩治和预防职务犯罪信息化管理

信息化成为全球经济社会发展的潮流并引领社会演进变革,使当今社会进入全新的生活和工作方式,职务犯罪侦查对象在信息化环境里必然受到影响,在实施犯罪过程中也会自觉或不自觉地利用信息技术。漠视信息技术的影响,将会导致职务犯罪惩防工作的低效和被动。

(一)实施科技强检是落实国家信息化发展部署的需要

党的十八大报告中提出,"坚持走中国特色新型工业化、信息化、城镇化、农业现代化道路,推动信息化和工业化深度融合、工业化和城镇化良性互动、城镇化和农业现代化相互协调,促进工业化、信息化、城镇化、农业现代化同步发展",在同步发展的"新四化"中,信息化是新增的内容,这表明信息化已被提升至国家发展战略的高度。党的十八届三中全会《关于全面深化改革若干重大问题的决定》中提出了推进国家治理体系和治理能力现代化的总目标。

2014年,中央网络安全和信息化领导小组宣告成立并召开了第一次会议,习近平总书记亲自担任组长,并指出"网络安全和信息化是事关国家安全和国家发展、事关广大人民群众工作生活的重大战略问题""没有网络安全就没有国家安全,没有信息化就没有现代化""建设网络强国的战略部署要与'两个一百年'奋斗目标同步推进"。[①]

中央政法委书记孟建柱在中央政法工作会议上提出,要主动适应形势新变化,推动政法工作向善于运用信息化手段转

[①] 习近平:《努力把我国建成网络强国——在中央网络安全和信息化领导小组第一次会议上的讲话》。

变,提高服务大局的能力和水平。同时要以创新社会治理方式、深化司法体制改革、推进科技信息应用、改进政法宣传舆论工作为着力点,深入推进平安中国、法治中国和过硬队伍建设,切实提高政法工作现代化水平。①曹建明检察长在2015年1月全国检察长会议上提出,要深入实施科技强检战略,大力实施电子检务工程,加强检察信息化建设顶层规划,推动检察机关业务、政务、队伍、后勤管理等信息系统的融合贯通。要积极参与跨部门网上执法办案平台建设,促进形成执法司法信息化综合系统。完善检察技术与检察业务协作机制,优化资源配置,务实开展司法鉴定实验室建设,加强电子数据、司法会计等技术门类建设,更好地发挥检察技术对执法办案的支持作用。科技强检是适应时代要求,促进自身发展的必由之路,检察机关只有面对社会发展带来的新挑战,勇敢跟上时代步伐,向科技要战斗力,用信息服务检察工作,才能在新形势下更好地打击犯罪,维护司法公正。

(二)信息化思维是全面推行依法治国战略的需要

十八届四中全会描绘了全面依法治国路线图,检察机关作为推进依法治国的重要部门,如何适应法治建设新常态是今后需要重点研究的课题。在当前"互联网+"时代,全面推进依法治国同样需要树立信息化思维,发挥信息化在科学立法、严格执法、公正司法和全民守法中的关键性作用。

在科学立法方面。立法质量不高,是制约我国法治化进程

---

① 孟建柱:《把思想和行动统一到习近平总书记重要讲话精神上来切实肩负起维护社会大局稳定促进社会公平正义》,在2014年1月7日中央政法工作会议上的讲话。

的重要因素。立法质量之所以不高,一个很重要的原因是由于"关起门来立法",没有充分征求社会各界的意见和建议。例如,2013年1月1日,公安部颁布新规,闯黄灯要被扣6分。颁布不到6天,公安部又印发新通知,对闯黄灯信号的以教育警示为主,暂不处罚。这一做法引起社会公众极大争议。如果在立法过程中,建立基于互联网的、社会公众能够方便地参与立法和法律法规评估的机制,就可以通过网络平台征求广大社会公众的意见和建议,集思广益,从而促进立法工作的科学化、民主化,提高立法质量和立法水平,并推动法律法规快速修订和完善。①

在严格执法方面。对执法活动监督不足、问责不够,是造成不文明执法、不规范执法和徇私枉法的重要原因。如果以信息化方式记录执法活动的时间、地点、人员、原由、结果等要素,可以使执法活动处处"留痕",提高监督的针对性和准确性。比如,司法机关通过全面实现网上办公、办案,程序公文通过网上审签、传阅,案件信息通过网上录入、流转,便可以使超期羁押、暗箱操作、司法潜规则等在信息化平台下一目了然,从而实现技术主义条件下的公平正义。

在公正司法方面。"阳光是最好的防腐剂",推进司法信息公开,是我国提升司法公信力的重要举措。在信息化时代,检察机关也必须要适应在"镜头下"办案的新常态。建立信息化公开平台,通过互联网、微博、微信等受众面广的新媒体渠道向全社会公开信息,让广大公众参与到对司法机关的监督中来,有利于构建开放、动态、透明、便民的阳光司法机制。

---

① 金江军:《推进依法治国须有信息化思维》,《学习时报》,2015年5月25日第3版。

在全民守法方面。全民普法、全民懂法是全民守法的前提。传统的制作法律法规宣传栏、发放法律法规文本、开展法律法规知识竞赛等普法方式不仅时间、空间传播范围有限,而且成本高、效率低、效果不理想。互联网具有传播快、范围广的特点,具备作为普法工作新渠道的先天优势。通过建立相应的法律法规数据库并提供查询服务,或通过门户网站、微博、微信等网络平台提供法律咨询服务,可以缓解发达与落后地区法律资源分布不均衡的问题,充分发挥网络的社会矛盾化解作用。同时开展网上信访,关注网络舆情,开展网络反腐,是惩治和预防腐败的重要手段。

(三)惩治和预防职务犯罪管理信息化是刑事诉讼法治发展的需要

我国当前职务犯罪侦查模式仍然是以口供为中心的"由供到证"传统侦查模式,对犯罪嫌疑人"供述"的依赖度较高。这种模式的形成与长期以来查办职务犯罪案件中实物取证能力不够、技术保障手段不足的现状有关,与职务犯罪侦查理念、知识结构和科技含量等原因有关。随着社会信息化程度不断提高,职务犯罪智能化水平越来越高,犯罪手段越来越隐蔽,规避法律、逃避打击和反侦查能力明显增强,如果依然沿用由供到证的传统侦查模式,往往会陷入被动。我国正处在社会转型时期,资源配置深刻变化,管理方式深刻变革,利益格局深刻调整,伴随着职务犯罪高发的消极现象,人民群众要求检察机关惩治职务犯罪的司法需求愈发强烈。面对职责和任务,在办案质量、效率、效果上,"由供到证"侦查模式难以达到有效惩治腐败的司法需求。

2013年1月施行的修改后的《中华人民共和国刑事诉讼

法》第 2 条增加规定:"尊重和保障人权";第 33 条增加规定:"犯罪嫌疑人自被侦查机关第一次讯问或者采取强制措施之日起,有权委托辩护人",律师的介入时间提前到侦查阶段;第 37 条规定:"除特别重大贿赂犯罪案件外,侦查期间律师会见嫌疑人不需要许可";第 50 条增加规定:"不得强迫证实自己有罪",犯罪嫌疑人可以自由选择是否供述犯罪;第 54 条规定了非法证据排除等。可以预见,在查办职务犯罪案件过程中,犯罪嫌疑人拒供、翻供及证人拒证、翻证的现象将会增加,突破口供的难度将进一步加大,"由供到证"的侦查模式受到了更大的制约。法制环境的成熟和完善,使得侦查工作比以往任何时候都更加需要现代科技的大力支持,严峻的形势必将倒逼职务犯罪侦查部门转变办案观念,完善办案手段,着力实现从"由供到证"向"由证到供"的转型,从粗放式侦查向以注重发现、收集和利用信息为基础的精细化、信息化、科技化现代侦查模式转变。(如图 7-2 所示)

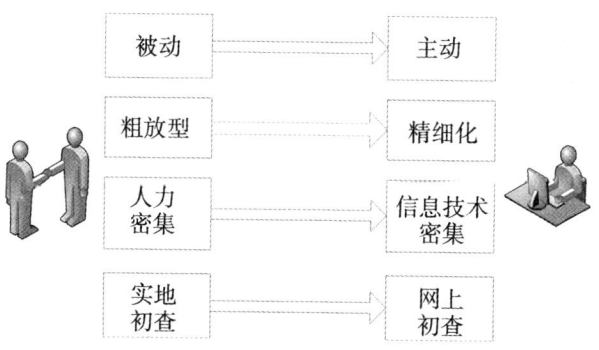

图 7-2 职务犯罪办案模式的转变

《联合国反腐败公约》赋予成员国采用特殊技术侦查手段打击腐败犯罪的权力,我国修改后的刑事诉讼法新增规定检察机关侦查重大贪污贿赂犯罪可以使用技术侦查措施,通过技术侦查收集的材料可以不经转化,直接作为证据使用。同时电子数据也第一次从立法层面确立了其特有的证据种类,这为检察机关应用技术侦查措施、加强电子取证扫除了法律障碍。技术侦查在职务犯罪惩防领域的运用,是社会科技发展、法治进步与打击控制犯罪的必然结果。随着人权保障提升、法治建设进步,职务犯罪惩防工作需要自觉做到向科技要战斗力,要充分利用科技装备、信息技术在发现、收集职务犯罪案件情报和固定客观证据中的价值,积极运用科学技术和技术侦查手段侦破案件,自觉实现侦查模式的顺利转型。

二、信息引导职务犯罪侦查模式的创新构建

如何在反腐败斗争不断深入和"科技强检"战略稳步推进的背景下更准确、更高效地开展职务犯罪惩防工作,是未来一个时期检察机关面临的重要课题。一方面职务犯罪侦查部门肩负的工作任务越来越繁重,另一方面职务犯罪手段呈现的新特点对职务犯罪侦查工作提出新的挑战。笔者认为,将信息技术有效地运用到职务犯罪侦查工作中,探索建立职务犯罪信息情报机制,积极推进职务犯罪信息情报基础建设,构建信息引导职务犯罪侦查模式,将是拓展职务犯罪案源线索,引导侦查方向,提高决策水平,促进职务犯罪侦查工作科学、可持续发展的有效路径,有助于职务犯罪侦查朝着"外延拓展、多元推进、精细

化作战、内涵式提升"的目标迈进。①

(一)信息引导职务犯罪侦查模式的涵义

1. 信息引导职务犯罪侦查模式的基本概念

国内信息引导侦查模式的概念最初是由公安机关在推进"科技强警"战略、加强公安信息化建设的过程中提出的,目的是通过树立"信息情报引导侦查"的理念,增强信息观念,拓宽信息视角,提高信息化条件下的侦查指挥能力,充分发挥信息情报在刑事侦查活动中的引领作用,加快传统刑侦工作向现代刑侦工作的转变。而在"科技强检"领域,目前已有不少学者和检察机关实务部门对信息引导职务犯罪侦查模式建设进行了研究,但大多数研究都局限于某一方面,对信息引导职务犯罪侦查进行系统研究的较少。关于信息情报引导侦查模式的概念,有的研究理论只强调对犯罪行为的早期预警,有的只强调通过信息的研判为侦查提供线索和证据,但各种理论的共同点是强调以职务犯罪信息情报为基础和核心,以及信息情报在职务犯罪侦查中的地位和作用。要实现信息引导职务犯罪侦查,不仅是侦查手段和方式的转变,更重要的是侦查观念的转变。

据此,结合检察权运行规律和职务犯罪侦查工作特点,检察机关信息引导职务犯罪侦查模式应是指检察机关职务犯罪侦查部门以现代信息网络技术为载体,以各种职务犯罪相关信息情报的收集、整合、分析、研判和利用为内容,以提高案件线索发现能力、证据收集能力、侦查决策水平、侦查资源使用效率等为目标,强调对职务犯罪进行一体化打击和预防所构建的现代刑

---

① 陈波:《职务犯罪信息化侦查实战操作》,北京:中国检察出版社2011年版,第1页。

事侦查信息化运行方式和工作模式。①

2. 信息引导职务犯罪侦查模式的特点

一是基于计算机、网络和数据库技术。信息情报引导职务犯罪侦查模式是随着现代科学技术的发展而诞生的,需要以高效、互联、共享的信息处理设备为基础,没有信息技术全面发展和普及,侦查方式就不可能向这一模式转变。同时,正是由于这一转变,才使侦查方式尤其是职务犯罪侦查部门的侦查方式能够跟得上时代发展的步伐,不至于脱离现代社会和现代技术。

二是主动性的侦查模式。其主动性主要表现在:强调信息情报主管部门对涉及职务犯罪的信息情报主动进行收集、分析和研判,要有主动为侦查人员提供线索和证据的意识;通过对信息情报的分析和研判,主动研究易发、高发犯罪的人群、领域或行业等,为侦查提供方向;相对于传统的控告、举报等案件线索来源路径,信息情报引导侦查模式可以通过已办案件线索分析、网上初查等途径,主动启动侦查程序。

三是单方秘密的侦查模式。信息情报引导职务犯罪侦查模式对信息情报的收集不以立案为前提,而是直接进入到各种现有数据库或通过其他信息途径进行收集,不必与犯罪嫌疑人正面接触。因此,它是一种在犯罪嫌疑人不知晓情况下的单方秘密侦查方式,更容易在不惊动犯罪嫌疑人的情况下收集线索和证据,有利于案件的掌控和突破,防止各种案外因素对案件查处的阻碍和干扰。此外,其秘密性还表现在信息情报收集的常

---

① 游巳春、王亚明:《信息情报引导职务犯罪侦查模式探讨》,《人民检察》,2014年第4期。

第七章 惩治和预防职务犯罪信息化管理

规性和大范围方面。由于是不针对特定对象的、常规性的信息情报收集方式,收集的信息范围广、数量大,不容易引起犯罪嫌疑人的警觉,可以提高侦查工作的秘密性。

四是综合高效的侦查模式。信息情报引导职务犯罪侦查既有从人到案、从案到人的侦查路径,也有从案到案、从人到人的路径。信息情报的收集既可以来自已侦破的案件或已抓获的犯罪嫌疑人,也可以来自社会上的一般信息或与案件无关的人员,可以说它是各种侦查方式和路径的集成。侦查部门在采取侦查方式时可以根据实际需要选择多种路径,从而更有效地侦破案件。由于信息情报来源广、信息量大,可以使侦查决策的参考依据更全面,使侦查活动少走弯路,提高效率。①

3. 信息引导职务犯罪侦查模式的积极意义

一是可以提高获取线索和证据的能力。在职务犯罪智能化水平越来越高,职务犯罪侦查对信息技术的依赖程度越来越高的背景下,检察机关通过建立相应的信息化系统,可以形成自上而下、有组织的信息网络体系,建立信息规范管理、资源共享、整合运用的机制,使办案人员能够对犯罪嫌疑人、犯罪事实进行全方位综合性分析。同时信息情报工作与调查取证工作相结合,可提高调查取证的及时性和准确性,促进案件突破。信息情报工作是主动捕捉职务犯罪线索的有效方法和手段,是破解案源枯竭的治本之策。当前,尤其是在基层检察院中,职务犯罪侦查实践中大多数案件的线索仍然依靠举报和移送,举报线索量少质差的现象普遍,因此改变被动的线索获取方式,是

---

① 游巳春、王亚明:《信息情报引导职务犯罪侦查模式探讨》,《人民检察》,2014 年第 4 期。

实现职务犯罪侦查可持续发展的内在需求。由于侦查工作具有对抗性、科学性、时效性等特征,侦查人员需要保持高度的敏感性,及时获取侦查前沿的信息并加以开发利用,为侦查工作服务,才能使侦查工作始终处于主动地位。任何犯罪活动必然会在普遍联系的世界中留下客观痕迹,产生相关犯罪信息,侦查人员只要时刻关注社会的方方面面,收集一切可能收集到的、与职务犯罪有关的信息,就能从中发现职务犯罪线索,拓展案件来源。同时在立案前对线索信息进行有效收集,可以减少立案侦查后可能碰到的各种问题。

二是有利于发挥侦查一体化机制实战作用,提高侦查决策水平。随着社会经济的迅速发展、社会分工的不断细化和人员流动性的增强,我国传统的熟人社会正逐步改变,人与人之间面对面的交流减少,网络、社交软件等新型交流工具增多,职务犯罪也呈现出跨区域的特点。为此,最高人民检察院提出了建立健全职务犯罪侦查工作一体化的设想,各地检察机关也对此进行了有益的尝试,有上下两级院线索共享、联动侦查的;也有人员力量、科技装备等由上级院统一调动的。但不论何种方式,办案的根本是信息情报,信息情报的收集、分析、研判,是及时分析和预测犯罪动向和规律,并科学、准确地做出侦查决策的前提。

同时,侦查一体化机制更需要实时、连续的信息情报支援,如大量的外围调查和信息调取,查询个人户籍资料、工商登记信息、税务登记资料、出入境记录、电话通话清单、银行存款记录及凭单、车辆登记资料、房产情况等,又如对涉案人员的定位、抓捕等。很多基础性的信息情报如行业规律、行业知识等是稳定的、可重复利用的,如果一体化机制下各侦查活动主体

第七章 惩治和预防职务犯罪信息化管理

之间不能快速便捷地共享信息,或者每次办案都要重新搜集,显然会费时费力。因此,如果没有制度化、系统化的信息情报工作模式,侦查人员会耗费大量时间和精力在奔波协调上,容易贻误战机甚至导致案件流失。

三是有利于实现"由供到证"向"由证到供"侦查模式的转变。职务犯罪行为通常具有高职位、高智能、高专业性的"三高"特征和窝案、串案、群案"三案"多发的特点,但很少有可供勘查的犯罪现场和犯罪痕迹。目前大部分检察机关侦查手段还比较单一,没有自己的情报收集系统,许多证据必须通过审讯获取。而随着审查逮捕上提一级规定的实施,修改后的《刑事诉讼法》规定的"案情特别重大、复杂,需要采取拘留、逮捕措施的,传唤、拘传持续的时间不得超过二十四小时"以及修改后的《律师法》规定的会见制度的实施,依赖口供来获取重要线索进而收集关键证据的做法受到了限制。检察机关需要转变侦查模式,走"由证到供"的办案道路。这就需要有一个强大有力、反应迅速的信息情报系统来支撑,通过信息化手段促进侦查活动由人力密集型的粗放方式向信息密集型的精细方式转变,以缓解侦查力量不足的现状,促进侦查模式的转变。

(二)目前检察机关信息情报系统建设存在的不足

检察机关近年来在侦查信息化、装备现代化建设方面取得了长足的进步,但完整、系统的信息情报引导职务犯罪侦查模式的构建尚处于起步阶段,与最高人民检察院提出的"门类齐全、内容准确、检索便利"的要求相差甚远。

1. 信息情报建设重视不足,信息情报收集、管理、运用不到位。目前职务犯罪侦查工作中还没有一个很明确的"信息情报"概念,谈到情报一般是就案说案地对具体涉案资料进行查找,没有将信息情报作为一项重要的侦查业务进行系统的研究和经营。实践中,侦查部门也很少有目的地对各行业、各部门的基础性资料进行收集、分类、整理。所谓"依靠情报经营案件"也就是在接到案件线索时,根据掌握的一些支离破碎的信息顺藤摸瓜而已,距离对信息情报工作的科学定位以及建立真正意义上的信息情报收集、分析、梳理机制,并充分发挥情报作用、实现情报价值差距较大。

2. 信息情报机构缺失,信息情报人员分散,与检察机关机构不断壮大的状况不相适应。检察机关恢复重建30余年来,检察机构和队伍不断发展壮大,而信息情报机构发展比较缓慢,已成为职务犯罪侦查业务发展的瓶颈。以公安机关为例,目前已经建成了全国联网的户籍人口信息管理系统、刑事案件信息系统、违法犯罪人员信息系统、车辆登记与违章查询系统等情报管理系统,并有专门的信息情报管理机构。其他如海关、工商、税务部门,也都建立了自己的信息网络和情报库。相比而言,检察机关的情报机构建设是薄弱的。

3. 信息情报收集手段落后,信息情报不完整,缺乏资源共享机制。检察机关运用高科技手段进行跟踪、守候、窃听、密录、密拍等秘密侦查受到制约,限制了信息情报工作的开展。同时,在职务犯罪跨地区、跨行业作案特点日益明显的情况下,检察机关与其他职能部门、单位的协作仍处于初始阶段,如工商登记资料、电信用户开户资料和通话单等,大部分检察机关仍要派员登门调取,有时还要相关单位领导层层审批,侦查效率不高。即使在同一个地区甚至检察机关内部,各部门都在办什么案、办哪个行业的案件、有什么信息和资料,互相之间也不清楚，经常出现一个案件几家查、有些案件无人查的情况。随着社会生活节奏的加快，这种侦查手段和协作方式已落后于形势需要。尤其是面临职务犯罪后携款外逃频发的形势，现有信息情报手段更无法适应跨境乃至跨国合作打击职务犯罪的需要。

（三）信息引导职务犯罪侦查模式构建的主要内容

职务犯罪案件侦破的过程实质上就是涉案信息的收集、处理、研判并有的放矢地进行侦查的过程。在以往的职务犯罪侦查实践中，案件的各种信息在侦破过程中处于辅助性地位，而且信息之间是孤立的、片面的、静态的，难以形成全面、系统的信息情报并引导侦查。因此，构建以信息为核心的职务犯罪侦查信息系统，推进侦查工作的信息化，是职务犯罪侦查工作变被动为主动、实现可持续发展的内在要求。

1. 建立职务犯罪多渠道线索信息系统，扩大案件线索来源。线索发现难一直是阻碍检察机关打开职务犯罪侦查局面的瓶颈。因此，需要拓宽职务犯罪案件线索来源渠道，提高发现职务犯罪线索的能力，进而加大查处职务犯罪案件的力度，提升职务犯罪案件的侦查水平。建设职务犯罪侦查信息系统可以很好地解决这一问题，利用信息技术，设置"线索管理、线索查询、线索分配、分析研判、信息交流"等功能，形成检察机关线索信息的收集、查询、交换、分析、决策的一体化解决方案。在该系统下，网上举报、信访举报、电话举报等多种举报方式提供的线索可以在系统中统一汇总、分析、调配，提高线索管理水平；检察机关和工商、税务、卫生等行政执法机关之间建立信息共享后，便于从行政执法中发现涉嫌犯罪的线索；通过对信息的研判,定期形成情报产品,预测职务犯罪的发展趋势、重点领域,为提前锁定目标提供依据;对于未成案线索,可以由信息管理机构有意识地收集相关信息资料,由点到面慢慢积累,等待时机成熟再一举突破,①从而实现电子化线索信息的横向、纵向共享和上下联动。

以河南检察机关为例,近年来全省各级职务犯罪侦查部门探索信息化条件下侦查工作的新方法、新路子,发挥侦查信息化和装备现代化的"千里眼""顺风耳"作用,积极探索开展网上初查工作,扩大案件线索来源。在线索核查和案件初查时,通过信息系统进行主体身份查询,获取涉案人员和单位的主体身份、单位性质等信息,掌握涉案人员是否是人大代表、政协委员等特殊身份;通过涉案资产查询,获取涉案人员或单位的房产、车辆、银行存款、资金流向等信息,从中发现疑点和问题,找到突破口;通过查询通话记录、公安网有关信息和行踪轨迹分析,帮助侦查人员确定涉案人员实际住址、家庭成员、社交圈子、关系密切人、活动规律等情况,为初查工作提供信息支撑;通过检索行贿人员数据库,掌握涉案人员在以往查办的案件中有无行贿受贿行为,为初查提供更加直接和更有价值的信息。

又如,南京市检察机关建立了"两个平台三个系统""两个平台"包括线索管理平台和案件管理平台,线索管理平台主要体现举报线索的受理、分流和反馈情况,实现举报线索的归口管理,并通过案件管理平台反映控申部门和其他部门办理案件的情况。"三个系统"包括检务公开系统、案件查询系统和检务接待信息中心系统。在案件查询系统中,举报人输入代码即可以

---

① 李珊珊:《浅谈职务犯罪侦查信息系统的建设》,《法制与经济》,2010年第11期。

了解举报线索办理情况,如受理日期、承办人员、办理期限、诉讼阶段及处理结果等。南京市检察院建立了具有同步录音录像、远程监控指导基层院接访的检务接待信息中心,实现了两级院视频联合接访。徐州市云龙区检察院利用检察专线局域网平台,应用举报线索网络管理软件,按照线索审查处理各个阶段(即线索的受理、分流、反馈、终结、答复进程),形成以举报中心为中心,相关各局、科室为网点的网络结构,构建了网络化线索管理模式。

杭州市检察院则建立了反贪侦查信息全员收集制度,从另一个方面收集、充实职务犯罪信息。职务犯罪侦查信息范围非常广,侦查人员在日常生活、工作中都有可能接触到。在网络信息如此发达的今天,对网络信息的关注和收集也非常重要。杭州市检察院要求全市反贪部门的所有干警要做侦查信息的有心人,当好信息收集员,增强日常收集信息的意识。通过建立以定期对社会公共信息以及个人日常收集的有用信息进行汇总的制度,选择有价值的信息录入信息资料系统,不断充实信息系统数据资源,将之作为职务犯罪侦查的信息储备。[①]

2. 建立专业化的信息分析研判机制,实现信息引导指挥决策。信息分析与研判是综合的逻辑思维过程,是对获取材料的再创作,依托信息资源确定职务犯罪侦查工作的重点和方向,能使侦查信息真正在服务办案方面发挥实效。建立专业化的信息分析研判机制需要从几个方面入手:一是设置专门的信息情报机构。在检察机关职务犯罪侦查部门设置专门的信息情报机

---

① 杭州市人民检察院:《立足三大功能、构筑信息中心、为侦查办案提供有力支撑》,《全省检察机关反贪侦查信息化建设工作会议经验交流材料》,2012 年 8 月。

构,负责日常情报的汇集处理、全局性情报工作的组织指导以及个案情报的分析研判、预警通报等事务。二是建立信息综合研究分析系统。信息分析人员可以借助信息技术分析工具进行分析研判,如利用话单分析系统,通过计算机及软件分析通话时间、通话时长、通话号码、通话位置(基站)、主被叫通话号码等,可以研判出机主真实身份、职业特点、居住地点、同伙同行人员、特定关系人等诸多有价值的犯罪情报。三是建立分析研判讨论制度。定期分析研判一个时期职务犯罪趋势动态,重点行业、领域等职务犯罪的特点、规律、常见作案手段,形成连续、完整的信息分析研判基础数据。

3. 信息引导职务犯罪侦查的前提和基础,是广泛、深入地收集职务犯罪信息,并能够安全地存储、快捷地查询、科学地分析、有效地利用,这就需要建立健全相关涉案信息数据库和数据资源。健全数据库和数据资源有"共享"和"自建"两种途径,"共享"方式就是要充分利用公安等行政执法机关已建成的企业、人员、资产、交通等信息系统和信息资源,在网络技术上和协作机制上建立高效便捷的信息共享、查询通道;"自建"方式指的是检察机关在大量案件查办活动基础上,逐步建立并完善更加符合自身查办案件需要的职务犯罪侦查实战信息数据库。实战信息数据库的建设既要考虑当前侦查部门的实践需要、承担能力等客观实际,又要考虑侦查工作的长远发展需要。目前检察机关在继续加强与公安等机关信息共享力度的同时,还需要抓紧建立能够引导、支持职务犯罪侦查的各种功能数据库,综合来看主要包括以下五种。

一是"案件线索数据库"。包括机关、团体、企业事业单位和公民个人的报案、控告或检举;上级主管部门交办、督办案件;

第七章 惩治和预防职务犯罪信息化管理

纪检等行政执法和其他司法机关移送的线索；职务犯罪侦查部门自行摸排、办案深挖出的线索等，以及被举报人的有关情况、举报反映的主要问题、线索的处理、加工和储存等。在实务中，可以以领域、行业等分类对收集到的信息进行汇总、归类、分析和研判。

二是"已办案件数据库"。主要为已办结和正在办理的两类案件的相关内容。可以体现出一个时期贪污贿赂等职务犯罪趋势动态，重点行业领域职务犯罪的特点、规律，特定单位易发犯罪环节、常见作案手段等。同时可以记录对典型职务犯罪案件的侦查思路、切入点选择、破案亮点、相同类型案件侦查模式及注意事项，包括侦查难点会诊情况，即遇到案件僵局或侦查"瓶颈"时是如何解决的。

三是"基础信息数据库"。通过地方政法、行政信息平台，与公安、电信、银行、工商、国土等部门的协作机制，建立包括辖区范围内所有机关、事业单位、市属企业单位等，以及一定级别以上干部、人大代表、政协委员的基本信息。

四是"重点项目信息库"。针对办案中的热点、难点领域，广泛收集国有资产运营、政府投资工程、国有土地使用、行政执法单位重要审批项目等方面的情况信息，从中发现职务犯罪情报。

五是"行贿人资料数据库"。凡涉案行贿人一律纳入记录，并加强对行贿人的长期信息跟踪和行贿行为的全面、综合分析研究。

4. 建立健全信息资源共享机制。要注意与其他司法和执法机关的联系配合，充分利用其他机关的现有信息库，通过数据链接的方式共享其信息，以较少的投入获取较多的信息资源。如可以利用检察机关侦查监督部门普遍建立的行政执法和刑事司法相衔接机制、刑事执行检察部门与监狱的信息共享机制等,为职务犯罪侦查部门更好地收集和利用信息情报拓展更广阔的渠道。

以河南省检察机关为例,河南省检察院坚持"省院主导、整体推进"的步骤,根据最高人民检察院提出的"建立健全查办职务犯罪信息情报工作机制"的要求,已建成包括信息查询、远程指挥、无线办公办案、案件动态管理、线索自动评估、网络舆情和网上举报收集等七个系统和行贿人员、在逃人员、典型案例等六个侦查基础信息数据库,与省人大、纪委、组织、民航、公安、房管、金融、通信等几十家单位建立了信息共享机制,并且全省三级院联网,实现了信息资源共享,信息查询基本做到了网上申请、网上审批、网上反馈。侦查信息资源共享机制的建设和应用,促进了"询问靠嘴、取证靠腿"的传统办案模式的深刻变革,侦查工作基本实现了由主要靠风险决策向科学决策转变,由实地初查、粗放式初查向网上初查、精细化初查转变。①(如图7-3所示)

---

① 蔡宁:《关于建立职务犯罪侦查信息资源共享机制的实践与思考》,《检察技术与信息化》,2013年第2辑。

第七章 惩治和预防职务犯罪信息化管理

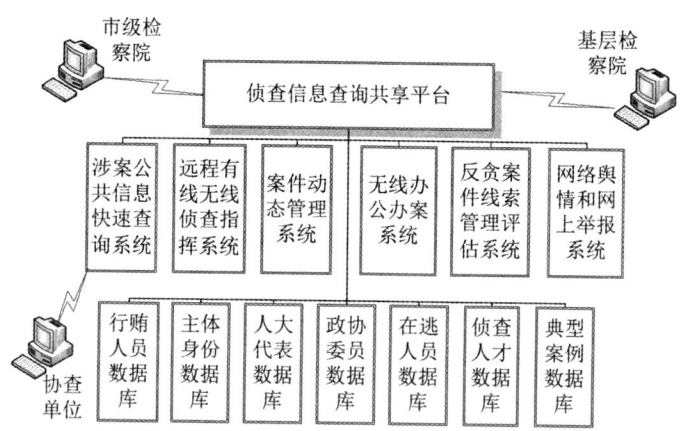

图 7-3 河南检察职务犯罪信息情报共享系统

三、提高职务犯罪电子证据收集能力

伴随着信息技术在现代社会中日趋广泛的应用,人们的生活已经越来越离不开各种各样的电子产品,上班使用电脑,联络使用智能手机,拷贝资料使用 U 盘、移动硬盘,娱乐时有 Ipad、数字电视,等等。因此,电子证据已经日益成为发现犯罪、证明犯罪的重要线索和证据,在查办案件中起着更加关键、直接、客观的作用,与这一证据种类关联的技术门类和专业亦发展迅速。在这样的背景下,修改后的《刑事诉讼法》第 48 条明确将电子数据列为刑事诉讼证据种类,电子证据的法律效力和证明力已经得到认可。

（一）职务犯罪侦查中电子证据的基本理论

1. 电子证据的概念

电子数据已涵盖了社会生活的方方面面，如身份、家庭、住房、医疗、通信、行踪、监控、GPS 导航等社会活动信息；各种有价证券、保险、基金、存款等金融信息；网络浏览、发布的信息、微博、邮件等网络行为信息；QQ 等各种即时通讯软件的聊天行为与记录等个人隐私信息；办公系统使用记录，办公电脑存储的工作文件等工作行为信息等。总之，所有对信息系统的使用、操作，都不可避免地在信息系统中留下对应的痕迹或记录。电子证据可以通过文档、语音、图形、图像、动画、影像、音频、视频、表格、数据库记录、账目、签名、合同等各种形式表现出来，从来没有哪种证据具有这么丰富的表现形式。①

我国关于电子证据概念的规定最早可见于公安部于 2005 年颁布的《公安机关电子数据鉴定规则》第 2 条，"电子证据包括电子数据、存储媒介和电子设备"，以及《公安机关电子数据鉴定规则》中"电子数据是指以数字化形式存储、处理、传输的数据"。最高人民检察院于 2009 年颁布试行的《人民检察院电子证据鉴定程序规则》将电子证据描述为"由电子信息技术应用而出现的各种能够证明案件真实情况的材料及其派生物"。2010 年由最高人民法院、最高人民检察院、公安部等部门联合颁布的《关于办理死刑案件审查判断证据若干问题的规定》中进一步细化了电子证据的范围，包括电子邮件、电子数据交换、

---

① 戴士剑:《检察机关电子数据收集运用及实验室建设设想》,《检察技术与信息化》,2014 年第 2 辑。

电子签名、手机短信、网上聊天记录、网络博客、域名等。①

修改后的《刑事诉讼法》第48条规定:可以用于证明案件事实的材料,都是证据。证据包括:(1)物证;(2)书证(3);证人证言;(4)被害人陈述;(5)犯罪嫌疑人、被告人供述和辩解;(6)鉴定意见;(7)勘验、检查、辨认、侦查实验等笔录;(8)视听资料、电子数据。可以看出修改后的《刑事诉讼法》将视听资料证据类型修改为视听资料、电子数据,这显然更加准确。因为视听资料是指能够通过人的视觉、听觉来感知的录音录像材料,它的涵盖范围要小于电子数据,电子数据还包括其他电子化形式的信息。这里规定的电子数据是指除录音录像之外的计算机存储信息,包括磁盘、光盘、移动硬盘存储的电子邮件、电子数据交换、网上聊天记录、网络博客、手机短信、电子签名、域名等电子信息等。②

刑事司法实践中,关于电子证据的概念有广义和狭义两种理解。广义上的电子证据是指以数字的形式保存在计算机存储器或外部存储介质中,能够证明案件真实情况的数据或信息。狭义上的电子证据是指在犯罪行为实施过程中,由计算机或计算机系统运行时产生的、以其记录的内容来证明案件事实的信息数据。存储电子数据的终端设备并不仅限于计算机,还应该包括各种可以存储数据的电子设备等。

2. 电子证据的特点

与传统证据相比,电子证据的特点主要包括以下几方面。

内在实质上的无形性。作为计算机技术和网络技术系统发

---

① 李鹏宇:《电子证据实务运用之我见》,《法制与社会》,2012年第10期。
② 章建明主编:《新刑事诉讼法理解与适用》,北京:中国检察出版社2012年版,第72页。

展的产物,电子数据是电磁记录数字化的表现。电子数据的输入需要借助于键盘、数码相机、数码摄像机等输入设备,其信息则通过"1"和"0"二进制代码组合的转换和处理,才能被读懂,之后又依附于诸如磁盘、光盘等介质保存。同样,电子数据的输出也要依赖于某些技术手段的支持。从这一意义上说,电子数据的内在实质是通过电子化技术手段形成包括文字、图形符号、数字、字母等客观资料,具有无形性。

外在表现上的多样性。信息表现形式的多样化便决定了电子证据外在表现形式的多样性,除了体现为文本、图形、动画、视频、音频等多媒体形式以外,还可以是交互式的、可加密编译的,或者电子邮件及网络聊天记录,等等。司法实践中,电子数据表现形式的多样性也可能会对证据收集和认证工作产生影响。比如,用办公软件编辑的一份文字材料,可以通过电脑屏幕展现,可以通过纸质材料展现,还可以借助计算机检测报告等方式展现,一份证据可能会重复出现多次,从而影响证据的收集。

客观真实性。电子证据的生成与传递,主要以电子计算机技术、网络技术为依托,它的一系列存储、传输过程都具有完整的技术规则和标准,不具专业知识的普通人往往很难介入。若排除人为差错、篡改和故障等因素的影响,相比书证、物证而言,电子证据更能够客观地体现出事物的本来面貌,也难以被误传误导甚至带有主观色彩。我们知道,每一台计算机都有一个IP地址,如同每人都有一个属于自己独一无二的身份证一样。在网络中的各种活动通过识别其IP地址均可确定对应的计算机,很容易在某一特定时间和空间锁定行为人。从这一意义上说,电子证据具有客观真实性,能很大程度上全面完整地反映案件真实情况。

易破坏性。电子证据往往以磁信号或光信号的形式保存在计算机数据介质上,如磁带、磁盘、光盘,等等。因此,侦查人员取证与保存过程中的失误、计算机与网络空间潜在的安全漏洞、供电系统或计算机运行环境的故障,等等,都可能造成电子证据的损毁或灭失。此外,以电子化方式进行存储处理的数据,还极易遭受到人为的篡改和删除。职务犯罪嫌疑人可能随时随地对其进行破坏,使数据内容改变甚至消失。而电子证据一旦被毁损或删除,再修复或恢复就很难保证其客观性和准确性,这在刑事司法实务中对电子证据的审查和认定带来了很大的难度。

3. 电子证据与其他证据概念的厘清

电子证据与物证、书证。电子证据的表现形式不同于传统的物证、书证。电子证据的外在表现形式是文本、图形、动画、视频、音频等多媒体形式,内在性质是存储于磁盘、光盘等电子介质上的二进制编码,因此电子证据在物理上是无形的,以电子数据的形式存在。物证主要表现为物的载体,书证主要根据其文字所表达出的思想来证明案件事实。传统的物证、书证是有形物,正常情况下可长期保存,并具有直观、不易更改等特征,如作案工具、书信、合同、票据、证照等。存储于计算机和网络中的电子数据可能会遭到病毒的破坏、人为的误操作,而且通过计算机工具对其进行篡改、隐藏、删除非常容易,甚至可以远程进行。传统的物证、书证没有这些问题的困扰。

电子证据的提取、阅读、查证难度高于物证、书证。电子证据的提取除了需要由侦查人员实行外,一般还需要电子技术人员提供技术帮助,否则取证行为的瑕疵会造成电子证据削弱甚至失去原有的证明力。电子证据无法直接阅读,其存取和传输也依赖于信息技术环境的支持,因此提取电子证据的技术要求和复杂程度高于传统物证、书证。虽然物证也可能被人为改变，书证所记载的内容也可以被更改、添加，但是数字化的存储和处理方式使得电子证据的更改、修饰、补充变得更加容易，即便经过加密的数据信息，也有可能被解密，因此对电子证据真实性、客观性的查证难度高于传统物证、书证。

电子证据与视听资料。视听资料又称声像资料或直感资料，是指以录音磁带、录像带、电影胶片或电子计算机相关设备存储的，作为证明案件事实的声音、活动影像和图形。部分学者从电子证据的可视性、可读性出发，对视听资料作出了扩大解释，突破了视听资料关于录音带、录像带等表现形式的局限，把电脑储存的数据和资料均归于视听材料的范畴。笔者认为这种观点是不妥的。

电子证据和视听资料的主要区别在于，一是电子证据不限于声音、图像，还包括电子聊天记录、电子数据交换、电子签章、电子资金划拨等不以直观方式体现的、难以归入视听资料范畴的内容。视听资料一般通过单一的声音、图像等媒体形式来表现，电子证据有时也通过声音、图像来证明案件事实，这种情况下与视听资料非常相像，但其证据方法与视听资料是不同的，如果将电子证据通过特定设备表现出来的"可读""可视"与视听资料中的"可视"等同起来，不利于电子证据在诉讼中充分发挥证据的作用；二是电子证据的存储与处理环境也比视听资料要多样，不仅可以存储于计算机、网络中，还可以存储于其他数字化智能设备如智能手机中；三是视听资料主要通过模拟音频视频信号对声音和图像进行设备显现，而电子证据则是用二进制数据对信息进行记载，也包括数字化的音视频数据。即通常情况下一个使用模拟技术，另一个

第七章 惩治和预防职务犯罪信息化管理

使用数字技术。模拟信号的任何变化,在理论上说都是可以再现的,但数字信号不具有这种特性。随着计算机技术的发展,继续将两种本质不同的证据归纳在一种证据类型下显然不妥。(如表 7-1 所示)

表 7-1　电子证据与其他证据的区别

电子证据与其他证据的区别				
	电子证据	物证	书证	视听资料
外在形式	数字化手段形成文字、图形、数据、多媒体等	实物或痕迹	文字、符号	模拟技术形成的声音、图像及数据
常见载体	磁盘、光盘、计算机、智能手机、网络存储等电子介质	作案工具、现场遗留物、赃物、血迹、脚印等	文件、文书、函件、处理决定等	录音磁带、录像带、电影胶片等
	电子证据	物证	书证	视听资料
证据方法	可以表现为不同的证据类型,包含了不同的证据内容	以外部特征、物质属性、所处位置以及状态证明案件情况	文字、符号、图案等所记载的内容表达的与案件事实有关的人的思维或者行为	记录载体上的物理信号证明案件事实
提取和查证	需要相应电子设备	不需要特殊设备	不需要特殊设备	音像设备
保存难度	数字方式篡改容易,保存难度高	难度一般	难度一般	难度一般

(二) 电子取证在职务犯罪侦查中的应用现状

1. 检察机关电子取证建设现状

电子取证,是指对涉案的电子证据材料进行收集、保管、分析、归档,使之成为证明案件事实的依据。① 目前无论是公安部门,还是检察系统,都在推进"由供到证"向"由证到供"的转变,强调应用电子数据转变执法办案方式、保证案件质量、防止冤假错案,因此在勘验职务犯罪现场时,除了勘验物理世界痕迹外,还要勘验相应的信息世界,才能完整描述和再现犯罪环境。通过对信息世界的探究和重建,可以获取大量的涉案信息与背景信息,包括个人文化知识、兴趣爱好、生活消费习惯等,利用这些信息可以对犯罪嫌疑人进行人物画像,对其性格特征、作案手法、心理活动等进行分析,对犯罪过程进行重建等。

为此,公安系统已建成了警务平台、"违法犯罪资金查询平台",还有大量的网络舆情监控平台等,其他系统和行业也有类似的需求和建设。2011年以来,随着全国检察机关"科技强检"与侦查信息化、装备现代化"两化"建设的推进,各地检察机关陆续购置了侦查技术装备和电子取证与分析装备,并在实务中不断尝试使用,取得了可喜的成效。目前最高人民检察院技术信息研究中心正在与反贪污贿赂总局、渎职侵权检察厅、中国人民大学等单位组织专家小组起草检察机关有关电子证据的查询与调取、勘验与检查、检验与鉴定、审查与运用的综合性《电子数据工作细则》,用于全面规范检察机关的电子

---

① 周先豹:《电子取证在苏州检察机关的运用与实践》,《法制与社会》,2012年第2期。

证据各个阶段的应用问题。[1]

此外,最高人民检察院组织建立的检察机关电子数据云平台已于 2014 年 9 月正式上线运行,第一批就有 30 个检察院加入云平台,进行电子取证工作的有益探索。云平台的核心作用是资源共享,云平台中心通过检察专线网与具有条件的省级中心或其他各级检察院相连接。所有接入云平台的单位,都可以利用接入云平台的其他单位的各种鉴定设备和鉴定资源,避免在电子取证设备上的重复建设和低应用浪费现象,同时可以实现鉴定资源、人员力量的整合和统一调配使用,形成合力。(如图 7-4)

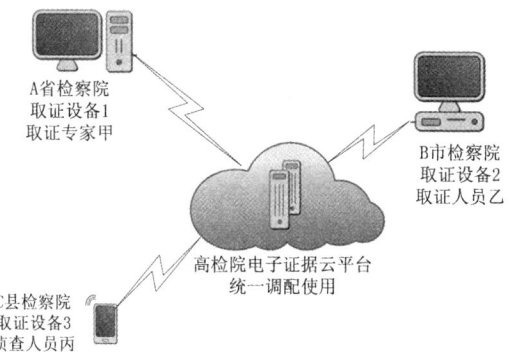

图 7-4　电子数据云平台

2. 目前电子取证工作存在的不足

与传统证据相比,电子证据具有表现形式多样、依赖介质、易破坏、易修改、易删除等特点,在司法实践中,侦查人员必须遵循相关的法律、法规,并拥有相应的知识和技术工具,才能顺利完成电子证据的取证工作。目前在电子取证工作中存在以下问题,影响了电子证

---

[1] 戴士剑:《检察机关电子数据收集运用及实验室建设设想》,《检察技术与信息化》,2014 年第 2 辑。

据的发展。

一是电子取证立法滞后。我国立法、司法解释和司法机关工作规定中对电子证据已有所涉及,除了修改后《刑事诉讼法》将电子数据规定为第 8 种证据形式外,还有《中华人民共和国电子签名法》,《中华人民共和国合同法》第 11 条,最高人民法院《关于民事诉讼证据的若干规定》第 22 条,最高人民检察院《关于印发检察机关贯彻刑事诉讼法若干问题的意见》通知第 3 条,最高人民法院、最高人民检察院、海关总署关于印发《办理走私刑事案件适用法律若干问题的意见》的通知第 2 条,2004 年公安部令第 68 号第 25 条,2006 年《公安机关办理行政案件程序规定》第 23 条等,都将电子邮件、电子数据交换、计算机存储数据等电子数据列为证据材料。① 但是修改后《刑事诉讼法》对电子证据的取证、运用等并未作出详细的规定,其他法律法规也多为零散的单个条款规定,没有形成体系。目前在侦查实践中,侦查人员是按照传统的取证程序规范进行取证,但是这并没有体现出电子证据的专属性和针对性,取证过程经常遇到困难,影响了取证的效率和公正性,因此建立健全我国电子证据取证法律法规已成为司法实践的迫切需要。

二是侦查人员的电子取证技能水平亟待提高。电子证据取证需要侦查人员具备法学、刑事侦查学和计算机科学知识,目前检察机关中同时具备这三方面知识的人才还不多见。基层检察机关侦查人员在办理案件过程中往往忽视技术人员的协助和指导,又缺乏提取电子证据的方法和工具,导致电子证据"污染"或灭失的情况时有发生。有时即便是聘请计算机专家进行勘查,由于他们缺乏现场勘查的知

---

① 丁红军:《电子证据取证的滞后及其规范》,《黑龙江省政法管理干部学院学报》,2010 年第 9 期。

第七章 惩治和预防职务犯罪信息化管理

识,也会造成证据收集不全面,甚至会破坏电子证据以外的证据,影响案件的诉讼。

三是取证技术和取证设备缺乏。与国外相比较,我国电子取证技术尚处于起步阶段,缺乏自主知识产权的取证软件,缺少专门用于电子证据检验的设备,相对落后的技术和设备降低了电子证据的取证效率。国外此类设备和软件已经商品化,通过从国外引进技术,可以提高电子取证能力,但是在实践中仍存在问题。比如,使用国外取证软件时,由于软件运行的环境不同,在处理中文时存在很多缺陷,可能导致收集到的电子证据不全面。又如,不同品牌的数据恢复设备能恢复的电子数据并不完全一样,而国内还没有针对使用国外电子取证技术建立统一的适用范围标准和规定,缺乏客观尺度和量化标准,主观因素对取证结果影响较大。再如,目前没有专门的机构对国外或国内自主开发的取证工具或软件进行认证,难以保证引进的国外取证软件的有效性和可靠性,尤其是在涉及国家安全和国家秘密的案件中,如果使用国外的取证工具,可能影响国家安全和泄露国家秘密。

四是取证流程不规范。目前电子取证相关法律法规尚不完善,有些侦查人员在取证时缺乏风险意识,有时在没有专用设备的情况下采取不恰当的技术处理或操作。比如,使用未经认证的网上下载软件对涉案计算机进行操作,修改相关配置,改变了电子数据的原始状态或使其完整性受到破坏,影响了取证质量。送检单位不能提供与检验鉴定相关的详细信息,鉴定要求过于笼统简单。比如对于常见的数据恢复类的检验鉴定,不能提供要恢复数据文件的种类,对有关数据存储介质的逻辑位置往往关注不足甚至全然不知,造成检验鉴定耗时过长,增加了检验鉴定成本。

3. 目前职务犯罪侦查实务中电子取证的主要方式

从取证手段上来说,职务犯罪侦查取证实务中运用较多的是话单分析、手机取证、计算机取证等手段,但其本质均是利用相应的技术手段,获取常见的通话记录、互联网及行业数据库、手机数据、计算机数据等几类电子数据并最大化其价值。电子取证并不是简单的数据恢复和提取,更重要的是运用侦查思维,通过搜索、过滤、综合分析等方法获取案件相关信息,提升办案实战能力。

一是通话记录数据的运用。随着手机的普及,手机通话记录是办案中最容易获得的电子数据。对于通话记录数据的运用,主要是借助话单分析软件等工具,掌握犯罪嫌疑人的主要联系对象、主要住所与活动区域、主要活动规律与特点、人员行踪等,用以判断犯罪嫌疑人的社会关系、挖掘特定关系人、协助追捕与抓逃等。

二是手机提取数据的运用。作为人们必不可少的通讯工具与随身物品,手机中往往包含了大量与其密切相关的信息,如联系人、通话记录、短信、微信、照片等。通过手机取证系统,可以将手机中已保存的和已删除的电子数据提取出来。对于职务犯罪侦查来说,可以充分运用以下三类手机数据。

(1) 手机通话记录数据,与从移动运营商调取的通话记录进行对比匹配,可以确定手机陌生号码的使用人,再配合从公安机关调取人口数据、行业数据等,排查出重点来往人员,作为案件突破口。

(2) 聊天记录数据,如短信、微信等记录,对于指明侦查方向、发现职务犯罪线索、辅助审讯突破具有重要价值。如在一起案件中,犯罪嫌疑人手机中一条已被删除的短信显示,其外地某房产的电费已通过银行代缴,从而发现其外地有房产这一信息,并以此为突破口侦破了一起百万元以上的特大受贿案件。

(3) 账号信息,即手机中使用过的各类账号信息如电子邮件、

QQ号、微信号、记账软件、导航软件等,一方面可以扩展侦查范围,在这些账号中寻找新的案件线索;另一方面可以获取账号背后的隐藏信息,如记账软件中的记账数据库信息等。

三是互联网及行业数据库的运用。互联网、行业数据库中包含了海量电子数据,但哪些电子数据对办案工作有用,需要按照一定规律对海量电子数据进行分析、筛选和提取。实务中常围绕以下几个方面对相关电子数据进行取证运用。

(1)确定身份。主要是行业数据库中的关联信息,如通过水电煤气登记信息发现与身份有关的电话号码、姓名、身份证号码、车牌号码等信息,再通过公安基础信息平台、互联网、公共基础事业数据库等平台查询,最终确定人员身份。

(2)确定资产。职务犯罪多数与财产相关,确定犯罪嫌疑人的资产情况是职务犯罪侦查的重要内容。通过查询房产、工商、车辆、银行、证券、保险等数据库可确定其相关资产或经办企业的信息。

(3)确定关系。在查办案件过程中,涉案人员及其亲属往往也是查询目标。比如在房产数据库中通过房屋共有人可以找到夫妻、子女等人员信息,计生部门数据库中可以查询到非同户口下的子女信息。通过数据库,可以把涉案对象的亲友圈初步锁定。

(4)确定居所。犯罪嫌疑人的居所既关系到其家庭资产情况,又关系到查找和抓捕其归案的问题。通常情况下,可以通过房产登记信息、公安机关人口信息、水电煤气网登记信息、银行个人贷款信息等,进而确定居所信息。

(5)发现隐私。主要围绕互联网查询、举报线索梳理、行政违法信息平台查询、调取住宿登记等方式,发现其违法信息、行政处罚信息、情人及特定关系人信息等有利于突破案件的相关隐私信息。

(三) 结合办案实际,建立科学、规范的电子取证工作方法

科学技术是一把双刃剑,使用不当也会造成负面效果。电子取证具有秘密性的特点,如果侦查人员在取证过程中程序不对、措施不当,很容易侵犯公民的合法权益,所以有必要建立科学、规范的电子取证工作方法,避免侦查权滥用而导致侵犯人权。目前国内职务犯罪侦查中电子取证还存在诸多不规范的地方。

一是电子取证相关法律制度尚不完善。修改后的《刑事诉讼法》将电子数据纳入到法定证据种类中,从立法上讲进了一大步。但是还缺乏统一、规范的电子证据取证规则和工作流程,有关司法解释中对电子证据的规定多为零散式的单个条款性规定,并没有形成体系,对电子证据的取证、举证、质证等方面的法律法规还很不健全。二是侦查过程中电子取证的工具和手段对于取证具有重要意义,不规范或非法的操作都会使证据受到污染,从而影响其证明力,而目前电子证据取证的工具和手段也没有相关法律法规予以明确规定。三是缺乏相应的电子取证机制。电子证据本身十分脆弱,容易被篡改、销毁而不留痕迹,如果固定保全措施不到位会导致证据的证明力被削弱,很难证明其真实性。

电子取证的规范化,主要从几个方面入手。

一是确立电子证据取证的基本原则。主要是合法性原则、关联性原则、及时主动原则和客观全面原则。合法性原则是指取证的主体、形式与收集程序等必须符合法律规定。关联性原则是指证据必须与需要证明的案件事实具有联系,对案件事实具有实质性的证明意义。诉讼活动中,证据的合法性和关联性是判断证据可采性的两项基本原则,电子证据作为证据的一种形式当然要遵守。鉴于电子证据的易被篡改性,侦查人员得到相关线索后须及时赶赴相关地点,

主动采取保护措施。电子证据的存在离不开特定的电子环境,要依赖计算机等各种电子设备进行感知和提取,在取证时要全面收集存在于计算机软件、硬件、外部设备等电子环境中的数据,既要收集文本,也要收集图形、图像、动画、音频、视频等媒体信息,必要时应封存相应的软硬件设备以保全证据的运行环境,使之在需要的时候能够以屏显、打印、播放等方式显示出来。

二是确保电子取证主体的规范。电子取证工作需要具备一定的技术知识,取证人员的选取也需要具备相应的准入取证身份。有必要设立相应的资格审查准入机制,对电子取证人员进行定期审核,敦促其紧跟高科技的发展步伐,不断提高自身的专业素质和理论素质,及时更新知识结构,掌握最新的理论知识,熟练掌握和运用技术、工具和设备。[1] 同时要完善电子取证人才培养和储备机制,多层次、宽渠道培养人才,建立完善电子取证学科体系,建立电子取证专家库,在取证过程中给予侦查人员技术协助。

三是建立电子取证工具技术规范。电子取证工具、方法的技术标准的科学性关系到取证的公正性,如果没有科学、有效的标准,侦查人员就难以进行判别,会影响案件的取证。要明确取证工具的种类、工具特性以及工具标准等,并设立检测取证工具的专门实验室或机构,对电子取证工具进行检验和认定。有关部门也应当对电子取证技术标准体系进行规定。比如说侦查中电子取证所涉及的网络犯罪调查标准、电子数据的检索标准、电子数据的恢复标准、电子材料的收集标准、电子材料的鉴定标准、电子证据恶意代码行为分析标准、电子证据保密与签名标准以及电子证据综合调查标准等。[2]

---

[1] 任庆华:《电子证据取证规范化初探》,《中国人民公安大学学报》,2010年第4期。
[2] 许爱东、廖根为:《网络犯罪侦查实验基础》,北京:北京大学出版社2011年版。

四是严格执行电子取证工作制度。要制定电子取证的相关规章制度,确保取证过程合法、规范。如在提取电子证据存储介质时应对取证过程全程录像,对电子证据存储介质所在位置、初始状态、提取和制作副本过程等进行拍摄。如需要对电子证据进行制作副本操作时,应有第三方见证人在场,并采取 MD5 值验证等技术验证手段来保证副本与原件的一致性。对电子证据分析处理应在其副本上进行,以防止损坏、污染原始数据,提取时应制作电子证据提取笔录等。①

四、以信息技术强化办案监督管理

信息技术应用于司法实践,一个重要的切入点在于检察业务管理。这既是因为管理工作领域更易接受现代信息技术,也是因为检察业务工作有较为稳定的模式和习惯,较难因技术进步而迅速改变。目前检察机关以信息化促进司法规范化建设,主要是在推广统一业务应用系统以及检务公开两个方面。

(一)深化统一业务应用系统应用,提高案件监督管理水平

对检察机关来说,信息技术为提高执法监督管理水平、完善检察权运行机制提供了有力手段。深入推进信息技术在检察机关的应用可以充分发挥信息技术的保障支撑作用,强化对司法办案的全程、统

---

① 王国栋:《郭某等贪污案电子证据技术协助情况综述》,《检察技术与信息化》,2014年第 3 辑。

第七章 惩治和预防职务犯罪信息化管理

一、实时、动态监督,有效防止、及时纠正司法不规范问题。[1] 深化统一业务应用系统的应用,对检察机关加强内部监督、推进司法规范化建设具有重要的意义。

1. 检察机关司法规范化的现实需要

规范是公正的基础和前提,是提高司法公信力的重要保证。党的十八大明确提出要全面推进依法治国,切实做到严格规范公正文明执法,推进权力运行公开化、规范化。但是,司法标准不统一、司法程序不规范、制度规定不落实以及选择性司法、任意性司法等问题仍然存在,人民群众反映强烈。

2015年1月29日出台的《最高人民检察院关于贯彻落实〈中共中央关于全面推进依法治国若干重大问题的决定〉的意见》中特别强调,"要注重案件管理机制与信息化建设的深度融合,完善统一业务应用系统,将全部办案活动和各类案件纳入全程、统一、实时、动态管理和监督,强化对检察权运行的即时性、过程性、系统性监管"。这充分说明了以统一业务应用系统软件为代表的检察机关案件管理信息化建设是提高司法规范化水平的必由之路,为案件管理部门实现"全程、统一、实时、动态"的管理和监督目标提供了切实可行的手段。2013年11月,全国检察机关开始部署融办案、管理、统计功能于一体的统一业务应用系统,用数字技术把修改后的《刑诉法》《民诉法》和《人民检察院刑事诉讼规则》、执法工作基本规范等固化下来,对每个办案环节设置明确的流程指引和预警功能,对办案流程进行统一的规范化设计,对重要环节实行节点控制,能够有效保证严格执法,避免办案的随意性,特别是在防止违反诉讼程序办案、案件超期等方面

---

[1] 曹建明:《以信息化建设推动执法规范化建设》,2013年6月25日在山东检察机关调研时的讲话。

具有明显优势。系统应用后,执法规范的"软约束"变成了网络运行的"硬要求",只有完成"规定动作"才能正常办结案件,检察人员的程序意识、过程控制意识不断增强,执法办案规范化水平和案件质量明显提升。①

2. 完善检察权运行机制改革的必然要求

完善检察权运行机制,强化对执法办案活动的监督管理,是中央关于深化司法体制改革的一项重要内容。近年来检察机关按照中央要求在全国范围内推进了案件集中管理机制,保障了检察权的依法正确行使,但仍然存在内部监督制约不严格、管理监督不到位的问题。

统一业务应用系统上线后,一方面,可以建立起"纵横结合"的立体化、动态化管理网络,实现本院案件管理部门对本院业务的监督管理,上级院案件管理部门、业务部门对下级院对口部门的即时管理;另一方面,可以大力推进精细化监督管理,深入推进受理和办理分离,管理、监督和办理分离,实现从受理到结案的全过程的统一归口,强化全程、动态的集约化监督管理,确保案件监督管理工作与执法办案工作的无缝对接,把监督制约触角同步深入到每一起案件、每一个办案环节中,切实促进执法办案活动严格依法依规进行,促进公正廉洁执法。

3. 强化执法办案监督是促进自身公正廉洁的有力保障

强化对办案活动的监督,是统一业务应用系统的重要功能之一。系统运用统一的流程和文书来规范办案执法活动,承办人只能在系统中根据配置的流程和文书进行"规定动作",并且系统严格设定控

---

① 曹建明:《在全国检察机关统一业务应用系统部署工作会议上的讲话》,2013年10月31日。

制节点,对于出现的不规范行为及时发出警示,杜绝超出规定之外的"随意动作",只有按照规范流程办理,才能使案件继续流转并最终办理出优质的"法律产品",才能有效地防止人为、任意性执法活动的产生,避免工作的疏忽和遗漏,从根本上解决流程不统一、文书不统一、管理不统一等长期无法解决的问题。系统专门搭建收送案平台,所有案件信息从受理开始网上录入,归口管理,从源头阻止违法办案活动进入检察机关,确保监督源头化。系统开发了动态分案轮案算法,该轮案算法根据"原则性与灵活性相结合"的原则,采取自动轮案为主,手工轮案为辅的方法,有效避免关系分案、人情分案。该分案算法还完成了对专业分组支持、案件来源分组支持、案件性质分组支持,并保证了以均衡办案量为原则的动态序列分配案件。

统一业务应用系统上线后,对办案活动的事后监督转变为事前、事中监督,确保监督动态化。以个体案件为对象的跟踪监督程序,通过对案件运行的跟踪,管理者可以随时了解案件在检察环节的所有具体信息。以总体案件为对象的内部监督程序,实现了对内部办案总体案件运行情况的日常监控。以区域内案件为整体的一体化监控覆盖全区域的案件,经检察长授权,管理人员可以在系统内对个案、类案、总体办案情况进行监督。通过内部监控模块,管理者可以掌握各个部门、各个承办人的办案数、审结数,掌握办案进度。同时,系统设置了各类案件的质量指标,管理者能通过监测整体案件质量,及时发现问题,并进一步对发现的问题进行个案监控。

(二)构建新媒体时代的电子检务公开新模式,以公开促规范

1. 电子检务公开的基本内涵

党的十八届三中全会通过的《中共中央关于全面深化改革若干重大问题的决定》,把司法公开作为中央全面深化改革、健全司法权

力运行机制改革的重要内容。检务公开是司法公开的重要组成部分,是指检察机关依法向社会和诉讼参与人公开与检察职权相关的不涉及国家秘密和个人隐私等有关活动和事项,是司法体制改革和检察权科学配置中的重要内容。[①] 河南省人民检察院检察长蔡宁总结道:检务公开,保障当事人权利,促进的是司法公正,提升的是司法公信力。[②] 职务犯罪惩防工作关系到社会公众的集体人权保障与罪犯基本人权保护之间的协调关系,关系到尊重案件当事人、参与人员的具体合法权益与实施国家刑事制裁权之间的关系,关系到刑事程序法律关系与刑事实体法律关系之间的相互独立与相互依托,必须要置于"检务公开"的约束与规范之中。而"检务公开"也必然要贯穿和渗透到检察工作全程的各个类别和环节之中,延伸到各个职能部门之中,为依法迅速侦破案件和打击犯罪服务。[③]

而信息技术由于其开放互动、使用便捷、传播范围广等特点,在信息公开的应用上具有先天性的优势。当今建设电子政务,通过网络等信息化形式进行信息公开已经成为世界各国政府、司法机关的共识和义务。现代社会信息高度丰富,网络信息平台已深入普通民众生活,没有网络形式的信息公开,一定程度上与不公开已没有什么区别。检察机关应认识到当前新媒体迅速崛起的格局变化,充分发挥网络新媒体的优势,不断优化信息公开服务,满足人民群众对检察信息的需求。

[①] 赵春凤:《关于深化检务公开工作的理性思考——以北京检察工作实践为视角》,《中国检察官》,2014年第4期。

[②] 王汉超、张毅力:《新实践:把检务置于阳光下》,《人民日报》,2014年6月4日第019版。

[③] 石东坡:《侦查阶段中深化"检务公开"问题研究》,《甘肃政法学院学报》,2002年第8期。

第七章 惩治和预防职务犯罪信息化管理

近年来,最高人民检察院和地方各级检察机关已经捕捉到了这一变化。最高人民检察院于2006年出台的《关于进一步深化人民检察院"检务公开"的意见》中指出:"要重视和充分利用现代化信息手段,推广电子检务公开,拓宽公开渠道。有条件的地方可以建立'检务公开'大厅、信息台、咨询台,设置电子显示大屏幕、自动触摸屏,在互联网上开通宣传页、网址等,便于社会各界和公众查询。通过建立门户网站,推动电子检务建设,促进全国检察机关上下互动,横向联合,使'检务公开'更加及时准确,透明度高,强化服务,便民利民,增强对检察工作的外部监督。"2014年3月10日,最高人民检察院检察长曹建明在最高人民检察院工作报告中指出:"深化检察环节司法公开,完善办案信息查询系统,建立检察机关终结性法律文书向社会公开制度,增强司法公开的主动性、及时性。"[①]2014年5月,曹建明在江苏专题调研深化检务公开工作时强调,要创新检务公开方式,把便民利民贯穿始终,既要坚持检察开放日、举报宣传周等传统公开方式,又要大力加强检察门户网站、微博、微信、新闻客户端、手机报等新媒体建设,进一步改进新闻发布和宣传,加强检务公开场所建设,客观、及时、全面地向社会公开检察工作信息。此外,《最高人民检察院关于加强新形势下检察新闻宣传工作的意见》等文件也对信息化条件下的电子检务公开做了相应的部署。

地方各级检察机关也积极适应开放、透明、信息化的社会发展趋势,增强主动公开、主动接受监督的意识,通过强化信息技术的应用,不断拓展公开的深度和广度,"倒逼"规范司法。目前电子检务公开建设主要集中在检察机关门户网站上,随着微博、微信等新媒体时代的到来,必将给电子检务公开注入新的活力。

---

① 曹建明:《最高人民检察院工作报告》,《检察日报》,2014年3月11日。

2. 电子检务公开的积极意义

一是拓展了检务公开范围。2014年9月,最高人民检察院颁布人民检察院信息公开工作规定,开通了人民检察院案件信息公开网,正式运行了全国检察机关统一的案件信息公开系统,并建成了四大平台[①]:(1)案件程序性信息查询平台。将办理案件的案由、期限、进度、强制措施等信息,提供给案件当事人及其法定代理人、近亲属、辩护人等在网上查询。(2)法律文书公开平台。对法院已作出生效判决案件的起诉书、刑事抗诉书、不起诉决定书、刑事申诉复查决定书等在网上公开。(3)重要案件信息发布平台。将有较大社会影响的职务犯罪案件、刑事案件的办理情况,包括犯罪嫌疑人身份、涉嫌罪名、案件所处诉讼阶段等信息,以及已经办结的典型案例,及时向社会公开。(4)辩护与代理预约申请平台。辩护人、诉讼代理人申请阅卷,会见,收集、调取证据材料,以及提供证据材料、要求听取意见、申请变更强制措施等,可以通过该平台提出申请,相关检察院在法定时限内处理回复。

案件程序性信息查询等电子检务公开平台增强了司法透明度,减弱了司法神秘性,有利于加强对司法权的外部制约,增强司法公正性。开放化的、面向社会的、透明化的信息公开,毫无疑问将有助于强化当事人的监督,反过来对检察机关自身的司法行为起到强有力的规范作用。

二是创新了检务公开方式。除了传统的举报宣传周、检察长接待日、检察开放日、新闻发布会等活动以外,检察机关全面推进检察

[①] 曹建明:2014年10月29日在第十二届全国人民代表大会常务委员会第十一次会议作的《关于人民检察院规范司法行为工作情况的报告》,《检察日报》,2014年10月31日。

院互联网门户网站建设,积极运用门户网站、微博、微信、手机报等新兴传播工具,不断创新检务公开的方式。以最高人民检察院为例,建立了网上发布厅,全面开通官方微博、微信和新闻客户端,订阅数已从2014年4月初的120多万上升到9月底的1267万。对于在案件事实、适用法律方面存在较大争议或在当地有较大影响的拟不起诉、不服检察机关处理决定的申诉案件,公开审查和答复。最高人民检察院案件管理办公室已制定人民检察院案件信息公开工作规定,实现通过互联网等方式,向相关人员提供案件程序性信息查询服务,向社会公开重要案件信息和法律文书等。由最高检统一研发的案件信息公开系统已于2014年研发成功并上线运行。

作为高检院确定的全国5个检务公开试点省份之一,河南省检察机关在运用信息技术推进电子检务公开方面颇有亮点。河南省检察院和郑州、南阳、许昌3个市检察院及所属32个基层检察院被选定作为深化检务公开试点单位。通过统筹推进案件管理大厅、控申接待大厅等实体平台建设,建成了集信访接待、案件管理、便民服务为一体的"一站式"检务公开大厅。同时充分利用新媒体平台如检察机关互联网门户网站、手机客户端、微博、微信等,及时、全面地向社会公开检察工作信息。截止2015年3月,全省183个检察院全部建立了官方门户网站,开通了检察官方微博154个、检察官方微信109个、手机报97家,受众人数10万余人。案件信息公开工作进一步深入推进,截止2015年4月,已通过检察机关门户网站和案件信息公开系统发布案件程序性信息8万余件、重要案件信息5000余件、法律文书1.3万余件,督促检察官必须对法律文书负责,对当事人负责,对案件负责。郑州市中原区检察院在全省率先建立"网上一站式检务大厅",共开设8个检务公开区域,具有"检务公开""案件查询""起诉文书查询""行贿档案查询"等内容,提供点名预约接访、QQ接访、视频接访、律师预约等服务。郑州市管城区检察院还实现了利用手机短信告知案件流转情况,使律师、诉讼代理人或者当事人亲属等有关人员能够及时了解案件流转情况。当信息充分公开后,一些指望通过案件信息不对称谋求利益的"包打听"们也就失业了。① 河南检察机关检务公开的内容从常识性内容和工作动态向具体执法办案活动深化,公开阵地从网下发展到网上,公开载体从传统单一向以信息化为主、多载体并用转变,公开已成为检察工作的新常态。

又如,北京市检察机关通过建立案件信息查询、行贿犯罪档案查询、畅通的举报渠道、检察门户网站、检察微博等多种新媒体下的检务公开方式,方便人民群众了解检察工作,保障人民群众知情权。特别是北京市检察门户网站,设立了检务公开专栏,主动公布检察机关工作报告、机构设置、职能、受案范围、立案标准、预算报告,设立了网上举报、网上申诉及查询模块、设立律师接待、人大代表、政协委员、人民监督员、特约监督员、特约检察员交流互动平台和媒体服务平台,有力推动了信息化条件下检务公开工作的开展,产生了积极意义。②

三是提高了检务公开的效率、及时性和透明度。目前中国正处于社会转型期,各类案件频发,检察机关面临繁重的工作压力,一线检察机关的现实情况是人少案多,检察官在完成繁重工作之余,还要应对检务公开要求,很难保证检务公开效果。如果检察机关以信息化建设为契机,建设电子检务公开平台,就可以充分利用计算机和网络储存、管理、查询、传播信息的优势,提高检务公开效率。比如在检

---

① 王汉超、张毅力:《新实践:把检务置于阳光下》,《人民日报》,2014年6月4日第019版。
② 赵春凤:《关于深化检务公开工作的理性思考——以北京检察工作实践为视角》,《中国检察官》,2014年第4期。

察机关内部通过统一业务应用系统等检察业务系统,将受理案件、案件信息生成相关法律文书电子化,实现电子归档,并在此基础上利用电子检务公开平台形成包含检察业务信息、法律法规、典型案例在内的内容丰富的数字资源库,随时可以根据需要有选择性地进行公开。同时实现检察机关内部之间,检察机关与公安机关、人民法院之间的信息联通共享,从而显著地提高检务公开的便捷性和效率。

电子检务公开平台能够提高检务公开及时性,方便当事人参与诉讼。近年来,法院系统在司法公开信息化建设方面进展迅速,全国法院系统已打造了审判流程公开、裁判文书公开和执行信息公开三大网络信息平台,最高人民法院设立中国裁判文书网,集中公布已生效的各类裁判文书,作为司法公开的主要阵地。与法院公开审理案件相比,检察机关侦、捕、诉等环节办理案件情况公开性本身就不足,以往相关诉讼参与人在审查起诉阶段难以及时获知案件办理的有效信息,特别是犯罪嫌疑人被采取拘留、逮捕等强制措施后,当事人及利害相关人想及时了解案件进展情况的难度更大。检察机关向犯罪嫌疑人、被害人及其法定代理人及近亲属、附带民事诉讼当事人及其法定代理人告知相关权利和义务,往往采取的也是邮寄等传统送达方式,时间周期相对较长,还可能存在地址错误无法送达、因路途较远造成无法及时送达等情况,影响诉讼进程。如检察机关能够主动通过网络、微博、微信等信息化平台公开检务信息,相关诉讼参与人就可以直接通过电子检务公开平台向办理案件的检察机关查询案由、案件受理时间、办案进程、强制措施种类、终结性法律文书等有关程序性信息,方便当事人进行诉讼。①

电子检务公开平台能够提高检务信息向社会公开的透明度。检

---

① 高一飞、吕阳:《论中国电子检务公开平台建设》,《电子政务》,2015年第2期。

察机关通过电子检务公开平台主动进行信息公开,"晒出"自身工作过程和结果,主动接受社会的外部监督,有利于防止权力滥用,侵犯公民权利。而计算机与网络信息平台以其信息储存量大、数据处理速度快、传播范围广等优点,能够把检察工作内容迅速、大范围完全暴晒于阳光之下,以社会民众看得见的方式实现公平正义。

五、以信息技术推动职务犯罪预防手段创新,提升职务犯罪预防能力

相对于职务犯罪侦查信息化建设的快速进步,预防信息化建设和应用相对进展不快,程度不深。目前预防工作仍存在社会接触面窄、工作效率不高、针对性不强、与社会发展脱节等问题,对职务犯罪隐患的发现不够及时、不够全面、不够准确,在职务犯罪隐患的消除上不够及时高效。检察机关使用较多的职务犯罪预防措施仍是开展职务犯罪预防的宣传、教育活动,或者在一定范围发放职务犯罪预防的各种资料,走访个别单位,宣传法制,解释法律。这种通过法制宣传的方式进行职务犯罪预防,从根本上讲是一种"教育预防"。[1] 再加上检察机关人员配备不足,任务繁重,传统上依赖面对面宣讲、走访、座谈的方式存在着内容形式单一、周期长、见效慢、群众参与度不高、信息无法实时交互的缺陷,很难适应当下转型时期复杂的社会经济发展形势。如何在信息化社会背景下科学运用技术手段来提高预防能力和更新预防理念,加强检察机关、预防单位、社会群众之间的沟通和联系,为检察机关和有关预防单位进一步采取预防措施提供数据支持,是摆在当前职务犯罪预防工作面前的重要课题。

---

[1] 周光权:《社会转型时期职务犯罪预防的新课题》,《政治与法律》,2007年第5期。

第七章 惩治和预防职务犯罪信息化管理

概括来讲,信息技术对职务犯罪预防工作的推进作用具体表现在几个方面:一是加强检察机关、预防单位和社会工作者三者之间的沟通与交流,及时、全面掌控社会舆情;二是及时、有效收集社会舆情等信息并对信息进行数据化、自动化处理,提高预防工作效率;三是根据收集的信息进行科学分析,及时预警和采取防控措施,增强预防工作针对性、有效性;四是通过预防宣传教育、行贿犯罪档案查询、预防咨询等附属功能软件,更好地向社会提供预防服务。[①]

(一) 建立职务犯罪预防信息共享机制

职务犯罪预防工作是一项复杂、系统的社会工程,要达到良好的预期效果,需要综合采取政治、经济、教育、行政、法律等手段,以及单位内部、外部相结合的措施。这些社会力量之间如何密切、顺畅地协作配合,是一个需要研究的课题。随着国家信息化战略的实施,电子政务、电子检务等领域快速兴起和发展,信息技术的广泛运用为职务犯罪预防工作的发展和创新提供了技术可能性。运用现代科学技术尤其是信息技术,为预防职务犯罪工作服务,是职务犯罪预防工作未来的发展方向。

目前检察机关在职务犯罪预防信息共享方面的做法主要是建立行贿犯罪记录档案查询系统。通过对行贿犯罪案件有关信息的掌握,同有关部门的信用体系建设相配合,掌握有关行贿单位与个人的基本情况、行贿情况、查处情况及相关的预防制约措施等信息,实现信息在管理者与被管理者之间、服务者与被服务者之间、监督者与被监督者之间的共享与互动,缩减主观因素对信息传递的影响,降低因

[①] 席兴群、刘洪亮:《职务犯罪预防工作信息化的实践与思考》,《法制视点》,2014年第10期。

信息垄断、信息隐瞒、曲解等行为引发的腐败和低效率。

最高人民检察院曾在《关于进一步加强预防职务犯罪工作的决定》中指出要加强预防职务犯罪信息系统建设,建立预防工作信息库。研制开发职务犯罪案件统计分析、发案规律及发展变化趋势预测等方面的信息系统,广泛收集和利用同预防、揭露职务犯罪有关的信息资料,对典型案例和特定事项实行分类建档管理。信息技术作为预防职务犯罪工作的重要措施被提上议事日程。随着预防职务犯罪信息系统建设的推进,检察机关相继建立行贿犯罪记录档案、预防信息基础数据库和预防职务犯罪案件分析和预警等信息系统。与此同时职务犯罪预防体系如党委、纪委监察、审计、公安和法院等主体也积极响应国家信息化发展的战略,建立电子政务内网办公系统和外网服务平台,建设了预防职务犯罪数据库和信息系统。但由于缺乏统一的领导和规划,各主体在信息系统建设中各自为战,存在多头采集、重复存放、分散管理、各自为政的现象,导致"信息垄断"和"信息孤岛",不利于预防职务犯罪工作的组织协调和调查研究。因此如何有效地整合职务犯罪预防体系的信息资源,实现预防职务犯罪工作的组织协调、信息共享和政策制定,是信息技术条件下预防职务犯罪体系建设面临的新问题。

(二)运用大数据技术提高职务犯罪预防分析研判能力

大数据概念概括地讲,是指那些体量特别大、类别多的数据集,业界将其归纳为4个"V"——Volume(数据体量大)、Variety(数据类型多)、Velocity(处理速度快)、Value(价值密度低)。大数据是数据分析的前沿技术,简言之,就是从纷繁复杂的数据中快速获得有价值信息,并总结现状,预测未来,作出决策。随着云计算、物联网、移动互联网和社交网络的快速发展,社会各信息系统中数据产生的来源明显扩展、范围急剧扩大、频次急剧提高、类别急剧增多,为大数据技术在经济、社会生活中广泛应用提供了基础性条件。大数据技术目前在诸如淘宝、微信等商业领域应用已经较为普遍,推动大数据研究的动力也主要来自企业的经济效益。对于国家电子政务建设来说,大数据的采集、共享、公开和应用一方面将使政府对经济和社会运行的动态和规律能够有更透彻的洞察,同时大数据也使得公众对政府的监督更加全面深入,由此将会把政府施政和公众参政引领到一个新的时代。[①] 大数据技术之于检察工作,尤其是职务犯罪预防领域也大有可为。

1. 职务犯罪预防工作运用大数据技术的必要性

检察机关传统职务犯罪预防工作思维存在以下不足:一是滞后性。职务犯罪预防工作往往是在职务犯罪侦查部门侦破相关职务犯罪后再予以跟进调研,并力求举一反三,将预防范围拓展扩大,这种"亡羊补牢"式的预防工作实际是以已发生的职务犯罪案件为素材,研究并提出预防对策,而很少关注预防对象案发前的职权内容、财产变化与职务犯罪的关系;二是被动性。传统职务犯罪预防主要采取培训教育、现身说法等形式,但是在客观上使预防对象"不能为"的配套措施十分有限。一些预防举措还要寄希望于预防对象单位的配合才能有效开展,致使职务犯罪预防工作陷入被动;三是分散性。一方面检察系统内部预防工作较为分散,跨省市同级不同地区的预防数据未能统一和共享;另一方面,同一地区内与党委、政府的相关预防职能部门交叉重合,导致职务犯罪预防体系链条过长,虽然家家有任务,层层有职责,但实际上却无法形成合力,甚至相互掣肘。[②]

[①] 何军:《大数据对我国电子政务的影响及对策研究》,《发展研究》,2014年第2期。
[②] 邓树刚:《运用大数据技术推动职务犯罪预防工作》,《人民检察》,2014年第16期。

在国外，以美国、英国为代表的发达国家信息化程度比较高，较早地将大数据、数据挖掘这些新技术应用到打击、预防犯罪中，如英国警察部门运用大数据技术，对多发的盗窃、抢劫等犯罪进行综合打分，从大量犯罪分子中甄别出犯罪数量多、危害性强的人，以提前进行识别和防范。而美国则在"9·11"事件后，就把大数据技术应用于恐怖分子的识别、恐怖袭击的预防当中。据相关报道，美国政府通过巨型计算机系统把从博客和电子邮件中收集到的信息与政府档案和情报资料综合在一起，从而总结出恐怖分子活动的规律。

在国内，将大数据技术应用于打击犯罪、预防犯罪的理论研究和实践相对发达国家比较缺乏。进入21世纪以后，公安机关提出了要将数据挖掘技术应用到公安工作中，"从海量的历史数据中，挖掘出宝藏、发现新的知识"，"数量化分析问题，抽象问题，预测问题，解决问题，从而做出科学的决策"。在公安部制定的"金盾工程"规划中，也有相关的建设内容。一些检察机关也进行了大数据应用的实践，如南京白下区检察院与高科技企业合作研发的"检察机关职务犯罪信息分析管理系统"，将检察机关开展的职务犯罪侦查案件和预防基本信息归纳为数十个模块和两百多个可选统计因子。通过运用该系统的统计因子分析功能，自动生成信息表格和图表，归纳了在一段时间内、一个地区、同一行业或系统中的发案情况。当统计因子的数值或某类事项程度值达到设定的预警值时，预防部门以此为依据向相关行业系统通报发案情况和反腐形势，同时有助于预防人员分析案发原因，找出案发规律，及时有针对性地对一个行业或系统开展预防。但该系统只是使用了统计方法对数据进行处理，仍没有对已有的数据进行进一步的挖掘。①

2. 大数据应用给职务犯罪预防带来的变革

首先,大数据推动由事后跟进的被动预防向事前预测的主动预防变革。通过大数据的广泛收集和深入分析,可以确定与职务犯罪相关联数据或因素,只要该数据或因素出现,就意味着职务犯罪已经发生或者即将发生,即实现了"捕捉现在"与"预测未来"的结合。例如,通过对预防对象的银行存款、证券基金、车辆信息、房产信息等金融、资产数据的收集和分析,可以判断该预防对象的财产情况是否出现异常;通过分析预防对象的购票记录、住宿记录、消费记录、出入境记录等数据,可以总结该对象的活动规律,判断其活动轨迹、开支走向等情况。对于明显超出于该预防对象合理范围的数据,就可以予以重点关注,必要时启动预防措施。

其次,大数据推动职务犯罪预防由主观教育向客观制约变革。大数据的形成、记录和采集相当于为每一个国家工作人员编织了严密的个人情况监督网,使其每一个与职务犯罪相关联的行为都在监督之下,其自身和家庭的每一个异常因素都会被迅速关注,其每一桩权钱交易都会被及时发现。长此以往,"不敢贪""不能贪""不想贪"的职务犯罪预防体系必然会逐步形成。

再次,大数据应用推动职务犯罪预防由分散预防向整体合力变革。信息化时代背景下,时空上的距离不再成为信息交流的障碍。对检察系统内部而言,全国检察机关统一业务应用系统软件的推行为统一整合办案、预防数据并作出整体的分析、研判建立了基础。在外部层面上,检察机关正在积极筹建与行政、司法机关的信息共享平

---

① 李伟森:《数据挖掘在检察系统预防职务犯罪中的应用研究》,《重庆大学学报》,2013年第10期。

台,可以将海关、边检、工商、税务等相关执法机关和司法机关的执法数据融为一体,进行综合分析。在预防数据采集十分方便的前提下,整体预防的合力必将大大加强。①

3. 如何运用大数据技术开展职务犯罪预防工作

一是做好职务犯罪有关数据的收集和整理。广泛的数据收集是大数据应用的前提和基础,收集内容应涵盖个人生活和工作的方方面面。按照收集方式的不同,可以把相关数据分为两类:一类是被动记录下来的社会基础信息,如户籍信息、银行信息、消费信息、金融信息、房产信息、车辆信息、通信信息、工商登记、住宿信息、社保医保、出入境记录、航班等交通信息、其他违法违纪信息等。另一类是个人主动登记的,如公务人员档案(如岗位职责及工作内容的变动情况)、现金的持有和使用情况、直系亲属的财产和工作情况、需要特别说明的经济往来、收入、馈赠以及其他需要主动记录的信息。

为保证所收集信息的客观和完整,一些国家采取的严格限制预防对象的现金往来的做法值得借鉴。现金支付与其他电子支付方式相比,可以隐匿资金流转的痕迹,从而掩盖犯罪行为。通过对大额现金往来进行限制,从制度上减少甚至杜绝大额现金支付交易,可以有效应对预防对象及其家属、特定关系人员利用现金交易逃避资金监管的企图。一些国家将大额现金流通置于相关部门监控之下,使通过大额现金行贿受贿的非法交易无处可匿。例如,意大利设定了现金交易上限的管理方式,对于超过规定上限额度的交易,必须要通过非现金支付的方式,这样就可以在金融监管部门中留下记录,将资金的流转变成可监控的数据。

二是搭建大数据分析平台,培养大数据分析团队。大数据因其

---

① 邓树刚:《运用大数据技术推动职务犯罪预防工作》,《人民检察》,2014 年第 16 期。

规模庞大、类型复杂、处理和计算能力要求高,对大数据的处理和应用依赖强大的云计算能力。要在海量数据中筛查出职务犯罪嫌疑人或者潜在嫌疑人,这需要建立科学的数学模型,数学模型的建立是进行大体量数据计算的核心,需要专业的理论数学、计算数学、统计学等学科知识,将传统职务犯罪查办中形成的信息应用方法和法律所要求的因果关系存入数学模型。因此,建立有效的数学模型依赖于资深职务犯罪办案人员、职务犯罪预防干部和案件管理人员的经验,以及计算机数据分析人员的技术。

三是制定个性化的预防对策。有了个性化数据作为支撑,不论是商业服务还是政府管理,抑或职务犯罪预防均可以实现个性化的精准服务。如医疗机构可以实时监测用户身体状况,教育机构可以更有针对性地制定用户喜欢的培训计划,社交网络可以为志同道合的人群组织各种聚会活动,政府可以在用户心理健康数据出现异常时有效予以干预,而职务犯罪预防部门可以根据预防对象一段时期来的数据,立足其所在行业领域、所在地区的职务犯罪案发情况,结合大数据平台的分析结论,提出个性化预防对策。①

(三) 以新型多媒体技术增强职务犯罪预防警示教育效果

在研究三维可视化技术、大数据技术、互联网和多媒体技术的基础上,结合检察机关预防职务犯罪工作的业务特征,面对党政机关、人民军队、国有企业、社会团队、人民群众等不同对象,建设预防职务犯罪网络警示教育基地信息系统,为全社会服务,有利于充分发挥检察机关标本兼治、综合治理、惩防并举、注重预防的工作理念,整合社会各界资源,长效开展预防职务犯罪工作。

---

① 邓树刚:《运用大数据技术推动职务犯罪预防工作》,《人民检察》,2014年第16期。

例如,江苏省连云港市海州区检察院积极探索尝试预防职务犯罪网络警示教育基地的相关课题研究并在本区实现了试点应用。警示教育基地信息系统以预防职务犯罪为主题,以三维可视化技术、互联网技术、多媒体技术为表现手段,在科普法律法规、宣传廉政文化、深入群众路线、典型案例教育等方面有着生动形象、互动性、参与性强的优势,并达到了以下效果:一是创新了预防职务犯罪的工作模式,实现了由传统宣讲、走访、座谈向自主学习、自主教育、全民参与转变,树立了网络化开展预防职务犯罪工作的样板。二是将传统实体警示教育基地需要占用独立空间、受地域限制、财政投入较大,转变成了可实时交互、内容可复用、财政资金利用率高,避免重复建设。三是为广大党员干部、人民群众创造了更好的体验,展现了以习近平同志为新领导核心下,党和国家严厉打击腐败,弘扬社会正气的坚定决心,达到了宣传和教育的目的。①

---

① 陈如庆:《预防职务犯罪网络警示教育基地研究与应用》,《法制与社会》,2014年第10期。

第八章 职务犯罪侦查权的监督约束

党的十八大明确提出,要建立健全权力运行制约和监督体系。权力监督约束是实现依法治国的关键环节,也是法治国家的基本要求和主要特征。职务犯罪侦查权是法律赋予检察机关的一项重要职权,依法查办职务犯罪,既是检察机关运用法律手段参与反腐败斗争,维护社会和谐稳定的重要职责,也是检察机关参与社会管理创新,促进依法治国的重要手段。加强职务犯罪侦查权的监督约束,对维护检察机关法律监督地位,促进公正司法,提高司法公信力以及推进社会主义法治建设具有重要意义。

什么是监督呢?"监督"即察看并督促。什么是约束呢?"约束"即限制、管束。在国家制度层面上,所谓监督,主要是指人们为了达到政治、经济、军事、司法方面的某种目的或目标,仰仗一定的权力,通过对社会公共治理中若干事务的内部分工约束或外部民主性参与控制等途径,针对公共权力的资源、主体权责、运作效能等相对独立开展的检查、审核、评议、督促活动和制度安排。① 监督要求把权力关到制度的笼子里,让人民监督权力,让权力在阳光下运行。本章试就侦查权监督约束的有关问题进行研究。

一、权力监督约束管理理论的历史考察

(一) 西方权力约束思想的起源与发展

权力约束是西方政治思想史中的核心问题,从古希腊的先哲到现当代的理论家都在孜孜求索。西方权力约束理论源远流长,最早可追溯到古希腊、古罗马时期,从那时逐步演化出权力分化思想,为权力约束理论的形成奠定了基础。亚里士多德提出了著名的政体三要素论。他在《政治学》一书中明确指出:"一切政体都有三个部分或要素……三者之中第一个部分或要素是与公共事务有关的议事机构,第二个要素与各种行政官职有关,它决定应该由什么人来主宰什么人或事,和应该通过什么样的方式来选举各类官员,第三个要素决定司法机构的组成。"② 该理论首次对国家权力进行了明确划分,在西方政治思想领域产生了深远影响。

古希腊著名历史学家、哲学家波利比阿直接继承了亚里士多德的思想,并通过考察研究古希腊城邦和古罗马共和国的

---

① 尤光付:《中外监督制度比较》,北京:商务印书馆2003年版,第1页。
② [古希腊]亚里士多德:《政治学》,颜一、秦典华译,北京:中国人民大学出版社2003年版,第145页。

历史和现实,发展和完善了亚里士多德的理论。他强调基于职能进行分权的意义,并认为分权是对权力进行约束的有效方法,分权的目的是使权力之间能够相互约束与平衡,将分权与制衡两者有机结合起来。波利比阿的思想被认为"开创了西方分权学说的先河,为以后提出分权制衡的理论奠定了基石"①。

英国思想家、哲学家洛克最早提出权力分立理论,他将国家权力分为三种:立法权、执行权和外交权。他认为,立法权是最高权力,其他任何权力均从属于立法权,立法权约束其他权力,但同时又要受到人民的约束。执行权和外交权既相互区别又不能分割,这两种权力由国王或君主一人掌握。因此,洛克理论的实质是"两权分立"。洛克的权力约束理论十分重视人民的监督力量,人民通过委托的立法机关来行使主权,被委托的立法机关应当以保障人民的权力和利益为前提而存在和运行,当国家权力背离人民意志时,就是与人民为敌,人民有权收回交给立法机关的权力并重新委托。这充分体现了洛克权力约束学说中的民主主义精神。

法国启蒙思想家、社会学家孟德斯鸠在《论法的精神》中将政体分为共和、君主和专制三种。孟德斯鸠通过对这三种政体进行研究考察,提出了完整的权力分立理论。这一理论与其权力腐败论紧密相连。孟德斯鸠认为,一切有权的人都容易滥用权力,"要防止权力滥用,就必须以权力约束权

---

① 应克复等:《西方民主史》,北京:中国社会科学出版社1997年版,第104页。

力"①。孟德斯鸠的开创性贡献是将司法权独立出来作为与立法权和行政权同等的职权,并从职能和机构两方面确立了立法、行政和司法权的三位一体,这使得他的权力分立理论超越了洛克的"两权分立",达到了真正意义上的"三权分立"。同时,孟德斯鸠还认为,三权不但要分立,而且还要相互约束。他认为在这三种权力中,立法权和行政权应当占据相对主导地位,行政机关对立法机关应有所限制,议会的两院应受制于行政机关。立法机关对行政机关的约束,则主要通过监督和弹劾来实现。司法权应当独立,不应给予永久性机构。

(二)美国的分权制衡理论

在美国政体实践中形成和发展的约束平衡理论,吸收了古希腊、古罗马的权力分化思想和洛克、孟德斯鸠的权力分立原则,并实现了两者的结合,比较有代表性的是杰弗逊的分权制衡理论和汉密尔顿的分权制衡理论。杰出的政治家杰弗逊则坚决反对中央权力过分集中,他主张政府必须在人民的控制之下行使权力。他说:"政府的全部立法权、行政权和司法权都归结到立法机关,把这些权力集中在同一些人手里正是专制统治的真谛,这些权力由多数人行使而不是由单独一个人行使并不能使情况有所好转,173个暴君肯定和一个暴君一样富于压迫性。"②杰弗逊同时还主张实行中央和地方的纵向分权,他指出:"区共和政体、县共和政体、州共和政体以及联

---

① [法]孟德斯鸠:《论法的精神》(上册),张雁深译,北京:商务印书馆2009年版,第165页。
② [美]杰弗逊:《杰弗逊选集》,朱增汶译,北京:商务印书馆1999年版,第229页。

第八章 职务犯罪侦查权的监督约束

邦共和政体形成一个多层次的权力机关。每个共和政体都以法律为基础,掌握委托给它的一份权力,真正构成一个对政府进行平衡和制约的体系。"①杰弗逊提出的建立三权分立、中央与地方分权、实行普选制和代议制的方案都得以实施。该理论的出现,也标志着分权论的终结。② 汉密尔顿是美国建国之初杰出的政治家,他认为,"野心必须用野心来对抗"③。通过赋予各部门抵制其他部门侵犯的必要手段来防止权力过于集中于某一部门,从而建立一个中央相对集权的政府。

(三)马克思主义权力监督约束思想

马克思、恩格斯从国家和社会关系入手,在批判地吸收历史上权力监督约束理论合理成分的基础上,形成了自己的权力监督约束思想。他们认为,国家权力对社会权利的侵蚀,必然要求对国家权力进行约束;要保证法律体现的是人民的意志,则必然要求监督约束国家权力。

马克思、恩格斯系统地论证了对国家权力监督约束的必要性。他们认为,这种必要性是人类社会发展的必然。"国家、政治制度是从属的东西,而市民社会、经济关系的领域是决定性的因素。"④因此,国家必须接受社会的监督约束,社会对国家权力监督的实质就是人民对国家的监督。

---

① [美]杰弗逊:《杰弗逊选集》,朱增汶译,北京:商务印书馆1999年版,第628页。
② 朱光磊:《以权力约束权力——西方分权论和分权制评述》,成都:四川人民出版社1987年版,第122页。
③ [美]汉密尔顿、杰伊、麦迪逊:《联邦党人文集》,程逢如等译,北京:商务印书馆1980年版,第264页。
④ 《马克思恩格斯选集》(第4卷),北京:人民出版社1995年版,第247页。

马克思、恩格斯对权力监督约束的论述并非停留在表面，而是深入论证了权力的本源在于社会。他们认为，只有通过法治和良法约束国家权力，才能使社会权利不被侵蚀。

列宁对权力的监督与约束也有深入思考，其监督约束思想包括两个方面：一是实行党政分开，加强党内监督。他认为，党政应当合理分工，有效结合，其内在含义就是对权力进行合理配置并使之达到一种平衡状态。二是完善法律法规，加强法制建设，抵制官僚主义。列宁认为，官僚主义是"内部最可恶的敌人"①。他强调，要建立"多种多样的自下而上的监督形式和方法，以便消除苏维埃政权的一切可能发生的弊病，反复地不倦地铲除官僚主义的莠草"②。与马克思、恩格斯相比，列宁不仅从法制和实践上对权力监督约束进行了创新，同时还强调了监督制度建设的必要性。

（四）中国共产党的权力监督约束思想

毛泽东、邓小平等共产党人在继承马克思、列宁权力监督约束思想的同时，结合我国的具体国情，不断发展完善，初步形成了较为完整的社会主义权力监督约束思想体系。

毛泽东同志在领导中国革命和建设的实践中，始终重视权力监督体系建设。主要体现在以下几个方面：一是提出了"人民监督政府"的思想。他认为，"只有让人民来监督政府，政府才不敢懈怠；只有人人起来负责，才不会人亡政息"。二是加强各民主党派对共产党的监督。毛泽东提出，"究竟是一个党

---

① 《列宁全集》（第43卷），北京：人民出版社1987年版，第14页。
② 《列宁全集》（第34卷），北京：人民出版社1985年版，第186页。

第八章 职务犯罪侦查权的监督约束

好,还是几个党好?现在看来,恐怕是几个党好,不但过去如此,而且将来也可以如此,这就是长期共存,互相监督"[①]。三是提出权力监督的根本任务是反对官僚主义,严惩腐败分子。毛泽东认为,官僚主义和贪腐现象不仅会严重损害党和人民的血肉联系,而且还会危及党和国家的前途命运。四是通过"整风运动"强化对党与政府以及公职人员的监督。延安时期,毛泽东通过"整风运动"解决了党的作风问题、党的路线问题,为夺取革命的最后胜利奠定了基础,对清除党内腐败分子,防止党内出现特权阶层发挥了重要作用。

邓小平同志深刻总结毛泽东在权力约束方面的经验教训,清醒地认识到权力过分集中的严重后果,他认为"没有广泛的民主是不行的,没有健全的法制也是不行的"[②]。他认为,只有完善的制度才能有效地对权力进行监督约束,最终从实行党政分开、健全法律制度、发扬民主和党内党外监督相结合等方面构建了我国的权力监督约束体系。邓小平把推进政治体制改革作为建立权力监督机制的前提和基础,把党内监督作为权力监督机制的核心,把法治建设作为权力监督机制建设的途径与措施,从党的执政规律和我国社会主义建设规律的层面阐述加强权力监督的重要性,为今天的反腐败斗争和权力监督机制的建立与完善指明了方向。

此后,中国共产党的历届领导集体都高度重视权力监督约束制度体系建设的理论与实践。党的十六大报告指出:"坚决反对和防止腐败,是全党的一项重大的政治任务。不坚决惩

[①] 《毛泽东选集》(第5卷),北京:人民出版社1977年版,第278页。
[②] 《邓小平文选》(第2卷),北京:人民出版社1994年版,第189页。

治腐败,党同人民群众的血肉联系就会受到严重损害,党的执政地位就会有丧失的危险,党就有可能走向自我毁灭。"①党的十七大报告指出:"落实党内监督条例,加强民主监督、发挥好舆论监督作用,增强监督合力和实效。"②通过制度整合各种约束力量,形成合力,共同约束和监督权力的运行。党的十八大着重强调了权力监督约束问题,要求健全权力监督体系,让权力成为维护全体社会成员公共利益的有效工具,坚持中国特色的反腐倡廉道路,全面推进惩治和预防腐败体系建设,做到干部清正、政府清廉、政治清明。加强权力监督约束是一个系统工程,需要全社会的共同努力才能完成。在这个系统工程中,加强制度建设,特别是加强党的制度建设尤为重要。党的十八大以来,习近平总书记多次强调要健全权力运行监督和制约体系。他认为,制度问题更带有根本性、全局性、稳定性、长期性。保证权力正确行使,关键是要健全权力运行制约和监督体系,让人民监督权力,让权力在阳光下运行。③必须把权力关进制度的笼子里,坚持用制度管权、管事、管人,形成不敢腐的惩戒机制、不能腐的防范机制、不易腐的保障机制。④

通过对西方权力约束思想的起源和发展、美国的权力制衡理论、马克思主义权力监督约束思想以及中国共产党的权力监督约束思想的分析,我们可以看出,自古以来,不同的国家、

---

① 《江泽民文选》(第3卷),北京:人民出版社2006年版,第573页。
② 胡锦涛:《高举中国特色社会主义伟大旗帜为夺取全面建设小康社会新胜利而奋斗——在中国共产党第十七次全国代表大会上的报告》,北京:人民出版社2007年版,第33、35页。
③ 中共中央宣传部:《习近平总书记系列重要讲话读本》,北京:学习出版社、人民出版社,第85页。
④ 《习近平在十八届中央纪委二次全会上的讲话》,《人民日报》,2013年1月23日。

第八章 职务犯罪侦查权的监督约束

不同的政党,都十分重视对权力的监督约束,重视权力的边界划分。加强权力的制约监督,确保权力的正确行使,对于加强检察权特别是侦查权的监督约束具有重要的借鉴和指导意义。(如图 8-1 所示)

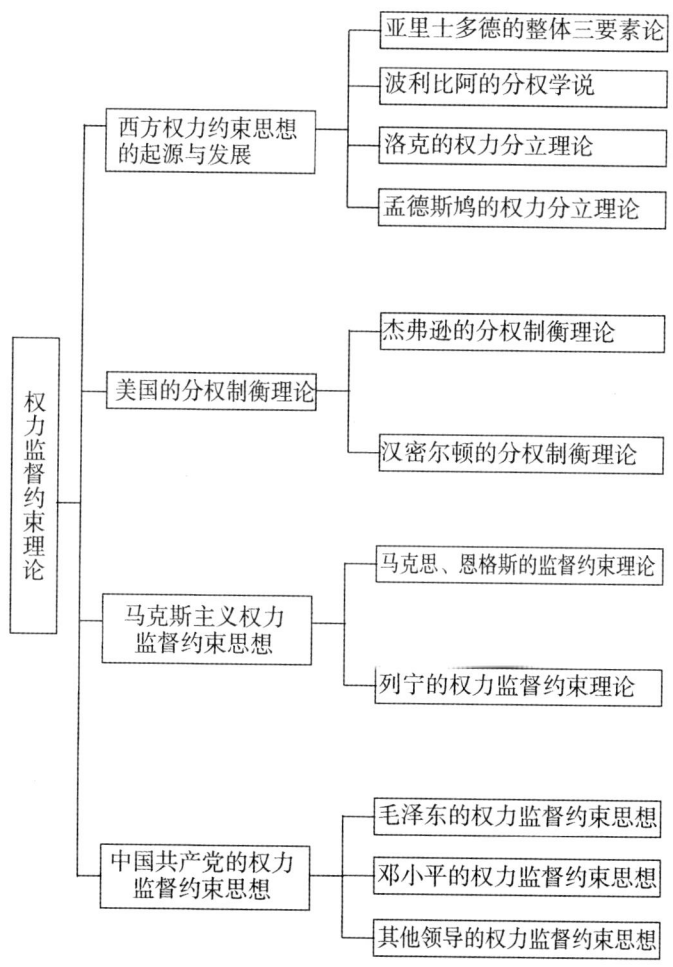

图 8-1　权力监督约束理论示意图

二、两大法系职务犯罪侦查权监督约束机制的比较分析

由于职务犯罪侦查权的双重性,即保护国家利益、公民合法权益和惩处职务犯罪分子,权力运用不慎,必将会对当事人合法权益造成损害。因此,世界各国一方面赋予了有关机关相应的职务犯罪侦查权,同时又根据本国国情建立了自己的职务犯罪侦查权监督约束制度,以保证侦查权的正确行使。

(一)英美法系国家

多数英美法系国家奉行"当事人主义"的诉讼模式,对人权的保障尤为重视。这些国家通过立法和司法对职务犯罪侦查权予以约束,检察官只是从追诉的角度对职务犯罪侦查活动进行指导,法官则主要通过非法证据的排除和签署司法令状来掌握控制权。

1. 英国

在英国,由于检察权被定位于行使公诉权,即使后来其他英美法系国家对检察权能进行较大扩展,例如享有刑事侦查权,但是英国的检察权能却没什么拓展。[1] 在英国,刑事案件的侦查权主要由警察行使。1987年,英国议会批准设立了严重刑事案件侦查局,负责侦查与起诉国内所有涉案金额100万以上、案情复杂、涉及面广以及侦查困难的诈骗案件。由此

---

[1] 何家弘:《中外司法体制研究》,北京:中国检察出版社2004年版,第78页。

可见,英国的职务犯罪侦查权其实是由警察与严重刑事案件侦查局共同行使的。

在职务犯罪侦查权的监督约束方面,英国主要采取了以下措施:一是侦查人员对犯罪嫌疑人实施逮捕、搜查、扣押等强制措施,需事先向治安法官申请签发令状。二是明确区别非法取得的言词证据和实物证据,排除一切非法取得的言词证据,法官自由裁量权限于是否排除非法取得的实物证据。三是一般情况下,警察机关应当在犯罪嫌疑人被捕后24小时内向其提供一名律师。四是设置由总检察长领导、独立于各地检察院的"皇家检察监督机构",全面审查检察官已办理的案件,监督其整体工作情况。

除以上外部监督之外,行使侦查权的机关也有严格的内部约束体系,警察机关内部的侦查人员由警察局局长、内政部以及地方警察管理局实行三重监督。

2. 美国

在美国,一般的职务犯罪侦查权从属于检察机关。美国的检察机构主要由联邦检察机构和地方检察机构组成。根据美国法律的职权划分,联邦检察机构负责侦查白领犯罪、警察犯罪、政府官员犯罪以及政府腐败案件等不适合由警察侦查的案件。由此可见,联邦调查局是查处官员腐败案件的主力军,但在对重大案件调查时,联邦调查局的工作人员往往会和地方检察机构的检察官采取联合行动。①

美国设有专门的监督机构即特别表彰委员会以约束侦查

---

① [美]爱伦·豪切斯泰勒·斯黛丽、南希·费兰克:《刑事法院诉讼程序》,陈卫东等译,北京:中国人民大学出版社2002年版,第218、282页。

权,专门负责调查处理被指控的检察官,起诉复核委员会负责对起诉案件的讨论和检查,并做出合理的决定。

对检察官侦查行为的监督主要包括三个方面:一是检察人员在实施窃听、搜查、扣押、逮捕之前,必须向治安法官提供充分的证据证明其行为的合法性,在获得治安法官签发的令状后方可实施相关行为。二是律师在接受委托或被指定后,有权随时会见被羁押的犯罪嫌疑人并与其进行通信联络。在会见时,侦查人员不得在场,也不得监听,不得要求犯罪嫌疑人及其辩护律师向检察机关透露会见和通信的具体内容。另外,侦查人员在审讯犯罪嫌疑人时,律师必须全程在场,除非犯罪嫌疑人主动放弃委托。三是赋予犯罪嫌疑人沉默权,具体规定在"米兰达规则"①中。

在检察机关内部,对职务犯罪侦查也有严格的约束:一是上级检察官的监督。美国实行"检察一体化"模式,上下级检察官之间的关系是指挥与被指挥、命令与被命令的关系,对于上级检察官的命令,下级检察官应当服从。上级检察官对下级检察官进行监督最有效,也最方便。二是内部机构分设。如有的检察官办事处设立职业犯罪侦查分部,主管案件侦查工作;审查分部,主管起诉相关工作;审判分部,负责开庭审判相关工作。三是有些地方的检察机构还在程序上进行限制。

---

① 米兰达规则是指美国刑事诉讼中的米兰达权利,也就是犯罪嫌疑人保持沉默的权利,是个具有特殊意义的法律制度。"你有权保持沉默。如果你不保持沉默,那么你所说的一切都能够用来在法庭作为控告你的证据。你有权在受审时请律师在一旁咨询。如果你付不起律师费的话,法庭会为你免费提供律师。你是否完全了解你的上述权利?"这句话就是著名的"米兰达规则",也称"米兰达警告""米兰达告诫",即犯罪嫌疑人、被告人在被讯问时,有保持沉默和拒绝回答的权利。

检察官办案实行程序上的流水作业,不同的检察官分别负责一个诉讼程序,以此相互约束。

(二) 大陆法系国家

大陆法系国家奉行"职权主义"的追诉形式。检察机关可以对任何案件进行侦查,部分法官也可自行侦查。法官领导检察官,检察官领导司法警察。法院通过颁布司法令状的方式进行事前审查以实现对职务犯罪侦查权的监督和约束。

1. 法国

在法国,职务犯罪的侦查主要由司法警察负责,检察官可参与侦查并对司法警察的侦查活动进行指挥。警察行使职务犯罪的侦查权,法国总检察长负责监督侦查活动。

法国对职务犯罪侦查权的监督约束主要体现在:一是犯罪嫌疑人与律师的监督。首次讯问时,对于没有委托律师的犯罪嫌疑人,预审法官应告知其有权要求法院为其指定或自己选定一名辩护律师。犯罪嫌疑人在被拘留20小时后,有秘密会见其律师的权利。在侦查阶段,辩护律师有权参与侦查活动,法官在预审中进行侦查监督。二是专门机构的监督。法国设立有专门的监督机构如纪律委员会,其职责主要是督促检察官依法办案,纠正检察官在行使检察权过程中所发生的违法行为。由于法国法官也有某些职务犯罪侦查权,因此也就规定了对预审法官侦查行为的控制规范,即"由上诉法院审查起诉庭通过接受控辩各方的申请、上诉以及对重罪案件侦查活动的审查,对预审法官的违法侦查行为宣布无效或直接加以纠正"①。三是法院的监督。对于一些严重的职务犯罪案件,需要采取重大侦查行为时,警察须经检察官批准后方可进行初步侦查,在此基础上,由预审法官开展正式侦查。预审法官可随时介入侦查,并领导检察官开展侦查活动,检察官案件侦查的约束归属于预审法官。②

此外,在职务犯罪侦查权方面,上级对下级也有着严格的监督。上级检察官或检察长监督下级检察官所做的决定。上级检察官或者检察长如果认为下级检察官的决定不当,可向下级检察官下达追诉命令,下级检察官应当执行。

2. 德国

纵观德国检察机关,其在整个刑事侦查活动中居于支配地位,检察机关对所有的刑事案件拥有侦查权,而不像法国实行有限的刑事侦查权。③ 因此,职务犯罪的侦查权亦归属于检察机关。

德国对职务犯罪侦查权监督约束主要体现在:一是法官的司法审查。首先,侦查过程中,法院要对审前羁押行为做出裁决,同时要对所有涉及公民自由、财产、隐私的强制措施进行司法审查。其次,法官对非法取得的证据进行价值衡量,只有当被告人权利的保护利益大于事实发现的利益时,才可以对证据加以排除。再次,法官还有权对检察机关在侦查中所获取的证据进行事后司法审查,并根据情况做出是否排除的决定。二是犯罪嫌疑人的监督。犯罪嫌疑人享有沉默权,不能

---

① 陈瑞华:《刑事诉讼前沿问题》,北京:中国人民大学出版社2005年版,第306页。
② 《法国刑事诉讼法典》,余叔通、谢朝华译,北京:中国政法大学出版社1997年版,第57页。
③ 金明焕:《比较检察制度概论》,北京:中国检察出版社1991年版,第18页。

第八章 职务犯罪侦查权的监督约束

强迫犯罪嫌疑人自证其罪,不能采取不人道的方法进行讯问等。三是律师的监督。辩护律师有权参与法官主持的诉讼活动。此外,上级检察官对下级检察官的侦查行为有权进行监督。

3. 日本

日本的检察机关和警察机关都行使侦查权,但相对而言,检察机关享有较大的侦查权,主要包括指挥侦查权、监督侦查权、补充侦查权以及自行侦查权。白领犯罪案件和职务犯罪案件以检察机关自行侦查为主,日本的最高检察厅,大阪、东京等地方的高等检察厅均设有专门负责这两类犯罪的特别搜查部。① 由此可见,日本的检察官身份具有复杂性和矛盾性,他们在刑事诉讼中既是侦查主体,同时又是控制侦查的主体。② 日本的职务犯罪侦查权设置与我国有很大的相似性。与其他国家一样,日本也十分注重对职务犯罪侦查权的监督约束。

首先是日本检察审查会的监督。检察审查会由辖区内享有众议员选举权的公民以抽签的方式确定。检察审查会对检察官自行侦查的案件实施监督,同时根据自身掌握的材料以及检举人、控告人、申诉人的申请对检察官做出的不起诉决定进行审查。另外,检察机关内部也分设不同的职能部门,如刑事部、公审部、特别侦查部等,以便对职务犯罪侦查权进行监督约束。

其次是法院的司法审查。通常情况下进行侦查无须经法

---

① 裘索:《日本国检察制度》,北京:商务印书馆2003年版,第65页。
② 彭勃:《日本刑事诉讼法通论》,北京:中国政法大学出版社2002年版,第48页。

官审查同意,但要采取强制措施,则须经法院司法审查,并通过法官签发司法令来实现。急需逮捕犯罪嫌疑人的,在逮捕后应立即向法官请求签发逮捕令,如果没有获得批准逮捕令,则必须立即释放犯罪嫌疑人。

再次是犯罪嫌疑人和辩护人的监督。犯罪嫌疑人被赋予沉默权。日本设立的自白证据规则,要求法官不能仅仅根据被告人的有罪供述定罪,还应有其他补充证据。为保障犯罪嫌疑人的合法权益,防止侦查权的滥用,法律赋予了辩护人广泛的权利,如侦查阶段的会见权,请求变更、解除强制措施的权利,控告权,对证据保全权,查阅案件材料权,等等。

综上所述,国外职务犯罪侦查权的监督约束机制强调以事前监督为常态,以事后监督为例外,特别重视司法审查与司法救济,监督约束范围较广。另外,还特别强化了犯罪嫌疑人的诉讼权利,赋予其较强的防御手段,以抑制国家公权力的滥用。"没有一个国家法律体系的制度、规则、概念、法律实践、法律意识等因素不吸收其他法律体系的合理因素,完全是自己创造的。"[①] 由于我国的刑事诉讼程序更接近于大陆法系国家,因此,在结合我国基本国情的情况下,只有通过学习和借鉴国外有益成果,才能制定出合理、有效的针对职务犯罪侦查权的监督约束机制。

---

① 朱孝清:《职务犯罪侦查学》,北京:中国检察出版社 2004 年版,第 30 页。

三、我国检察机关职务犯罪侦查权监督约束机制的发展完善

从20世纪90年代开始,检察机关不断强化对职务犯罪侦查权的内部约束,并在不断完善外部监督机制方面取得了一定的成效。总的看,职务犯罪侦查权监督约束机制主要包含两个方面。

(一)内部监督约束机制

1. 内部各职能部门的监督约束

一是侦、捕、诉分工负责,相互监督约束。侦查、审查逮捕和审查起诉是检察机关办理职务犯罪案件的三个重要程序,检察机关内部各职能部门之间的监督和约束就是要在保证检察机关各部门业务协调和工作效率的同时加强监督约束,使案件从线索接收、立案到侦查、审查、起诉等检察权运行的各个环节都处于监督和约束的状态之下,杜绝权力"异化"的潜在漏洞。职务犯罪侦查权的行使由检察机关侦查部门直接负责,在侦查过程中,认为涉案犯罪嫌疑人需要逮捕的,侦查部门要将案件材料移送侦查监督部门。侦查监督部门通过对案件材料的审查以及对犯罪嫌疑人的讯问等方式,发现并纠正侦查部门违法侦查的情形。公诉部门则是对侦查部门侦查终结的案件材料进行事实和证据的审查,以决定是否提起公诉。当发现侦查过程中存在违法行为时,及时提出纠正意见。三部门之间分工明确,同时又互相配合和约束。

二是控告申诉部门（举报中心）的监督约束。该部门的监督约束主要体现在两个方面：一是线索受理和初查分离。对自侦案件的举报和控告统一由举报中心受理，然后按照管辖范围移送侦查部门行使初查权。侦查部门不管决定初查、立案与否都应及时回复举报中心，并移送案件处理情况和初查案卷，逾期不回复的，举报中心要进行催办，从而对初查、不立案进行监督，防止私自消化案件。二是受理对不立案、撤案、不起诉决定的申诉。控告申诉部门收到申诉后可以调阅审查有关案件材料，发现有错误的，应当写出相关意见，报检察长或检委会决定。

三是刑事执行检察部门的监督约束。检察机关侦查部门应当将办案过程中采取相关强制措施的情况以书面形式及时通知刑事执行检察部门。刑事执行检察部门审查发现侦查部门违反法定羁押期限规定的，有权提出意见，要求侦查部门予以纠正。修改后的《刑事诉讼法》实施以来，刑事执行检察部门还承担对侦查部门采取指定居所监视居住强制措施进行监督的职责，具体负责对侦查部门在执行指定居所监视居住强制措施过程中，没有依法通知被监视居住人的家属，执行场所不合法，侵犯被监视居住人合法权益，为被监视居住人通风报信等违法情形进行监督。

四是案件管理部门的监督约束。为进一步保证检察权的正确行使，规范办案工作，确保办案质量，提高执法水平和效率，最高人民检察院明确规定，案件管理部门是执法办案内部监督工作的责任主体之一。最高人民检察院要求各地根据实际情况建立专门的案件管理监督机制，设立案件监督管理专门机构。案件管理部门对职务犯罪侦查常见的监督方式主要有法律文书及案件信息备案、法律文书制作和管理、涉案款物管理、办案期限催告、办案质量考评检查、办案业务指导等。常见的处理手段是针对案件监督管理、案件专项检查、办案质量考评等过程中发现的问题,定期或者不定期地向相关业务部门进行通报。在案件管理工作中,发现检察人员有违法违纪行为的,移交纪检、监察部门处理。

五是纪检监察部门、计划财务装备部门和检察技术部门的监督约束。检察机关纪检监察部门依照有关规定对侦查部门和侦查人员的违法违纪行为进行纪律监督与查处。计划财务装备部门设立专门账户统一管理侦查部门办案中扣押的款项。检察技术部门负责对职务犯罪侦查部门每一次讯问犯罪嫌疑人的全过程实施不间断的录音、录像,以规范侦查部门的讯问行为,保证其讯问活动的合法性。

2. 上级检察机关的监督约束

一是管辖制度。上级检察院可以直接初查或组织、指挥、参与下级检察院的初查,可以将下级检察院管辖的案件线索指定辖区内其他检察院进行初查,也可以将本院管辖的案件线索交由下级检察院初查。

二是备案审查制度。根据有关规定,检察机关在办理职务犯罪案件过程中,对于大要案应当及时将相关案件材料报送上一级人民检察院备案审查,不得有案不备,备而不查。

三是撤案、不起诉上报批准制度。省级以下人民检察院在办理职务犯罪案件过程中,如果认为对该案应作撤案、不起诉决定的,要报上一级人民检察院批准。

四是纠正制度。若发现下级人民检察院的决定确有错误的,上级人民检察院有权指令下级人民检察院纠正,或者依法予以撤销、变更。对于侦查部门侵犯当事人合法权益的行为,当事人获得自由后虽然也能通过申诉、控告的方式,以补救自己受到的侵害,但这种救济已是事后。这种保护虽然是必要的,但显然不如在侦查侵犯发生时发现并纠正来得及时。①

五是职务犯罪案件审查逮捕上提一级制度。最高人民检察院于2010年下发了《关于省级以下人民检察院立案侦查的案件由上一级人民检察院审查决定逮捕的决定(试行)》,规定省级以下人民检察院在办理职务犯罪案件过程中若认为需要逮捕犯罪嫌疑人的,应报上一级人民检察院审查决定。这一规定合理地解决了职务犯罪案件因缺乏监督而造成的"自侦自捕、以捕代侦"等问题,进一步强化了内部监督约束,符合社会各界要求对职务犯罪逮捕权加强监督、提高办案质量的期待。

(二)外部监督约束机制

1. 法院的约束

对检察机关侦查部门办案过程中形成的证据,人民法院在审理案件时要进行实体和程序审查,发现利用刑讯逼供等非法手段取得的言词证据将不予以采纳,对除此以外的瑕疵证据可以要求予以补强,从而达到促使侦查人员严格、公正、文明执法的目的。2010年5月30日,最高人民法院、最高人民检察院等五部门联合颁布的《关于办理死刑案件审查判断证据若干问题的规定》和《关于办理刑事案件排除非法证据若干

---

① 叶晓龙:《论检察机关自侦案件的侦查监督》,《中国刑事法杂志》,2003年第5期。

问题的规定》,首次确立了证据裁判原则和非法证据排除规则,细化了刑事证据制度规定,有很大创新和突破,更有利于发挥法院的约束作用,同时对提升执法人员素质、提高执法办案水平、切实保障人权具有重要意义。修改后的《刑事诉讼法》更是以基本法的形式,对刑事诉讼证据规则作了规定,进一步强化了法院的监督制约作用。

2. 犯罪嫌疑人及其律师的约束

犯罪嫌疑人及其律师在刑事诉讼中具有特殊的地位,我国法律和相关规定也赋予了其相应的诉讼权利。犯罪嫌疑人在侦查阶段享有聘请律师为其提供法律咨询的权利。犯罪嫌疑人对侦查人员在办案过程中侵犯其合法权益的行为,可以提出申诉、控告,也可由其聘请的律师代理。聘请的律师可以为被逮捕的犯罪嫌疑人申请取保候审。犯罪嫌疑人及其委托的律师还有权要求侦查机关解除超过法定期限的强制措施。同时,在职务犯罪侦查过程中,人民检察院也要提供条件保障律师依法执业。当受委托的律师发现侦办人员采取强制措施法律手续不完备、程序不合法,或者侵犯犯罪嫌疑人人身权利、诉讼权利的,可以向承办案件的检察机关或其上一级检察机关投诉。新刑事诉讼法对律师权利的扩充,有利于更好地保障犯罪嫌疑人的合法权益,同时对职务犯罪侦查权也是一种有力的约束。

3. 人大的监督

在我国,人大及其常委会对行政机关、检察院、法院行使监督权。人大依法对检察机关进行监督,既是对检察权的监督制约,同时也是对检察工作的支持。各级人大及其常委会对检察业务工作的监督主要是通过听取检察机关的工作报告,对检察工作提出意见和建议,以及人大代表通过视察等方式实现。此外,人大还可以通过行使人事任免权,通过对特定问题的调查以及受理群众对检察机关案件办理的申诉和控告实施对检察机关的监督。

4. 人民监督员的监督

司法公正要求检察机关查办职务犯罪案件要接受社会监督,规范执法行为,提高办案水平和质量。人民监督员制度将检察工作置于人民群众的有效监督之下,是人民参与司法的重要形式,体现了诉讼民主的要求。这一制度从2003年9月试行以来取得了良好成效,得到社会广泛的认同,并逐步得以完善。2010年10月,最高人民检察院制定了《关于推行人民监督员制度的实施意见》,就人民监督员选任方式的改进、监督范围的调整、监督程序的规范等提出了具体方案。《意见》一改被监督检察机关自选监督员的模式,实行人民监督员由上一级检察机关统一选任和管理,从而有效避免了"自己请人监督自己"的尴尬。《意见》将监督范围由原来的五种情形扩大到"七种情形",并由上级检察机关组织人民监督员适用统一的程序进行监督。2015年3月,中央全面深化改革领导小组第十次会议审议通过了《深化人民监督员制度改革方案》,进一步强化对检察机关职务犯罪案件查办工作的外部约束,明确了人民监督员制度改革的总体思路,从人民监督员选任管理方式、监督范围、监督程序、知情权保障、加快制度立法等方面提出了具体改革任务,人民监督员制度进入全面深化改革的新阶段。

四、目前我国检察机关职务犯罪侦查权监督约束机制存在的主要问题分析

随着依法治国进程的推进,检察机关职务犯罪侦查权的监督约束机制也在不断完善,并逐渐形成了内外结合的监督体系,在规范侦查权的正确行使、保障人权方面发挥了重要作用。但由于多方面的原因,职务犯罪侦查权的监督约束机制在实际运作中还存在诸多问题。这里主要对职务犯罪侦查权内部、外部监督约束机制存在的问题进行分析,查找问题形成的原因,以推动该机制进一步完善。

(一)职务犯罪侦查权监督约束机制存在的主要问题

1. 有的地方内部监督约束机制存在的主要问题

职务犯罪侦查权的内部监督约束主要是通过检察机关内部权力的分解与配置,防止侦查权的滥用。在近年来的检察改革中,检察机关通过完善多项措施,不断强化对职务犯罪侦查权的内部监督约束,取得了明显成效,但还存在不少问题。主要表现在:

一是有的地方对不立案的监督不够有力。《人民检察院刑事诉讼规则(试行)》第161条规定,人民检察院举报中心负责统一管理举报线索,但又规定有关机关或者部门移送人民检察院审查是否立案的案件线索和人民检察院侦查部门发现的案件线索,由侦查部门自行审查。实践中,纪委、上级检察机关以及行政执法部门移送的案件线索均由职务犯罪侦查部门

自行受理,这就形成了举报中心对举报线索监督的盲区;侦查部门对上述线索审查后做出的不立案决定,也不属于举报中心监督的范围,又形成了对不立案监督的盲区;如果举报人申请复议,是否应由举报中心受理审查,具体操作中也存在争议。2014年7月,最高人民检察院修订通过了《人民检察院举报工作规定》,对不立案举报线索审查进行了专章规定,其中,第46条对举报中心不立案审查的权力进行了限制:首先,明确了举报人不服侦查部门不立案决定向人民检察院反映这一前提。其次,将举报线索限定为两类:一类是举报中心移送到侦查部门的举报线索;一类是领导机关或者本院领导批示由举报中心审查的举报线索。另外,还将属于侦查部门和侦查监督部门办理的案件排除在举报中心的审查范围之外。这一规定无疑是对职务犯罪侦查权内部监督做出了某种限制。

二是有的地方侦查监督部门和公诉部门的监督相对滞后。检察机关侦查监督部门、公诉部门通过对职务犯罪案件的审查逮捕、审查起诉对侦查进行事后的监督约束,也就是通过对职务犯罪侦查部门侦查结果进行审查后发现问题。但是,这种监督约束模式存在一定的局限性,并未达到应有的监督效果。

2010年,最高人民检察院下发的《关于省级以下人民检察院立案侦查的案件由上一级人民检察院审查决定逮捕的决定(试行)》,就是为了加强对检察机关办理职务犯罪案件的内部监督约束。但是,这仍是在立案侦查后进行的监督约束,在立案侦查阶段仍然缺少约束。由于涉及侦查活动以及案件线索保密的问题,侦查部门对案件线索的管理与立案,往往都是自己说了算。① 侦查监督部门和公诉部门,对于案件的初查和侦查情况根本一无所知,更不用说发现违法情况并予以纠正了。即使发现违法,也都是在上述两部门受理之后的讯问过程中,犯罪嫌疑人提出侦查部门有违法行为,并且提供证据线索经两部门核实后,才能予以救济。否则,仅仅通过书面审查案卷材料,很难发现问题。对于处于弱势地位的公民个人而言,其合法权益已经受到侵害,只有通过事后的程序,比如国家赔偿等方式予以弥补,这对保护公民的合法权益是极为不利的。当然,就目前而言,这种保护是必要的,但显然不如在侦查机关的侵犯发生时发现并纠正来得及时。因此,这种监督模式并不能完全体现现代刑事诉讼保障人权之目的。②

三是有的地方引导侦查机制运行效果欠佳。公诉部门对侦查权的监督约束发生在案件侦查终结移送审查起诉后。侦查、公诉均属控诉职能,侦查是公诉的前提和基础,公诉是侦查的延续,也是整个控诉职能的核心。③ 法庭审判是以侦查为基础的,侦查效果的好坏在很大程度上约束了公诉职能的发挥。为进一步提升侦查效果,强化公诉对侦查权运行的监督,检察机关不断探索公诉与侦查的配合机制,并在公诉引导侦查方面做了很多尝试。多年的实践表明,这一监督约束及配合机制并未得到很好的落实。有些地方的检察机关为追求在上级考核中获得好的名次,让公诉部门全力配合侦查部门,甚

---

① 魏勤洲:《论我国职务犯罪侦查的监督约束机制》,《社会科学》,2011年增刊,第22页。
② 叶晓龙:《论检察机关自侦案件的侦查监督》,《中国刑事法杂志》,2003年第5期。
③ 陈卫东:《侦查一体化与刑事审前程序的重构》,《国家检察官学院学报》,2002年第1期。

至要求在一至两周内将案件起诉到法院,需要补充材料的,也只能与侦查部门协商而不能退回补充侦查,最终使"公诉引导侦查"变成了"侦查引导公诉"。这样一来公诉部门连正常的审查起诉职能都不能充分履行,更谈不上对侦查权运行其他方面的监督约束了。

2. 有的地方外部监督约束机制存在的主要问题

与内部监督约束相比,外部监督约束在防止权力滥用方面更为重要。这些外部监督约束机制虽然直接或者间接对职务犯罪侦查权产生影响,但其作用并未得到充分发挥。

一是人大监督的深度不够。我国宪法规定,检察机关由人大产生,对人大负责并受其监督。职务犯罪侦查权作为检察机关的一项重要法律监督职权,能否正确行使,关乎国家政局的稳定,关乎社会公平正义的实现,因此更需要人大进行严格监督。而在个案监督实施过程中,人大的监督地位并未充分体现。原因固然很多,但其中最为重要的是人大内部没有设立专门的监督机构,这就导致人大在具体监督事项上显得深度不够。在涉及职务犯罪侦查权监督方面,人大只有对特定问题的调查权和逮捕人大代表程序的"决定权",在职务犯罪侦查权监督约束的其他方面显得较为薄弱。

二是人民监督员作用发挥不够充分。人民监督员制度实施以来,从参与案件的人数以及监督案件的数量看,可谓效果显著。但是,人民监督员的产生、授权及监督范围均由检察机关规定,在人民监督员没有法律定位的情况下,无论其产生是由检察机关聘任还是选任均不妥当。由于人民监督员办公室设在人民检察院,监督的程序和组织均由检察机关负责,在这样的体制下,让人民监督员到检察机关监督案件,往往会出现监督不到位,发现问题不及时、不准确的现象。另外,由于人民监督员多来自人大代表、政协委员以及社会知名人士,大多欠缺专业的法律知识,而需要进行监督的职务犯罪案件大多专业性强,这也在很大程度上限制了对侦查活动的监督。

三是法院的约束作用相对有限。目前法院对职务犯罪侦查权的约束主要体现在对非法证据的审查方面,通过对相关非法证据的排除来否定检察机关侦查取证活动的合法性,从而对侦查权起到监督约束作用。但在客观上,除非侦查活动程序出现问题,侦查活动的非法性很难查证属实。如果检察机关不为法院提供审查合法性的条件,法院在约束侦查权方面将很难有所作为。

四是犯罪嫌疑人和辩护人难以形成对职务犯罪侦查权的有效约束。虽然修改后的《刑事诉讼法》明确规定了犯罪嫌疑人及辩护人的各种权利,但司法实践中,犯罪嫌疑人和辩护人的权利并未得到有效保障,突出表现为辩护人会见难、取证难、执业保障难、申请取保候审难等。我国缺乏对权利保障的司法救济制度,是犯罪嫌疑人及辩护人权利缺乏保障的重要原因。"无救济即无权利"是英国著名的法律谚语。所谓司法救济,是指当权利受到侵害时,当事人有权向中立机构及法院提出救济。在我国,当犯罪嫌疑人及辩护人程序性权利受到侵害时,如对侦查机关作出的强制措施不服、对变相限制人身自由的控告、对以"涉秘"为由不让会见等,只能向检察机关申诉或控告,而不能像西方国家那样可以启动司法救济程序。由此可见,在刑事诉讼中,犯罪嫌疑人及辩护人很难对检察机关的侦查权形成有效约束。

（二）职务犯罪侦查权监督约束机制存在问题的原因分析

1. 检察机关接受监督的意识有待进一步加强

检察机关被我国宪法定位为法律监督机关，检察机关的主要职能就是法律监督。根据刑事诉讼法规定，检察机关在刑事诉讼中享有广泛的监督权，从刑事立案、侦查活动到审判活动、判决裁定，再到羁押、执行等均受检察机关的监督。侦查机关、法院以及其他刑事诉讼参与主体均为监督对象，而检察机关则是唯一监督主体。检察人员有强烈的监督意识，积极行使法律监督权，对维护国家法律的统一正确实施意义重大。"按照权力运行的一般规律，检察权的行使本身存在一个受约束的问题。作为法律监督机关的人民检察院，其履行法律监督职责的行为也应受到有效的监督约束。"[①]近年来，检察机关对公安机关从立案到侦查的监督不断加强，使得不捕率明显下降、超期羁押明显减少。同时，检察机关也在逐步强化对职务犯罪侦查权的监督约束，但事实上，有相当一部分检察人员排斥接受监督。例如法律明确规定讯问过程要全程同步录音录像，但有的办案人员不能认真执行，有的在案件突破后才进行录音录像，有的事先打好笔录，在讯问时只见问不见记，等等。这些违法行为经常被被告人和辩护人在法庭上提出，造成案件在审判环节的被动。

2. 检察机关内部行政化的管理模式有待进一步改进

长期以来，检察机关内部权力运行的行政化管理模式与现代司法活动规律不相符，形成对职务犯罪侦查权监督的桎梏。

---

① 张智辉：《检察权研究》，北京：中国检察出版社 2007 年版，第 296 页。

首先,在目前的办案过程中,基本上均采取承办人办理、部门负责人审核、检察长审批的办案模式,这种模式带有浓厚的行政管理色彩,在一定程度上弱化了检察机关内部各部门监督约束职能的有效发挥。其次,在检察官的管理上,基本上还是运用行政化的管理模式,即由检察长、副检察长、中层干部和一般工作人员组成的上下级隶属关系管理模式。这种模式客观上对职务犯罪侦查权内部监督约束形成了障碍。在现行体制下,反贪局、反渎局两个主要侦查部门要比其他职能部门的行政规格高(两个部门负责人一般还是党组成员),要让侦查监督、公诉、控申等部门对其实施有效监督约束几乎不大可能。

3. 侦查权的运行程序有待进一步完善

程序对权力的规范行使具有重要意义,对权力的监督约束要靠程序来实现。我国刑事法律对侦查权行使的法定程序规定不周密、不完善,直接导致了职务犯罪侦查权监督约束机制的不健全。例如,《刑事诉讼法》第72条规定公安机关、人民检察院、人民法院均有权决定监视居住,但只有公安机关才是执行机关。《刑事诉讼规则》第150条在明确公安机关为指定居所监视居住执行主体的同时,又规定"必要时人民检察院可以协助公安机关执行"。正是这一例外规定,为一些检察机关的侦查部门滥用这一强制措施提供了方便,在具体操作上,根本没有公安机关人员的介入,参与执行的全是检察机关的法警,有的地方还有聘用的保安参与。此外,在对特别重大贿赂犯罪案件的标准把握上,特别是对"涉嫌贿赂犯罪数额在五十万元以上,犯罪情节恶劣的"的把握上,有些侦查机关擅自作扩大解释,认为只要举报线索显示贿赂数额在五十万元以上,甚至认为只要犯罪数额可能在五十万元以上均可适用指定居所监视居住。法律规定的不明确造成了强制措施的滥用，同时也对侦查权的外部监督约束设置了障碍。

4．职务犯罪侦查考评机制有待进一步创新

在目前反腐的高压态势下，加大查处职务犯罪案件的力度，特别是加大查处大要案的力度，无疑成为职务犯罪查办部门追求的目标。一个单位查办职务犯罪案件的数量、案值大小以及人均立案率、起诉率、有罪判决率、实刑判决率、大要案率等指标构成了上级院对下级院职务犯罪侦查工作的考评体系，并进行了细致的量化。尽管最高人民检察院明确表示不再下达查办职务犯罪的指标，但如果一个单位在上述量化考核体系中得分较低，必然会影响一个单位的整体业绩。当然，上级检察机关的考核中也有关于超期办案、侵犯诉讼权利等方面的考核，但如果没有被投诉并被确认违法、没有造成严重后果，那么滥用侦查权的行为只是考核中一项软指标，不会对考核结果产生实质性影响。在这种重查处、轻保护的考评机制下，侦查人员定会竭力追求被量化的各项考评指标，突破法律规定程序的约束就在所难免了。"只要办案人员不仅不会从遵守法律程序之中获得实际的收益，反而要承受某种利益的损失，那么，他们就不可能具有确保法律程序得到实施的内在动力。"①

当然，影响职务犯罪侦查权监督约束的因素还有外部监督缺乏立法保障、检察权的行使不独立等问题，这些因素的存在导致职务犯罪侦查权内部监督与外部监督的不足，对问题及

---

① 陈瑞华：《刑事诉讼的中国模式》，北京：法律出版社2008年版，第311页。

原因进行反思,有利于构建完善的职务犯罪侦查权监督约束体系。

五、创新检察机关职务犯罪侦查权监督约束机制

我国检察机关职务犯罪侦查权监督约束体系不够完善,难免在实践中出现侦查权的滥用和监督权的虚置问题。我们应当在借鉴国外职务犯罪侦查权监督约束机制经验的基础上,准确把握党的十八届三中全会、四中全会确立的司法改革方向,明确职务犯罪侦查权监督约束的价值取向,强化职务犯罪侦查权的内部和外部监督约束,不断促进职务犯罪侦查权监督约束机制的完善。(如图 8-2 所示)

(一)职务犯罪侦查权监督约束的价值取向

1. 保障职务犯罪侦查权规范合法行使

"中国的刑事程序,侦查毫无疑问的是整个程序的中心,从某种意义上说,真正决定中国犯罪嫌疑人和被告人命运的程序不是审判,而是侦查。"[①]在我国的反腐斗争中,检察机关承担着看护权力"笼子"的角色,通过行使法律监督职权,尤其是侦查权,将所有公职人员的履职情况纳入法律监督范围之内,确保"苍蝇""老虎"一起打。但是,侦查权作为一种公权力,容易被滥用。因此,要通过对侦查活动的监督约束,及时发现权力运行的薄弱环节,采取各项措施加以预防,同时及时

---

① 孙长永:《侦查程序与人权》,北京:中国方正出版社 2000 年版,第 103 页。

制止侦查人员的违法违纪行为和纠正其工作失误,以净其身,以正其行。只有防止侦查人员滥用侦查权,保证侦查权规范、合法行使,才能有效避免冤假错案的发生。

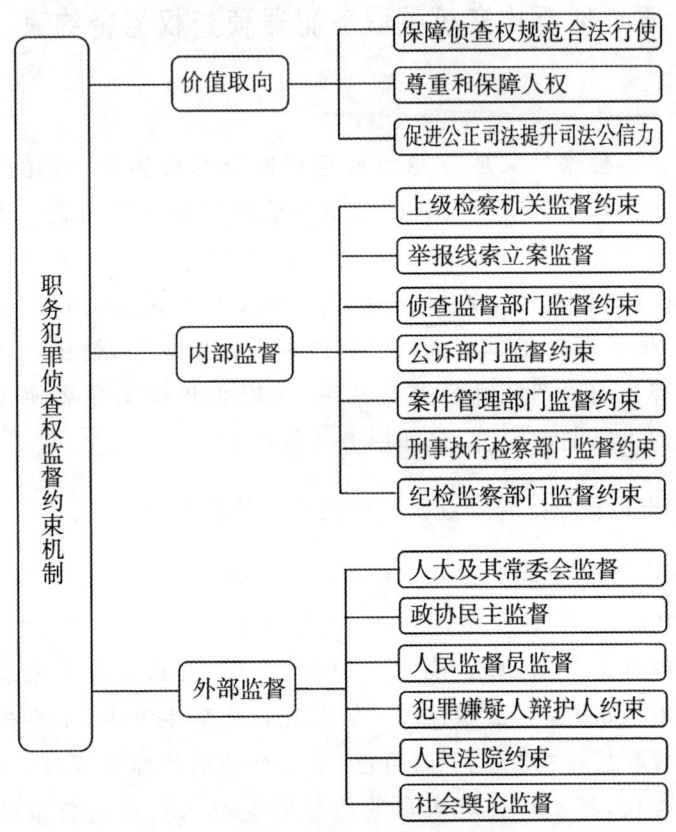

图 8-2 职务犯罪侦查权监督约束机制示意图

2. 尊重和保障人权

尊重和保障人权,已经成为当今世界衡量一个国家民主法治的重要标准。"保障人权是维护国家利益与社会利益的基础,侵害被告人的人权潜伏着侵害社会上每个公民权利的危险,最终必将侵害公共利益和国家利益。"①实践中,职务犯罪案件的侦查有固定的流程,通常是从初查线索开始,调取、审查相关材料,讯问、询问有关人员,判断被调查人员是否有罪。在这个过程中,若缺少对侦查权的监督约束,就有可能导致刑讯逼供、暴力取证等侵犯人身权利情形的发生,甚至会造成冤假错案。在刑事诉讼中,侦查阶段是对犯罪嫌疑人人权威胁最大的阶段。美国著名律师艾伦·德肖微茨指出,越是危险的时候,越能体现一个社会对人权的保障水平。纵观刑事诉讼的发展史,人权保障的价值目标越来越受到广泛关注,并逐渐成为一个优位的价值目标。修改后的《刑事诉讼法》把"尊重和保障人权"载入法典,体现了我国对人权保障的高度重视。

3. 促进公正司法,提升司法公信力

司法公正是良性社会的标杆,是人类社会孜孜追求的崇高理想和目标。党的十八届四中全会指出:"公正是法治的生命线。司法公正对社会公正具有重要引领作用,司法不公对社会公正具有致命破坏作用。必须完善司法管理体制和司法权力运行机制,规范司法行为,加强对司法活动的监督,努力让人民群众在每一个司法案件中感受到公平正义。"这一论断充分体现了新一届中央领导集体重视司法公正,全面推进依法治国的决心和信心。

司法活动应当以追求公平正义为价值目标,并以此为前提实现定纷止争的目的。如果案件当事人认为案件没有得到公

---

① 娄伟:《论公诉的刑事政策》,《中国刑事法杂志》,2002年第3期。

平处理,就自然会对司法活动的公正性产生质疑,进而损害司法权威,重挫司法机关在人民群众心中的正义形象。职务犯罪侦查监督约束机制的完善,能够进一步促使检察机关更加注重提高侦查人员的政治素质和业务能力,从而确保侦查人员依法行使职务犯罪侦查权,严格、高效依法办案,将每一起案件都办成铁案,保证涉嫌职务犯罪的人被依法追究,使无罪的人不受牵连,不断提升司法公信力。

(二)强化职务犯罪侦查权内部监督约束机制

职务犯罪侦查权内部和外部监督约束机制共同构成了完整的职务犯罪侦查权监督约束体系,二者如同车之两轮、鸟之双翼,缺一不可。内部监督约束机制作为监督和约束检察机关职务犯罪侦查权的第一道有力防线,是否有效运行,对于规范侦查权力运行和切实保障人权具有举足轻重的意义。

1. 强化上级检察机关的监督约束

上级检察机关的纵向约束机制属于检察机关职务犯罪侦查权内部约束机制的一个不可分割的组成部分,它与检察机关内部不同部门之间横向约束机制结合在一起,共同构成了检察机关职务犯罪侦查权内部约束机制的有机整体。

我国宪法第132条和人民检察院组织法第10条均明确规定,最高人民检察院领导地方各级人民检察院和专门人民检察院的工作,上级人民检察院领导下级人民检察院的工作。可见,检察机关上下级之间是领导与被领导的关系。党的十八大报告提出的省以下地方检察院实行人财物统一管理的司法改革方向,为强化上级检察机关对下级检察机关的监督提供了契机。课题组认为,检察机关应当从以下几个方面深化

第八章 职务犯罪侦查权的监督约束

上级检察机关的监督。

一是继续完善职务犯罪立案、逮捕备案审查制度。2005年9月23日最高人民检察院通过的《人民检察院直接受理侦查案件立案、逮捕实行备案审查的规定(试行)》,强化了上级检察机关对下级检察机关职务犯罪案件办理的监督。该制度运行以来,上级检察机关在规范下级检察机关行使检察权、指导下级检察机关办理职务犯罪案件方面取得了较好成效。为进一步提升监督效果,该制度还应在以下几个方面进行完善:进一步明确备案审查的内容,包括对案件程序、定性和法律适用等关键问题的审查,如果发现问题则由上级检察机关责令下级检察机关说明理由,在理由不充分时可以指令纠正;明确规定下级检察机关立案、逮捕错误的范围;明确规定除下级检察机关主动移送有关案件材料和做出说明外,上级检察机关还可以发挥主观能动性,依法通过各种形式向下级检察机关了解案件的事实、证据和法律适用等情况;明确规定上下级检察机关之间的备案审查工作时效,追究违反备案审查期限的具体办案人员的责任,等等。

二是贯彻和坚持对大案、要案线索的备案制度。下级检察机关应当对大案、要案一律备案,并定期或者按要求向上级检察机关报告,上级检察机关可采取听取工作汇报、要求报送工作总结和不定期抽查等形式对案件材料的备案情况进行检查。为了节约司法资源,大案、要案以外的其他案件的侦办,应主要受检察机关同级内部相关部门以及检察机关以外的机构的横向监督。

三是探索建立上级检察机关对犯罪嫌疑人强制措施异议的复核审查制度。检察机关职务犯罪侦查活动中强制措施的采用可能存在一些不规范的情形,如在无需刑事拘留时采用该强制措施,在采取取保候审、监视居住等强制措施就能防止危害发生时为办案而不当采用逮捕措施,等等。如果建立由犯罪嫌疑人启动的针对人身和财产的强制性措施的复核申请权,并由上级检察机关对强制性措施的"合法性和必要性"进行审查,对侦查权滥用的制约应当会更有成效。就目前检察机关的机构设置来看,该审查权赋予上级检察机关的侦查监督部门比较合适,审查的结果以上级检察机关的名义通知下级检察机关执行。如果有关强制措施的决定是由下级检察机关检察委员会做出的,则对异议的审查应当由上级检察机关检察委员会进行。

四是上级检察机关可以选择向下级检察机关派驻机构或者监督人员的方式进行相应的监督和约束。派驻的机构或者监督人员在人事关系上归属上级检察机关,并采取不定期、不定时轮岗制,其职责主要是对下级检察机关负责的职务犯罪侦查进行全面监督。这样一方面可以使上级检察机关更近距离地展开监督和约束工作,尤其在经济落后、交通不便的"老、少、边、穷"地区;另一方面,不定期、不定时轮岗制的实施,也能够在一定程度上避免派驻机构或者工作人员被"同化"成被派驻检察机关的"熟人",有效避免监督不力情形的出现。

2. 强化举报线索的立案监督

对侦查机关接到职务犯罪举报线索是否立案的监督约束,应从以下几个方面进行强化:一是检察长或检察委员会的监督。检察机关侦查部门接到举报中心的线索并对案件初查后,认为应当立案的,必须将案件报经检察长或检察委员会决定;认为不应当立案的,报经主管副检察长同意后退回举报中心。二是举报中心的约束。举报中心将职务犯罪案件线索分流给侦查部门后,应该及时督促侦查部门办理。立案后,侦查部门应以书面方式及时反馈举报中心,对于立案或不予立案均要说明理由。举报中心认为不立案决定不当,应提出复议或复查的意见,由检察长或检察委员会决定。另外,对于举报内容较详细、可信度较高的举报线索,经初查没有立案的,举报中心可以建议检察长另行指派其他侦查人员进行初查。根据司法实践,检察机关职务犯罪侦查部门的线索来源主要有举报中心移交、自行发现、其他执法机关移交。举报中心负责对其受理并移交给职务犯罪侦查部门的线索是否立案进行监督,至于其他两类线索的立案监督职责应由侦查监督部门履行。

3. 强化侦查监督部门的监督约束

根据侦查机关受理线索后的办案流程,侦查监督部门主要应采取以下方式对侦查权运行进行监督。

一是立案监督。制定不立案案件提请侦查监督部门审核制度。侦查部门对线索进行初查后,认为不符合刑事案件标准的(即前文所述不属于举报中心监督的线索范围),应提请侦查监督部门提前介入,将案件取证情况与侦查监督部门进行全面沟通,由侦查监督部门提出意见。实践中主要有以下几种情形:对于符合不立案条件的,同意侦查部门决定,并形成相关记录材料备案;对于属于应当补充证据的,可以要求侦查部门继续补充相关证据,在证据充分的情况下再行决定;对于争议较大,侦查监督部门认为应当立案而侦查部门坚持不予立案的,应报请检察长或检委会研究决定。

二是提请逮捕监督。侦查监督部门在审查决定是否逮捕时，应当对职务犯罪侦查部门的侦查行为进行全面监督，主要包括：审查职务犯罪侦查部门讯问犯罪嫌疑人时的同步录音录像，对照嫌疑人的笔录，审查是否存在诱供及刑讯逼供的行为；提审犯罪嫌疑人时，应对其进行关于非法证据的专门讯问，如实记录犯罪嫌疑人的供述。

三是逮捕后羁押必要性的监督。职务犯罪案件决定逮捕后，侦查监督部门应当继续对羁押必要性进行跟踪监督，侦查部门应当及时将所补充的证据移送侦查监督部门，由侦查监督部门审核后，决定是否继续采取逮捕的强制措施。

四是探索职务犯罪侦查监督权上提一级的机制。侦查监督部门的职责就是对侦查机关的侦查行为进行监督，而在司法实践中侦查监督的对象主要是公安机关的侦查行为。由于受同一检察长领导，同一检察院不同部门之间对职务犯罪侦查的监督存在一定的客观困难。根据刑事诉讼规则，省级以下职务犯罪案件的审查逮捕权由上一级人民检察院行使。针对目前同级侦查监督部门对职务犯罪侦查部门侦查行为监督不力的情形，可以借鉴审查逮捕权上提一级的做法，探索建立由上一级检察机关侦查监督部门对职务犯罪侦查行为进行监督的机制。

4. 强化公诉部门的监督约束

党的十八届四中全会明确提出，要推进以审判为中心的诉讼制度改革。在职务犯罪侦查过程中，要摒弃以往"以侦查为中心"的模式，逐步构建新型的侦诉关系，强化公诉对侦查的引导和规制功能。公诉人应根据庭审证明需要，从客观公正的角度，从应对法庭质疑和律师挑战的角度有针对性地引导侦查人员收集、补充证据，要更加注重证据的真实性、合法性

第八章 职务犯罪侦查权的监督约束

和证据链条的完整性,从整体上提高追诉质量,这是"以审判为中心"的诉讼制度改革的必然方向。① 在司法实践中,公诉部门可以采取以下措施完善对职务犯罪侦查权的监督约束。

一是完善案件前期介入机制。公诉部门前期介入有利于对侦查人员的取证合法性进行审查,避免只收集犯罪嫌疑人有罪及罪重证据,同时对侦查人员是否存在刑讯逼供等违法情形进行监督。课题组认为可以实行诉前备案审查与诉后复查评定机制,对职务犯罪案件个案建立一份由职务犯罪侦查部门起、公诉部门终的案件流程档案。对于职务犯罪侦查部门立案侦查的案件,符合提前介入条件的,应进行一定的审批手续。如将立案决定书及取证方向交由公诉部门审核,由公诉部门决定是否提前介入侦查,如何进行提前介入。而公诉部门提前介入侦查活动后,应当及时对介入情况进行记录,包括证据是否完备,证明犯罪嫌疑人罪轻或者无罪的证据是否调取,对案件涉案物品的扣押行为是否合法等。在案件移送审查起诉之后,由公诉部门专人负责对案件的前期介入进行综合评定,并将介入意见写入流程档案,交由检察长审阅,确保侦查环节依法行使侦查权。

二是落实非法证据排除规则。根据刑事诉讼法及诉讼规则规定,公诉部门在审查起诉时,对职务犯罪侦查过程中的非法证据,依法应提出纠正意见。证据是诉讼的核心和脊梁,刑事诉讼全过程就是收集、审查、运用证据的过程,而非法证据的排除,是对司法机关违法调查取证工作的最终否定和谴责。

---

① 甄贞:《推进以审判为中心的诉讼制度改革》,《检察日报》,2014年11月4日第3版。

对检察机关自侦部门来说，在收集证据时必须严格依法律办理，在诉讼程序上严格依法办案，在确保程序合法、公正的情况下，做到实体公正。① 虽然法律规定公诉部门在审查起诉时，对职务犯罪侦查过程中的非法证据，依法应提出纠正意见，但未规定对违法取证的侦查人员的处罚措施。追责条款的缺失不利于非法证据排除规则的落实，建议在这方面做顶层设计，以便进一步规范职务犯罪侦查行为。

三是探索建立职务犯罪案件异地起诉制度。司法实践中，异地侦查、起诉、审判的案例很多，如原四川省委副书记李春城受贿案，由湖北省咸宁市中级人民法院审判；原国务院国资委主任、党组副书记蒋洁敏受贿、巨额财产来源不明、国有公司人员滥用职权案，由湖北省汉江中级人民法院审判；原广西壮族自治区政协副主席李达球受贿案，由吉林延边州中级人民法院审判。公诉部门对于本院职务犯罪侦查权内部监督约束机制功能的发挥，因为同样属于一个检察院的内设不同部门，往往无法摆脱"自己监督自己"的尴尬局面。探索建立"本院侦查，异地起诉"的机制，不仅能够从根本上避免"自己监督自己"的尴尬局面，而且更能体现分权制衡原则，有利于实现公诉权对侦查权的监督约束。

5. 强化案件管理部门的监督约束

强化内部监督约束是案件管理的核心价值。推行案件管理机制改革以来，检察机关案件管理部门通过统一受案和对办案节点的实时监控，增强了对司法办案行为的有效约束，使

---

① 陈燕锋：《试论非法证据排除规则对自侦案件侦查的价值》，《法制与社会》，2010年11月。

整个办案过程受到全程、动态监督。强化对司法办案活动的内部监督约束,是案件管理的重要任务。具体到对职务犯罪侦查权的监督约束上,案件管理部门主要应从以下几个方面进行强化:一是通过统一业务应用系统加强职务犯罪侦查活动中重要环节、重点问题的监督。全国四级检察机关全面上线使用的统一业务应用系统运行后,监督管理的手段大大增强。案件管理部门要针对职务犯罪侦查的特点,合理设置控制节点,加强对侦查办案流程的实时、动态管理,如对涉案款物的扣押、移交、处理情况进行监督;传讯相关人员的时限是否合法、涉案财物扣押文书是否齐备,对犯罪嫌疑人的强制措施是否得当等,均可以提出监督意见及建议。二是通过对司法办案场所实时动态监控,监督约束侦查行为。将讯问室、询问室、看守所、警车等涉及职务犯罪侦查的所有办案场所安装只能看到视频,不能听到声音的监控,由案件管理部门对侦查行为进行随时监督。三是加强对职务犯罪案件的实体监督。案件管理部门的监督虽然以程序监督为主,但也要兼顾实体监督,以增加监督的刚性。四是加强职务犯罪案件信息公开的监督约束。开放、透明、动态、便民的案件信息公开渠道是对职务犯罪侦查权的最好监督,案件管理部门要发挥好内部监督作用,采用定期通报、跟踪监督的形式,督促业务部门将职务犯罪侦查情况及时公开。五是进一步完善职务犯罪侦查考评机制。案件管理部门要根据中央政法会议精神要求,结合检察业务实际运行情况,改进调整职务犯罪侦查考评机制,取消不合理指标,科学设置、合理区分达标性、竞争性考评项目,突出职务犯罪侦查核心数据、案件质量评查、社会评价等主要内容,发挥好业务考评对职务犯罪侦查权的导向作用。

六是加强对律师执业权利的保障。案件管理部门要监督侦查部门对法律赋予律师的各项执业权利是否落实。要在律师接待过程中提供尽可能的便利,及时听取律师的意见和建议。同时在案件质量评查过程中,重点评查办案部门是否依法听取律师和当事人意见,律师和当事人提交的材料是否按规定附卷或在相关文书中予以体现。

6. 强化刑事执行检察部门的监督约束

2015年2月,最高人民检察院经研究并报中央机构编制委员会办公室批复同意,决定将沿用30多年的"最高人民检察院监所检察厅"更名为"最高人民检察院刑事执行检察厅",主要负责对全国检察机关刑事执行法律监督工作的指导。检察机关在职务犯罪案件的查办过程中,在采取、变更、撤销取保候审、监视居住、拘留、逮捕等强制措施时,案件侦办部门应当以书面形式及时通知刑事执行检察部门,以便后者监督和约束。为了进一步强化对职务犯罪侦查权的监督,课题组认为,刑事执行检察部门应强化以下几个方面的工作。

一是刑事执行检察部门应对职务犯罪侦查部门报送的指定居所监视居住案件进行一案一表备案,根据案件情况指定专人负责。监督可以采取现场监督及形式监督的方式。形式监督应当要求侦查部门报送相关的法律文书,审查其监视居住的手续是否完备等。现场监督可以采取定期监督与随机监督相结合的方式,不仅要监督监视居住场所的硬件、保障措施是否到位,是否存在办案风险,而且要询问犯罪嫌疑人是否存在非法取证的情形,并如实做好记录。

二是建立同级交叉监督的方式。探索同级检察机关之间相互交叉的监督方式,可避免同一检察机关内部监督所面临的困境,具体实施可以由侦查部门所在检察机关的上级检察机关负责协调,统一安排,统一规划。

三是全面设立刑事执行检察院。鉴于刑事执行检察工作的必要性及特殊性,可以探索全面设立专门刑事执行检察院,将监所监督的职能统一划分到该检察院行使,依法对同级检察院刑事执行活动实施监督。司法实践中,一些地方已经开始这方面的探索。

7. 强化纪检监察部门的监督约束

检察机关作为国家的法律监督机关,其自身行为也应受到监督。在检察机关内部,纪检监察部门的设置就是为了监督检察执法行为是否合法适当,检察人员是否存在违法违纪行为。在职务犯罪侦查权行使过程中,纪检监察部门监督的范围是侦查人员的侦查行为是否符合法律、法规和纪律所规定的公正廉洁执法的要求,加强这一监督,有利于内部制约机制的完善。具体而言,主要应强化以下两个方面的监督:一是强化对侦查人员执行办案纪律的监督。坚持重点监督与日常监督相结合,坚持走访案件有关当事人、单位、证人制度,对以权谋私违纪、违法行为坚决予以查处。二是创新监督方式,拓宽监督渠道,强化监督力度。对侦查人员的监督应"关口"前移,并贯穿于办案和各项业务工作全过程。在专职纪检监察人员力量有限的情况下,可考虑推行兼职纪检监察员制度,在各业务部门聘任兼职纪检监察员,协助纪检监察部门履行一定的监督职责。

(三)强化职务犯罪侦查权外部监督约束机制

与其他监督约束机制相比,职务犯罪侦查权内部监督约束机制具有天然的内在优势,但也容易陷入"自己监督自己"的尴尬局面。因此,应当完善检察机关职务犯罪侦查权的外部监督约束机制,使二者形成合力,共同引导职务犯罪侦查权依法正确行使。

1. 强化人大及其常委会的监督约束

一是设立专门监督机构。实践中,宪法赋予人民代表大会及其常委会的宪法地位和基本功能并未充分发挥,其对"一府两院"的监督力度有待加强,对检察机关职务犯罪侦查权的监督力度更是相对薄弱,造成这种困境的主要原因是因为人大内部相应的专门监督机制并未真正建立。因此,应考虑在人大常委会中设置专门的职务犯罪案件查办监督机构,主要成员由具备一定法律知识的专业人员组成。这个专业常设机构负责对检察机关是否依法行使职务犯罪侦查权进行监督,具体包括:受理犯罪嫌疑人家属及其律师对侦查人员刑讯逼供、超期羁押、滥用强制措施、违反法定程序进行搜查、扣押、冻结、收受贿赂等违法乱纪行为的控告;对侦查工作中的违法行为提出纠正意见;办理相关申诉事项以及其他职务犯罪侦查权的外部监督事宜等。

二是完善个案监督机制。实践中,人大可介入个别重大职务犯罪案件,对职务犯罪侦查权进行有效监督。但如果缺乏合理引导机制,个案监督可能会演变为个人监督,有违法治原则。因此,为确保司法公信力,应严格限制个案监督范围,并用预设的法定程序对其进行实体及程序上的约束,从而实现个案监督合法公正的目的。课题组建议,个案监督的启动首先应由人大专门机构将符合监督条件的案件形成书面报告,并经研究讨论后,对确需监督的案件决定立案监督。监督者应向职务犯罪案件侦查人员提出质询,必要时,可向相关当事人或单位进行调查取证,在综合调查结果的基础上形成最终处理意见。对人大的监督意见,检察机关应及时采纳,并向人大有关部门反馈执行情况。若认为人大监督意见不妥当,可以向上一级人大申请复议。对检察机关的复议申请,上级人大应当组织专门委员会进行调查,必要时可以邀请检察官、资深法官、律师、法学专家等人员召开论证会,形成最终处理意见,检察机关应当执行该意见。①

2. 强化政协民主监督

政协的民主监督是我国监督体系中的重要组成部分。十八届四中全会指出,要加强对司法活动的监督,努力让人民群众在每一个司法案件中感受到公平正义。因此,在贯彻落实依法治国方略、构建完整的权力监督约束体系时,不应缺失政协民主监督这一重要环节。最高人民检察院检察长曹建明强调,要深刻认识人民政协的性质定位,自觉接受政协民主监督,切实发扬司法民主,推进检察环节协商民主广泛多层制度化发展。

强化政协民主监督应从以下几方面进行:一是尝试由检察机关与统战部门联合开展民主监督员推选工作。重点在辖区政协委员中,以及民主党派、无党派人士中择优选聘民主监督员,切实保障监督员的专业性和代表性。依托此种监督方式,利用民主党派和无党派人士的专业优势和社会公信力,通过第三方的介入,目的在于监督检察机关权力行使,维护司法权

---

① 姚忠仁、陈江涛、罗华、韦克林:《职务犯罪侦查权监督制约机制研究》,《广西社会科学》,2009 年第 8 期。

威与公正，有效克服司法机关内部监督不力现象。二是有效开展监督活动，克服"只聘不用当摆设"的现象。通过组织民主监督员开展职务犯罪侦查行为合法性监督、干警违法违纪监督、案件评查、涉检信访听证、担任人民陪审员参与庭审等形式，有序长效开展民主监督。三是建立民主监督"智库团"，选择辖区法律、经济、文化、教育、新闻等领域内专家组成"智库团"，对检察机关职务犯罪侦查权的行使进行全方位监督约束。四是完善民主监督员联络制，注重运用微博、微信、案件信息公开系统等新媒体手段，创新网络交流平台，推进检务公开，加强重要案件信息网上发布及法律文书说理，努力为民主监督员全面了解和监督检察工作提供更便捷、更有效的条件。

3. 完善人民监督员制度

一是完善人民监督员选任机制。人民监督员制度的设立，有效促进了检察权的健康运行，但就人民监督员的选任机制来看，以往都是检察机关在商请其他单位或组织后进行民主推荐，并经检察机关考察确认后产生人民监督员代表，其人员范围多局限于人大代表、政协委员，结构比较单一，其中具备法律专业知识的人员并不多，监督效果一般。而且检察机关全程参与，自己选任本单位的人民监督员，难免引起"自己选人监督自己"的质疑，势必影响人民监督员监督的公正性，更有损人民监督员制度的公信力。正如武汉大学法学院教授秦前红所说：人民监督员制度作为检察机关的外部监督约束机制，人民监督员应当由检察机关之外的机构产生并独立于检察机关，实现从"体制内"向"体制外"的转变，拉开监督者与被监督者的距离，这样才能让监督更具权威和实效。课题组认为，在人民监督员选任机制方面，可以尝试在同级人大成立专门的人民监督员选任机构,由其负责任命本级人民监督员,具体可通过公告、推荐、登记、考核、审查、公示等程序确定候选人,最后由同级人大机构任命产生。人民监督员的产生还可以采取其他方式,如交由司法行政机关负责选任,这样既实现了选任机构的独立性,又避免了另起炉灶设立一个独立机构。北京师范大学宋英辉教授认为,由司法行政机关负责选任人民监督员,杜绝了检察机关根据自己喜好选任人民监督员的现象,从制度上保证了人民监督员产生的公正性。由司法行政机关负责人民监督员的选任,也是司法与司法行政相分离的需要,符合司法规律。[①]

二是拓宽人民监督员的监督范围。人民监督员的监督范围,经历了从试点阶段的"三类案件""五种情形",到扩大试点阶段的"七类案件或事项",再到现在《深化人民监督员制度改

[①] 根据最高人民检察院、司法部关于印发《深化人民监督员制度改革方案》的通知,在人民监督员选任机制方面,方案规定人民监督员由司法行政机关负责选任,省级和设区的市级司法行政机关分别选任同级人民检察院人民监督员;人民监督员每届任期5年,连续任职不得超过两届;省级人民检察院人民监督员和设区的市级人民检察院人民监督员不得互相兼任;为提高人民监督员的广泛性、代表性,规定符合条件的公民可以自荐方式参加人民监督员选任,要求从机关、团体、事业单位中产生的人民监督员一般不超过选任总数的50%。《检察日报》,2015年3月12日第3版。

革方案》提出的"十一种情形"①。人民监督员监督范围的调整变化应当以司法实践为依据,结合刑事诉讼法新增的检察职能,不断延伸监督触角,重点将查办职务犯罪案件过程中容易产生问题的环节,以及影响检察机关形象和司法公信力的严重违法行为等纳入监督范畴,不断拓展人民监督员的监督范围。

三是推进人民监督员制度立法。关于人民监督员制度的规定,目前集中体现在《最高人民检察院关于实行人民监督员制度的规定(试行)》《关于适用〈关于实行人民监督员制度的规定(试行)若干问题的意见〉》《最高人民检察院关于进一步扩大人民监督员试点工作的方案》以及最新的《深化人民监督员制度改革方案》等规定中。由此可见,人民监督员制度实行的范围局限于检察机关内部规定文件,法律效果有限,监督刚性不足。因此,人民监督员制度应该加快立法步伐,以补强其"合法性成色不足"的缺憾。规范人民监督员制度立法形式,提高人民监督员制度立法位阶,是人民监督员制度法制化的方向和目标。因此,应将人民监督员制度上升到法律层面,人民监督员的各项权力必须基于法律直接授权。通过立法,将人民监督员制度从现在的内部工作制度上升为检察机关体制外的一种常态化、法制化的社会监督机制,从而提高人民监督

---

① 根据最高人民检察院、司法部关于印发《深化人民监督员制度改革方案》的通知,人民监督员监督案件范围的"十一种情形"是指:(1)应当立案而不立案或者不应当立案而立案的;(2)超期羁押或者检察机关延长羁押期限决定不正确的;(3)违法搜查、扣押、冻结或者违法处理扣押、冻结款物的;(4)拟撤销案件的;(5)拟不起诉的;(6)应当给予刑事赔偿而不依法予以赔偿的;(7)检察人员在办案中有徇私舞弊、贪赃枉法、刑讯逼供、暴力取证等违法违纪情况的;(8)犯罪嫌疑人不服逮捕决定的;(9)采取指定居所监视居住强制措施违法的;(10)阻碍律师或其他诉讼参与人依法行使诉讼权利的;(11)应当退还取保候审保证金而不退还的。

员的法定性和权威性。

4.完善犯罪嫌疑人及其辩护律师的约束机制

一是完善犯罪嫌疑人权利告知程序。从某种意义上讲,在职务犯罪案件中,对犯罪嫌疑人相关权利的保障就是对职务犯罪侦查权的一种外部约束。犯罪嫌疑人若能及时被告知自己所享有的诉讼权利,不仅能够确保程序公正,而且还可以对非法侦查活动进行有效约束。但在我国司法实践中,犯罪嫌疑人的权利行使意识和侦查人员的人权保障意识仍须提高。课题组认为,在刑事诉讼法中应进一步明确犯罪嫌疑人权利告知程序,这不仅有利于保障犯罪嫌疑人的诉讼权利,还可以弥补诉讼程序中存在的不足。对于检察机关的职务犯罪侦查,一要进一步规范权利告知的内容,告知犯罪嫌疑人享有自我辩护、控告、申请取保候审、解除超期羁押等基本诉讼权利;二要进一步规范权利告知的时间、方式;三要明确侦查人员未履行权利告知程序应承担的法律责任。

二是进一步完善律师在侦查阶段的相关权利。结合其他法治国家的司法实践以及现实要求,赋予辩护律师在职务犯罪侦查阶段的讯问在场权,能够确保侦查活动公开化、合法化,可以实现对侦查权的有效约束,也可有效避免刑讯逼供现象和冤假错案发生。在职务犯罪案件侦查审讯的整个过程,赋予律师在场权可有效发挥律师对职务犯罪侦查活动的监督作用。例如,律师通过旁听讯问、查阅相关诉讼文书了解犯罪嫌疑人所涉罪名及案情;提供法律咨询,以确保法律赋予犯罪嫌疑人的诉讼权利得以实现;在犯罪嫌疑人接受讯问时,律师可以对侦查人员的讯问行为进行监督。对于侦查人员的无关讯问,可以建议犯罪嫌疑人保持沉默。如果发现侦查人员有违法违规的情形,可以随时提出异议。另外,在职务犯罪侦查阶段,还应赋予辩护律师调查取证的权利,律师可以询问尚未询问过的证人、被害人,收集尚未收集的有利于犯罪嫌疑人的物证、书证和电子数据,聘请有关专家对侦查机关已经勘查过的犯罪现场进行再次勘查,还可以委托进行鉴定等。

5. 强化人民法院的约束

在职务犯罪侦查过程中,侦查人员如果滥用侦查权必将严重损害犯罪嫌疑人的合法权利,若不赋予犯罪嫌疑人司法救济权力,其应有的权利很难得到有效保障。纵观我国司法实践,刑事诉讼法虽然规定了当事人及其辩护人可以对侦查人员违法行为进行控告、申诉,但只能向办案机关或其上一级检察机关提出,而不能向人民法院提出,这种非诉救济模式效果并不理想。因此,课题组认为,有必要完善我国司法救济制度,赋予犯罪嫌疑人程序异议权,保证其权利在受到侵害时可直接向法院申请启动司法救济程序。对于职务犯罪案件侦查过程中侦查人员的非法拘留、非法逮捕、非法讯问、超期羁押等情形,犯罪嫌疑人、近亲属及其律师都可以向法院提出司法救济申请,并由侦查机关承担对此的举证责任。法院审查后,若认定侦查机关有违法行为,应按照有关规定建议有关机关给予惩罚。如果构成犯罪,移送有关机关依法追究相关责任人员的刑事责任。

6. 强化社会舆论监督

公开是监督的有效手段。在新媒体时代,社会舆论对公权力的监督显然已成为新常态。职务犯罪侦查相关内容的公开是我国检务公开的一项重要内容,也是对职务犯罪侦查权进行外部监督的一种重要手段。各级检察机关应充分利用"两微一端"平台,即官方微博、微信及新闻客户端,充分利用人民检察院案件信息公开网中的案件程序性信息查询平台、重要案件信息发布平台、法律文书公开平台和辩护与代理预约申请平台及时公开职务犯罪侦查的相关内容。其中,在案件程序性信息查询平台中,应实现在网上可以查询到非涉密重大职务犯罪案件所涉罪名、受理时间、办案期限、办案部门、处理结果、强制措施等程序性信息。各级检察机关要通过新闻发言人召开新闻发布会、提供新闻稿等方式及时对外发布重要案件信息,尤其是重大职务犯罪案件信息。职务犯罪案件的相关查办信息应在"人民检察院案件信息公开网"上向社会予以公布,同时加大法律文书的公开力度。检察机关要通过全方位、多角度的公开来积极回应社会关切,主动接受公众对职务犯罪侦查权运行的监督。

第九章　建立预防职务犯罪工作管理体系

党的十八届四中全会明确指出："加快推进反腐败国家立法，完善惩治和预防腐败体系，形成不敢腐、不能腐、不想腐的有效机制，坚决遏制和预防腐败现象。"习近平总书记强调，预防职务犯罪出生产力。在深入开展党风廉政建设和反腐败斗争中，预防职务犯罪与惩治职务犯罪相互配合、相互支持，共同构成了我国预防和惩治腐败体系。检察机关是预防和惩治职务犯罪的重要职能部门，地位特殊，责任重大。本章试就预防职务犯罪工作管理体系有关问题进行探讨。

一、预防职务犯罪的基本理论

预防职务犯罪工作离不开预防职务犯罪理论的支撑，研究预防职务犯罪工作管理体系，同样要明确预防职务犯罪工作基本概念和与之相关联的基本理论。

第九章 建立预防职务犯罪工作管理体系

（一）预防职务犯罪的概念

早在我国的《皋陶造律》和世界上最早的成文法典《汉谟拉比法典》中就有关于职务犯罪的描述，职务犯罪出现后，预防职务犯罪随之产生。如今，随着反腐力度的加大，对预防职务犯罪理论的研究日益受到社会各界的关注。而研究预防职务犯罪理论的前提则要明白预防职务犯罪是什么，这就牵涉到预防职务犯罪的概念问题。预防职务犯罪的概念有广义和狭义之分。

1. 广义的预防职务犯罪。所谓广义的预防职务犯罪，主要是指所有国家机关、公司、团体、组织和个人在合法基础上所实施的防止职务犯罪发生的一切行为及其活动过程，甚至国际公约或协定都可以纳入预防职务犯罪的范畴。其参与实施的主体具有广泛性，大到国家，小到个人，在预防职务犯罪体系中，每个单位或个人均有义务参与到预防职务犯罪工作中来；预防职务犯罪所涉及的内容具有丰富性，大到国家与国家之间的双边或多边条约，国家的法律、法规，小到个人对廉洁的承诺以及个人制定的自律性措施。

2. 狭义的预防职务犯罪。所谓狭义的预防职务犯罪，主要是指检察机关基于法律监督的职权，针对一定社会历史时期的政治、经济、文化、法治等情况，以及职务犯罪的发生状况、特点等，通过对职务犯罪案件发生背景、原因、规律的分析和总结，剖析职务犯罪人的堕落轨迹，从法制、机制、制度的角度提出有针对性的预防对策和措施，调动社会各种积极因素和力量，综合采取政治、经济、文化、教育、行政和法律手段，减少、遏制乃至最终消除职务犯罪的防范活动。检察机关所进行的预防职务犯罪工作由于是基于法律监督的职权,也就决定了检察机关的预防职务犯罪有别于其他机关、组织、团体和个人所进行的预防职务犯罪活动。

(二) 检察机关预防职务犯罪的主要特点

检察机关作为预防职务犯罪的重要主体,具有特殊的地位和作用,检察机关预防职务犯罪主要有以下特点。

1. 监督性。检察机关预防职务犯罪是基于法律监督职能而进行的,既不同于国家权力机关的监督,也不同于行政机关的监督,这也就决定了检察机关预防职务犯罪活动的法定性和权威性。同时,由于法律、法规具有原则性和滞后性的特点,检察机关在预防职务犯罪过程中,则要将原则性与灵活性相结合。

2. 建议性。检察机关在预防职务犯罪过程中常常会提出预防和减少职务犯罪的措施、意见、建议,而这些意见和建议能否落实还需要有关部门、单位自主决定是否采纳、实施。检察机关预防职务犯罪工作的建议,有关部门和单位也许会认为行之有效而采纳,也许会认为不适合实际而搁置。

3. 外在性。检察机关开展预防职务犯罪工作,主要结合办案,根据职务犯罪案件的特点、原因、手段和对职务犯罪发展变化的趋势、规律的科学分析,提出预防和减少职务犯罪的对策、措施和建议。这就决定了检察机关预防职务犯罪工作的落脚点要以外在行为的方式供决策部门或有关单位参考。

4. 职权性。检察机关开展预防职务犯罪工作是其一项法定职责,不能推诿,不能放弃,不能转让。检察机关因法律监督的职能而享有预防职务犯罪的职权。这是法律赋予检察机关特有的权力,同时也是法律要求检察机关必须履行的义务。

5. 专门性。检察机关开展预防职务犯罪工作有其独有的工作原则、机制、措施、方法和形式,也有相应的组织机构、工作人员和理论基础,其他部门或者个人不可替代。目前,我国检察机关已初步形成了以预防职务犯罪部门为主,涵盖检察机关各部门的预防职务犯罪网络,并在工作原则、机制、措施等方面日渐成熟。

6. 协调性。在开展职务犯罪社会化大预防的格局中,检察机关应当在党委的统一领导下充分发挥职能作用,负责具体组织协调。① 检察机关的预防职务犯罪工作离开党委及相关部门的支持,是不可能做好的。事实证明,检察预防职务犯罪工作只有在党委的统一领导下,才能更好地发挥协调作用,把检察预防工作做得更到位。

(三) 开展预防职务犯罪工作的基本理念

所谓理念,就是对某种事物的观点、看法和思想。预防职务犯罪的理念反映了我们在开展预防职务犯罪工作中应该坚持的立场和方向,反映了预防职务犯罪工作的价值取向。随着我国社会的发展变化,预防职务犯罪工作重点的转变,预防职务犯罪理念也应随着不断变化。具体而言,检察机关预防职务犯罪的基本理念主要表现在以下几个方面。

1. 坚持依法开展的理念

检察机关职务犯罪预防的权力是法律专门赋予的,职务犯

---

① 最高人民检察院职务犯罪预防厅:《中国预防职务犯罪理论与实践研究报告》,北京:中国民主法制出版社2005年版,第3页。

罪预防工作必须依法开展。美国学者戴依在其所著的《谁掌管美国》一书中写道"权力是社会体制中职位的标志而不是某个人的标志。当人们在社会机构中占据权势地位和支配地位时,他们就有了权力。一旦他们占据这种地位,不仅他们有所作为时,会使人们感到权力的存在,而且即使他们无所作为时,也同样会使人们感到他们的权力的存在,因为虽然他们无所作为,却对其他人的行为产生了很大的影响"①。如果检察机关职务犯罪预防工作超出了自己的范围,就可能越位,从而造成权力的滥用;如果检察机关职务犯罪预防工作无所作为,就可能失位,从而起不到其应有的作用,造成职务犯罪的多发。检察机关应该在法律的框架内加快完善预防职务犯罪各种操作规程,使检察机关在开展工作过程中做到有法可依,防止借预防之名,侵犯被预防对象的各种合法权益。

2. 坚持接受监督制约的理念

预防职务犯罪是检察机关基于法律监督而被赋予的一项特殊职责,一旦失去监督制约,就有可能被异化和神化,造成预防职务犯罪工作的被动。习近平总书记在中纪委全会上强调:"要有腐必反、有贪必肃;同时要加强对权力运行的制约和监督,把权力关进制度的笼子里;并要以踏石留印、抓铁有痕的劲头抓工作作风。"习近平总书记的论述也同样适用于职务犯罪预防工作。理论研究和实践证明,职务犯罪预防工作只有在制度的约束下,才能更好地服务于社会,也才能得到党委和政府的支持。在全面推进依法治国、全面从严治党的大背景下,为防止职务犯罪预防职权的滥用,检察机关的预防职务

---

① 朱兴有:《预防职务犯罪问题研究》,北京:中国检察出版社2004年版,第20页。

犯罪工作同样需要进行监督制约。一方面检察机关在预防工作开展过程中应主动接受党委、人大、政府、社会团体以及新闻媒体、个人对预防工作的外部监督;另一方面检察机关还要不断完善预防工作的内部制约机制,以防止预防职务犯罪工作偏离正常的轨道。

3. 坚持惩防结合与标本兼治的理念

惩防结合、标本兼治是预防职务犯罪工作必须坚持的理念。只有惩防结合、标本兼治才是最有效的手段。当下惩治和预防腐败体系建设仍处于起步阶段,不重视、不健全、不完善、不规范、不协调的问题依然存在,在监督方面,监督者不敢监督、不会监督、不善监督的现象大量存在,一些制度形同虚设,只有惩防结合、标本兼治才是目前反腐败最有效的手段。

4. 坚持预防职务犯罪工作与改革发展成果相结合的理念

预防职务犯罪工作的成效与改革发展的成果息息相关,二者相辅相成。实践证明,职务犯罪对生产力是有相当的破坏作用的,职务犯罪对社会的改革发展危害极大。预防职务犯罪是对生产力的预期保护,而生产力又是改革发展成败的决定性因素,习近平总书记曾作出过"预防职务犯罪出生产力"[1]的重要论断。当今社会,改革发展促进了科技手段的提升,促进了监督制约机制的完善,通过检察预防工作,使生产力中的关键要素——国家干部,远离职务犯罪,能有效提升依法履职的水平,从而对改革发展起到良好的推动作用。

---

[1] 张建升等:《检察机关预防职务犯罪工作与经济社会创新发展》,《人民检察》,2013年24期。

二、预防职务犯罪比较研究

当今世界,几乎每一个国家都存在职务犯罪现象,职务犯罪预防也是国内外刑事立法和司法实践中的重要课题。我们从英美法系、大陆法系以及国际组织三个方面,介绍世界范围内预防职务犯罪的措施和经验,以期对我国的预防职务犯罪工作有所借鉴和启迪。

(一)英美法系

英美法系国家在预防职务犯罪方面主要有以下特点:一是构筑严密而专业的预防职务犯罪法律体系,依法约束公务行为;二是建立专门的预防职务犯罪机构,依靠专门的国家机构,以权力制约权力;三是把道德上升为法律,强力规范公务行为,不单纯依靠道德约束公权力。对此,我们美国、英国和新加坡三个典型国家为例进行介绍。

1. 美国

从廉政机构设置方面来看,美国设有检察机关和联邦调查局等传统的廉政机构,除此之外还设有特殊的反贪机构——审计署和廉政公署。根据《预防和会计法》规定成立的审计署,加强监查公共资金的收入、支出和使用,约束相关行政官员职务行为,以达到预防职务犯罪的目的。为确保廉政机构的独立性,法律规定它直接向国会负责,不受其他机关的干扰。1989年根据《政府道德行为法》美国设立了廉政公署,属于人事管理局内设独立机构,直接受总统领导,对总统和议会负责。其主要职责是管理政府各级官员的财产申报事务和对

第九章 建立预防职务犯罪工作管理体系

政府官员的道德行为进行监督。

在财产公开制度方面,美国法律对财产申报的规定堪称世界财产申报立法的典范。美国颁布了著名的《政府阳光法案》,与之配套的还有《信息自由法》《道德改革法》《联邦反腐败行为法》等。其中的《道德改革法》明确规定了财产申报和公开制度,对各类高级官员及其配偶、子女的财产申报作了规定。例如,规定总统、副总统、国会议员、政府高级官员以及联邦法官等官员在任职之前必须报告和公开自己及配偶的收入、个人财产等财产状况,任职以后还必须按月申报个人和家庭财产,在此过程中如果官员提供虚假信息,有可能受到罚款甚至获刑。

在职业道德规范方面,美国对规范公务人员职业道德十分重视,将避免利益冲突作为预防职务犯罪行为的重要阀门。美国制定的《文官制度改革法》规定,政府职员要奉公守法、廉洁自律,不能以权谋私,不能参加政治性募捐等接受金钱的活动。美国的《联邦工作人员道德准则》也规定,政府公职人员不能利用职务进行私人交易,还规定政府官员离职一年之内不能到原职务所在部门为他人进行游说。美国的《防止利益冲突法》专门针对利益冲突行为作了规定,禁止公务人员及其配偶、子女在与公务活动有关系的利益集团工作,严禁利用职务之便收受礼品等,对违反规定的,给予相关的纪律处分,触犯法律的由司法部门向法院提起刑事诉讼,由法院审理后依法作出刑事判决处罚。

美国法律十分注重对举报人的保护,把对举报人的保护作为预防职务犯罪法律制度的重要组成部分。1978年出台的《文官制度改革法》专门设置了特别律师办公室,特别律师负责调查和追诉行政机关及其人员违反该法的行为,如果行政机关对举报的职员采取报复行为,特别律师就可以命令行政机关予以矫正,必要时,可以向总统提出报告,通过这种方式加强对告发行政机关违法行为的职员的保护。1989年美国还颁布了《举报人保护法》,鼓励公民参与反腐败斗争,并加强对举报人的保护。

综上所述,美国预防职务犯罪的法律制度既细密又周全,同时可操作性和适应性也很强,行事均有法可依、于法有据,形成了一整套完备的预防职务犯罪法律运行体系。①

2. 英国

英国政府一直致力于根除腐败,反腐败在英国的政治生活中始终占据重要位置。英国是世界上比较清廉的国家之一,这是英国历史传统、预防立法及有关机构活动等方面共同作用的结果。

英国通过历史悠久的文官制度来约束公职人员的职业道德,防范利益冲突。英国的《文官守则》在总纲中明文规定文官要对国家忠诚,要正直、诚实,不能将个人私利置于其职责之上,不得以权谋私。英国文官制度的具体要求包括禁止公职人员泄露通过职务知悉的经济情报;禁止利用通过职务知悉的信息从事投机行为;禁止接受因职务而获赠的高价礼物和酬金;禁止接受频繁或定期的宴请;禁止从事第二职业;如果持有或者可能得到与职责相冲突的股份时,需要对上级报告,当文官由于外交礼仪的原因不能谢绝而接受礼品,之后必

---

① 许道敏:《美国:权力法制日臻完善》,《中国监察》,2002年第14期。

第九章 建立预防职务犯罪工作管理体系

须上交。①

在预防立法方面,早在1906年英国即颁布了《防止贪污法》,并在1916年作了补充,英国政府内阁和文官部均以此为依据制定了相应的规范。1973年瑞德克里夫—莫德委员会提出关于财产申报等预防腐败的措施,并被法律委员会所采纳。1995年梅杰任首相期间,在政府的推动下,英国议会通过了以诺兰准则为基础的文官道德准则,英国的预防腐败工作又有新的起色。

在有关机构的活动方面,英国最为重要的反腐机构当属1994年成立的诺兰委员会。诺兰委员会的工作职责是考察人们对公职人员遵守公共行为标准的满意度,并对现行制度不断提出改革建议方案,来确保公职人员高度廉洁。诺兰委员会提出的许多有重要预防腐败意义的准则得到采纳。除此之外,检察机关、反重大欺诈局、议会行政监察专员、地方行政监察专员及议会财政监察专员等都是重要的反腐败机构。②

3. 新加坡

新加坡治理贪污等职务犯罪的成功经验是把严密的预防立法和严格的法律监督糅合为综合性的预防职务犯罪战略。

---

① 关于这个规定有一个有趣的事例,1982年时任首相的"铁娘子"撒切尔夫人出访中东,阔绰的沙特阿拉伯国王哈立德赠送给了撒切尔夫人一副"最令人目眩的珍珠项圈",每颗珍珠都有游戏弹珠那样大。酷爱珍珠首饰的撒切尔夫人兴奋地回到英国就戴上了,没想路上英国国土还不到24小时,王室珠宝协会的专家就跑到唐宁街W号的首相官邸来估价了——根据规定,首相接受的礼品即使是专门赠与个人的,也要上交财政部,并由王室专家进行估价,如果首相离任时想要得到这个礼物,就要按估价付款。撒切尔夫人当然是知道这个规定的,但是也没有想到专家来得这样快。以她的工资收入断然买不起这样一件首饰,可竟然连戴一下的机会都没有就眼巴巴地看着专家拿走了。

② 许道敏:《英国:伴随"道德回归"的反腐行动》,《中国监察》,2002年第20期。

新加坡预防职务犯罪的立法主要有《防止贪污法》《没收贪污所得利益法》《公务员指导手册》以及《公务员惩戒规则》。《防止贪污法》是新加坡基础性的预防职务犯罪立法，该法1960年颁布实施，历经7次修改，目的就是适应新形势和新情况，把肃贪倡廉的各项规定都纳入法律的调整范围。新加坡制定的《公务员指导手册》分为5卷，对政府各部门公务员不同的职务行为，从穿着、言行、奖惩、休假、津贴、保密至退休等各方面都作了明确具体的规定。新加坡以成文法的形式明确规定了公务员的财产申报和公开制度，规定公务员初任公职时及之后每年7月1日均须申报其本人个人财产，每一个官员被政府聘任后必须申报自己的财产。公务员任职后，财产如果有所变动，应主动申报财产变动情况。各部门的常任秘书对每一份申报表都要进行详细审阅，个人申报财产后还必须由贪污调查局审查核实。

贪污调查局是新加坡的反腐败专门机构，也是《防止贪污法》的执行机构，内设情报组和研究组，是国家惩治职务犯罪的强大机构。《防止贪污法》赋予其广泛、特别的权力，强化侦查权限和侦查措施，大大增强了执法的权威性，贪污调查局被赋予特别侦查权，即无证搜查与强行搜查，对财产的查封、扣押，检查、复制银行账目，要求有关人员提供犯罪证据，要求嫌疑人说明财产来源，无证逮捕以及限制转移财产等特别权力。

（二）大陆法系

大陆法系国家在预防职务犯罪方面主要有以下特点：一是民间组织在预防职务犯罪中起着至关重要的作用，结合专门的预防职务犯罪的国家机构，构建强有力的预防职务犯罪体系;二是社会道德是约束公务行为的重要规范,依靠舆论监督,公务行为遵章守纪更为主动;三是注重采取非刑事的防治措施、完善的财税等制度以实现对职务犯罪的标本兼治。课题组以德国、法国和日本三个典型国家为例进行阐述。

1. 德国

官方力量与民间力量相结合是德国职务犯罪预防的最大特色,并且德国的民间力量在预防职务犯罪中发挥着极其重要的作用。德国的透明国际组织就是这种民间力量的表现,也是德国职务犯罪预防的最大亮点。透明国际,又叫反腐败国际,是一个非政府组织,专门致力于在世界各国开展反对腐败活动。该组织成立于1993年5月,总部在德国柏林,总部约有40名工作人员,在全世界83个国家设有分会,在伦敦等地还设有办事处。透明国际把增强政府预防职务犯罪的责任,阻止国际和国家层面上的职务犯罪,提高公众的职务犯罪预防意识,推动国家廉政体系建设作为该组织的目标定位。在此目标的指引下该组织确立了自己的主要工作,包括开展舆论宣传,例如每天通过互联网发布防治职务犯罪的信息,编印《透明国际通讯》和《透明国际全球反腐败年度报告》等;发布世界各国及地区清廉指数和行贿指数;组织开展预防职务犯罪的学术研究;推动世界各国及组织遵守其通过的廉洁公约,等等。

目前,德国的透明国际组织已经得到许多国际组织和大多数国家的承认。北欧五国还设有透明国际组织的分支机构,组成人员主要是社会各阶层热心于职务犯罪预防事业的优秀人士,他们以非政府组织的形式积极参与职务犯罪预防工作,并致力于研究有效预防职务犯罪的措施,根据社会调查,评估政府的廉政程度,为政府职务犯罪预防工作提供咨询,向政府和一些大型企业提供职务犯罪预防的建议,动员社会公众以及新闻媒体共同开展职务犯罪预防斗争。①

2. 法国

近年来,法国在预防职务犯罪方面做了诸多努力。在预防职务犯罪机构的设置上,成立了专门的预防腐败委员会,该委员会与警察和司法部门协作配合,收集腐败信息,加强惩治和防范公职人员职务犯罪;同时设立了公共生活透明委员会,以立法的形式强化其职权;设立了审计法院,加强对政府官员的审计监督;设置中央廉政署,独立侦查腐败等职务犯罪案件;在上诉法院中设置经济犯罪和金融犯罪专门法庭,专门处理针对公职人员的职务犯罪审讯。以上这些强化职能的机构和新创设的机构,把惩治公务人员犯罪纳入预防腐败的体系,推进实施各项预防举措,强调在惩治腐败等职务犯罪的同时加强预防工作。

在官员的财产公开透明方面,为了有效预防腐败行为,法国先后通过了一系列法律规定,在关于公务员权利和义务的《第83-634号法》的基础上,1988年制定了关于公务人员财产透明度的《第88-226号法》《第88-227号法》,并且制定了禁止公务人员利用职权获取利益的法律、法规。特别是在《政治家生活资金透明度法》中,对公务人员的财产申报作了十分具体的规定,这对防止和及时发现、揭露职务犯罪行为起了重要作用。依据这些法律规定,"总统候选人在竞选开始前,须将其有关财产状况的资料加封条交给宪法委员会,宪法

---

① 许道敏:《德国:国家机构和民间力量共同治腐》,《中国监察》,2002年第23期。

第九章 建立预防职务犯罪工作管理体系

委员会公布选举结果的同时公布当选候选人的财产状况；国民议会及参议院的议员在上任后的15天内，须向所属议会、议院办公厅提交财产申报单；中央政府组成人员和特定的地方官员，须在被任命或上任后15天内提交个人财产申报单。以上议员、政府官员未按规定进行财产申报的，取消任职资格"[1]。

在预防职务犯罪的立法方面，法国立法对《政治家生活资金透明度法》不断进行完善，继1993年对法人向政党和议员候选人的捐赠作出限制之后，又不断地扩大范围，1995年禁止法人向候选人捐赠，包括以低于市场价提供优惠的间接赠与。随后又将申报财产的人员扩大到地方议会主席、当选议员、居民达3万以上城市的市长以及经营规模较大的企业负责人，体现了法国政府治理职务犯罪的决心。

3．日本

总体而言，日本对职务犯罪的预防均以法律为基础。从法律惩处、纪律约束，再到官员素质、财产公开、舆论监督以及在野党的约束等均以法制为基础，诸多方面构成了完备的职务犯罪预防制度体系。

在法律惩处方面，日本制订了《国家公务员法》《地方公务员法》《关于整肃官厅风纪的决定》内阁成员资产公开制度以及刑法中有关公务犯罪的规定。日本是一个重视刑事立法对职务犯罪威慑作用的国家。在日本刑法典中，除单纯受贿罪外，还对受托受贿罪、斡旋受贿罪、向第三者供贿罪、事前受贿罪、事后受贿罪、加重受贿罪、赠贿罪等设置详尽的刑罚规范，

---

[1] 许道敏：《法国：完善立法健全机构》，《中国监察》，2002年第13期。

对贿赂犯罪行为规定极为严格。除刑法典以外，还制定《关于整顿经济关系罪责的法律》《律师法》《赛马法》《商法》《保险业法》等非刑事法规，其中也设置了预防贿赂犯罪的条款。另一方面，日本在重视刑事立法惩治贪污贿赂犯罪的同时，还特别注重采取非刑事的防治措施，制定了完备的会计法规、银行法规、税务法规及公务员行为规则等，以完善的制度防止职务犯罪，对预防职务犯罪起到了标本兼治的重要作用。

在官员的财产公开方面，1974年，时任首相的田中角荣因"洛克希德事件"①下台受审以后，继任的三木武夫、铃木善幸为博取国民支持，在上台时均公开了自己的财产。1983年10月田中角荣被判决有罪，日本的内阁成员财产公开制度日益得到严格执行。随后的中曾根内阁将全体内阁成员的资产都公之于众，内阁成员财产公开遂成惯例。在公开财产的范围方面包括："土地、建筑物等不动产及其收益；银行存款及其类别，存款要分别写明定期存款和邮政储蓄等数额，有价证券要写明国债、公司债、股票和其他证券的票面额，超过500万日元的股票还要写明发行者和股份数；借出和借入的款项及其数额；高尔夫球会员权、汽车、字画、古董及其他工艺品等。所公开的资产是否真实，将受到核实和媒体跟踪，媒体和在野党对当权者的及时揭露，也使那些贪欲膨胀的政要不得不有所

---

① 洛克希德事件与昭和造船丑闻事件、电工事件、里库路特事件并称日本战后四大丑闻事件。当时美国最大的飞机制造公司和军火供应商洛克西德公司在美国参议院外交委员会跨国公司小组的调查中承认其向国外推销飞机时，以各种名义行贿外国政要。后经日本检察机关调查，田中角荣涉嫌在1973年8月至1974年2月任首相期间，4次收受洛克希德公司的贿赂款共5亿日元。

收敛。"①

(三) 国际组织

鉴于腐败犯罪的巨大危害和其蔓延情况,当前国际社会普遍高度重视对于腐败犯罪的打击,并成功地探索出一些惩治腐败犯罪的策略。第58届联合国大会通过的《联合国反腐败公约》(以下简称《反腐败公约》)是世界各国反腐败犯罪共同智慧的结晶,也是国际组织职务犯罪预防的典型代表。《反腐败公约》预防职务犯罪的措施有:

1. 建立预防性反腐败机构

公约规定,缔约国应根据本国法律制度基本原则,确保设有一个或酌情设有多个预防腐败机构,以实施各项预防腐败措施,使反腐败的政策落实到位,保障预防职务犯罪的工作卓有成效地开展。预防性反腐败机构的职责包括在制定、执行和推进反腐败政策过程出现失衡现象时,积极协调平衡发展,并加强全程检查和监督;另一方面是对公众开展各种预防性反腐败宣传教育,使公众积累和传播预防腐败的知识。

2. 加强对公共权力部门的管束

公共部门具有公共性、依法性和权威性的特点,是与私人部门相对应的部门,以谋求公共利益为目的行使国家公共管理权力。首先是建立现代公务人员制度,公务人员的选拔、任用都要体现公开、平等、竞争原则,公务人员的教育、培训要突出以德养廉目的,公务人员的轮岗、退休能有效把持期限、控制权力。其次是建立和实施公开透明防止利益冲突的制度,

---

① 许道敏:《日本:制度塑造官员人格》,《中国监察》,2002年第17期。

既要求公共行为以公开的方式进行，把权力置于"阳光"下接受监督，如推行官员财产申报制度，又要求当多元利益发生矛盾冲突时，损害公共利益要承担多方面严厉的责任，约束好个人行为，摆正个人利益位置，从而预防职务犯罪的发生。

3. 公务人员行为须遵循守则

首先是倡导与规范并重、教育与约束并行，倡导公务人员廉正、诚实和尽责的品德，适用正确、诚实、妥善履行公务的行为准则，保障公务人员的权力行为合乎公共性要求；其次是建立有效的举报制度，包括无障碍的投诉方式、较规范的投诉处理以及完善的举报人保护制度，疏通诉讼渠道，目的是唤醒群众的社会责任意识，使职务犯罪行为处于社会监控之中，形成良好的社会氛围；最后是增强威慑效应，综合采取行政、党内以及刑事惩罚措施，实施惩罚机制，使打击职务犯罪的效果为预防职务犯罪服务。

4. 建立公共采购和公共财政管理制度

公约要求建立对预防腐败特别有效的公共采购制度，应以透明度、竞争和按客观标准决定为基础，公开包括资料公开、条件公布、决定公正、有复审制度保障并且严格规范采购人员行为。公约要求建立促进公共财政管理的透明度和问责制，建立迅速、有效的内部控制和风险管理制度，建立由会计、审计标准和有关监督构成的制度，落实按时报告收入和支出情况等措施，规定违反规定要依法承担民事、行政乃至刑事责任。

5. 实行公共报告制度

采取公开信息、简化行政程序、公布腐败风险资料等必要措施，促进公共权力部门在组织结构、运作和决策过程中提高公开性和透明度。信息公开制度认可公民对国家拥有的信息有公开请求的权利、国家对信息公开的请求有如实回答的义务;简化行政程序就是要按照公正与效率的衡平机制的要求,限制公共行政部门的随意性;定期公布腐败风险资料目的,是为了提高社会公众和公共行政部门工作人员对腐败存在风险的认识,使公众意识到腐败风险和代价大于收益,在制约机制上形成得不偿失的定论。

6. 积极推动社会力量的参与

公约强调综合利用反腐败资源,合成作战,推动公共部门以外的个人和团体积极参与预防和打击职务犯罪,提高公众对职务犯罪的存在、根源、严重性及其所构成的威胁的认识。同时,"强化各缔约国根据本国法律制度的基本原则,制定、执行和坚持有效的预防性反腐败政策,增强预防腐败的能力和效果,实现从侧重打击到惩防并重的转变"①。

三、预防职务犯罪的经济学分析

预防职务犯罪属于社会科学的范畴。其所涉及的理论基础除了包括通常所说的"社会科学"三大基础学科即社会学、经济学、政治学之外,还包括法学、犯罪学、心理学、舆论学、监督学等理论,这些理论中尤其是经济学理论对职务犯罪分析及预防职务犯罪工作提供了强有力的理论依据和智力支持。

---

① 吕晓蓓:《〈联合国反腐败公约〉对我国职务犯罪预防的启示》,《公民与法》,2013年第3期。

因此，本课题着重介绍几种经济学观点，以期对预防职务犯罪工作的开展有所帮助。

经济学对预防职务犯罪提供的理论支撑是显而易见的。经济学以用较少的投资取得较大的回报为研究对象，预防职务犯罪工作也要考虑投入与效果之间的比例，这与经济学理论是相通的。同时经济学中的"经济人""寻租""内部人控制""政府管制"和"市场失灵"理论可以帮助人们准确描述、透彻解释腐败犯罪现象，深刻揭示腐败犯罪背后的经济原因，并可以从经济的角度提出防治腐败犯罪的对策和措施。①（如图9-1所示）

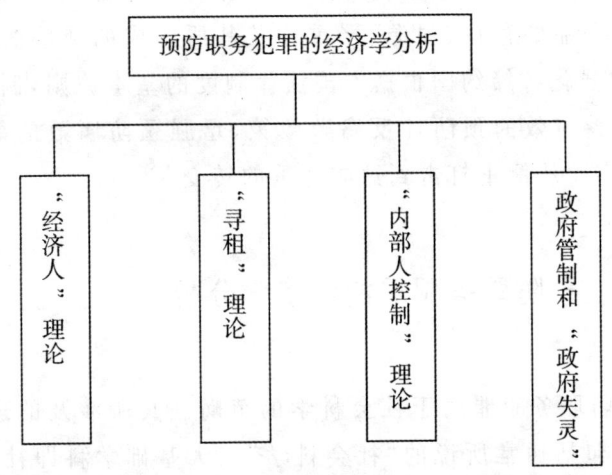

图 9-1 预防职务犯罪的经济学分析示意图

1."经济人"理论

亚当·斯密在1776年出版的《国富论》中最早阐述"经济

---

① 李艳梅：《预防职务犯罪 促进社会和谐》，北京：中国大地出版社2007年版，第55～56页

人"理论,根据"经济人"理论假设,人的行为的驱动力是追求个人的最大利益,从事工作的唯一动机是为了获取经济报酬。这种以利益为核心的理论假设主要包括以下基本观点,即人的本性好逸恶劳;人生来就是以自我为中心,对组织目标实现与否漠不关心;多数人都安于并乐于现状,不图进取,宁愿接受领导而不愿负责任。也就是说,"经济人"主要为金钱而工作,为享受物质生活而生存,只要能满足金钱和物质需求,就能调动人的积极性。在现实社会中"经济人"具有独特的表现:总是考虑自己的私利,而不是他人利益或者社会公共利益;总是企图以最小成本或代价获取最大利益;总是存在侵占他人利益和公共利益的倾向。在市场经济中,一些领域的官员或部门因权力触及经济领域的关系,也会具有"经济人"的一些特点,追求个人利益或部门利益的最大化。在现实社会中容易形成经济利益"共同体",从而形成相互依托、默契配合的腐败团体。① 如第十二届全国政协原副主席、中央统战部原部长令计划,山西省政协原副主席令政策,国家能源局原局长刘铁男,山西省委原副书记、原人大副主任杜善学,山西女商人丁书苗等人所组成的"西山会"就是一个比较典型的官商勾结的腐败团体。

2. "寻租"理论

"寻租"理论产生于20世纪60年代的美国,是现代经济学的一个重要学说。20世纪70年代,诺贝尔奖金获得者布坎南关于腐败"寻租"的理论引起人们的强烈反响,贝克尔则

---

① 李艳梅:《预防职务犯罪 促进社会和谐》,北京:中国大地出版社2007年版,第62页。

认为"腐败是政府干预经济的外在产物,对经济的控制越多,腐败也就越严重"。"寻租"本身是一种非生产性活动,虽然没有提高生产率,也没有增加新产品和社会财富,却使用了有限的社会资源,改变了产权关系。在此过程中,寻租者通过特殊的政治地位或垄断地位,使政府干预或不干预某事,因而获取了本应属于别人或公众的财富。"寻租"理论对分析我国腐败现象产生的根源,探讨腐败的经济基础很有帮助。① 尤其是当今一些官员在利益面前,将权力设租当成了常态,在"设租""求租"的过程中,官员收取"租金",生产者和商人从中获利,表现为典型的权钱交易过程。据《中国经济周刊》2014年11月26日报道,随着山西省高平市市长杨晓波的落马,近10年间有3位曾任高平市市长的官员落了马,而这3位市长的受贿犯罪均与煤炭有关。如要从根本上解决"寻租"问题,就要尽可能地减少政府干预,缩小政府管制的范围,以市场化促进公开、平等竞争。

3. "内部人控制"理论

"内部人控制"理论是指企业经理或职工依法或事实上掌握企业的控制权,从而可以在公司决策中较为充分地体现其利益。该理论是最早由日本经济产业研究所所长青木昌彦提出,虽然日本的社会体制不同于我国,但就现代企业,尤其是国有企业而言,"内部人控制"理论还是有借鉴意义的。结合我国实际,这里的"内部人"是指能够控制企业大部分或一部分利益,并具有一定职权的国家工作人员。如果国有企业的

---

① 李艳梅:《预防职务犯罪 促进社会和谐》,北京:中国大地出版社2007年版,第63页。

第九章 建立预防职务犯罪工作管理体系

内部监督机制不健全,国有资产就可能成为"无保障资产",从而成为国有企业少数权力人物侵害的对象。

4. 政府管制和"政府失灵"

政府管制是在"市场失灵"的情况下出现的。"市场失灵"使政府管制成为必要,但是政府管制也可能失灵,也就是"政府失灵"。政府不能实现资源最佳配置,导致产生"寻租"、腐败等现象,从而扭曲资源配置的市场绩效,出现管制"失灵"。

由于政府管制可能引发腐败,由此带来巨大的反腐败成本,包括事前的防范,事中的监督、制约和事后的惩处,都需要成本。实践证明,只要存在政府管制,腐败问题就可能随之而来,管制越多腐败就可能越严重,腐败问题越难解决。[1]

上述经济学的理论观点告诉我们,职务犯罪的发生有多方面的原因。包括权力方面的原因:权力越大、越集中,越容易产生腐败;制度方面的原因:行为缺少规范,监督制约机制不健全,国家财产就容易被侵吞;环境方面的原因:在存在大量投资交易机会情况下,如果政府管制失灵,就容易产生腐败行为;个人原因:个人一旦产生不良动机,就容易为了经济利益出现职务犯罪。经济学理论为我们分析职务犯罪产生的原因提供了重要参考,有助于我们在预防职务犯罪工作中针对犯罪原因,找准预防的切入点,从而能够使预防职务犯罪工作取得实效。

---

[1] 李艳梅:《预防职务犯罪 促进社会和谐》,北京:中国大地出版社 2007 年版,第 67 页。

四、我国检察机关预防职务犯罪的必要性分析

党中央对反腐败工作高度重视。当前,反腐力度之大、范围之广,前所未有。检察机关作为惩治和预防职务犯罪的重要职能部门,要牢固树立"查办职务犯罪是政绩,做好预防职务犯罪工作是更大政绩"的理念,进一步加强和改进预防职务犯罪工作,努力减少和遏止职务犯罪的发生。

(一) 新形势下加强职务犯罪预防意义重大

1. 加强职务犯罪预防是服务经济促进发展的现实要求

加强职务犯罪预防能够为经济发展提供良好的发展秩序。一方面,国家通过职务犯罪预防,达到净化市场秩序目的,从而为社会生产力发展提供一个优质、公平、有序发展的环境。另一方面,国家通过职务犯罪预防,避免创造社会财富的劳动者走向犯罪深渊,使一些高素质的劳动者充分发挥对生产力发展的推动作用。

加强职务犯罪预防有助于构建诚信市场经济。市场经济是立足于诚信的法制经济,维护公平的市场秩序,要求市场交易双方必须恪守诚实信用原则。目前,我国的政治体制与经济体制都处在转型时期,我国正处于诚信缺失最容易发生的社会发展阶段。加强职务犯罪预防,防止官员发生贪污腐败、弄虚作假等违背诚信的行为,有助于净化市场经济环境,构建起诚信市场经济,维护市场经济条件下的公平竞争环境,促进市场经济良性发展。

第九章 建立预防职务犯罪工作管理体系

加强职务犯罪预防有助于降低商业成本和风险。腐败总是与经济问题密切相关,近年来,一些建设工程的坍塌,被称为"豆腐渣"工程,其背后总是与腐败因素联系在一起的。腐败能够增加商业成本和风险,引起市场秩序混乱。当交易者通过巨额贿赂行为得到承揽项目时,他们或者将多出去的交易成本转嫁到消费者身上,或者通过偷工减料降低施工成本来保证自己的高额利润。加强职务犯罪预防,营造风清气正的社会环境,可以降低市场交易成本和市场风险,保证工程质量,促进经济社会又好又快地发展。

加强职务犯罪预防有助于加强对劳动者的保护。生产力就是人们进行生产活动的能力,在决定生产力高低的三个基本要素劳动资料、劳动对象和劳动者中,劳动者属于第一生产力要素,在生产力发展过程中具有决定性的力量。作为生产力三要素之一的劳动者的国家公职人员,他们在社会中的地位、能力、经验决定了他们在生产力发展过程中起主导作用。近年来,各地相继出现"塌方式"腐败,大批官员因腐败问题纷纷落马。如2014年中纪委查办的山西官场窝案、中石油窝案、国家发改委价格司窝案等重大腐败案件,不仅涉及中央与地方政府,也包括垄断国企,共同特征都是"倒下一个牵出一串"的"塌方式腐败"[①]。这些官员在对国家、社会造成危害的同时,也给国家造成了巨大的人才损失。习近平总书记指出:"职务犯罪确实使我们损失很大","国家培养一个领导干部比培养一个飞行员的花费要多得多,而更多的还是我们倾注的精神和精力。但是,一着不慎毁于一旦"。加强职务犯罪预

---

① 《2014年十大反腐新闻:围剿塌方式腐败》,《检察日报》,2014年12月30日。

防,将对职务犯罪的单纯事后打击调整到事前预防上来,可以使一些领导干部在社会主义现代化建设中积极发挥正能量,避免他们违法违纪,走向堕落的深渊。从该种意义上看,加强职务犯罪预防就是对生产力第一要素中的劳动者的最大保护。"预防职务犯罪就是要保护这些干部不受腐败的侵蚀,让他们在社会主义建设事业中发挥才干、释放正能量,推动社会生产力的发展。"①

2. 加强职务犯罪预防是构建和谐社会的必然选择

与普通刑事犯罪相比,由于国家工作人员代表着党和政府形象,职务犯罪除具有一般刑事犯罪的危害之外,还毒坏了社会风气,败坏了国家声誉,而且容易激化社会矛盾,影响政局稳定。如果职务犯罪得不到有效防治,和谐社会的构建便会成为空谈,加强职务犯罪预防是构建社会主义和谐社会的必然选择。

做好职务犯罪的预防工作,是维护安定团结与社会和谐稳定的需要。"廉则兴邦,贪则亡国",已经成为历史反复证明的社会发展规律。改革开放30多年来,尽管我国已经解决了温饱问题,人民群众的需求层次正在逐步提高,政治意识正在逐步增强,但职务犯罪作为腐败问题的重要表现,其发展趋势却越来越严重,越来越普遍。特别是那些发生在住房、医疗、教育等民生领域的相关职务犯罪,由于直接侵害了群众的切身权益,广大人民群众对此深恶痛绝。如果我们不高度重视和认真解决社会上存在的公职人员腐败问题,放任社会矛盾激

---

① 陈正云:《职务犯罪预防工作具有四大价值》,《检察日报》,2013年11月13日,第3版。

化下去,必将对社会稳定带来极大影响。只有加强职务犯罪预防,防患于未然,从职务犯罪源头抓起,才能做到正本清源,真正遏制职务犯罪高发的态势,才能拉近与人民群众的距离,取得人民群众的信任,赢得人民群众的支持,维护政治清明、人民安定和谐的局面。

预防职务犯罪是打造廉洁高效政府的需要。和谐社会的建立需要经济的高度发展,而经济的发展,不仅要有好的经济体制,以合理调配资源,充分调动劳动者的积极性,还必须有能够促进经济发展的上层建筑。① 经济发展的一个必要条件是必须有一个廉洁、高效的政府,而要建设廉洁、高效的政府,必须将职务犯罪降到最低限度。通过职务犯罪预防工作,加强对权力运行的制约和监督,建立健全有效的防控体系,努力减少和消除引发职务犯罪发生的各种主客观条件,利用机制的作用提高国家工作人员素质,规范权力运作,是建设廉洁、高效政府的必然要求。

3. 加强职务犯罪预防是推进依法治国进程的需要

建设和谐社会需要法制的保障,只有按照法治的标准,规范国家权力的运行、个人权利的行使,才能建立稳定和谐的社会秩序。党的十八届四中全会以"依法治国"为主题,出台了《中共中央关于全面推进依法治国若干重大问题的决定》,指出依法治国是坚持和发展中国特色社会主义的本质要求和重要保障,是实现国家治理体系和治理能力现代化的必然要求,事关我们党执政兴国,事关人民幸福安康,事关党和国家长治

---

① 李迎春、蔡策:《浅谈职务犯罪的预防对构建和谐社会的重大现实意义》,《经济师》,2007年第5期。

久安。职务犯罪都是违反法律的行为,都是与依法治国的号召相违背的。在现实生活中,还存在许多与法治建设不适应、不符合的腐败问题,有法不依、执法不严、违法不究现象比较严重,执法司法不规范、不严格、不透明、不文明现象较为突出,一些国家工作人员特别是领导干部知法犯法、以言代法、以权压法、徇私枉法现象依然存在。加强职务犯罪预防,更加科学有效地防治腐败,加强对权力运行的制约和监督,有助于提升领导干部的法治思维能力,确保国家机关按照法定权限和程序行使权力,对建设社会主义法治国家能够起到更好的促进作用。

(二) 检察机关预防职务犯罪工作成效显著

从宏观上看,我国现阶段的职务犯罪防范体系由专门预防和社会预防共同构成,主要通过直接监督和间接监督共同实现预防职务犯罪的职能。前者是指党委、人大、纪检、司法、审计等国家职能部门或其内设机构的专业化预防组织;后者是指公司企业、社团组织、新闻媒体、社会舆论等领域形成的社会化预防效能。其中,检察机关的预防职务犯罪体系建设,经历了十余年的实践和发展。检察机关在开展预防职务犯罪工作中,坚持求真务实、不断创新的理念,采取多样化的预防举措,在我国反腐建设中发挥了重要作用,取得了显著成效。

1. 充分发挥检察监督优势,科学组建专门预防机构

从我国立法上看,检察权不仅仅是对诉讼活动的监督,还包括对国家非规范职务行为的监督,或是非诉讼活动的监督,其根本目的是保障社会有序运行,最大化地实现社会"秩序自

第九章 建立预防职务犯罪工作管理体系

由"。预防职务犯罪的实质正是依托检察权,监督职务犯罪的发展态势,维护党的执政能力,而必然产生的非诉讼活动。职务犯罪预防机构依托检察机关受理举报、侦查监督、审查起诉、审判与刑罚监督等检察权的独有优势,特别是直接侦查职务犯罪的"便利条件",可及时准确把握职务犯罪发生的特点、原因、手段、危害和防治办法。它在检察机关的诞生,是充分运用和发挥检察监督职能的体现。因此,最高人民检察院在2002年率先建立了职务犯罪预防专门机构,逐步在全国四级检察机关建立了专业预防部门或预防岗位,分别挂牌职务犯罪预防厅、处、局、科。十八大以后,预防职务犯罪工作的地位进一步提升,全国省级以下检察院绝大多数都实现了预防部门撤处(科)改局的工作,形成了检察机关直接领导下的专职预防机构。随着近几年预防工作的快速发展,2010年,最高人民检察院正式在预防厅增设行贿犯罪档案查询管理中心,主要负责全国的行贿犯罪档案查询和管理工作。其他地方部分职务犯罪预防部门还下设行贿犯罪档案查询中心、预防预警信息中心、预防调查科、综合信息科、业务指导科、警示教育科等内设部门,基本建立了科学有效、分工明确、运行良好的职务犯罪预防机构体系。

2. 努力拓展综合预防平台,逐步完善多项预防制度

实践中,预防职务犯罪工作覆盖面较为广泛,任务量相对繁重,特别是很多预防措施不具备法律强制性,因此,各级检察机关依托内部预防机构,及时取得了各地党委、人大的大力支持,不断创新加大预防能力,先后建立了由党委书记或纪委书记、政法委书记为组长的预防职务犯罪领导小组,成员单位涵盖了辖区党政机关、国有企事业、社团组织等。目前,预防

职务犯罪工作正在初步形成党委牵头、检察机关主导、辖区单位支持、公职人员参与的综合预防平台。综合预防平台的形成对检察机关预防体系建设起着重要作用,特别是对顺利推进系统预防、警示教育和开展预防调查业务提供了很好的保障。

围绕预防机构的整体框架,多项预防制度应运而生。最高人民检察院先后制定完善了10余项业务规范,1999年1月出台了《关于加强预防职务犯罪工作的意见》,2000年12月颁布了《关于进一步加强预防职务犯罪工作的决定》,2002年4月颁布了《关于检察机关有关内设机构预防职务犯罪和工作职责分工的规定》,2007年2月通过了《人民检察院预防职务犯罪工作规则(试行)》,2010年下发了《检察机关执法工作基本规范》,并于2013年修改完善。同期,各级地方检察机关还不断向同级人大提出立法意见,根据区域特点制定地方《预防职务犯罪条例》。目前,全国已有近2/3有立法权的省、市出台了相关预防工作条例。各基层检察机关借助地方预防职务犯罪领导小组,制定了多项具体预防工作文件。以此为基础,全国检察机关职务犯罪预防机构、业务建设、机制建设得以全面加强,在中央确立惩防体系建设中发挥了特殊作用,同时也有效提升了检察工作的社会认同度和影响力。①

3. 积极探索整合预防队伍,快速提升惩治预防效果

预防体系从个案预防到系统预防,再到"侦防一体"机制建设,是不断探索和加强预防队伍构建的过程,也是不断提升惩治和预防工作效果的扎实举措。2015年3月,最高人民检

---

① 李乐平:《职务犯罪预防须注重专业化建设》,《人民检察》,2013年第22期。

察院检察长曹建明向第十二届全国人大三次会议所作的《工作报告》指出:"要依法查办职务犯罪,继续保持惩治腐败犯罪高压态势,2014年检察机关严肃查办各类职务犯罪案件41487件55101人,人数同比上升7.4%。经中央批准,最高人民检察院调整职务犯罪侦查预防机构,整合组建新的反贪污贿赂总局,强化侦查、指挥协调等职能。积极开展职务犯罪国际追逃追赃专项行动,多个部门联合发布敦促在逃境外经济犯罪人员投案自首的通告,加强境外司法合作,2014年共抓获境内外在逃职务犯罪嫌疑人749人。在加大惩治的同时,注重深化预防职务犯罪效果,普遍开展惩治和预防职务犯罪年度报告、专题报告工作,深入分析系统性、行业性、区域性职务犯罪的特点和原因,提出防治对策建议,重视发挥职务犯罪警示教育基地作用,广泛开展警示教育和预防宣传。"[1]这些将惩治和预防相结合的工作模式,有效促进了检察工作的科学发展。

(三)检察机关预防职务犯罪工作面临的新形势新挑战

目前,我国检察机关预防职务犯罪工作总体上还处在探索发展阶段,虽然预防职务犯罪取得了一定成效,但是由于经济的高速发展和社会价值观的多元变化,职务犯罪案件仍呈现高发态势。党的十八届四中全会通过的《关于全面推进依法治国若干重大问题的决定》,在对依法治国作出全面部署的同时,也对检察机关的预防职务犯罪工作提出了更高的新要求。那么如何把预防职务犯罪工作作为检察工作一个新的"增长

---

[1] 见2015年3月最高人民检察院检察长曹建明所作《最高人民检察院工作报告》。

点",切实把预防工作放在与查办案件同等重要的位置全面推进,充分发挥预防工作的积极作用,是我们当前面临的新挑战。

1. 惩防并举、注重预防的要求尚未实现

通过比较研究中外预防模式不难发现,只有将预防工作自觉融入国家发展大局,在大局中发挥作用,预防工作才能有更高的价值平台和更广的发展空间。将预防工作和侦查工作紧密结合起来,形成有效衔接、优势互补的工作机制,切实提高查办和预防职务犯罪的合力和水平,预防工作才有坚实的依据和牢固的根基。但是,受传统观念的影响,目前重打击、轻预防的思想依然存在,认为检察机关的职责就是查办贪污贿赂和渎职侵权犯罪,并且查处职务犯罪案件越多,越能突显检察工作的成效,部分检察机关还把查处案件作为考核检察业务的主要成绩。虽然最高人民检察院已经把预防工作提到一个重新评估和重新认识的高度,但实践中"重打击、轻预防"仍占据着主导地位,很多地方对于职务犯罪预防工作仍然是"说起来重,干起来轻,忙起来丢"的态度,往往把预防工作当作"软任务"看待,导致对预防工作的支持不够,甚至有些检察机关预防部门存在"一人局、两人局"现象,没有很好树立"办好案件是政绩,结合办案搞好预防、减少犯罪是更大政绩"的理念。

2. 系统预防职务犯罪的专门性法律尚未建立

目前,全国人大并未出台统一的关于职务犯罪预防的专门性的法律。检察机关开展职务犯罪预防工作主要是根据《宪法》《人民检察院组织法》以及中央的有关文件和高检院联合各系统、行业部门下发的通知等开展工作,缺乏具体的法律程序和职能设计,缺乏可操作性的统一标准,很容易形成各地开展职务犯罪预防工作"各自为政"的现象,因此,立法的缺失导致预防措施在对外效力上缺少执行力和保障,甚至引起一些相关部门的反感与抵触。这种没有全国统一的专门性预防职务犯罪法律的现状,使得预防职务犯罪工作事实上处于"先天不足"的状态,这与我国依法治国、从根本上治理腐败的总体要求不相适应。

3. 有的地方社会化大预防格局尚未形成

从多年的检察实践来看,检察机关往往以自我为中心,针对办案中发现的问题,单独开展预防工作,很难与其他相关单位联合开展预防工作。甚至有人认为预防工作面太宽、触角太多、工作量太大,超出了检察机关的职能范围,是"做虚功",不会产生实效,阻碍了多单位共同参与预防工作的积极性。现阶段,虽然纪检监察机关、人大、政协、审计机关、新闻媒体甚至社会舆论都在预防职务犯罪过程中起到了积极作用,一些单位也逐渐认识到预防职务犯罪的重要性,开始在内部开展预防工作,但从整体情况看,各单位基本上是各自为政,相互间缺乏协调配合,信息共享和利用程度不够,尚不能形成预防职务犯罪的整体合力,使预防职务犯罪的社会效果大打折扣。

4. 有的地方公民有效参与预防的多元化途径尚未畅通

在治理理论逐步兴起的当代潮流中,公民高参与度成了衡量民主治理水平的重要指标。通常我们在理论上主要依靠建立名目繁多的国家机关来相互制约,这种权力相互制约的思路固然不错,也是近现代国家治理逐步成熟的基本道路,但是当前预防工作的一大缺陷是过于单纯地依靠国家机关制衡,对有效吸纳公民参与重视不够，不能采取切实有效的措施调动公民参与职务犯罪预防的积极性。当然，这方面既有我国对保障公民参与职务犯罪预防的保障体系方面的原因，也有检察机关开展预防职务犯罪工作的自身原因。此外，没有明确建立公民参与预防的多种途径，也是充分发挥社会预防的一大障碍。例如，群众往往对涉及民生、扶贫优抚、惠农补贴等事项的感知最直接，当发现在管理上出现漏洞或隐患时，不能及时找到传达信息的最佳途径，这都是我们如何建立信息网络、宣传载体，同步实现外部预防面临的问题。

五、健全检察机关预防职务犯罪管理体系

预防职务犯罪职能是检察监督权的派生部分或衍生职能，在我国反腐总格局中发挥着重要作用。检察机关履行预防职务犯罪职能，是依法治国的具体体现。构建科学的预防职务犯罪管理体系，实现职务犯罪预防工作的规范化、专业化和社会化，是预防工作研究的重点。基于我国刑罚对象以及预防目的的不同，职务犯罪预防可分为特殊预防和一般预防。一般预防与特殊预防的辩证关系要求在不同预防阶段应有所侧重，惩治职务犯罪是职务犯罪预防的特殊预防形式，我们主要研究一般预防的具体形式。具体而言，一般预防就是结合检察机关执法办案，分析职务犯罪发生的原因及其规律，通过开展个案预防、系统预防、专项预防、预防调查、警示教育和宣传等形式，提出预防职务犯罪的对策和措施，从源头上减少和遏制职务犯罪的发生，形成科学的预防职务犯罪的管理体系。

(如图 9-2 所示)

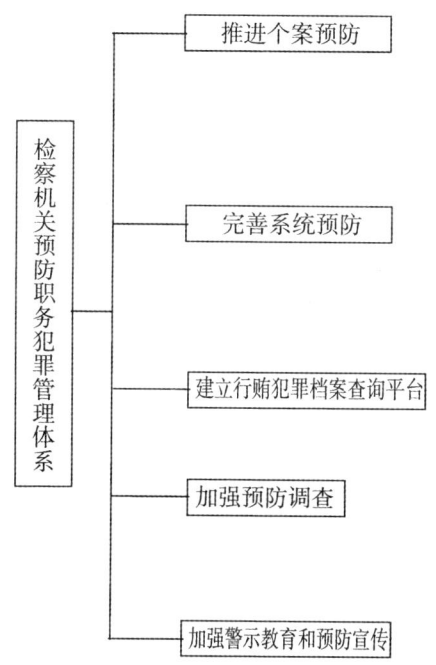

图 9-2 检察机关预防职务犯罪管理体系示意图

(一) 推进个案预防

1. 个案预防概述

个案是相对于类案而言的,个案预防是检察机关针对已发的个案,采用的较为广泛的预防职务犯罪方法,也是最早实际运用的方法之一。追溯到 20 世纪 50 年代,检察机关在查处职务犯罪案件后,就有向发案单位发出《检察建议书》或开展座谈研究的情形,而且多是建议对方就本单位已经发生的职务犯罪案件,开展法律学习和案件分析活动,在管理上查找问题,总结经验教训,完善自身在财务管理、内部监督等方面的管理制度,及时在单位内部进行公开通报等。通过个案预防逐步形成了"查办一案,教育一片"的社会效果,其目的就是避免或减少职务犯罪的再发生,这是我国预防职务犯罪的雏形。如河南省荥阳市检察院2013年以玩忽职守罪查处荥阳市农机局3名工作人员后,及时进行个案预防,督促涉案单位建章立制,从机制上堵塞农机补贴发放方面的漏洞,2014年国家下拨的农机补贴1470万元已全部按规定补贴到农户。①

目前,虽然个案预防工作经历了长期的实践和发展,但是仍然未有一套权威的规范性文件作指导。现阶段,我们开展个案预防工作主要是依据最高人民检察院《检察机关执法工作基本规范》《人民检察院预防职务犯罪工作规则(试行)》和各地制定的《预防职务犯罪工作条例》等一些规范制度。从全国的开展情况来看,各单位对个案预防的认识还存在较大差异,其重视程度不同,采取的方式不同,工作内容也不相同,这就要求我们尽快统一认识,建立一个高标准的、具有前瞻性的、易脚踏实地开展的预防模式。我们认为,个案预防是指检察机关结合某一职务犯罪案件的查办工作,针对发案单位存在的机制、制度以及管理上存在的问题,采取警示教育、座谈、案件剖析、检察建议等举措,协助发案单位加强教育,完善制度,强化监督,改进管理,以防止和减少职务犯罪的预防方

---

① 赵红旗:《荥阳千万元惠农补贴未发贪腐案》,《法制日报》,2015年6月19日。

式。① 这个概念的提出,体现了个案预防的定位:一是明确了个案预防的主体和对象,即人民检察院结合职务犯罪案件的查办工作,对某一发案单位开展的专项预防活动。二是明确了个案预防的客观方面,即通过采取警示教育、座谈、案件剖析、检察建议等举措协助预防对象进行犯罪预防。三是明确了个案预防的目的,即将打击和预防结合起来,充分发挥立竿见影的效应,防止发案单位再次发生职务犯罪案件,最终实现社会化地减少和遏制职务犯罪的发生。

2. 个案预防的实施

个案选择和立项。侦查活动是预防工作的基础,也是个案预防的前提。侦查是揭露犯罪、证实犯罪的过程,同时也对犯罪手段、过程、目的和发生原因等情况掌握最直接。从反腐终极目标看,预防才是根本,只有将打击与预防结合起来,才能走出"朝杀暮犯"的反腐困境。② 预防工作就是要结合侦查中获取的这些资料,针对涉案单位或个人进行深入分析,找出管理上、制度上的漏洞,制定堵塞这种漏洞的方法,避免职务犯罪的继发。然而,考虑到检察资源配置和预防成本的局限性,目前尚不能针对每一起案件都开展预防工作,且对于个别犯罪情节轻微、社会危害性较小的案件,没有必要开展个案预防。

选择个案预防对象时我们应重点考虑以下因素:一是结合当地发案情况,选择大要案类案件;二是选择某一单位或领域

---

① 宋寒松:《检察机关预防职务犯罪教程》,北京:中国检察出版社2013年版,第293页。
② 金优和、龚昌明:《个案预防的规范与完善》,《人民检察》,2002年第5期。

多发、群发、再发的案件；三是选择对社会影响大、群众反响强烈的个案；四是选择"小官大腐"的案件；五是发案单位领导积极性强，主动邀请检察机关开展预防活动的；六是考虑该案件的进展阶段，通常开展个案预防是在侦查终结后，也可以在判决生效后或是侦查期间；七是上级机关和检察长交办的案件。承办人围绕上述因素进行初步选择后，提出是否开展个案预防的意见，制作《个案预防立项审批表》，在表中列明已发案件的基本情况、立项理由、预期效果、工作计划、防范预案等内容，然后按程序报预防部门负责人或检察长审批，对审批有异议或提出否定意见的，应及时作出说明或撤销立项。需要说明的是，个案预防的启动，案件侦办部门和预防部门均可提出。个案预防立项后，由预防部门牵头，与具体办案部门共同组织实施。

完备的案件资料是个案预防工作的基本依赖。职务犯罪预防部门应积极与办案部门沟通，重点收集发案单位的机构组织、规章制度、党风廉政建设情况和立案决定书、侦查终结报告、起诉书、律师意见书、判决书以及犯罪嫌疑人或被告人辩解、证人证言等资料，必要时可借阅其他同类案件的卷宗以及该发案单位开展整改活动、完善制度、效果综述等方面的材料。案件资料收集后，承办人应详细查阅收集到的资料，进行整理、统计和复制，着手围绕案件特点和发案原因进行分析。首先应了解案件的基本情况，包括线索受理、立案、讯（询）问、作案方法、法院判决、社会影响等，进行个案分析准备，并将查阅过程和重点事项记录工作底稿。其次是列出案件特点，可采用向侦查人员咨询、到发案单位座谈询问、类案比较等方法，从发案人职务、涉案人数、发案人年龄、涉案金额、作案手

第九章 建立预防职务犯罪工作管理体系

段、危害范围、发案环节和时间等方面归纳本案特点。重点是深入分析发案原因,根据收集到的资料和工作底稿,结合已归纳的案件特点,分析发案人逐步走上犯罪道路的心理活动和思想蜕变诱因,分析是否存在制度漏洞、外因干预的现象,总结出主观方面和客观方面的原因。

撰写案件分析报告。个案预防业务经立项审批和分析后,应针对个案撰写案件分析报告,也称个案分析报告。撰写报告时,应客观全面、推理科学、综合准确地反映被调研案件及涉案单位的情况,主要是反映其机制、制度、管理中存在的漏洞和隐患,以及提出如何避免此类问题再发的措施和办法。撰写内容应包括:该职务犯罪案件基本情况,案件特点和作案手段,发案的客观原因、主观原因,发案单位存在的问题,帮助整改和预防职务犯罪的相关措施等。

发出检察建议或预防建议。检察机关预防部门应根据个案分析报告的内容,结合办案人员的建议,充分征求发案单位的意见后,制作《检察建议书》或《预防建议书》。制作内容应条理清晰、行文规范,主要包括案件基本情况、问题分析和措施建议,提出的整改措施建议应具有较强的针对性、指导性和操作性。《检察建议书》以检察机关的名义发出,有较强的规范性,一般适用于整改性建议;《预防建议书》以检察机关职务犯罪预防部门的名义发出,一般适用于预防性建议,当然,检察建议也可包含预防建议的内容。

与发案单位联合开展预防活动。建议内容得到发案单位采纳后,可以针对建议的具体措施,由检察机关与发案单位共同开展系列预防活动,也可随着活动的进展落实,适当调整、扩大活动形式。常用的活动形式有召开案件评析会,签订廉洁倡议书，开展家庭助廉活动，聘请专家研讨制度建设，预防知识竞赛活动，建立个人信息监督平台，财务专项审计，重点岗位互通互报以及规模化的开展警示教育和预防宣传活动，具体形式本节第五项将作详细阐述。活动开展是个案预防业务中的重点环节，工作量大，活动形式多样，对预防人员的业务素能要求高，活动开展成功与否，直接影响着预防工作的质量和效果。

坚持跟踪监督。在一系列预防活动进行中，或是活动结束后，检察机关应保持对发案单位的实际落实情况进行跟踪监督，避免发案单位"走形式、存应付"的现象，因为发案单位个别人员可能存在事不关己的麻痹思想，或是因为还存在潜在的职务犯罪而害怕或有意袒护的"官官相护"问题。因此，检察机关应特别重视发案单位的整改工作，注意收集发案单位的整改意见和检察建议回执，走访有关人员，了解发案单位人员的整改反响，也可以与发案单位以联合发文的形式制定《个案预防跟踪监督办法》，进一步巩固惩治和预防工作成果。

3. 创新个案预防工作机制

完善个案预防工作制度。检察机关开展个案预防工作，鉴于目前仍没有一套权威的规范性文件作指导，各单位对个案预防的认识还存在较大差异，这就需检察机关在系统内做好预防规程设计，建立一套完善的个案预防工作制度。一是明确个案预防的责任主体，分解检察机关各内设业务部门的预防职责。二是制定个案预防工作流程，使其纳入现行的"全国检察机关统一业务应用系统"中。三是设立个案预防评价制度，进行量化考核，促使办案人员从被动预防向自觉预防转化。

第九章 建立预防职务犯罪工作管理体系

明确检察机关内部预防协作。在检察机关内部,不能机械地绝对划分侦查部门和预防部门各自的职责,避免形成"你打我防"的浅层次矛盾,造成打击与预防脱节,"打防结合、惩防并举"才是我国立法目的和反腐总体要求。① 侦查部门具有熟悉案情,了解嫌疑人作案手段、发案原因的优势,预防部门具有善于分析、查找症结准确、宣传经验丰富、对外联系广泛的优势,在个案预防中,应充分注重双方优势结合,形成检察机关"侦防一体化"的工作模式。必要时,还可由检察机关宣传部门、公诉部门、案管中心等部门派员共同参与。目前,各地已逐渐明确了这种内部协作机制,有的是以文件形式规定,有的是将侦查和预防部门合并,有的是侦查和预防部门由同一个副检察长主管。不管以何种形式开展个案预防,在实践中都充分证明了内部协作机制的重要性。

避免个案预防脱离其他预防业务。各项预防业务的开展都遵循统一的启动原则和总体目标,个案预防不能孤立于其他预防业务之外开展工作。很多预防措施都是互通的,例如,个案预防中分析报告的撰写,往往是采用预防工作中案例分析的方法;向发案单位发出检察建议,是依据专项检察建议的方法;开展系列教育活动,则是警示教育和预防宣传职能的具体体现。采取这些措施都是为了提高个案预防的效果,预防效果是检验预防工作的标准,良好的预防效果取决于工作经验和工作方法。② 由此可见,只有更好地依托其他预防业务,

---

① 金优和、龚昌明:《个案预防的规范与完善》,《人民检察》,2002年第5期。
② 周乃祝、曹大军:《职务犯罪个案预防宜有预防部门承担》,《人民检察》,2003年第6期。

以个案为主线推进个案预防,才能切实完成个案预防的工作目标。

(二) 完善系统预防

1. 系统预防概述

多个同类职业可形成一个行业,一个系统也包括多个行业部门,针对某一个或多个系统开展系统预防,已成为检察机关预防职务犯罪工作全面发展的一个突破口。系统预防也可称为行业预防,主要是以其他系统各部门推进党风廉政建设为依托,共同研讨职务犯罪的现状,并立足法律监督职能,针对职务犯罪案件多发的系统,发现案件发生的行业原因和特点,运用查办案件的警示作用以及预防宣传、预测预警、调查分析、思想教育、检察建议等功能优势,指导、协助完善管理制度和健全防范机制,堵塞犯罪漏洞。这种预防职务犯罪活动方式是社会预防工作的重要组成部分。

追溯起源,2001年3月,最高人民检察院相继与海关总署、国家工商行政管理总局、国家税务总局、中央金融工委、卫生部、建设部等部门联合下发了在其所属系统共同开展预防职务犯罪工作的通知,制定了检察机关开展系统预防工作的具体任务,系统预防工作由此全面拉开了序幕。在此之前,由于预防职务犯罪工作起步较晚,对于系统预防或行业预防的开展一直存在争议。有人认为,就算是某个系统的单项工作,也往往与其他系统之间存在着千丝万缕的关系,一个职务犯罪案件的侵害对象也多涉及不同行业,很难实现不同系统之间相互配合的系统预防工作,检察机关也难以将预防工作做到实处。邓小平同志在20世纪80年代初就强调:"不是说个

第九章　建立预防职务犯罪工作管理体系

人没有责任,而是说领导制度、组织制度问题更带有根本性、全局性、稳定性和长期性。"制度好可以使坏人无法任意横行,制度不好可以使好人无法充分做好事,甚至会走向反面。① 这说明了良好制度对个人行为的制约性,也是对一个行业、系统廉政建设的重要保障。采取可行的多措施联动,完成对一个行业系统职务犯罪的有效防治,更能对多个系统甚至全社会预防职务犯罪工作起到积极的推动作用,达到从总体上减少和遏制职务犯罪的目的。

在开展系统预防时,要紧紧围绕"标本兼治、综合治理、惩防并举、注重预防"的反腐败方针,充分履行检察机关专业化预防的职责,紧密结合社会预防资源,在某一系统内实现纵向联动,或其单位部门间加强横向协作,携手推进系统预防工作。对检察机关而言,这种专业预防只是外因,应遵循"参与不干预、到位不越位、协助不添乱、服务不代替"的原则,充分引导和发挥各系统在预防工作中的内因力量,把系统预防工作抓大做实。

2. 系统预防的实施

开展系统预防一般采用联合实施的形式,由检察机关及相关职能机关与预防对象共同进行。启动系统预防时,某一个系统可以单独提出,多个系统也可以联合提出,上级主管部门也可一并提出,会同检察机关预防部门商定具体实施办法。也可由地方党委、人大、政府、纪委等机关提出要求,或由上级检察机关具体指定和上下联动启动系统预防。

确定系统预防对象。不论是检察机关内部的主动启动,还

---

① 徐琪峰:《职务犯罪预防措施二题》,《河南司法警官职业学院学报》,2004年第4期。

是外部需求的被动启动,在启动系统预防程序前,检察机关职务犯罪预防部门均须先拟定预防对象。一是对本地区一定时间内的职务犯罪情况进行汇总,找出职务犯罪多发、易发、继发或造成重大影响的相关领域,进行初步分析,看其重点涉及单个系统还是多个系统,然后根据预防资源的强弱,确定预防对象的范围。二是结合相关行业及其主管部门的邀请,听取他们的意见,查阅该系统职务犯罪情况,分析该行业是否存在职务犯罪隐患,了解该单位对反腐倡廉工作的重视程度,确定在哪些系统开展。三是按照地方党委和上级检察机关的要求,列明预防对象,当发现与系统预防要求存在矛盾,或实际操作难以实现时,及时提出意见和建议。

拟制系统预防方案。系统预防工作涉及面广,行业影响大,采取措施多,参与人数多,做好这项工作,必须点面结合,制定科学可行的《系统预防方案》。主要包括预防事由、预防对象、联合单位、指导思想、预防目的、任务分工、方法步骤、组织领导、明确承办人以及防范预案等内容。拟制活动方案,要围绕求真务实、注重效果的理念,不走形式,不图过场,在展现检察机关预防职能的同时,充分调动社会预防资源共同参与。在具体操作中,按照预防方案制作《系统预防审批表》,填写承办人意见,并报职务犯罪预防部门负责人审核后报检察长审批。

开展系统预防活动。开展活动是系统预防中的重要工作,其工作量大,实施难度大,采取的措施是否恰当,直接关系到预防效果的好坏,因此,系统预防经审批后,承办人不能仅按照《系统预防方案》中的计划"生搬硬套",还要在活动中学会同步调查研究、分析阶段效果,并根据发现的问题适时提出变更或补充意见,切实形成"以面入手、多管齐下、以点带面"的预防局面。开展系统预防活动,主要可采用以下几种措施:一是建立预防协调小组,确定其他共同参与部门的任务并分解到人。可以联合发文的形式下发到预防对象的每一个部门,并制定信息互通和交流通报制度、警示教育和宣传制度、线索发现和移交制度等,使系统预防活动有规可循,有章可依。二是围绕思想动向,开展警示教育和法律宣传。可以采用个案预防中的形式,分期召开全员大会,分析本系统的职务犯罪现状、发案特点、发案原因、探讨预防对策。也可以开展预防职务犯罪专题讲座,或是选取该系统内的职务犯罪类案,制作成挂图、展板、电子书、微电影或警示教育长廊等,进行不定期宣传。还可以采取参观检察机关警示教育基地、组织职务犯罪人员现身说法等警示性和震撼力较强的方式。三是利用信息互通制度,打造系统预防体系网络化。目前我国要形成统一的网络化预防体系,条件尚未成熟,可在某一区域或行业内打造"点、线、面"相结合的预防构架,同样会形成很有效的预防合力。基层检察院在对单一系统或多系统某些重点部门的预防中,由于涉及范围相对确定,可以建立预防网点,在工会、行业协会、系统主管单位的纪委等部门分别设置网点。同时加强与新闻媒体的联系,自觉接受社会舆论监督。例如,《深圳市预防职务犯罪工作条例》第十九条规定:"新闻媒体依法对国家工作人员履行职务的行为进行舆论监督,并对其宣传报道负责。"[1]这种预防网络化的运行,使松散型的"网点"成为

---

[1] 张朝霞:《浅议我国地方性法规中职务犯罪的预防措施》,《西北民族大学学报(哲学社会科学版)》,2008年第1期。

紧密型的交流平台,在预防职务犯罪过程中可以有效享用该行业系统的专业资源和信息资源,及时调整预防措施,提升预防效果。四是扩大预防声势,在系统内开展全方位专题活动。专题活动主要由检察机关策划,被预防系统协助,各单位党员干部人人参与。活动内容围绕廉政建设和预防职务犯罪的要求确定,可与本单位奖惩制度挂钩。五是在地方党委的领导下稳步推进重大事项预防。系统预防的对象决定了开展此项工作的范围和难度,实际运作中往往会面向多个系统或在一个系统的多个行业同时开展预防工作。在我们现行的机构设置中,较多存在不同行业系统的主管单位不同,或者没有同一个行政主管单位的现象。检察监督权和行政权一样,都要接受党的领导,因此,在开展重大系统预防工作时,应及时向地方党委或者上级党委报告,获得党委的统一安排后,与参与系统预防的单位共同制定预防方案,条件成熟时也可形成一种长效机制。例如,成立由党委或人大牵头的、辖区各行业单位为成员的预防职务犯罪工作领导小组,更有利于推进系统预防工作。

3. 创新系统预防工作机制

系统预防经过近几年的发展,已逐步成为预防职务犯罪的一项重要工作,但是,目前全国并没有统一完备的工作模式,在这方面我们仍需进一步探索。

检察机关开展系统预防的基础是预防制度和机制建设,需要有一套权威的法律依据作支撑,需要建立科学的领导组织,以指导和推进系统预防工作。依靠党委、政府推进预防工作,也是检察机关推动系统预防制度建设的重要组成部分,当前应重点建立和完善多项业务操作机制。一是形成多部门齐抓共管的工作机制。检察机关利用自身的专业化优势,围绕服务大局开展惩治和预防职务犯罪工作,必须坚持在党委的领导下,在人大、纪委、政府等部门的有力支持下,把系统预防纳入到党风廉政建设之中,实现党政齐抓共管、各部门共同参与的系统预防模式。二是建立预防职务犯罪联席制度。联席制度包括单系统联席制度、多系统联席制度和区域性联席制度,明确每年定期和不定期召开联席会议的次数,通过互通各自预防工作情况,制定职务犯罪信息沟通机制和领导责任制,形成规模化的预防合力。三是着重发挥各自优势,实行协作指导制度。检察机关与系统主管部门及其各单位要各自发挥专长,前者主要依托法律知识和法律监督地位,结合检察建议、预防咨询、案例分析等业务工作,向后者提供法律支持,在单位建章立制、财务管理、思想教育等方面提出意见;后者则具有较强行业特点和自身领域专业知识,可以互相培训,主动引导,共同组织具体预防措施的开展。四是建立案件互通和线索处置制度。这是落实中央惩防并举方针的有效体现,可以采取联合发文的形式,明确检察机关应在刑事诉讼法规定的范围内,将职务犯罪的查办情况,及时通报发案单位,并落实检务公开的要求;系统内各部门发现本单位的违法现象、犯罪线索,应及时移交检察机关,以便有效开展专项预防或案件侦查工作,达到法律效果和社会效果的有机统一。

(三)建立行贿犯罪档案查询平台

随着我国社会信用体系建设的不断完善,行贿犯罪信息的提供已成为必然要求。近年来,检察机关加大投入,已经建成了全国统一的行贿犯罪档案信息库和查询平台。

1. 行贿犯罪档案查询概述

行贿犯罪档案查询是指检察机关运用行贿犯罪档案查询系统,受理社会有关单位和个人的查询,根据查询结果向查询单位和个人提供查询服务,以预防贿赂犯罪,并促进社会信用体系建设。这是检察机关运用计算机和信息技术开展预防工作的重要实践。① 2006年1月1日,检察机关开始全面推行行贿犯罪档案查询制度。这是与我国国情相适应的社会信用体系建设的一部分。此后经过长期不懈的信息收集和网络建设,至2012年2月,全国顺利实现各级检察机关统一的查询平台。2013年2月,最高人民检察院公布《最高人民检察院关于行贿犯罪档案查询工作的规定》,从法律层面明确了查询具体要求和工作流程。在实践中,检察机关职务犯罪预防部门主要负责对外提供查询、信息录入、系统管理、查询分析和线索处置工作。

2. 行贿犯罪档案查询的范围和作用

检察机关行贿犯罪档案查询一般受理下列事项:为招标进行资格审查需要的,为采购进行供应商资格审查需要的,为行业管理、市场管理、业务监管等进行资质、资格审查需要的,为信用管理需要的,为招聘、录用、选任人员等人事管理需要的,纪检监察、司法机关为办案需要的,金融机构为贷款进行资信审查需要的,其他应当受理的情形。经过初审受理后进行审查、录入和查询工作,并在受理后的3个工作日内,以书面形式向申请查询单位或个人提供《人民检察院行贿犯罪结果告

---

① 宋寒松:《检察机关预防职务犯罪教程》,北京:中国检察出版社2013年版,第232页。

第九章 建立预防职务犯罪工作管理体系

知函》。

检察机关运用办案资源,建立行贿犯罪档案查询制度,对反腐建设和打击商业贿赂,促进社会信用体系建设起到了积极作用。一是服务经济发展大局。国家经济建设的平稳健康发展,有赖于良好的法制环境和公平竞争平台。启动行贿档案查询工作,对市场参与者进行"廉洁资质审查",使其平等进入市场竞争环境,也是治理商业贿赂的有效措施之一。这顺应了中央提出的扩大内需、促进经济增长的重大政策要求。二是形成对行贿犯罪的后续"制裁"。因行贿受过刑罚处罚的单位和个人,即使被执行完毕,有关行业仍然会依据行贿犯罪查询结果(有记录的)对其进行一定限制。例如,禁止投标、不予录用、终止合同以及银行信贷和晋级晋职排斥等,都是对行贿犯罪的后续惩戒。三是对"潜规则"的遏制和警示作用。那些靠"拉关系、送钱物、拿干股、吃回扣、送返点"而实现自己利益的行贿、受贿现象,在部分人眼里已成为可接受甚至不可缺少的行业"潜规则"。这些违法犯罪行为严重侵蚀着我国的法制环境,也侵犯了那些有"真才实学"的单位和个人的合法权益。行贿犯罪档案查询结果的公开运用,震慑了潜在行贿人和受贿人,必将减少贪污贿赂犯罪的发生。四是为查办职务犯罪提供线索。检察机关通过对行贿查询信息的深入分析,能够根据查询和结果信息进行比对、分类和跟踪,及时发现职务犯罪线索。

3. 行贿犯罪档案查询具有相对强制性

《最高人民检察院关于行贿犯罪档案查询工作的规定》第四条规定:"人民检察院不参与、不干预对经查询有行贿犯罪记录的单位和个人的具体处置。"该条规定主要是为了区别行政权和检察权,不使之相互交叠,检察权是监督权,而有权对该查询进行处置的应当是行政权。这也意味着,在项目的招投标过程中对行贿犯罪档案的查询和在结果的运用上,检察机关有告知的义务和监督落实的责任,但并不具有直接的强制力。

目前从全国范围来看,行贿犯罪档案查询工作其实具有一定的刚性。一方面,有关行业、领域的主管部门制定了查询结果应用的制度,其中对于"有记录"单位或个人的处置都有明确规定,主要包括公开公示、降低信用等级、吊销资格证书、评价扣分、取消投标资格、一定时期限制进入市场甚至永久不得进入市场等措施。另一方面,绝大多数部门在工作中,都能按照制度规定对经查询有行贿犯罪记录的单位和个人进行相应处置。这都体现了行贿犯罪档案查询的相对强制性。

行贿犯罪档案查询制度的约束力和刚性还要进一步增强。应逐步建立起全国层面的,公平合理的,包含行贿犯罪、行贿行为的查询、处置规范,以进一步规范各地的随意解释,逐步挤压不遵守规范的企业和个人的生存空间,形成良好的、自觉遵循的信用参与机制。为解决这一问题,使行贿犯罪档案查询制度的作用得到有效发挥,可以通过行政立法的形式使行贿犯罪档案查询具有强制力。例如,在工程建设领域,可以规定工程项目建设方及项目的招标人,必须对投标人、供货人和相关执业人员进行行贿犯罪档案查询。也可以建议人大或地方党委政府制定《工程建设、政府采购领域廉洁准入办法》,将行贿犯罪查询作为参与市场竞争的前提条件。对于有行贿犯罪档案的人员和单位,可以在法规中规定招标人或其行政主管部门对他们做出处罚,最终形成"一处失信,处处受制;事事守信,路路畅通"的社会氛围,使诚信者受益,失信者付出沉重代价。①

4. 完善行贿犯罪档案查询中的非罪行为

目前我国的行贿犯罪档案信息系统已扩大到受贿犯罪信息以及行贿行为信息,而行贿行为信息主要由两大部分组成,即"有罪行贿信息"和"非罪行贿信息"。现阶段,我国对非罪行贿行为信息的建立和运用,还属于起步阶段。

行贿行为又称为非罪化行贿行为,非罪化的行贿行为可避免刑罚处罚,而代之以行政处罚,甚至不被处罚。就非罪行贿而言,虽然不作为犯罪处理,但仍然具有一定的社会危害性,也侵蚀着社会诚信制度。例如,在工程建设、物资采购、医疗教育等重点领域中的商业贿赂问题,除按刑法认定为犯罪且受到刑罚处罚外,还包括免于刑罚处罚,不认为是犯罪、违法及违规行为等。这些行为仍然具有一定的社会危害性,也是腐败现象的重要表现,严重破坏着我国的法制建设。但是针对这些危害行为的详细分类和处罚,目前我国尚没有明确的法律规定,因此,有必要建立一套完善的非罪行贿信息档案库,并向社会提供查询,以有效限制行贿主体参与市场竞争活动。

目前,我国非罪行贿信息查询尚未启用。检察机关行贿犯罪档案所指的非罪行贿行为,既不是行贿犯罪行为,也不是纪检监察机关查处的一般行贿行为,而是严重程度介于行贿犯罪和一般行贿行为之间,不受刑事处罚和党纪政纪处分的行

---

① 车玉梅、刘紫阳:《针对行贿犯罪档案查询工作中出现新问题、新情况的专题研究》,《法制与社会》,2014年第12期(上)。

贿行为。① 实践中,行贿犯罪档案查询业务中并未办理非罪行贿信息查询项。一是各地检察机关在办理行贿查询中,根据申请出具的行贿犯罪档案告知函,仅告知行贿犯罪信息,并不体现非罪行贿行为信息,且范围大多是参与政府采购招投标活动,仅有极少数涉及公务人员出国和银行信贷等事项。二是对非罪行贿行为的录入标准不明确,由于司法实践本身存在对如实反映问题的行贿人不入罪处理的"惯例",导致大量的行贿人没有得到相应的刑事处罚。例如,同一贿赂犯罪案件中,一个受贿人对应的可能是多个行贿人,最终通过司法程序被认定为行贿犯罪的并不多,大多被作为行贿行为处理,导致在同一案件中,可能出现行贿金额小的被认定为犯罪,行贿金额大的未被认定为犯罪的现象。三是非罪行贿行为的认定权由哪个有权机构行使,具体行为有哪些,认定的数额标准是多少,如何与道德规范加以区分,等等,这些问题都有待规范。

事实上,非罪行贿行为比行贿犯罪行为在发生数量上更大,不良渗透更广泛,同时也是形成市场"潜规则"的重要诱因之一。非罪行贿行为信息更应该被广泛应用,除了目前明确的政府采购活动中须进行信息查询外,还应加大使用范围。例如,涉及其他集体财产的采购活动、对外贸易、参加各类协会的资格等,特别是社会反响强烈的工程招投标、食品安全、医药服务与采购、人事任免、信用贷款等领域。

检察机关应着重从以下几个方面完善行贿行为的查询工作。一是确定非罪行贿行为的范围。可以参考2013年5月3日高检院出台的《检察机关2013年社会信用体系建设工作方

---

① 王建国:《非罪行贿行为信息的收集查询利用对策》,《人民检察》,2014年第14期。

案》,探索形成全国统一的非罪行贿信息查询及应用的规范性文件,在判决缓刑、不起诉、撤案等诉讼环节中,区分罪与非罪,区分诉讼地位,研究制定《非罪行贿行为认定办法》,指明非罪行贿信息录入的条件和查询范围。二是明确非罪行贿信息的查询责任。对非罪行贿行为出具的查询结果,在最大程度地维护市场经济信用体系构建的同时,应严格限制告知范围,以保护单位或公民的合法权益。对有行贿行为记录的处置上实行"不参与、不干预"的原则。三是建立检察机关内部信息协作制度。相比行贿犯罪信息而言,非罪行贿行为信息量大,行贿单位和个人基本信息不全的现象普遍存在,事后搜集资料往往难度较大,工作量大,因此,为确保及时准确获得行贿信息,可借助强化"侦防一体化工作",建立检察机关内部协作机制,明确信息提供部门、信息内容和时限要求。例如,对判决书认定受贿犯罪对应的行贿行为、不起诉决定书认定的行贿行为,由公诉部门负责提供信息;撤案和不立案决定的其他非罪行贿行为,由侦查部门提供信息。四是形成长效跟踪监督机制。行贿信息查询工作,重在结果的社会运用,应以多种形式加强与其他部门的联系。例如,建立《行贿信息应用联席制度》《社会信用体系协作制度》等,及时通报和反馈对行贿单位或个人的处置结果,共同发现和研究在行贿查询中遇到的新问题,促进非罪行贿信息有效应用。四是建立行贿信息预警等级机制。鉴于部分非罪行贿行为对社会公益侵害的严重性,结合行贿次数多少、行贿标的大小、行贿对象是否广泛等因素对非罪行贿行为进行综合评估,相应地进行预警等级划分。① 例如可在信息系统内标注蓝、黄、红等颜色，划分行贿行为的危害等级和警醒有关部门的监督人员，时刻对系统内的预警对象进行跟踪监督，最大化地实现非罪行贿查询信息的社会效果。

（四）加强预防调查

1. 预防调查概述

预防调查是人民检察院以预防职务犯罪为目的的一种专项调查活动，主要是指人民检察院针对职务犯罪发生的实际状况或者可能引发职务犯罪的隐患和风险，按照专门的程序，使用专业方法和手段，查找职务犯罪发生发展的状况、成因、条件、隐患，分析其特点、规律、趋势，发现体制、机制、制度、管理上的缺失、漏洞和风险，研究提出有效预防对策。预防调查权是由宪法和法律赋予检察机关的法律监督职权衍生而来的，并且是其重要组成部分，是人民检察院履行法律监督职能的一种重要权力。

2007年《人民检察院预防职务犯罪工作规则（试行）》明确了预防调查的两大主要目的：依据调查结果提出和制定预防措施；注意发现并依照规定移交职务犯罪线索。2008年，河南省人民检察院在全国率先出台了《预防调查规定》，指明了预防调查活动的主要任务，是通过多种调查手段，获取社会热点行业和重点领域权力运行的现状，以及某事项的发展状况，加以分析评估，协助有关单位通过制度建设和思想教育等

---

① 高伟翔：《关于完善行贿犯罪档案查询制度的思考》，《法制与社会》，2011第7期（下）。

第九章 建立预防职务犯罪工作管理体系

方法,消除易发职务犯罪的隐患因素。以上规范性文件确立了检察机关开展预防调查的主体地位,目前这种专门的职务犯罪预防调查方法,在西方国家尚无实际运用,可以说是具有中国特色的预防职务犯罪措施。

2. 预防调查的内容和特点

根据预防调查的属性,检察机关预防职务犯罪部门接受上级预防部门和本院检察长的领导,承担着预防调查的主体责任。预防调查的客体则是一切可能引发职务犯罪的因素,包涵社会管理、人的思维和行为等不确定因素。正是由于这种客体的抽象性,推进预防调查应首先分析其内容和特点。

《人民检察院预防职务犯罪工作规则(试行)》第七条明确规定,开展预防调查应当围绕可能发生职务犯罪的隐患、非规范职务行为以及职务犯罪衍化的宏观和微观因素开展预防调查。这一规定从广义上概括了预防调查的内容,在具体开展预防调查工作时,我们应着重探讨以下几个方面的内容。一是明确调查的对象。这是由预防调查的不同任务而决定的,其主要方向是查找可能发生职务犯罪的隐患,或是查找已发职务犯罪的原因,可以是具体的行政行为,也可以是抽象的管理规范。在制订调查方案时,应根据不同的调查任务和目的,明确调查方向,确定调查的对象,它可以是一个对象,也可以是多个具体的对象。例如,对国家公共卫生服务经费使用情况的预防调查,根据检察机关的管辖规定,调查对象是本辖区(指定管辖除外)执行国家公共卫生服务费的具体管理情况,包括制度落实、经费拨付、实际支出、群众受益等环节,同时,根据调查阶段的不同,把每个环节单独作为调查对象,也可以抽选多个承担该项服务职责的社区卫生服务中心作为调查对象。二是明确调查的内容。主要包括职务犯罪发生的原因、特点、规律,非规范职务行为导致诱发职务犯罪的因素,国家政策和地方创新做法对职务犯罪的正面、负面影响,社会现象、媒体舆论、群体事件以及行业"潜规则"导致可能诱发职务犯罪的问题,决策者个人不良行为对职务犯罪的影响等。调查工作应围绕调查的内容,对非规范行为的客观表现形式分别进行宏观和微观分析,正确区别行为人故意和过失、主动和被动的主观表现形式,分析职务犯罪的危害程度或隐患大小。明确的调查内容是我们提出科学可行的预防职务犯罪对策的重要依据,更是形成完备调查报告的基石。三是明确调查的作用。预防调查不论是对职务行为的调查,还是对制度建设的调查,或是对可能发生职务犯罪隐患的调查,其作用均是指向预防调查的目的——堵塞漏洞,移交线索,遏制和减少职务犯罪的发生。特别是通过预防调查,发现制度建设的不足,更好地推进立法建设,才是预防调查的主要作用。如2013年4月,河南省人民检察院牵头对焦作云台山景区的管理进行职务犯罪预防调查,发现该单位管理的5个方面存在问题,容易诱发职务犯罪。省检察院针对发现的问题,在充分论证的基础上,及时向有关部门发出检察建议,最终促成了《云台山景区保护条例》的出台。《条例》共43条,其中11条采纳了检察机关预防调查后提出的检察建议。[①] 切记预防调查不是刑事侦查,不能将发现职务犯罪线索,或是将移交职务犯罪线索并立案作为调查的成效,否则与整个预防职务犯罪工作原则相

---

① 河南省人民检察院:《河南省检察机关:预防推动立法 建议完善条例》,《检察日报》,2013年12月20日。

第九章 建立预防职务犯罪工作管理体系

违背。

预防调查既具有规范性的特点,又具有灵活性的特点。依法开展预防调查,应当认真履行立项审批手续,落实承办人负责制,在整个活动中执行严格的规范要求。包括信息论证、题目选定、确定承办人、立项标准、调查方案、防范预案、询问讯问、查阅卷宗、调查时间、统计分析、委托检验、检察建议等调查的具体组织措施,均须进行审批或备案,同时遵守保密制度和检察人员办案纪律,不得借助预防调查干涉被调查对象的正常办公秩序和业务活动。鉴于预防调查的法律属性和实际操作,预防调查方法又具有一定的灵活性。一是调查题目选定,既可以是被动的,也可以是主动的。例如,上级部署的预防调查事项、群众举报的问题、纪检监察机关移送的问题,多是有明确的调查对象和题目;对于某些社会热点问题、其他预防工作中发现的问题,检察机关预防部门可以根据需要自由选题,主动开展预防调查。二是组织形式宽松。可以由检察机关单独调查,也可以是检察机关与其他单位联合调查。特别是对专业性特别强或者涉密单位的预防调查,多是与被调查单位或其主管部门进行联合调查。三是调查手段多样,承办人可以根据实际情况选取合适的调查方法。预防调查可以采取座谈、走访、询问、讯问、查阅资料、委托检验、申请协助、统计分析、类比分析、听取意见等多种调查措施。四是调查结果运用灵活。可以形成专项调查报告,也可以形成综合调查报告。通过预防调查,针对发现的问题,可制定多种防范或治理措施,既可以向被调查单位发出检察建议,也可以向其主管部门发出检察建议,同时还可以向地方党委政府报送综合调查报告,使调查成果在一定区域内推广应用。预防调查有利于服务党的中心工作，促进各级各部门依法行政，堵漏建制，强化"教育、制度、监督"的"三个并重"，以赢得党委政府和社会各界的支持。①

3. 预防调查的分类

目前，我国对预防调查从理论上尚未有明确的分类，而实践中预防调查已初步形成不同的类别。从调查的组织形式上看，预防调查分为单独调查和联合调查；从调查的启动方式上看，预防调查分为主动调查和被动调查；根据调查对象的不同，预防调查又分为单项调查、多项调查、系统调查和行业调查；从调查结果上分，预防调查分为鼓励型调查、问题型调查和有罪型调查；从调查对象发生职务犯罪的形态上分，预防调查可分为防范型的事前调查、防止蔓延的事中调查和弥补损失的事后调查，即"未雨绸缪型、防微杜渐型和亡羊补牢型"预防调查。

不论是采取何种分类方式，都是为了推进预防调查工作更明晰、更准确。我们在预防职务犯罪工作中，要特别注意提高对"亡羊补牢型"的事后调查的认识，不能机械地认为预防调查应在未发生职务犯罪之前，事后的调查同样是为了预防职务犯罪的继发、再发，也是特殊预防的一种形式。对预防工作而言，"亡羊补牢，为时不晚"，正所谓是"筑好篱笆不再丢羊"。

4. 预防调查与案件初查、侦查

检察机关职务犯罪预防部门在经检察长批准后，可以进行初查活动，但这并不意味着预防调查和案件初查可以混同进

---

① 蔡集祥:《发挥预防调查作用，深入参与社会管理》,《法制经济》,2014年第374期。

行,更不能把预防调查等同于案件初查。

预防调查主要是实施的实证研究、综合分析等有关调查活动,它与依赖于《刑事诉讼法》《刑事诉讼规则》的案件初查和侦查有着本质区别。一是目的不同。预防调查是发现有关体制、机制、制度以及管理监督方面的漏洞,研究职务犯罪变化趋势和发案特点,寻求整改办法和预防措施的建议性活动,其根本目的是通过调查报告或检察建议的形式预防职务犯罪的发生。职务犯罪初查和侦查主要是打击犯罪,其目的在于最大限度地获取有罪和无罪证据,查清有无职务犯罪事实发生,确认嫌疑人及案件性质,决定是否需要追究其刑事责任。二是对象不同。预防调查是针对非特定的行为和非特定的人,其调查对象是对单位以及单位活动,不针对个人,即"对事不对人"的原则。初查和侦查的对象较明确,主要是特定的单位、法人、公民和特定行为。三是启动条件不同。预防调查主要是通过对已发案件、继发案件、多发案件进行分析,认为在一定行业或单位存在发生职务犯罪的可能,而主动启动预防调查程序,或是因在开展预防宣传中收集到群众反映的非规范职务行为的问题,开展预防调查,也可以是检察机关根据社会反响强烈的重点事项,自拟题目开展专项预防调查。职务犯罪初查和侦查,多是根据群众举报、领导交办、上级批办或自行发现的涉嫌职务犯罪线索,有较为明确的职务犯罪线索内容。四是采取措施不同。预防调查不具有强制性,不得对被调查对象采取强制措施,不得对相关账目、资金、货物采取查封、扣押手段,而是可以在调查时出具检察机关介绍信或调查通知书,采取召开座谈会、询问当事人、查阅资料、互动交流、问卷调查、统计分析、走访答疑等形式,进行查漏补缺、建章立制,从而做到未雨绸缪,防止职务犯罪的发生。职务犯罪初查的手段方法在《人民检察院刑事诉讼规则》第173条有明确规定:"在举报线索的初查过程中,可以进行询问、查询、勘验、鉴定、调取证据等不限制被查对象人身、财产权利的措施,不得查封、扣押、冻结被初查对象的财产。"法律对职务犯罪的侦查权更加规范,并赋予了相应的强制措施。可见,在措施上职务犯罪初查、侦查的方式更具有刚性,预防调查措施则更具有柔性。五是保密程度不同。预防调查应当依法公开进行,涉及被调查对象秘密的应当履行保密义务,对被调查对象以外的单位和个人应当保密。而职务犯罪的初查、侦查阶段,侦查人员应当对案件情况保密。

5. 创新预防调查工作机制

目前,我国尚未颁布预防调查程序法。各地均是在探索中推进预防调查工作,采取的调查措施差异较大,有的超越调查权限,更有甚者将预防调查作为反贪反渎部门的"幌子",实际则是为侦办案件查找线索,这种做法与预防工作原则背道而驰。就近年来全国开展预防调查的现状来看,普遍存在预防调查工作开展广泛,但是开展深度与成效不够的现象,因此,应进一步完善预防调查工作机制,形成预防职务犯罪工作品牌。

首先,尽快制定与我国法制环境相适应的预防调查程序规则。主要由最高人民检察院牵头,征集各地意见,参照职务犯罪初查原理,自上而下制定一部规范的《职务犯罪预防调查规则》,《规则》应细化预防调查程序,明确调查权限,规定询问(讯问)的时间、期间和地点,以及制作统一的法律文书等,同时杜绝目前"各自为政"的自由型预防调查的弊端,使预防调查工作的推进和实施真正达到有法可依。

其次,注重提高预防干警自身素质,建立专业化的预防队伍。从各地检察机关的人员分配来看,预防部门的人员配置相对较弱,存在个别单位重打击轻预防的现象,主要表现在预防人员配置较少、年龄结构偏大、法律资格欠缺等方面。这势必影响预防干警业务素能的提升及预防工作的开展。有些地方检察机关预防人员仅设2名,这时预防科(局)长既是承办人又是审批人,预防调查质量不高也就在所难免了,按照规定,组成一个预防调查组至少应当有2名以上工作人员。学会透过现象看本质,注重对职务犯罪发生发展特点、规律、趋势的分析,注重查找发生职务犯罪的深层次原因,问题查得越深,预防对策措施才会越准,成效才会越大。① 因此,我们应适当加大预防队伍建设的力度,着重培养年轻化、专业型、能写作、会讲课、善调查的综合性预防人才。

再次,考虑与警示教育宣传相结合,拓宽预防调查的社会认知度。工作实践中,被调查单位往往不能区分检察机关的"用意",对检察机关的主要职能评价不准确,多是认为检察机关的职能主要是打击犯罪、惩治犯罪和维护社会公正,不了解检察机关预防部门的工作职责,认为预防调查和查办案件是一回事,从而产生防范和抵触心理。这给预防人员收集掌握充分的信息造成了较大难度,无法了解对方的实际业务运行情况,难以发现其工作漏洞,更谈不上能够提出科学有效的治理建议,这就形成了个别《检察建议书》流于形式、泛泛而谈的现象。开展警示教育和预防宣传活动,也是检察机关的本职

---

① 宋寒松:《检察机关预防调查制度基本问题研究》,《人民检察》,2013年第8期。

工作,我们开展此项活动时,应加大对预防调查工作的宣传力度,讲清预防调查的内容和目的,逐步提高各单位对预防调查的认知程度,真正形成"齐抓共管"的大预防格局。

(五) 加强警示教育和预防宣传

警示教育和预防宣传工作,是检察机关开展预防工作的基础,它基本贯穿着整个预防活动,无论是个案预防、系统预防、专项预防工作,还是行贿犯罪档案查询工作,开展警示教育和宣传都是其工作措施的基本形式。

1. 警示教育和预防宣传概述

从检察机关预防职务犯罪工作实践来看,警示教育和预防宣传已成为重要的预防工作模式,但是各地对警示教育工作和预防宣传工作的认识仍然不统一。有的观点认为,警示教育是一项预防工作,预防宣传是另一项工作,并进行了分别定义。另一种观点认为,两者是同一项预防工作,只是称谓不同。我们认为这两种观点均不够完善,既不能机械地将警示教育和预防宣传分离理解和运用,也不能将二者混为一谈,警示教育和预防宣传是有机结合的整体,在具体实践中往往是"你中有我、我中有你"互相融合的教育形式。最高人民检察院《检察机关执法工作基本规范》《人民检察院预防职务犯罪工作规则(试行)》第 21 条,较明确地将警示教育和宣传作为预防工作的一项主要任务。

2. 警示教育和预防宣传的推进

警示教育和预防宣传,是预防工作模式建设的主要形式,应把预防宣传作为预防文化建设的重中之重。我们在开展警示教育和预防宣传活动时应力求形式多样、方法新颖、措施创新,逐步打造区域性预防文化,为预防文化建设营氛围,造声势,使预防文化延伸至各行各业,扩展至生活的方方面面,增强预防文化的渗透性,提升整体预防工作效果。

实践中,警示教育和预防宣传可命名不同的主题教育活动。例如拓宽载体,广泛宣传;创新措施,培育特色;强化预防讲座,组建警示教育宣讲团;加大投入,搭建预防宣传承载平台;纵横交织,畅通预防教育沟通方式;统一行动,开通警示教育和预防宣传"绿色通道",等等。

3. 创新警示教育和预防宣传工作机制

总览多项警示教育和预防宣传形式,不论是反面的警示性,还是正面的引导性,大多是着重预防对象的思想教育。开展此项活动,常用的是参观警示教育基地、预防讲座和预防宣传这三种形式。现阶段的预防警示教育和预防宣传活动,虽已趋于成熟,但仍必须把握几个重点问题。

一是正确区分预防宣传与检察宣传的不同。不能把后者的开展形式直接移植使用,两者工作侧重点存在明显区别。预防宣传立足的是法律监督本身,宣传对象相对确定,宣传内容多是真实的案例和法律知识,宣传形式具有多样化,注重的是预防职务犯罪成效。检察宣传主要宣传检察案件的职能、仿真、政策、宣传检察工作中的重大部署、重大事项、重要活动和工作成果,宣传检察机关的先进典型和队伍建设情况。

二是注重结合实际,创新警示教育基地的形式。我国目前多是固定的常态化的警示教育基地,组织或接受各阶层干部职工到警示教育基地进行现场参观学习,每场接纳的人数受场地大小限制,而且建设费用巨大,少的也有几十万元,多则过千万元。各地区可以地级市为单元,统一分区域规划建设警示教育基地,统一安排接受教育的时间。如2015年5月15日,河南省检察机关在郑州市检察院举行主题为"知法守法,廉洁从政"的检察机关"送法进机关"活动启动仪式,省纪委书记等4位省领导亲自参加,省市直机关以及人大代表、政协委员、人民监督员、特约检察员等500余人参加活动,为广大党员干部上了一堂生动的廉政教育课,收到了良好的警示教育和预防宣传效果。① 同时,充分拓展警示教育基地的宣传教育作用,将基地的内容复制成系列展板、图片和声效,把教育基地"搬上"宣传车进行流动巡回展,或是在各单位、广场、车站、会场等人员密集的地方布展。这种不受时间不受场地约束的流动警示教育基地,有助于推动预防警示教育的常态化。

三是针对不同对象,采取不同的预防宣传讲座形式。预防警示教育讲座以往多是单一的现场讲授模式,这种形式缺乏互动交流,讲授枯燥,收效甚微。在多媒体广泛普及的今天,我们不妨在讲授时,针对宣讲对象的不同,分别备课,并借助形象的PPT演示、直观的flash动画、真实的经典案例回放等手段,增添课堂的生动性。尝试建设网络警示教育基地,利用多媒体为主要表现手段,将传统实体警示教育基地需要占用独立空间、受地域限制、财政投入较大,转变成可实时交互、内容可复用、财政资金利用率高,避免重复建设。② 这是与我国社会经济和科学技术的发展相适应,也是我们今后开展警示

---

① 吕峰:《河南省纪委书记:为预防职务犯罪工作作出新贡献》,《检察日报》,2015年5月15日。
② 陈庆如:《预防职务犯罪网络警示教育基地研究与应用》,《法制与社会》,2014第10期(上)。

教育宣传的重要途径,能够进一步提升警示教育宣传的预防效果。

四是延伸警示教育宣传触角,使廉政思想深入人心。鉴于当前预防职务犯罪工作的需要,可以考虑打破空间的束缚,让警示教育宣传不仅仅停留在固定单位、固定人群中,检察机关还需要因人而异,把警示教育宣传深入到厂矿工地、田间地头,将警示教育宣传的内容改编为他们喜闻乐见的小品、快板、相声等,用丰富多彩的形式使警示教育宣传更加深入化、普及化。必要时还可采用由职务犯罪在押人员现身说法的形式开展活动,他们对自身犯罪行为的深切忏悔,更加真实、震撼,更加具有说服力。将警示教育的触角延伸到多个方面,能够最大限度地从源头上预防和减少职务犯罪现象的发生。

五是注重警示教育的程序性和效果性。检察机关对外的预防措施均是依托检察监督职能,是法律赋予的一种公权力和职责。警示教育和宣传也不例外,活动的开展应当履行登记审批手续,在活动中不得违反相关法律、法规和政策规定,发现和受理的职务犯罪线索,应当按程序审查和移交。宣讲中不得妄加评论国家政治形势,不得违反保密制度,不得违背检察职业道德,不得影响其他单位的正常工作秩序。检察人员应牢记警示教育宣传的目的,把注重预防成效放到首位,可采取适时回访、问卷调查的形式评估预防效果,同时关注社会舆论动态,定期进行综合分析和评价,努力取得好的效果。

第十章　查办职务犯罪能力建设

习近平总书记多次强调,"腐败是社会毒瘤,如果任凭腐败问题愈演愈烈,最终必然亡党亡国","反腐败高压态势必须继续保持,坚持以零容忍态度惩治腐败","坚决把党风廉政建设和反腐败斗争进行到底"。党的十八届四中全会通过的《中共中央关于全面推进依法治国若干重大问题的决定》明确指出,要"加强职务犯罪线索管理,健全受理、分流、查办、信息反馈制度,明确纪检监察和刑事司法办案标准和程序衔接,依法严格查办职务犯罪案件"。

查办职务犯罪能力则是指检察机关及办案人员依照刑法、刑事诉讼法及相关法律规定,对国家公务人员利用职权实施的贪污贿赂犯罪和渎职侵权犯罪查处的能力。其内涵主要有:能力的主体是检察机关和办案人员;查处的对象是国家公务人员;查处的内容是职务犯罪;查处的依据是刑法、刑事诉讼法等法律规定。从外延上来看,查办职务犯罪能力主要包括主动发现案件线索能力、获取固定鉴别使用证据能力、依法灵活使用强制措施能力、科学运用侦查谋略能力、掌握运用法律政策能力、舆情应对能力、秉公执法能力、服务大局能力。

第十章 查办职务犯罪能力建设

（如图 10-1 所示）

查办职务犯罪作为检察机关对国家机关和国家工作人员的一种强有力的法律监督手段，在惩治和预防职务犯罪体系中具有重要的地位和作用。当前"老虎、苍蝇一起打"的反腐态势，对检察机关查办职务犯罪工作提出了更高要求，因此，大力加强查办职务犯罪能力建设，提升检察机关查办职务犯罪效率，是检察机关急需解决的问题。

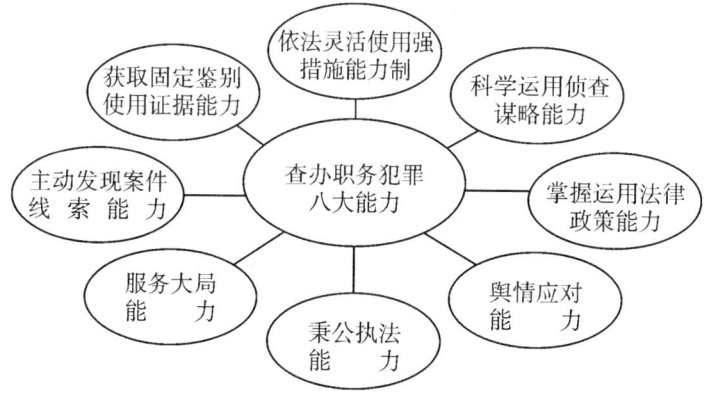

图 10-1　查办职务犯罪八大能力

一、主动发现案件线索能力

党的十八届四中全会指出，要"加强职务犯罪线索管理，健全受理、分流、查办、信息反馈制度"。案件线索是查办职务犯罪活动的初始源头，俗语道，"巧妇难为无米之炊"，职务犯罪案件线索来源的多少,关系到检察机关是否有案可办。① 倘若没有案件线索,整个职务犯罪查办工作将变成无源之水、无本之木。因此,在查办职务犯罪能力建设系统中,提高主动发现案件线索的能力,是基础性和前提性的能力建设。

所谓主动发现案件线索的能力,即是指职务犯罪侦查人员在日常工作、生活中运用各种方法,发现、识别职务犯罪线索,为侦查、预防、控制、惩罚职务犯罪提供有利条件的能力。② 案件线索作为一种客观存在的现象,若想转化为职务犯罪侦查的切入点,不单是对侦查人员个人能力的考验,还是对查办职务犯罪系统运转效能的检验。从客观的案件线索,上升至能够被运用到查办职务犯罪实践的案件线索,需要一个转化的过程,是多种因素共同作用的结果。如同事物的认知过程一般,最基础的是有客观事物的存在,进而要求人与事物之间产生模糊的不甚精确的感官认识,再而通过人的主观能动性去伪存真、分析提炼,最终将感官认识上升至理性认识,各个因素环环相扣,缺一不可。主动发现案件线索的能力亦是如此,其一要有敏锐感知线索的能力,其二要有深入发掘线索的能力,其三要有有效转化线索的能力。总而言之,提升查办职务犯罪主动发现案件线索的能力,可以从三方面重点把握,即培养线索感知能力、强化线索发掘能力、增强线索转化能力。(如图10-2所示)

---

① 王德合:《贪污贿赂案件的侦查与组织指挥》,北京:中国检察出版社2000年版,第33页。
② 陈奋、曹秉军:《职务犯罪发现能力制约因素及对策思考》,《法制与社会》,2009年第7期。

第十章　查办职务犯罪能力建设

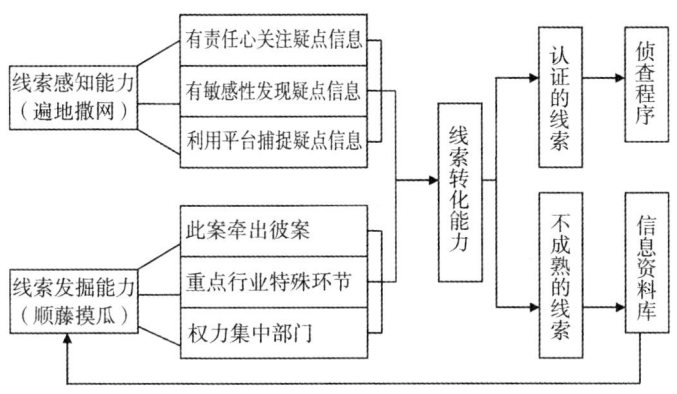

图 10-2　发现案件线索能力示意图

(一) 培养线索感知能力

线索感知能力,要求侦查人员对工作和生活中接触到的所有的信息有相当的警觉意识,能够从错综复杂的信息中敏锐地感知到可能存在的职务犯罪信息。查处职务犯罪不能像公安机关那样"报警——出警",更不能像法院自诉案件那样"不告不理",必须主动出击去发现犯罪,才能应对隐蔽潜伏的职务犯罪。如果说敌情观念是作战的第一需要,那么案情意识则是侦查人员的第一意识,发现犯罪是侦查人员的第一职责。①

一个合格的职务犯罪侦查人员,首先,要有高度的责任心和使命感,这既是查办职务犯罪职责的需要,也是提升线索感知能力的基础。要时刻紧绷案件线索这根弦,只有在思想上高度重视,态度上认真负责,才有可能在社会交往中将发现的

---

① 郑广宇:《职务犯罪侦查能力建设思考》,《人民检察》,2005 年第 5 期。

各种社会现象与犯罪线索这两种看似并无牵连的事情联系到一起,从而发现可能存在的犯罪事实。作为检察机关职务犯罪侦查人员,要打破固有的传统的上班观念和上班方式,充分利用 8 小时以外的时间,在工作之余有意识地搜集超出常规的疑点信息,利用经验和耐心,分析其成因,判断其能否为办案所用。

其次,要有高度的敏感性和洞察力,善于从日常生活中发现和搜集可疑之处,能够多角度发掘职务犯罪案件线索。这就要求侦查人员扩散视线聚焦点,目光不应仅局限于所接触到的案件,还要扩展到生活的每个角落。例如可以运用工作关系、同学关系、熟人关系,从群众在社会交往、街头巷尾、茶余饭后的闲谈议论中捕捉信息,从群众反映强烈的"热点"问题中挖掘案件线索,甚至可以从当事人发牢骚、闹矛盾、起内讧、夫妻反目等过程中,发现有用的信息和案件线索。[①] 再如某赌博者发牢骚,说被特警队抓获后交保押金 1 万元,结案定罚款 2000 元,原押金却没有退还。经调查,一举查出了贪污赌博罚没款 18 万元的大案。

其三,要善于利用各类媒体平台捕捉案件线索。随着信息技术爆炸式发展,全民媒体时代的到来,各式各样的信息传播速度飞快。人民群众在现实中不敢讲,不想讲,不能讲,没有渠道讲的话题,在网络这样公开又隐蔽的平台上就可以畅所欲言,因此侦查干警要充分利用报刊、电视、网络、微博、微信等平台收集、整理有价值的社会信息和情报,用高度的敏锐感

[①] 薛海涛:《如何提高自侦部门发现案件线索的能力》,《西部法制报》,2014 年 9 月 6 日。

第十章 查办职务犯罪能力建设

和洞察力去分析思考,从而发现职务犯罪案件线索。比如刘铁男案的线索是由《财经》杂志副主编罗昌平在微博上实名举报。"日记门"事件、"造假书记"事件、石家庄市政协原常委王亚丽案等多起案件的线索都源自民间网络。

综上所述,培养侦查人员的线索感知能力,一方面要加强职业使命感和责任感培养,切实转变"坐等线索"的思想,把查办案件融入到日常生活;另一方面要强化对侦查技能的培训,改变靠实践摸索的学习模式,通过系统性的以点带面、以案说法的培训,增强侦查人员感知线索的能力。

(二)强化线索发掘能力

线索发掘能力,是指侦查人员借助侦查技巧和侦查经验,运用发散思维合理想象,就某一案件或某类案件可能存在的新的线索深入挖掘的能力。线索感知能力像是在遍地撒网,需要从庞大的信息中获取偶然线索;线索发掘能力则可以比作顺藤摸瓜,需要在已知的领域或案件中寻找隐藏的尚未被发现的线索。

从办理的案件中发现案件线索,是线索发掘能力的体现之一。侦查人员要善于在侦查案件过程中发现新的案件线索,及时调查,以达到查办此案牵出彼案的目的。侦查人员在办案中不能拘泥于就案论案,还应当进一步挖掘其他犯罪线索,拔出萝卜带出泥,争取彻底查清涉及的所有犯罪嫌疑人和犯罪事实。例如,某检察院侦查监督部门在审查一起诈骗案件中发现政府某部门公务人员有滥用职权的嫌疑,发现该线索后,侦监部门及时与控申、自侦部门沟通并将线索移交反渎部门查办,最终以涉嫌滥用职权罪立案1件4人。目前,在检察系统内普遍实行的案件质量考核制度,已经把深挖余罪、扩大侦查成果纳入考核范围并予以鼓励。①

重点行业往往是线索发掘能力应用的"富矿"。一些重点行业和职务犯罪高发领域常常呈现出明显的规律特点,往往集中在特定的容易产生权力寻租的环节。调查研究这些规律,了解某一特定行业容易滋生腐败的环节,就可以少走许多弯路,从而事半功倍。比如诉讼活动中的违法特点,行政审批中的违法违规特点,商务承包、工程采购等活动中的回扣特点,等等。② 虽然一些行业潜规则隐藏很深,不易被外界知晓,但只要去深入了解,积累发掘案件线索经验,对重点环节跟踪调查,触类旁通,就能发现类似的深层次的线索。

从权力部门中发现案件线索,是线索发掘能力应关注的焦点。有权力存在的领域,就有可能滋生腐败,越是权力集中的地方,就越容易出现权力寻租现象。侦查人员要时刻关注官员的选任、行政许可的发放、土地交易等涉及公权力运作的信息,尤其是潜在利益巨大,权力易于干预的重点部位。例如深圳市检察院在查办城管系统垃圾处理设备采购领域的商业贿赂犯罪案中,通过深入摸查整个行业商业贿赂,从一个行贿方查知多个受贿方的线索,再从受贿方反过来查其他行贿方的线索,以递进方式不断深挖,先后立案查处了罗湖、南山、龙岗等城管部门商业贿赂案件6件7人,涉案金额高达200多万

---

① 郑永生:《试论案件线索发现机制在反贪查案中的应用》,《法制与社会》,2010年第9期。
② 郑广宇:《职务犯罪侦查能力建设思考》,《人民检察》,2005年第5期。

元。①

另外,还要善于从群众的街谈巷议中,从新媒体网络舆情中发现线索。事物之间总是相互联系的,由此及彼,就能分辨出其他类似事物的共同点,职务犯罪案件也是如此。通过深入分析,总结经验,通过一个案件去发现另一个案件,透过一个现象去发现另一个现象,掌握其中的内在规律,就能发掘出有价值的职务犯罪信息,提高线索的成案率。

(三) 增强线索转化能力

侦查人员借助超强的线索感知能力从海量的信息里搜集到的疑点信息和在类案或凭办案经验发掘出的合理怀疑,并不当然成为职务犯罪侦查所能运用的线索,还要经过综合分析判断进行系统转化,这就对侦查人员提出了更高的要求,即应具备线索转化的能力。

线索转化能力在查办职务犯罪领域的应用主要表现在,在获取到种种可疑信息的基础上,通过全面的分析判断,运用合理推理认证,最终升华至经过合理推定的案件线索。在这个过程中,推论的重点在于:第一,搜集到的信息是否与职务犯罪有关联性;第二,犯罪的可能性,即是否有迹象表明可能发生犯罪。从疑点信息到推定线索,需要由侦查人员运用掌握的法律知识和社会经验,科学合理推测,对疑点信息进行综合分析判断,不能听风就是雨,捡到篮子里就是菜。

当搜集到的可疑信息,经过侦查人员心智判断和推理之

---

① 欧忠明、余少欢:《完善自侦案件线索发现途径的实践与思考》,《法制与经济》,2012年第9期。

后,会发生两种结果。其一是可疑信息经推理认定为合理推定的案件线索,进入侦查程序;另一种结果是经多方面推理,因不符合条件不构成案件线索,这样的信息也不能简单地搁置,而应当纳入职务犯罪信息资料库。职务犯罪侦查部门应当及时将办案中获取的有价值资料、发案单位的职能和人员名单进行登记整理,始终关注资料库中公职人员的异常交往情况及这些人员家庭重大事项的变动,如子女升学、本人升迁、红白喜事、房产建造或购买及乔迁等事项。① 这意味着,不能推定为案件线索的可疑信息,可以成为发现新线索的资源,不能简单地弃之不用。

综上所述,查办职务犯罪主动发现案件线索的能力,要求办案人员以高度认真负责的态度,处处留心,深入挖掘,主动发现可能涉嫌职务犯罪的疑点信息,经推理认证,进而发现进入职务犯罪侦查视野的有价值的犯罪线索。

二、获取固定鉴别使用证据能力

党的十八届四中全会指出,"全面贯彻证据裁判规则,严格依法收集、固定、保存、审查、运用证据"。所谓职务犯罪证据,即是指由职务犯罪侦查和起诉部门、审判机关及其工作人员依照法定程序搜集的,用来证明职务犯罪案件是否存在、犯罪嫌疑人或者被告人是否有罪、罪责轻重以及其他有关职务

---

① 黄玲玲:《检察机关职务犯罪侦查部门发现案件线索的途径和方法》,《才智》,2010年第9期。

第十章 查办职务犯罪能力建设

犯罪案件真实情况的一切事实和材料。① 它是伴随着职务犯罪发生而遗留在客观世界的能够反映和证明案件事实的信息材料。作为刑事诉讼案件证据的一种,除具有其他刑事诉讼案件证据的共性之外,还具有职务犯罪案件证据的特殊性,主要表现在:(如图 10-3 所示)

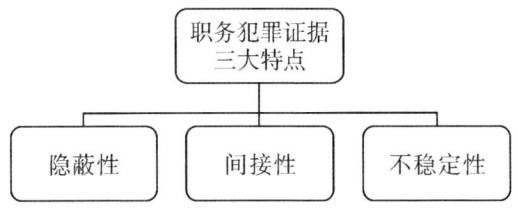

图 10-3 职务犯罪证据三大特点

一是职务犯罪证据具有隐蔽性。职务犯罪是伪装下的腐败,是平静中的腐败,有时甚至是长时间的腐败。在犯罪没有被揭露前,犯罪嫌疑人掌握一定的权力,控制一定范围的局面,从而为掩盖犯罪证据、销毁犯罪证据创造了条件。② 这些都为检察机关取证设置了障碍。二是职务犯罪证据具有间接性。职务犯罪案件通常在隐秘环境下发生,目击证人极少,有的职务犯罪案件没有第三人在场,根本不存在证人证言的言词证据。③ 例如贿赂犯罪通常是"一对一"的形式,仅限于行贿人和受贿人知晓。这就要求有大量的间接证据形成足够完整的证据链,才能证明犯罪事实,较其他刑事案件证明难度较大。三是职务犯罪证据具有不稳定性。犯罪主体的教育程度

---

① 詹复亮:《职务犯罪诉讼新论》,北京:中国方正出版社 2001 年版,第 43 页。
② 李忠诚:《职务犯罪案件中的证据研究》,《人民检察》,2011 年第 1 期。
③ 李凤林、车瑞瑾:《职务犯罪证据认定问题浅析》,《安徽警官职业学院学报》,2007 年第 2 期。

和反侦查能力较强,有较为复杂的社会关系网,认为自己能逃避追究的侥幸心理较强,经常出现被告人拒不供认、翻供或串供的情形,导致侦查部门很难获得稳定可靠的供述证据。

根据刑事诉讼法及人民检察院刑事诉讼规则之规定,查办职务犯罪的任务是"准确、及时地查明犯罪事实"。所谓查明,是指调查和证明。只有通过对案件事实进行充分调查,掌握能够反映案件事实的相关证据材料,才能查明是否存在职务犯罪,才能区分究竟是此罪还是彼罪,罪轻或者罪重。调查是手段,证明是目的,连接两者之间的桥梁则是证据。整个职务犯罪查办过程,是一个紧密围绕证据而展开的法律与事实的证明过程,证据是查办职务犯罪的核心。要提高查办职务犯罪的能力,就要强化以证据为中心的办案理念,努力提高依法获取证据、固定证据、鉴别证据和使用证据的能力。获取、固定、鉴别、使用证据能力的高低,直接决定了能否对职务犯罪进行有效打击,也体现了检察机关查办职务犯罪的能力水平。

职务犯罪证据的种种特点表明,在查办职务犯罪的过程中,取证难度要比普通刑事案件更大,证明标准也更加严格,这些都对办案人员证据能力提出更严格的要求。提升查办职务犯罪的证据能力,就是要从取证的各个环节提升办案人员的证据能力,即着重提升办案人员获取证据能力、固定证据能力、鉴别证据能力和使用证据能力。

(一)增强获取证据的能力

获取证据,就是要将分散的证据在侦查过程中收集起来,用以印证职务犯罪案件犯罪事实。由于职务犯罪隐蔽性高,主体反侦查能力强,犯罪现场较少,这就要求侦查人员在办案

第十章　查办职务犯罪能力建设

过程中要不断发挥主观能动性，逐渐锁定、缩小侦查范围，分析判断每个线索的真伪及价值大小。获取证据的活动始终围绕暴露出的线索展开，首先划定获取证据的初步范围，通过对现有证据分析判断，进而随着侦查工作的深入，及时调整取证的范围。在既定的取证范围内，侦查人员要灵活运用侦查谋略和侦查措施，明确取证方向，抓住重点，沿着发现的线索查办到底，排除对查办案件没有价值的线索，找出能够证明案件事实的证据材料。在获取证据的思路上，要围绕涉嫌构成罪名的犯罪要件来收集证据。证据的证明目的是要对犯罪进行追诉，而是否构成犯罪，是否应当被刑法追究责任，刑事责任大小如何，这些都要由法律明文规定。因此，办案人员要始终对照法律条文审查每一条线索，根据案情进展情况有针对性地收集证据，不能仅凭想象和经验办案。在查办职务犯罪过程中，犯罪嫌疑人会对自己的行为进行辩解，律师介入后也会收集罪轻、无罪的证据，这些都要求办案人员要以发展的眼光，根据案件需要完善补充相关证据材料，来应对随时可能出现的不确定因素。

在获取证据的技巧上，要根据证据的不同类型对症下药。例如，关于犯罪主体方面的证据，任命文件、委托书等书证比较容易取证。如果是临时任命的职务，就需要在证人证言上下工夫，全面收集职务任命的研究记录、宣布场所、宣布内容的证人证言等。再如，关于经济组织性质的证据，不能仅凭一枚公章或一纸文件来确定，要注意收集工商登记、资金来源、管理形式、财产归属等方面的书证及证人证言，进行综合判断,还要收集行贿人对受贿人职务、单位性质的认识情况。①获取证据没有百发百中的万能方法,只有结合案情,具体案件具体分析,综合采用多种收集方法,才能获取有价值的证据。

(二)强化固定证据的能力

固定证据的能力,是指为防止已经获取的证据灭失而采取的固定和保全措施。如果说获取证据需要多种多样灵活应对的方法,那么固定证据就要求严格按照法律规定和证据固定标准操作,否则将会出现因操作不当致使证据证明力下降甚至灭失,进而导致犯罪不能及时被惩处的严重后果。针对不同类型的证据,侦查人员在办案中应采取不同的固定方法。

1. 犯罪嫌疑人的供述。由于言词证据的不稳定性,要采取多种方法,多种角度固定。例如贪污案件中言词证据的固定,可以详细讯问犯罪嫌疑人贪污的细节,如具体时间、地点、方式、当时周围的环境、币种、数量、包装物以及贪污款处理方式等。② 另外,要充分利用录音录像设备,对讯问的全过程进行录音录像。应该注意的是,在录音录像开始时办案人员要向犯罪嫌疑人释明权利、义务。

2. 物证、书证。物证、书证应提取原物,保证其真实性。如果提取原物困难或者原物不易保存易灭失,可以通过拍照或录像的方式固定。物证的保存,要注意根据物品的特性,分门别类小心保管,保证保管场所的安全,配备防火、防盗、防潮

---

① 李树卿:《论贿赂犯罪案件的证据固定》,《辽宁公安司法管理干部学院学报》,2008年第04期。

② 孟楠楠:《浅论贪污贿赂案件中的言词证据》,《法制与社会》,2013年第10期。

等设备设施。同时,管理人员应定期对物证保存情况进行检查,防止出现损毁或丢失。书证的保存通常是装订成册,形成侦查卷宗,有专人专柜专管,如需借阅,要严格遵循相关的借阅手续,严防卷宗丢失或损毁。

3. 视听资料。视听资料的特点在于可以借助电子软件或其他媒介,直观地反映案件事实。职务犯罪多数情况是在隐蔽的环境下进行,有视听资料这样的证据,对于个案来讲,具有很强的证明力。但是视听资料容易被删除、篡改和破坏,需要第一时间调取并妥善保存和备份。例如在一些贿赂案件中,有些当事人为了达到控制对方或防止对方反悔的目的,暗中对其中的一些过程进行照相、录音或录像。侦查人员了解到相关情况后,就可以将这些视听资料调取过来,加以固定作为证据使用。①

4. 电子数据。电子数据的表现形式有文档数据和程序类、图片类、聊天语音视频类、网上交易支付类、网站电子邮箱类、手机信息类等。在对电子数据进行固定时,能调取原始存储介质的保全原始介质,不能调取的应进行科学转化固定。文档、图片和手机信息类,可以登录电脑和手机后,通过技术手段导出相关的图片及文字记录,挑选出与案件有关的内容截屏打印,随后交对象确认无误后签字。例如,某检察院在侦查马某某涉嫌受贿一案中,办案人员在提取其手机后采取技术手段并运用专业软件从马某某手机中恢复了删除的受贿短信,并到移动通信部门调取短信记录,通过转化固定,确保了

---

① 张建军:《司法实践中视听资料证据相关问题探析》,《科技创业月刊》,2014年第11期。

电子数据内容的真实性。网上交易信息,除了登陆网上交易系统对有关内容截屏打印,还应到提供网上交易的服务商或银行取证,确认所打印的内容与其服务器上的内容一致。电子邮件的固定,应在选定与案件相关的电子邮件后,交由技术部门统一复制备份,随后对备份的电子邮件进行截屏打印,经对象确认后可作为电子数据证据使用。① 电子数据的固定应制作笔录或者录音录像,记录固定全过程,提高证据的有效性。(如图10-4所示)

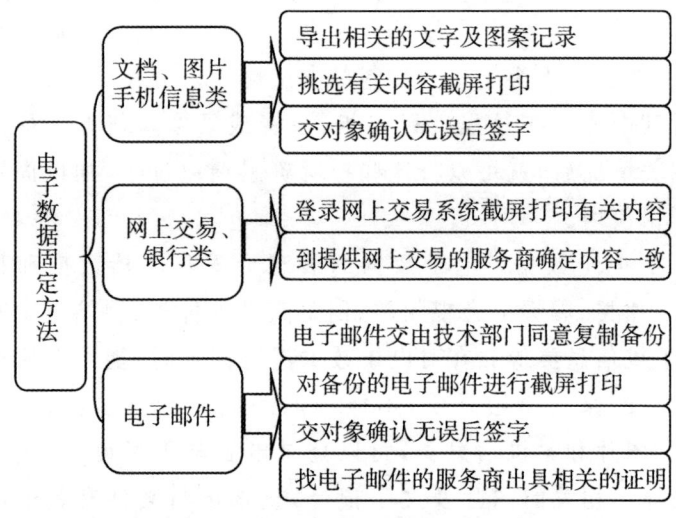

图10-4 电子数据固定方法

(三)提升鉴别证据的能力

鉴别证据的能力,就是对已经获取、固定的证据材料进行

---

① 匡凌:《职务犯罪侦查中电子数据的收集、固定和使用》,《中国检察官》,2014年第24期。

分析研究,鉴别真伪,确认每个证据证明力的强弱,明确证据证明对象与犯罪事实的关联关系,从而对犯罪事实做出有效证明的能力。

职务犯罪证据的鉴别,要遵循证据的一般原则,从客观性、合法性、关联性三个方面分别进行鉴别。只有同时符合"三性"要求的证据,才能作为认定犯罪事实的证据来使用。"没有规矩,不成方圆;没有规则,无以证明"[1],鉴别证据要在相应的证据规则中进行,不能主观臆断,随意而为。职务犯罪证据的客观性,即证据的真实性,鉴别重点是证据的来源是否符合证据规则,证据在获取、固定的过程中是否存在影响真实性的因素,证据前后是否有矛盾之处,是否有不符合逻辑情理的情况等。职务犯罪证据的合法性鉴别主要包括证据的形式是否合法,获取证据的过程是否合法,提供证据的主体是否合法等。职务犯罪证据的关联性鉴别主要通过对证据与待证案件事实是否有关联关系及关联关系的大小来判断。

鉴别职务犯罪证据时,遵循从单个证据到整体证据的顺序。首先鉴别单个证据的客观性、关联性和合法性,排除不符合"三性"的证据,对存在矛盾的证据进行甄别或合理解释。善于利用证据之间的逻辑关系,把反映同一案件事实的证据串联起来综合考察,反复交叉印证,"印证是不同证据在信息内容上的相互支持所形成的稳定的证明结构,是确定证据确实充分的最重要的因素"[2],能够相互印证且结论一致的证据

---

[1] 何家弘:《证据法学》,北京:法律出版社2008年版,第343页。
[2] 龙宗智:《印证与自由心证——我国刑事诉讼证明模式初探》,《法学研究》,2004年第2期。

的证明力要大于孤证。同时,要站在全局的角度对整个案件的所有证据进行鉴别,分析已有的有效证据所证明的犯罪事实是否符合犯罪构成要件,是否已经排除矛盾证据或已对矛盾证据做出合理解释,形成唯一证据结论。如若不能得出案件事实唯一的结论,那么要正确处理对待,分析找出原因,穷尽手段排除矛盾。穷尽调查手段后仍无法排除证据间的矛盾,应作出对犯罪嫌疑人有利的判断和认定,疑点利益归于犯罪嫌疑人。① 只有当所有的证据串联起来,可以形成一个完整的唯一的证明体系,排除了合理怀疑,才能进入查办职务犯罪程序的下一环节。

(四)优化使用证据的能力

用于证明职务犯罪事实的证据经过获取、固定和鉴别程序之后,就到了具体使用阶段。使用证据的目的是为了证明是否存在犯罪事实,犯罪嫌疑人构成何种犯罪,所犯之罪罪轻罪重应当受到何种刑罚处罚。证明职务犯罪案件事实是职务犯罪证据运用的最终目的②,任何职务犯罪都应当有足够的能够证明每个犯罪事实的证据支撑才能定案。个案中的职务犯罪案件,涉及的证据种类和数量有许多,如何让所有的证据能够恰如其分地发挥最大证明效力,是职务犯罪办案人员证据能力建设的重要环节。

从横向角度来看,职务犯罪证据的使用有三种模式。其

---

① 西娜、张钦:《刑事侦查中证据间矛盾的鉴别和排除》,《河北公安警察职业学院学报》,2014年第1期。
② 任惠华:《职务犯罪侦查实务》,北京:中国检察出版社2010年版,第13页。

一,根据证据所反映的人物特征查获犯罪嫌疑人。证据所还原的案件事实,不仅涉及针对的犯罪嫌疑人,而且还涉及有犯罪事实需要予以追究的其他犯罪嫌疑人。当符合采取强制措施条件时,就可依法对其采取强制措施。其二,通过现有证据获取新的证据。经过鉴别的证据,还可以利用反映出来的案件线索获取尚未掌握的证据。例如贿赂案件中犯罪嫌疑人供述中涉及赃款赃物去向的线索,办案人员可以据此查获赃款赃物以作为证明犯罪事实的物证。其三,使用现有证据突破心理防线。职务犯罪的犯罪嫌疑人通常自认为犯罪活动比较隐蔽,在审讯时经常出现拒不供认的情况。办案人员在恰当的时机出其不意地向犯罪嫌疑人出示已掌握的证据,使犯罪嫌疑人产生犯罪事实已被彻查清楚的错觉,从而击溃其心理防线,促使案件侦破。

从时间顺序的角度分析,证据的使用贯穿于查办职务犯罪的始终,这就需要根据案件的不同阶段,以不同的方式去组合证据,科学合理应对出现的不同情况。其一,办案人员要对案件全部证据了然于心,熟悉每个证据能够证明的事项及其证明力大小,熟悉每个案件事实都有哪些证据可以证明,证据是否客观真实,证据与案件事实之间,以及证据之间的关联性是否紧密,证据获取的方式和程序是否合法等。其二,办案人员要善于利用间接证据定案。由于职务犯罪作案手段隐秘,案件情节复杂,作案没有第三人参与,通常案件缺少直接证据,加上犯罪嫌疑人拒不供认,案外第三人不在现场等不利因素,想要真正把案件事实查清,只有把功夫下在间接证据的运用上。① 其三，办案人员要把握好证据运用规则，尤其是言词证据的运用规则。比如，供述和证人证言的证明效力，极易受到外界因素的干扰，稳定性和可靠性较差，许多案件的供述和证人证言经常出现反复，对于这类证据要运用好补强证据规则和实物验证规则加以补正。

三、依法灵活使用强制措施能力

职务犯罪强制措施，是人民检察院在对职务犯罪进行侦查活动的过程中，为了能够保证侦查工作得以顺利开展进行，根据我国相关法律依法对职务犯罪嫌疑人采取暂时性的限制，或者是剥夺嫌疑人的人身自由的一种方法。② 职务犯罪强制措施有拘传、取保候审、监视居住、拘留和逮捕。从种类上看，职务犯罪侦查强制措施与普通的刑事案件强制措施没有区别，但从主体、对象和程序上看，仍有明显区别③，这是职务犯罪强制措施的特殊之处。

（一）职务犯罪侦查强制措施在查办职务犯罪中发挥的功效

强制措施是查办职务犯罪的重要手段，是实现预期侦查目

---

① 樊崇义：《检察环节证据运用中面临的问题与挑战》，《人民检察》，2006年第10期。
② 朱益平：《职务犯罪侦查中强制措施的立法完善》，《法制博览》，2014年12期。
③ 从主体上看，职务犯罪强制措施是检察机关根据案情需要决定采用，而普通犯罪案件强制措施的决定机关是公安或海关、国安等机关；从对象来看，职务犯罪强制措施针对的是职务犯罪嫌疑人，其身份具有特殊性；从程序上看，职务犯罪强制措施由检察机关决定交由公安机关执行，而公安机关在普通刑事犯罪侦查时决定采取取保候审、拘留的，无须报检察机关批准，也无须检察机关执行。

的的重要途径,从强制措施对职务犯罪侦查的功用角度来看,其意义如下。(如图10-5所示)

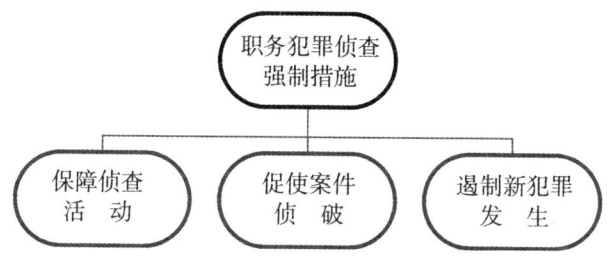

图 10-5　职务犯罪侦查强制措施功能

1. 保障侦查活动。刑事诉讼法规定的5种强制措施,对人身自由限制的强弱各有不同,侦查人员可以依照案件具体情况和实际需求,选取适合案情的强制措施。这种强弱不同的有层次的设计,可以使办案人员根据案件需要,有针对性地灵活采取相应的强制措施,充分保证侦查活动顺利进行。例如,某检察院在办理医院院长孟某受贿案时,讯问中,孟某自尊心强、心理承受能力弱、心理落差大、悔罪心理明显,为了利用其悔罪心理,促其彻底交代犯罪事实,就没有对其刑事拘留,而是先将其监视居住,在其彻底交代所有犯罪事实后,对其变更为较为轻缓的取保候审强制措施。从侦查到审查起诉、审判各诉讼环节,孟某始终认罪悔罪。

2. 促使案件侦破。侦查人员运用强制措施,控制犯罪嫌疑人的人身自由,通过审讯威慑督促,使其认识到法律的严肃性和强制性,敦促其主动承认罪行,争取悔改从新。在适当的时机采用强制措施,可以有效改变案件局势,突破侦办难关,加速案件侦破,提高职务犯罪案件成案率。例如,某检察院办理的林业局下属的木制品厂厂长涉嫌贪污案,在查明其将销售收入列入虚设的应付账户,再次将销售收入转移的事实后,对其进行了讯问,犯罪嫌疑人拒不交代销售款去向。在讯问时间接近时限后,果断采取了刑事拘留的强制措施。在拘押后不久,其就主动交代了贪污的犯罪事实。

3. 遏制新犯罪发生。职务犯罪行为发生后,及时对犯罪嫌疑人采取强制措施,能够在无形中对潜在的犯罪分子形成震慑,使其认识到一旦实施职务犯罪,检察机关将会对其进行严厉打击,从而减少职务犯罪案件的发生。有的犯罪嫌疑人被侦查后不思悔改,仍伺机继续犯罪,例如对举报人、证人等进行打击报复,强制措施可以防止犯罪嫌疑人、被告人继续犯罪。①

(二) 修订后刑诉法背景下依法运用各种强制措施

2012年3月14日第十一届全国人民代表大会第五次会议通过了《关于修改〈中华人民共和国刑事诉讼法〉的决定》,本次修改完善了拘传、取保候审、监视居住、拘留、逮捕强制措施,为查办职务犯罪案件运用强制措施突破案件提供了法律保障。侦查人员要转变办案理念,调整查办思路,善于、敢于运用修订后刑诉法赋予的权力,灵活运用各种强制措施,实现打击职务犯罪与保障人权相统一的法律效果。

1. 拘传。新刑事诉讼法将拘传的时间从原来的12小时延长到24小时,讯问时间得到保障,这有利于打击职务犯罪。根据《人民检察院刑事诉讼规则(试行)》第77条规定,两次拘传间隔时间不得少于12小时。这是侦查机关在采取拘传强

---

① 李忠诚:《刑事强制措施功能研究》,《法制与社会发展》,2002年第5期。

第十章 查办职务犯罪能力建设

制措施时需要注意的问题,不能为了侦破案件而采取侵害犯罪嫌疑人权益的措施。

2. 取保候审。新增加了两种适用取保候审的情形——"患有严重疾病、生活不能自理,怀孕或者正在哺乳自己婴儿的妇女,采取取保候审不致发生社会危险性的"和"羁押期限届满,案件尚未办结,需要采取取保候审措施的",凸显出修订后刑诉法"尊重和保障人权"的理念。被取保候审人应当遵守的义务增加了"信息变动报告义务"和检察机关责令其遵守的规定①,对保证人义务修改为"履行保证义务"的监督和报告义务②。该修改对于防止嫌疑人串供、妨碍和逃避侦查具有益处,侦查人员应当根据案件需要,行使好修订后刑诉法赋予的"新权力"。

3. 指定居所监视居住。修订后刑诉法完善了监视居住制度,将其定位于逮捕替代性强制措施③,加强了对被监视居住

---

① 修改后刑诉法第六十九条规定,被取保候审的犯罪嫌疑人、被告人应当遵守以下规定:"……(二)住址、工作单位和联系方式发生变动的,在二十四小时以前向执行机关报告……"人民法院、人民检察院和公安机关可以根据案件情况,责令被取保候审的犯罪嫌疑人、被告人遵守以下一项或者多项规定:(一)不得进入特定的场所;(二)不得与特定的人员会见或者通信;(三)不得从事特定的活动;(四)将护照等出入境证件、驾驶证件交执行机关保存。

② 修改后刑诉法第六十八条规定,被保证人有违反本法第六十九条规定的行为,保证人未履行保证义务的,对保证人处以罚款,构成犯罪的,依法追究刑事责任。

③ 修改后刑诉法第七十二条规定,人民法院、人民检察院和公安机关对符合逮捕条件,有下列情形之一的犯罪嫌疑人、被告人,可以监视居住:(一)患有严重疾病、生活不能自理的;(二)怀孕或者正在哺乳自己婴儿的妇女;(三)系生活不能自理的人的唯一扶养人;(四)因为案件的特殊情况或者办理案件的需要,采取监视居住措施更为适宜的;(五)羁押期限届满,案件尚未办结,需要采取监视居住措施的。对符合取保候审条件,但犯罪嫌疑人、被告人不能提出保证人,也不交纳保证金的,可以监视居住。

人的人身自由限制①，特别是增加了指定居所监视居住②规定，为检察机关查办职务犯罪案件带来了新机遇。在侦查特别重大的贿赂犯罪案件时，就可以根据办案需要指定居所对涉案者实施监视居住，使其与外界隔离，以增强涉案者的心理压力，迫使其尽快交代犯罪事实。③ 同时，办案人员应严格按照法律规定的条件、程序审慎适用指定监视居住措施，防止出现权力滥用侵犯人权的情况发生。

4. 拘留和逮捕。修订后刑诉法延长了自侦案件拘留期限，将原来批准逮捕之前的拘留十日延长到拘留十四日，将特殊情况下延长一日至四日的规定修改为延长一日至三日④，使自侦案件羁押期限更加符合办案的实际需要。修订后刑诉法建立了检察机关对继续羁押必要性审查制度⑤，犯罪嫌疑人、被告人被逮捕后，人民检察院仍应当对羁押的必要性进行审查。经过审查，对于不需要继续羁押的，应当建议予以释放或者变更强制措施。这一规定解决了逮捕后"一押到底"，羁押

---

① 修改后刑诉法第七十六条规定，执行机关对被监视居住的犯罪嫌疑人、被告人，可以采取电子监控、不定期检查等监视方法对其遵守监视居住规定的情况进行监督；在侦查期间，可以对被监视居住的犯罪嫌疑人的通信进行监控。
② 修改后刑诉法第七十三条规定，对于涉嫌危害国家安全犯罪、恐怖活动犯罪、特别重大贿赂犯罪，在住处执行可能有碍侦查的，经上一级人民检察院或者公安机关批准，也可以在指定的居所执行。
③ 向泽选：《修订后刑诉法的实施与职务犯罪侦查》，《国家检察官学院学报》，2012年第6期。
④ 修改后刑诉法第一百六十五条规定，人民检察院对直接受理的案件中被拘留的人，认为需要逮捕的，应当在十四日以内作出决定。在特殊情况下，决定逮捕的时间可以延长一日至三日。
⑤ 修改后刑诉法第九十三条规定，犯罪嫌疑人、被告人被逮捕后，人民检察院仍应当对羁押的必要性进行审查。对不需要继续羁押的，应当建议予以释放或者变更强制措施。

率长期居高不下的问题。办案人员一方面要严格执行修订后刑诉法关于拘留和逮捕的新规定,另一方面也要结合犯罪嫌疑人个人情况和案情发展情况,灵活地采取和变更拘留、逮捕措施。

(三)根据案情需要灵活运用各类强制措施

灵活运用强制措施要以"五个确定"为核心。一是科学确定是否运用强制措施;二是科学确定适用强制措施的种类;三是科学确定适用强制措施的时机;四是科学确定适用强制措施的地点;五是科学确定强制措施的变更。[1] 在实践中,各类强制措施要根据不同的犯罪嫌疑人的具体情况,案件侦查实际需要和案情发展趋势,以事实为根据,以法律为准绳,灵活采用适当的强制措施。

1. 科学确定是否运用强制措施。强制措施是把"双刃剑",如果使用不当,就会带来极其严重的负面影响,因此在采取强制措施时要严格依法采用强制措施,确保既打击犯罪,又保护公民合法权益不受侵害。运用强制措施一定要把握好"度",要仔细权衡采取强制措施后能否有所突破。比如要考虑初查是否充分,根据所获取的证据能否证明有犯罪事实存在,根据已获证据和各种情况判断,采取强制措施后突破口供的可能性有多大,等等。

2. 科学确定适用强制措施的种类。采用正确的强制措施种类,对于查办职务犯罪案件有事半功倍的效果。泛用逮捕、拘留这样的强制措施,会使犯罪嫌疑人产生"抗药性",并不一

---

[1] 陈连福:《反贪侦查能力建设》,北京:中国检察出版社2013年版,第94~97页。

定有利于侦查活动进展,甚至会产生负面作用。选择正确的强制措施种类可以快速瓦解犯罪嫌疑人的心理防线,取得稳定的供述材料;选择了不适当的强制措施,可能会强化犯罪嫌疑人的抵触心理,不利于案件查办。例如,在涉案人员较多的案件中,已经掌握部分犯罪嫌疑人的证据,但其他犯罪嫌疑人尚未供述,对于始终如实供述、犯罪事实清楚且没有羁押必要的犯罪嫌疑人,可以选择取保候审或监视居住。

3. 科学确定适用强制措施的时机。每个职务犯罪案件在不同的阶段,采取强制措施的时机不同。通过把握案件发展趋势,抓住最佳时机采取适当强制措施,可以达到出其不意的效果。例如,审讯犯罪嫌疑人时,在运用审讯策略使其承受巨大精神压力的情况下,如果其出现来回走动、不停抽烟等反常行为,表明心理防线已经开始瓦解。① 因为心理徘徊期极为短暂,随时会稳定下来,如果此时还不如实交代罪行,就应及时采取强制措施,制造压力,迫使其如实供述。

4. 科学确定适用强制措施的地点。职务犯罪嫌疑人特点在于身份特殊,文化程度较高,关系网复杂,这既给侦查工作带来被动,也能为侦查工作所用。例如,可以选择在其赌博、嫖娼等违法违纪活动的场所采取强制措施,从心理上打击其优越感和成就感,加剧其恐惧心理,削弱其对抗心理。再如,在犯罪嫌疑人毫无预感的情况下,在会议现场、活动现场对其采取强制措施,使其产生犯罪事实已经被掌握的错觉,有利于案件查办。

5. 科学确定强制措施的变更。事物的发展是不断变化

---

① 程飞:《职务犯罪侦查中如何突破讯问僵局》,《湖北财经高等专科学校学报》,2009年第 10 期。

第十章 查办职务犯罪能力建设

的,职务犯罪具体个案亦是如此。查办实践中办案人员要灵敏地发现案情变化,及时调整强制措施。例如,对有些一时难以突破的犯罪嫌疑人采用"欲擒故纵"的方法,故意放其回家让其串供,再派人跟踪展开布控,一旦掌握其串供的事实证据,立即对其采取拘留的强制措施。①

四、科学运用侦查谋略能力

所谓谋略即计谋和策略,"谋"意为图谋、营求、策划、计议等,"略"意为策略、方略、谋划等。② 侦查谋略,是指侦查机关为求查明案情、查获证据而对法定侦查措施的一种策略性、灵活性运用。③

侦查谋略在司法实务中的产生和运用,有其必然性和必要性,比如,某些案件由于案情比较特殊,采用常规侦查手段难以实现侦破案件、查办犯罪的目的,就需要借助非常规的手段和技巧来突破犯罪嫌疑人的心理防线。从本质上讲,侦查谋略的产生源自于侦查对抗,侦查人员为了战胜对手,迫使对手屈从于法律,必须充分发挥自己的聪明才智,扬长避短,采取各种措施,迷惑对手,使其在不了解我方真实意图的情况下,误入圈套,让狡猾的犯罪分子难逃法网。④ 侦查谋略是一种无

---

① 章卫东:《论强制措施在基层检察院查办职务犯罪案件中的适用》,《法制与社会》,2012 年第 6 期。
② 《现代汉语大词典》,上海:汉语大词典出版社 2000 年版,第 2935 页。
③ 万毅:《侦查谋略之运用及其底限》,《中国检察官》,2011 年第 9 期。
④ 王传道:《侦查谋略的特征及其在侦查中的作用》,《政法学刊》,1998 年第 3 期。

形的力量,在查办职务犯罪案件中,要根据案情需要,精心运筹,用智慧和谋略战胜对手,同时也要注意应在法律规定范围内实施,不能超出合理限度。

检察机关查办职务犯罪的活动,是一场正义与邪恶的对抗。对于职务犯罪的犯罪嫌疑人来说,其所实施的犯罪行为一旦被查证属实,将面临法律的严惩,也将失去现有的身份、地位和荣誉,因此在职务犯罪侦查过程中,犯罪嫌疑人会利用各种手段掩盖犯罪事实甚至设计陷阱对抗查处,以逃避法律制裁。因此,运用侦查谋略能力的强弱,直接关系到案件能否成功侦破。

(一)运用侦查谋略应遵循的原则

从实践中侦查谋略的运用来看,侦查谋略是侦查机关采取侦查措施时依据案情设计的战略战术,具有两个显著特征。(如图10-6所示)

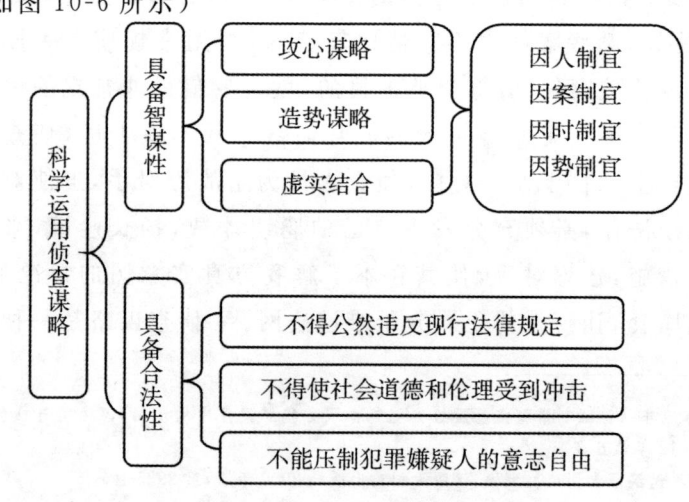

图10-6 科学运用侦查谋略

1. 侦查谋略应具备智谋性。侦查谋略是办案人员为了查明案情,获取证据,通过思维活动所设计的巧妙运用侦查措施的计谋。职务犯罪嫌疑人通常受教育程度较高,有一定的反侦查能力,办案人员与犯罪嫌疑人的对抗,更多的是智力层面的斗争。以智取胜,以巧制胜,不同于"力"因素较强的身体对抗,所以在运用侦查谋略时,要根据个案的具体情况,灵活采取侦查谋略,以体现其智谋性。

2. 侦查谋略应具备合法性。侦查谋略本质上是侦查活动的一种,是对侦查措施的具体运用,仍属于侦查权的范畴,理应在法律规定的框架内运用。尤其是修订后刑诉法实施后,对侦查行为有了更高的要求。实践中打"擦边球"的侦查谋略,有可能超出法律规定。

总之,"功利与公正密不可分,没有功利,公正无所依存;没有公正,功利必成公害"①,科学运用侦查谋略要把握好智谋性与合法性的统一,既要满足查办职务犯罪案件的需要,又不超出必要的限度。

(二)侦查谋略的智谋性运用

《孙子兵法》道"用兵之道,以计为首,以谋取胜",可以看出谋略之目的在于取胜。侦查谋略之目的在于查办犯罪。其又道"兵无常势,水无常形",在侦查人员与侦办对象短兵相接、正面对抗时,不存在一成不变的谋略,而要根据不同的时机、不同的情况,审时度势地采取不同的侦查谋略。

1. 善用攻心谋略。查办职务犯罪的过程是一场办案人员

---

① 储槐植、江溯:《美国刑法》,北京:北京大学出版社2012年版,第195页。

与犯罪嫌疑人之间的心理较量。在这个过程中,办案人员要根据案件的情况,针对犯罪嫌疑人的个性特征和心理状态,运用各种方法影响其情感,从心理上征服犯罪嫌疑人,从而使其彻底交代犯罪事实。① 运用攻心谋略旨在通过各种方式使犯罪嫌疑人产生错误认知或恐惧等负面心理,使其在趋利避害的本能支配下做出有利于侦查的选择。例如,涉嫌行贿的"包工头",文化素质不高但社会经历丰富,"江湖气息"浓重,为了搭建有效的沟通平台,有经验的讯问人员不会"一本正经"地以法言法语开展讯问,而是身着便装,使用社会上的语言习惯,甚至带有"切口""粗口"与其交流。

职务犯罪案件犯罪嫌疑人具有一定的社会地位和优越感,一旦被羁押陷入封闭的环境,巨大的转变会给其带来强烈的心理落差,会使其产生比一般犯罪嫌疑人更加剧烈的焦虑、苦闷、敏感等负面心理。这种情况下外界的情感刺激很容易对其心理造成影响。运用攻心谋略最好的时机是在犯罪嫌疑人心防出现漏洞,内心矛盾冲突极为剧烈时,通过正面的情感力量冲击,将犯罪嫌疑人引导到供述坦白的方向。攻心谋略的关键点在于消除犯罪嫌疑人的对抗心理,侦查人员要综合运用法律、政策、人情,通过态度、语气、言语等的变化,晓之以理,动之以情,拉近与犯罪嫌疑人的距离,使其产生信任感或感激心理。例如,某些职务犯罪的犯罪嫌疑人由于身份特殊,顾及声誉,同时存在抗拒和坦白两种矛盾心理。一方面具有妄想逃避惩罚的侥幸心理,另一方面又有希望认罪后从轻、减轻处罚的心理。办案人员应根据案件情况适当适时增加其心

---

① 付传军:《贿赂犯罪侦查讯问谋略浅探》,《江西警察学院学报》,2013年第1期。

理上的压力。一方面可以利用强大的法律政策攻心,另一方面进行巧妙的情感施压,通过正反两方面作用①,促使其主动供述罪行。

2. 科学造势谋略。职务犯罪侦查谋略中的"造势",是指办案人员利用和创造各种形势,从心理上威慑、控制和影响犯罪嫌疑人,以达到促使其如实供述犯罪事实的目的。

犯罪嫌疑人在被羁押后,信息来源渠道被完全堵塞,不知道自己的罪行暴露程度、审讯人员掌握了哪些证据。在这种心理状态下,犯罪嫌疑人对外界信息有高度的敏感性,通过有意释放的一些有利于侦查的信息,他就会依据自己的主观愿望对所获得的信息进行判断,权衡利弊。② 犯罪嫌疑人在对得到的有限信息主观分析之后,往往会产生检察机关已经掌握了案件事实的错觉,从而坚定供述的决心,做出如实供述的选择。例如,第一次讯问犯罪嫌疑人时,环境布置要肃穆、威严、凝重,参加讯问的侦查人员数量要多,形成多对一的优势,给犯罪嫌疑人心理加压,使其感到无助、恐惧,从气势上压倒对方,迫使其配合查清案件事实。再如,某检察院办理的金河森工集团福利处主任徐某涉嫌贪污案,犯罪嫌疑人拒不交代犯罪事实,检察院就将工作对象转向其家属。在电话通知徐某家属徐某被采取了刑事拘留后,又派员到徐某家中让其家属签字。在明知搜查不会有效果的情况下,对徐某住所、单位及其妻的办公室进行了依法搜查,对其形成一定的心理压力。此后,徐某家属主动到检察机关询问徐某的情况,并表示积极

---

① 宋伟利:《浅议反贪侦查谋略的运用问题》,《法制与社会》,2010 年 9 月。
② 冯建华:《浅议贪污犯罪侦查谋略》,《法制与经济》,2009 年第 10 期。

配合检察机关办案工作,争取宽大处理。事后,犯罪嫌疑人如实交代了其犯罪事实。

3. 虚实结合谋略。虚实结合谋略包括避实就虚和以虚示实。避实就虚是侦查人员为了找出犯罪嫌疑人心理防线的薄弱环节,通过变换假象与真相,避实就虚,打开缺口,摧毁其心理防御。以虚示实则是利用各种方法给犯罪嫌疑人造成错误假象,使其做出错误判断,进而放弃抵抗,如实供述。

避实就虚谋略核心在于找准薄弱环节,避开犯罪嫌疑人的优势,抓住其漏洞和失误进行突破。例如,对窝案、串案的侦查,要研究每个犯罪嫌疑人的性格、地位等因素,从最容易突破的犯罪嫌疑人身上打开缺口。再如,查办一对一贿赂案件时,可以从犯罪嫌疑人认为不重要的、不会被讯问的情节入手,一旦从中抓住其矛盾和漏洞,就深入突击,穷追猛打,使其心理陷入被动,难以自圆其说,进而在压力下交代犯罪事实。

以虚示实谋略的核心在于使犯罪嫌疑人产生错觉,从职务犯罪案件侦查实践来看,容易使犯罪嫌疑人产生错觉心理的情况有:因侦查行为引起的错觉,例如侦查人员先行撤离,给犯罪嫌疑人造成放弃侦查的假象,实际上侦查人员暗中加紧了对犯罪嫌疑人活动的控制;因同案犯引起的错觉,例如贿赂犯罪在有同案犯的情况下,通过对不同犯罪嫌疑人采取不同态度,使犯罪嫌疑人之间相互猜疑,争先坦白从宽;因讯问意图引起的错觉,例如犯罪嫌疑人只供述罪责较轻的犯罪事实试探办案人员反应,办案人员如果不动声色,则会让犯罪嫌疑人产生被掌握的犯罪事实不限于此的错觉;因证据情况引起的错觉。侦查过程中,职务犯罪案件嫌疑人最关注的是办案人员掌握多少证据,此时办案人员要给犯罪嫌疑人一种掌握了大量证据的假象,并在关键时刻抛出一点证据,迫使其供述。

总之,职务犯罪侦查谋略伴随着整个侦查过程的始终,运用侦查谋略实质上是攻心斗智,要因人制宜,因案制宜,因时制宜,因势制宜,具体案件具体分析,综合采用适合的侦查谋略,切忌生搬硬套、经验主义。同时,要注意以奇取胜,做到"出其不意,攻其不备",获取以奇取胜的侦查效果。①

(三)侦查谋略不能超出必要的适当容忍

在修订后刑诉法对取证有了更加严格规定的大背景下,职务犯罪办案人员为查明案情而动用侦查谋略时,应把握好侦查谋略的边界,避免所取得证据因被判断为非法证据而被排除。判断一项侦查谋略是否超出了必要限度,可以把握以下几个原则。

1. 不得使社会道德和伦理受到冲击。侦查谋略的运用不能不择手段、不计成本,不能违反社会公众观念中的职业伦理、家庭人伦和社会公信力。例如,侦查人员伪装成接受犯罪嫌疑人委托的律师,在看守所取得犯罪嫌疑人信任后获得的证据,违反了社会公众对律师职业的认知,伤害了人们对律师行业的信任感,甚至会危及社会整个信用体系。② 这些在社会普通人的思维中严重违反道德和伦理的侦查手段,侵犯的不仅仅是人权,更多损害的是检察机关自身在社会公众中的信任,也会对正常的社会秩序和人们之间的信任感产生不可逆

---

① 李梦:《试论侦查谋略的运用》,《科教文汇》,2008年第7期。
② 黎宏伟:《非法证据排除与侦查谋略》,《云南大学学报(法学版)》,2014年第7期。

转的冲击。

2. 不能压制犯罪嫌疑人的意志自由。在侦查谋略实践中，个别办案人员有时以"你不说就多判你几年""钱退了就没事了"之类的言语来对犯罪嫌疑人施压。在普通公众眼里，羁押和刑罚并没有区别，处在封闭环境里的犯罪嫌疑人对自由无比渴望。如若办案人员超出自己的权限，承诺犯罪嫌疑人用如实供述交换自由，可能因妨碍犯罪嫌疑人的意志自由而导致所取得的证据归为非法。社会上流传的"坦白从宽，牢底坐穿；抗拒从严，回家过年"，体现的就是对这种无权承诺乱承诺的侦查谋略的讽刺，极大损害了检察机关的形象，也不利于查办职务犯罪工作的长远发展。

总而言之，侦查谋略作为与犯罪行为抗衡的手段，需要出奇制胜，但也不能毫无边界。"发现案件真相固然重要，但以什么样的方式发现真相，正是检验司法文明程度的重要尺度。"① 在人权保障日益彰显的今天，科学合理地运用侦查谋略，是每个检察机关办案人员必须着重培养的技能。

五、掌握运用法律政策能力

党的十八届四中全会指出，"坚持以事实为根据、以法律为准绳，健全事实认定符合客观真相、办案结果符合实体公正、办案过程符合程序公正的法律制度"。查办职务犯罪的目的在于除去那些偏离正常权力轨道的异化权力，保持正常有

---

① 何家弘：《证据学论坛》，北京：中国检察出版社2003年版，第171页。

序的权力运行机制,从而为社会改革、发展和稳定提供有力的法律保障。可以说,查办职务犯罪像是医生给病人动手术,必须对发生病变甚至癌变的组织进行切除,否则就会导致连锁病理反应,影响整个身体系统的健康,哪怕是切除病变的组织也会对人的身体健康造成负面的影响。同理,查办职务犯罪亦是如此,查办一桩职务犯罪,就会造成短期的权力空白,会削弱权力运行效率,进而影响权力服务社会和服务民众的作用,因此,查办职务犯罪要严格依照法律规定,遵循当前的刑事法律政策,否则将会造成严重的负面社会影响。提高运用法律政策能力,科学审慎地运用好法律政策,既是每个办案人员必须掌握的业务技能,也是检察机关查办职务犯罪能力建设的重要内容。

(一) 正确运用法律的能力

习近平总书记强调"政法系统在履职过程中,必须坚持法律面前人人平等,以事实为根据,以法律为准绳,坚守防止冤假错案底线"。查办职务犯罪,要严格以事实为依据,以法律为准绳,这是运用法律查办职务犯罪的基本原则。提高运用法律的能力,就是要结合修订后的刑诉法,深刻理解把握法律规定和法律精神,具体来说有以下两点。

1. 正确适用法律。要求在查办职务犯罪的过程中,在适用法律时,严格依照法律规定执法,把法律作为处理案件的唯一标准和尺度。

(1) 熟练掌握专业知识。正确适用法律的前提是正确理解和掌握刑事法律条文、法律精神,因此要不断加强专业知识的学习研究,尤其是修订后刑诉法的变化,与时俱进,提高法律素养。查办一些涉及专业性较强的部门领域的职务犯罪,需要掌握一些部门专业知识,如税务、土地、城建、房地产等部门和领域的专业知识,还需要了解熟悉这些部门和领域的工作程序,这样才能有的放矢,增强查办效果。

(2) 准确运用法律知识。法律的实施,需要在具体案件中将办案实践与抽象法律有机结合。这就需要办案人员在查办职务犯罪案件时,充分调动掌握的法律知识,能动诠释法律精神,让每个案件都符合"以事实为依据、以法律为准绳"的标准。

(3) 重视依法律程序办案。要树立任何人在法院没有作出有罪判决之前都是无罪的观念,把法治理念充分体现在查办职务犯罪工作各个方面,严格按照侦查制度、侦查程序办案,不搞刑讯逼供,不搞利益驱动,不搞徇私枉法,不办人情案、金钱案。①

(4) 掌握法律文书制作技巧。职务犯罪侦查活动的各个环节都需要有相应的法律文书,以此来反映整个侦查活动的进展,因此办案人员应熟练掌握各种法律文书的制作技巧,要以规范性和客观性为原则,既要关注法律文书的实质内容,又要注重法律文书的格式形式,做到实质与形式的统一。

2. 善于把握修订后刑诉法带来的机遇。修订后刑诉法对侦查程序和证据制度等作了较大幅度的修改,办案人员要善于运用修订后刑诉法对查办职务犯罪工作带来的便利。

(1) 善于运用强制措施新规定。充分利用拘传的 24 小

---

① 詹复亮:《新刑事诉讼法与职务犯罪侦查战略调整》,《国家检察官学院学报》,2012年第12期。

时,攻克重大职务犯罪案件,合理运用新增指定居所监视居住条款,有效切断被侦查对象与外界联系。办案人员要正确看待办案风险,敢于运用修订后刑诉法赋予的侦查手段突破案件。

(2)善于运用技术侦查手段。修订后刑诉法赋予了检察机关技术侦查权。办案人员在调查取证时要充分运用技术侦查权,削弱对口供的依赖,尽可能多地调取到各种类型的证据,形成一条完整的证据链条。同时,在收集证据时要严格按照技术侦查权运用的法定程序,保障证据的合法性和证明力,防止出现非法证据排除情况。

(3)运用好新证据规定。善于利用电子数据、辨认、侦查实验笔录等证据,摆脱对供述的依赖,增强办案手段和能力,实现由口供中心主义到证据中心主义的转变。

(4)运用好全程同步录音录像。有的犯罪嫌疑人在侦查初始阶段,如实交代了全部罪行,但随着时间的推移,遂生逃避法律惩处的侥幸心理,部分或者全部推翻原供的现象时常发生。实行职务犯罪嫌疑人全程同步录音录像可以有效防止嫌疑人翻供,还能避免办案人员被诬告。[1]

(二)科学运用刑事政策的能力

广义而言,法律是政策的一种措施,法律就是政策,政策包括了法律。刑事政策是国家或执政党基于本国犯罪现象和犯罪原因的科学分析,依据本国犯罪态势制定的,依靠其权威

---

[1] 李建国、张建兵:《修订后刑诉法背景下职务犯罪技术侦查措施的运用和思考》,《河北法学》,2012年第12期。

推行的,通过指导刑事立法和刑事司法,实现惩罚犯罪和预防犯罪而采取的策略和措施的总称。① 刑事法律是一种抽象性的、普适性的规则体系,这就需要刑事法律的政策化,即在执行刑事法律的过程中将刑事法律进行政策化的处理,使死的法律条文通过刑事政策变得灵活,以适应变幻莫测的犯罪形势。② 刑事政策是在不同的社会环境下针对具体的社会问题而确定的政策,刑事法律是刑事政策的具体化和个别化。目前查办职务犯罪工作应注意运用好宽严相济的刑事政策。

宽严相济刑事政策是我国现阶段惩治和预防犯罪的基本刑事政策,对于惩治犯罪、保障人权、维护社会的和谐稳定、促进司法的公正高效,具有重大的现实意义。③ 在查办职务犯罪实践中,把握宽严相济刑事政策要从以下几方面着手。

(1)把握宽严相济刑事政策的"宽"。首先,从对象上看,在查办职务犯罪过程中积极配合侦查工作,对主动交代罪行或有自首立功情节的犯罪嫌疑人,应结合具体案情依法考虑从宽处理。其次,从方式来看,如果不是确有必要,一般不查封、扣押、冻结。查封、扣押、冻结可能会影响涉案单位或个人正常生产经营的资金、账户、重要资料。最后,从运用强制措施角度上看,如果犯罪嫌疑人有具体悔罪表现或犯罪情节较轻,可以考虑不予拘留或不予逮捕。比如,某检察院办理的喻某在采购民爆物品过程中涉嫌贪污公款案,犯罪嫌疑人被刑

---

① 谢望原:《中国刑事政策研究》,北京:中国人民大学出版社2006年版,第5页。
② 冯殿美:《刑事政策法治化视野下的刑事政策与刑事法律关系》,《石油大学学报》,2005年第5期。
③ 张明友:《宽严相济刑事政策在职务犯罪侦查中的运用》,《重庆工商大学学报》,2008年第11期。

第十章 查办职务犯罪能力建设

事拘留后,其单位提出由于喻某工作涉及爆炸物品的管理,希望准予喻某与镇政府办理移交手续。检察机关经过研究认为喻某借移交时泄漏案情的可能性不大,并且涉及民用爆炸物品,情况特殊,最后准予办理了移交手续。

(2)把握宽严相济刑事政策的"严"。从对象上看,对于性质较为严重的职务犯罪,特别是在国家改革发展关键领域危害人民群众切身利益的职务犯罪,坚持严厉打击,发挥刑罚的威慑力。对严重危及社会稳定,在群众之中产生恶劣影响的犯罪嫌疑人,必须严格查办。从方式上来看,对情节严重或涉案金额较大的犯罪嫌疑人依法予以从重处罚。对犯罪后没有悔罪表现,翻供串供的犯罪嫌疑人,在诉讼过程中如实向法庭披露,使其受到严厉惩处。从强制措施角度来看,对犯罪情节轻微但拒不如实供述的犯罪嫌疑人,对取保候审期间翻供串供的犯罪嫌疑人,及时变更强制措施。

(3)把握宽严相济刑事政策的"济"。宽严相济刑事政策的精髓在于"济",宽与严之间相互衔接,相互配合,灵活运用,形成最佳办案效果。一方面要做到宽以济严,严以济宽,对轻微职务犯罪处理以宽,是为了节约办案资源,集中力量惩治严重职务犯罪,而对重大职务犯罪处理以严,是为了突出宽严相济刑事政策的区别对待功能,达到惩处与教育目的。另一方面要做到严中有宽,宽中有严,不能采取一刀切的做法,并非是所有的轻微职务犯罪案件都要从宽处理,所有严重职务犯罪都从严惩治,而是要结合个案案情及犯罪嫌疑人表现分别对待,如果轻微职务犯罪案件嫌疑人有从严情节,要依法从严处理;如果重大职务犯罪嫌疑人有从宽情节,也要在处理上体现宽的一面。

六、舆情应对能力

"舆情是由个人以及各种社会群体构成的公众,在一定的历史阶段和社会空间内,对自己关心或与自身利益紧密相关的各种公共事务所持有的多种情绪、意愿、态度和意见交错的总和。"① 职务犯罪舆情是指社会公众对检察机关查办职务犯罪工作的观点和意见的总和。涉职务犯罪查办舆情主要分为两大类,一类是检察机关查办职务犯罪工作运行状况的舆情,另一类是办案人员在职务犯罪查办工作中的执法情况、职业道德等方面的舆情。与其他涉检舆情不同的是,这两类舆情并非孤立存在,往往会出现因社会公众对查办职务犯罪工作运行状况产生质疑,进而引发对办案人员在执法情况、职业道德等方面的舆情。

党的十八届四中全会指出,"司法机关要及时回应社会关切。规范媒体对案件的报道,防止舆论影响司法公正"。传统的舆情存在于民间的街头巷议和民众的思想观念中,影响力和真实性较低。随着大众媒体产生,尤其是互联网信息时代的到来,网络媒体的迅猛发展使社会民众了解信息和发表观点的渠道更加宽阔,信息传播速度越来越快,传播范围越来越广,同时由于民众对反腐热点的密切关注,查办职务犯罪工作很容易在热点事件中成为舆论关注焦点。因此,提高检察机关及办案人员舆情应对能力,是新时期检察机关查办职务犯

---

① 刘毅:《简析舆情变动规律》,《天津社会科学》,2007年第3期。

第十章 查办职务犯罪能力建设

罪能力建设的必修课程。

（一）舆情与查办职务犯罪的关系

1. 舆情助推查办职务犯罪工作。舆情与查办职务犯罪工作并不相悖，反而会是查办职务犯罪的有力同盟。例如，网络曝光出的涉贪涉腐的职务犯罪案件线索，各类"天价烟""天价表""房叔""房妹"等事件，都是经过网络媒体披露后，进而被检察机关立案查处的。职务犯罪办案人员不应把舆情当作洪水猛兽，避之不及，而应当正确认识舆情对查办职务犯罪工作的重大推动作用。

2. 舆情会对查办职务犯罪产生负面影响。在民众对反腐呼声高涨，迫切期待检察机关能对贪污腐败等职务犯罪进行有力查处的背景下，当检察机关依法对职务犯罪个案做出不符合社会公众意见的处理时，如果不及时疏导，就会演变成对检察机关及办案人员公正性的质疑，进而对查办职务犯罪工作施加压力，影响正常的查办工作秩序。

3. 舆情应对是新时期查办职务犯罪的新要求。如果办案人员关门办案，坚信清者自清，会造成工作被动，不利于工作开展。如在"躲猫猫"事件中，检察机关没有及时发布调查信息，数日内网络舆情危机已经形成，直至事情发生一周后，检察机关才发布调查结论，错过了最佳处置时机，会对检察机关公信力造成巨大影响。

（二）实践中查办职务犯罪工作中应对舆情的错误观念和做法

在全民信息化时代的大背景下，检察机关及职务犯罪办案人员实践中常见的错误认识及做法体现为以下几个方面。

1. "业务至上"观念。办案人员坚持"业务至上"传统观念,认为只要自己办好案件,就必然会受到群众理解和认可。然而从社会发展程度上看,部分社会公众的法律意识还比较低,看待事情多数依靠主观臆断而不是法律,对"疑罪从无""罪刑法定"等刑法原则理解不深。如果办案人员一味地"沉默是金",会给民众造成执法不公、官官相护的印象。

2. 对舆论监督有抵触心理。认为舆论监督是给检察机关和检察工作制造麻烦,并且缺乏与媒体、网民沟通的基本常识与技能[①],害怕舆论对自身带来负面影响,遇到危机事件时采取回避甚至是粗暴的态度,对舆情的影响力认识不足,不愿被监督,不能正确看待。

3. 应对方法不当。一方面缺乏超前预防意识,缺少对重大事件前瞻性分析,大部分情况是在发生舆情危机后被动地解释、澄清,没有充分利用网络等媒体平台为查办职务犯罪工作服务;另一方面对舆情缺乏敏感性,办案人员相对封闭的办案环境,缺少对舆情危机的清醒认识,在舆情发生后又不能及时有效地在黄金时段正确处置,不愿、不敢、不会表态,处于犹豫观望状态[②],延误了化解舆情的最佳时机。

(三)提高应对舆情的能力

高检院检察长曹建明多次强调,要加强涉检网络舆情的应对引导工作,提高对虚拟社会的管理水平,高检院也专门制发《关于自觉接受舆论监督加强和改进涉检网络舆情引导处置

---

① 冉婷婷:《检察机关的舆情应对能力建设》,《法治论坛》,2012年第6期。
② 王利君:《检察机关应对网络舆情的对策与思考》,《神州》,2012年第11期。

工作的通知》①,这表明应对舆情的能力已经成为检察机关及办案人员急需提高的技能。(如图10-7所示)

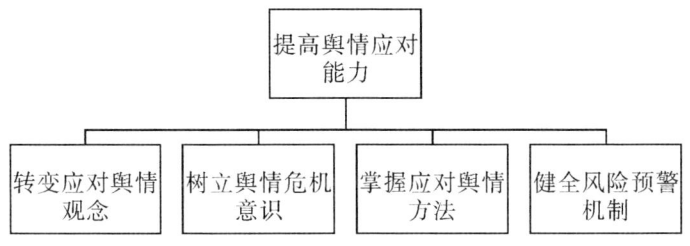

图 10-7 提高舆情应对能力

1. 转变应对舆情观念。职务犯罪办案人员要正视舆情尤其是网络舆情对查办职务犯罪工作的影响,正视社会公众对知情权的期盼,主动将查办工作置于公众视野之下,自觉接受监督,消除查办职务犯罪工作的神秘感,减少公众误解,争取公众的支持。尤其是社会关注度高,群众反响强烈的大案、要案,在不影响侦查的前提下,尽可能及时向社会公众公布相关信息,表明检察机关积极处置的态度,赢得群众信任和支持。

2. 树立舆情危机意识。在网络信息高度传播的时代,看似不起眼的事件,都可能在"人人都有麦克风"的特殊环境下,酝酿成舆情风暴。这就要求检察机关及办案人员在日常职务犯罪侦查工作中时刻保持高度敏感性,加强从各类渠道收集捕捉舆情的能力,及早发现问题,增强危机应变能力。

3. 掌握应对舆情方法。在舆情危机出现时,检察机关要积极主动介入事件调查中,了解相关事件真实情况。对于反映情况属实或有一定根据的批评性网络舆情,要坚持及时纠

---

① 卢勤忠:《涉检网络舆情和突发事件的应对处置》,《人民检察》,2014年第11期。

错,公开答复,争取主动。对于反映情况失实的,要通过正当途径予以澄清,以正视听。同时要善于借用专家的力量,及时请一些法学专家在网络上解法释案,以其中立的专业角色来化解公众的法律疑惑。①

4. 健全风险预警机制。对重大敏感职务犯罪案件要制定风险防范预案,高度关注社会评价,把风险评估、预警研判、危机监测落实到查办职务犯罪工作的各个环节,及时发现和解决可能引发信访、网络舆情的各种苗头性、倾向性问题。要制定危机处理预案,对于发生重大负面舆情的,应当立即组织专人成立危机处理小组,做到信息捕捉早、预警及时、处置迅速、导控有力,有效控制负面消息扩散,最大限度地消除消极影响。

七、秉公执法能力

党的十八届四中全会《决定》指出,"各级党政机关和领导干部要支持法院、检察院依法独立公正行使职权。建立领导干部干预司法活动、插手具体案件处理的记录、通报和责任追究制度。任何党政机关和领导干部都不得让司法机关做违反法定职责、有碍司法公正的事情,任何司法机关都不得执行党政机关和领导干部违法干预司法活动的要求。对干预司法机关办案的,给予党纪政纪处分;造成冤假错案或者其他严重后果的,依法追究刑事责任"。《决定》还指出,"坚决破除各种潜

---

① 袁文杰:《检察机关网络舆情的掌握与应对引导》,《法治论坛》,2012年第6期。

规则,绝不允许法外开恩,绝不允许办关系案、人情案、金钱案。坚决反对和克服特权思想、衙门作风、霸道作风,坚决反对和惩治粗暴执法、野蛮执法行为。对司法领域的腐败零容忍,坚决清除害群之马"。曹建明检察长指出,"检察机关作为国家法律监督机关,要信仰法治、坚守法治,坚持法律面前人人平等,坚持以事实为依据、以法律为准绳,增强秉公执法的定力,做到严格执法、文明执法、公正执法"。秉公执法能力是职务犯罪办案人员的基本能力,要做到不偏不倚,不枉不纵,铁面无私,使违法犯罪活动受到制裁和惩罚,让人民群众切实感受到公平正义就在身边。秉公执法是在查办职务犯罪的过程中,要严格依照修订后刑诉法规定,坚持把维护公平正义作为价值追求,依法打击各类职务犯罪,做社会公平正义的守护者。(如图 10-8 所示)

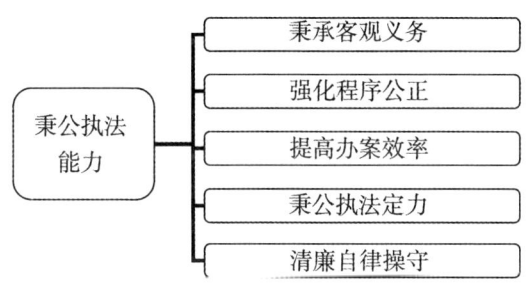

图 10-8　**秉公执法能力**

(一) 秉承客观义务

客观义务要求职务犯罪办案人员要坚持以事实为根据,以法律为准绳,站在维护国家和社会利益的角度,客观地行使职务犯罪侦查权,对于犯罪嫌疑人有罪或无罪,罪重或罪轻的各种证据都不能隐瞒。要严把证据关,牢固树立证据意识,重调查研究,重证据,不轻信口供。要客观全面收集、审查证据,依法排除非法证据。要严把法律关,在适用法律时,严格依照法律的规定办事,把法律作为处理案件的唯一标准和尺度。

(二) 强化程序公正

执法公正包括实体公正和程序公正,两者是统一的有机整体。实体公正是程序公正的价值追求,程序公正是实体公正的重要保障。目前,个别办案人员还存在"重实体,轻程序"的观念,只重视处理结果,忽视案件处理程序,违法调查,违法取证,损害了法律的权威,甚至导致冤假错案发生。办案人员要严格遵守修订后刑诉法相关规定,依法保障犯罪嫌疑人的合法权利,树立人权保护意识,通过程序公正实现实体公正。

(三) 提高办案效率

效率是实现法律公正的重要条件,公正是评价法律效率的基本尺度。法谚有云,"迟到的正义不是正义",现代法治的基本价值追求应当是公正与效率的均衡。这就要求在查办职务犯罪工作中要严格按照法定办案时限,提高办案效率。办案时限的延迟不仅会对犯罪嫌疑人的合法权利造成损害,而且会影响正常的权力运行秩序,不符合查办职务犯罪的本质目的。在查办职务犯罪工作中既要追求公平,又要兼顾效率,努力实现二者的最佳结合,实现公平正义的最大化。

(四) 秉公执法定力

在查办职务犯罪的过程中,办案人员难免受到来自行政机关、社会团体和个人的压力,这就要求办案人员要有秉公执法的定力,不为金钱所诱惑,不为人情所动摇,不畏权势所屈服。在办案过程中,要秉持公心,以人民利益、国家利益、社会利益为最高利益,以维护公平正义为己任,惩恶扬善,伸张正义,不徇私情,排除私利,正确处理公与私、义与利的关系,在办案中杜绝违法违纪行为。①

(五)清廉自律操守

清廉自律是职务犯罪办案人员不可或缺的品格,因为查办职务犯罪面对的就是贪污贿赂等犯罪分子,如若办案人员没有清廉自律的品格,与被查办对象同流合污,腐化堕落,就不可能秉公执法。打铁还需自身硬,要加强生活作风建设,始终保持艰苦奋斗的优良传统,做到清正廉洁,拒腐防变,树立高尚的思想情操和气节,②要严守检察职业纪律,保持健康向上的生活方式,培养良好的自律意识,自觉抵制外部诱惑,③筑牢清正廉洁防线。

八、服务大局能力

服务大局,是社会主义法治理念的重要内容。所谓大局,就是党和国家工作大局,是指社会主义经济建设、政治建设、

---

① 常艳:《论检察官职业道德基本准则——公正》,《中国检察官》,2010 年第 8 期。
② 崔宏:《谈加强检察官职业道德建设的六点论》,《环渤海经济瞭望》,2013 年第 5 期。
③ 周洪波:《检察官清廉的职业内涵及践行》,《中国检察官》,2010 年第 9 期。

文化建设、社会建设、生态文明建设"五位一体"的中国特色社会主义事业总体布局。它代表着当代中国的整体发展格局和根本性战略利益,带有根本性、决定性和整体性。① 检察机关作为国家机器的重要组成部分,必须围绕大局开展工作,从而推进自身建设和发展。查办职务犯罪作为检察机关的重要职能之一,其工作也必然要紧密围绕服务大局开展。因此,查办职务犯罪能力建设要强化检察机关及办案人员服务大局的能力。

(一)树立服务大局意识

服务大局是一个综合性概念,从整体与部分的关系来看,检察机关作为国家机器的重要组成部分,需要为大局服务。同时,检察机关代表国家行使查办职务犯罪职权,是国家的法律监督机关,以国家名义履行职责,不能局限于地方利益和局部利益,防止和克服地方保护主义。整体与部分并不是对立关系,国家发展与地方发展具有一致性,服务地方党政工作大局,在某种程度上也就意味着服务整个国家大局,这就要求查办职务犯罪工作不能简单地跳出地方工作大局,而应该在严格公正执法的前提下,实现国家大局与地方大局的有机统一。

从服务大局与日常办案的关系来看,检察机关服务大局的基本途径就是严格依照宪法和法律履行法律监督职能。既不能离开查办职务犯罪职能去服务大局,也不能不顾大局去机械地发挥查办职能,不能割裂查办职务犯罪工作与党政工作大局的关系,脱离经济社会发展大局,孤立地就案办案,不注

---

① 韩大元、卓泽渊等:《检察机关如何服务大局》,《人民检察》,2009年第2期。

第十章 查办职务犯罪能力建设

重法律效果与政治效果、社会效果的有机统一。

(二) 增强全方位服务大局能力

服务大局,要站在全方位的角度,明确服务大局方向,并不仅限于为经济发展保驾护航,还应在政治建设、文化建设、社会建设和生态文明建设中发挥查办职务犯罪的功能,不断提升服务质量水平。

1. 服务经济发展。查办职务犯罪工作服务经济发展的途径主要通过打击和保护两种手段,坚决维护我国基本经济制度,维护正常市场经济秩序,保障国家经济安全,为经济发展提供良好的法治环境。比如,通过打击对"回扣""好处费"等涉国家机关工作人员商业贿赂犯罪,对破坏市场经济秩序的涉职务犯罪行为进行有力查处,维护公平竞争的市场秩序。2014年全国检察机关深化商业贿赂治理,查办涉嫌商业贿赂的国家工作人员4056人[1],为国家经济发展提供了有力的司法保障。

2. 营造廉洁高效的政治环境。立足职能,大力查处职务犯罪,营造廉洁高效政治环境,是检察机关服务大局的重要途径。通过查办职务犯罪,铲除影响国家权力正常运行的害群之马,让以权谋私者伸手必被抓,让玩忽职守者难逃追责,积极回应群众对贪污贿赂等职务犯罪及"为官不为""为官乱为"现象的高度关注,营造风清气正的政治环境。

3. 积极参与社会治理。最高人民检察院检察长曹建明指出,各级检察机关要按照党中央关于创新社会治理方式的要

---

[1] 2015年最高人民检察院工作报告。

求，充分发挥检察职能，积极推进平安中国建设，促进提升社会治理法治化水平。① 检察机关在查办职务犯罪过程中，结合具体个案，针对办案中发现的各单位和部门在管理方面存在的漏洞，积极向党委政府和有关部门提出检察建议，在查办职务犯罪的过程中多角度服务社会治理。

4. 关注保障民生工程。查办职务犯罪工作要时刻关注与人民群众生活息息相关的领域和行业内的职务犯罪案件，对群众反映强烈的"三农"、金融、证券、房地产、征地拆迁、医疗卫生等领域以及国有企业改制、重点工程建设等领域中发生的职务犯罪加大查处力度，真正贯彻司法为民的宗旨。2014年，全国检察机关围绕新农村建设、保障性安居工程、重大水利、中西部铁路、社会事业等政府投资重点领域，严肃查办贪污、挪用、私分政府投资资金的职务犯罪10529人②，通过忠诚履职，维护群众切身利益，全力服务民生工程。

综上所述，查办职务犯罪能力建设是一个系统工程，既包括捕获案件线索、处理使用证据、运用侦查谋略等侦查职务犯罪能力的内部建设，也包括舆情应对、服务大局等外部能力建设；既对办案技能、办案能力提出了较高标准，也对服务政治、经济、文化、社会、生态文明建设提出了更高要求。因此，要立足于执法办案实践，不断提高主动发现案件线索能力、获取固定鉴别使用证据能力、依法灵活使用强制措施能力、科学运用侦查谋略能力、掌握运用法律政策能力、舆情应对能力、秉公

---

① 《深入学习全面贯彻落实习近平总书记重要讲话精神 坚持严格执法 促进社会公平正义 保障人民安居乐业》，《检察日报》，2014年1月14日。
② 2015年最高人民检察院工作报告。

执法能力、服务大局能力等多项能力,以满足反腐败新常态的时代需要。

第十一章 建设高素质的惩治和预防职务犯罪检察队伍

事业要发展,队伍是根本。习近平总书记指出:"要按照政治过硬、业务过硬、责任过硬、纪律过硬、作风过硬的要求,努力建设一支信念坚定、执法为民、敢于担当、清正廉洁的政法队伍。"习近平总书记关于加强政法队伍建设的重要论述,是当前和今后一个时期检察机关加强队伍建设的根本指针。

检察机关作为党领导下的反腐倡廉的重要职能部门,是具有中国检察特色的反腐败专门机构,惩治和预防职务犯罪,党和人民对此寄予重托和厚望。新形势下,检察机关必须切实把思想认识统一到习近平总书记的重要讲话精神上来,不断加强惩治和预防职务犯罪检察队伍建设,切实提升素质能力,为检察事业发展提供坚强保证。重点要做到"五不"和"五个表率"(如图 11-1 所示)。

第十一章 建设高素质的惩治和预防职务犯罪检察队伍

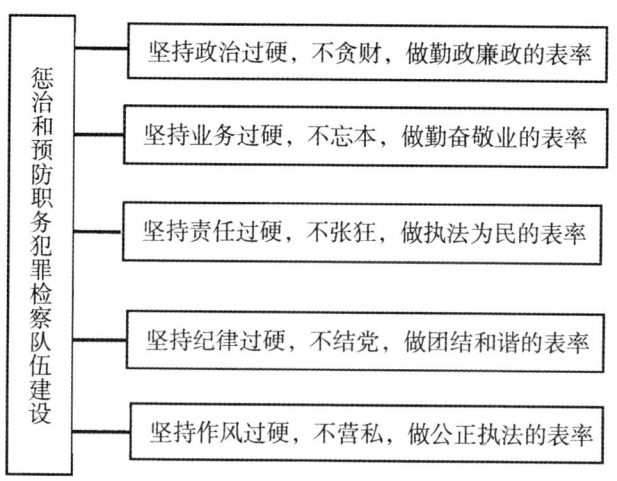

图 11-1　惩治和预防职务犯罪检察队伍建设示意图

一、坚持政治过硬,不贪财,做勤政廉政的表率

(一) 政治过硬是检察队伍建设的核心要求

政法机关作为人民民主专政的国家政权机关,是党和人民掌握的"刀把子",必须置于党的绝对领导之下。党的政策和国家法律都是人民根本意志的反映,在本质上是一致的。检察机关是党领导下的国家的法律监督机关,检察事业是党领导的中国特色社会主义伟大系统工程的重要组成部分,中国特色的检察活动具有鲜明的政治性。广大检察干警常年战斗在反腐败斗争第一线,长期同"贪官"打交道,经常接触社会阴暗面,长期面对消极因素的侵蚀,面对生死考验,必须具有很

强的政治意识,始终坚持党的事业至上、人民利益至上、宪法法律至上,永葆忠于党、忠于国家、忠于人民、忠于法律的政治本色,在重大原则问题和大是大非面前决不能模棱两可、遮遮掩掩,绝不能当"骑墙派"。

(二)对党绝对忠诚是政治过硬的根本要求

习近平总书记指出,每一名共产党员都要坚持对党绝对忠诚的政治品格。坚持政治过硬,首先要求必须坚持对党绝对忠诚的政治品格,这是对党员的根本政治要求,也是我们党最鲜明的政治优势和事业顺利发展的坚强保障。

古人云:"天下至德,莫大于忠","人之忠也,犹鱼之有渊"。忠诚在传统文化中不仅被看作是个人的"修身之要",而且被定为"天下之纪纲""义理之所归"。中国历史上下五千年,忠臣名垂青史,奸臣遗臭万年。习近平总书记指出:"全党同志都要强化党的意识,牢记自己的第一身份是共产党员,第一职责是为党工作,做到忠诚于组织,任何时候都与党同心同德。"对广大党员检察官来说,对党绝对忠诚,就是要忠于党和人民的事业,忠于信仰,忠于组织,忠于国家,忠于人民,忠实执行党的路线、方针、政策;就是要坚持一切行动听从党中央的指挥,坚决维护党中央的权威,不论在任何时候、任何情况下,都要在思想上、政治上和行动上与党中央保持高度一致,任何时候、任何情况下都绝不动摇,时刻意识到自己不仅是人民的检察官,还要时刻牢记自己是一名共产党员;不仅要模范遵守法律,还要严格遵守党章,努力发挥先锋模范作用,体现和保持共产党员的先进性。

第十一章 建设高素质的惩治和预防职务犯罪检察队伍

（三）坚持政治过硬,必须不贪财,做勤政廉政的表率

古人云:勤者,政之所要;廉者,政之本也。"吏不畏吾严,而畏吾廉;民不服吾能,而服吾公。公则民不敢慢,廉则吏不敢欺。公生明,廉生威。"勤政,即勤政为民,就是要心系百姓,尽职尽责,爱岗敬业,不做"懒官"。廉政,即廉洁从政,就是为政清廉,严于律己,自我约束,不当"贪官",不贪财。廉政勤政,是党和人民对领导干部最起码的要求,是领导干部应具备的基本素质和道德准则,是领导干部的立身之要、为官之本。

在群众眼里,检察机关查办职务犯罪,严惩腐败分子,这是一项庄严而神圣的职业,检察干警形象高大、让人尊敬,体现的是党和政府秉公执纪、清正廉洁、纪律严明的良好形象。但是,检察工作又是一个高风险的职业,特别是广大反贪和反渎干警经常与腐败分子打交道,腐蚀与反腐蚀的斗争无时无刻不在,要么我们打倒腐败,要么腐败打倒我们。因此,作为一名与腐败分子打交道的检察干警,要深感责任重大、使命光荣,既有重于泰山之感,又有如履薄冰之虑,始终坚持以廉洁从检为起点,不断强化自律意识,从严要求自己,努力告诫自己:莫伸手,人莫贪,努力做到立检为公、执政为民、廉洁从检。

1. 坚定理想信念

理想信念是精神支柱,是前进动力,是共产党人精神上的"钙",精神上补"钙"不是一朝一夕的事情,要经常补、不断补,才能筑牢思想之基,真正做到"千磨万击还坚劲,任尔东西南北风"。"求木之长者,必固其根本;欲流之远者,必浚其泉源。"历史的教训也一再告诉我们:对党员、干部来说,理想的滑坡是最致命的滑坡,信念的动摇是最危险的动摇。背弃理

想信念,是一个人堕落为腐败分子的根本原因,也是一个政党走向衰败和灭亡的根本原因。美国经济学家大卫·科茨曾就苏联红旗落地的原因发表见解。他认为,苏联走向资本主义,是由它自己的统治精英造成的。他说,据美国学者1990年至1991年对苏联的调查研究,当时苏联民众赞成自由市场的资本主义经济的并不多,只有17%;而在10万统治精英中,却有多达76.6%的人在意识形态上拥护资本主义。这一事实告诉我们:正是背叛了马克思主义、丢掉了理想和社会主义信念的前苏联中高级干部,成了苏联的掘墓人!堡垒就是这样从内部被攻破的。对此,习近平总书记明确指出,思想上的滑坡是最严重的病变,"总开关"没拧紧,就不能正确处理公私关系,缺乏正确的是非观、利益观、权力观、事业观,各种出轨越界、跑冒滴漏就在所难免了。思想上松一寸,行动上就会散一尺。思想认识问题一时解决了,不等于永远解决。就像房间需要经常打扫一样,思想上的灰尘也要经常打扫,镜子要经常照,衣冠要随时正,有灰尘就要洗洗澡,出毛病就要治治病。作为惩治和预防职务犯罪的检察干警特别是领导干部,在任何时候任何情况下,在理想信念上都丝毫不能动摇,在"举什么旗、走什么路"问题上丝毫不能犹豫,在执行中央"八项规定"上丝毫不能偏移,真正使理想信念在思想上扎根、在行动上体现。要注重加强理论素养和政治修养,认真学习中国特色社会主义理论体系、习近平总书记系列重要讲话精神、党的光辉历史和优良传统,坚持用党的科学理论武装头脑,始终保持头脑清醒,意志坚强,做到政治信仰不变、政治立场不移、政治方向不偏。

第十一章 建设高素质的惩治和预防职务犯罪检察队伍

2. 加强党性修养

"修犹切磋琢磨,养犹涵养熏陶。"党性修养,是党员自我教育、自我改造、自我完善的过程;加强党性修养,是保持党的先进性和纯洁性的现实之需、固本之举。高尚的人格,美好的操守,坚强的政治素质,都不是天生的,而是在不断学习、不断积累中得来的,因此,作为在一线与腐败分子作斗争的检察干警,必须加强党性修养,不断加强理论学习。只有理论上的成熟,才有政治上的坚定,才有行动上的自觉。只有加强理论学习,才能牢固树立正确的世界观、人生观和价值观,提高辨别是非善恶的能力,提高抵御各种诱惑的能力,以更高更严的标准要求自己,加强思想修养,锤炼政治品质,提高精神境界,做到平静如水,正直如绳,心如规矩,志如尺衡,做党性优良的人,做人品高尚的人,做坚守社会责任的人,做引领社会风尚的人,做守法、依法、执法的表率,以高尚的人格力量,带出好的党风政风和社会风气。

3. 常怀敬畏之心

"欲修其身者,必先正其心","君子之心,常怀敬畏",心有所畏,言有所戒,行有所止。常怀敬畏之心,就是要敬畏法律、敬畏组织、敬畏人民、敬畏舆论,其实质是要敬畏权力。慎待权力,这既是一种善意提醒,更是一种警示。对于从事惩治和预防职务犯罪的广大检察干警特别是领导干部来说,这也是一种自律,一种追求,一种智慧,一种境界。一位哲人曾形象地作了一个比喻:"权力像座桥,桥下是座牢,官员悠悠桥上过,歪心邪步掉进牢。"而安全过桥的秘诀是要做到"五慎"。

一要慎权。慎权,就是要谨慎对待和行使自己手中的权力,为人民掌好权用好权,一定不能滥用手中的权力。检察干警尤其是领导干部,手中都掌握着一定的权力。权力是一把"双刃剑",权力越大,腐败的危险也就越大,用权为公可以赢得人民赞誉,造福于民;用权为私必然导致身败名裂,祸害百姓。从贪官们的忏悔中,我们可以清楚地看到,所有的犯罪活动都离不开一个"权"字,他们利用手中的权力,大搞权权交易、权钱交易、权色交易,最终成了历史的罪人,被人民所唾弃。印度文豪泰戈尔诗云:"鸟儿的翅膀如果系上了黄金,就再也无法飞翔。"人亦如此,尤其是手握重权之人,一旦在身上缚上沉甸甸的黄金,那沉重的累赘定会让自己丧失高飞的本领。如山西省繁峙县检察院原副检察长、反贪局局长穆新成,利用"反贪"大旗开路,以办案为名"敲诈"矿老板,行一己之私,疯狂敛财达2亿元。穆新成肩负反腐肃贪重任,非但不反贪,反而被腐败分子收买,成为贪腐的急先锋,摇身一变成了亿万富翁。"高飞之鸟,亡于贪食;深渊之鱼,死于诱饵。"穆新成的落马依然逃不脱这句古训。所以,每一名检察干警特别是领导干部对待权力,都要如临深渊、如履薄冰,不能寻租、谋私,只能用来为人民服务,为人民造福。

二要慎欲。慎欲,其实质是"慎心","修剪"欲望,约束自己不正当的欲望,有理智,有节制,能时刻检点自己,克制自我,恪守道德和法律。人都有七情六欲,这本无可厚非。广大检察官也不是超凡脱俗的"圣人",但问题在于决不能谋取规定之外的特殊利益,不能放纵欲望。要坚决抵制腐朽思想文化的影响,在各种诱惑和考验面前,靠"心"把持住自己,不管是面对酒色还是财气,都要做到"吾心有主",不为所动。在独处、无人监督时,要自设防线,自我监督,自觉按党员标准要求自己,不放纵,不膨胀,不贪腐,经得起诱惑,耐得住寂寞,守得住清贫。不贪吃喝,不贪金钱,不贪美色,不贪名利和地位,只有这样,才能坦坦荡荡地做人,堂堂正正地做事。这就是古人说的"无欲则刚"。

三要慎微。慎微,就是要防微杜渐,从小处着手,从小事做起,"勿以善小而不为,勿以恶小而为之",严格自律,严格要求,在任何情况下都不得越雷池一步,不得闯红灯。人民群众评价党风廉政建设的好坏,评价一个领导干部的优劣,往往是从他们身边看得见、摸得着的诸如车子、房子、票子、孩子等方面作出判断的。时下,个别同志把请一顿饭、喝一瓶酒、拿一条烟当作是无伤大雅的"小节",认为只要不犯大错误,不搞大腐败,犯点小错误,得点小实惠,组织会宽容、原谅。其实不然,成大事必拘小节,不拘小节也会坏大事。作为一名惩治贪污腐败分子的检察官,必须摒弃"下不为例"的侥幸心理和"见好就收"的投机心理,须知"千里之堤,以蝼蚁之穴溃;百寻之室,以突隙之烟焚","大必起于小,多必起于少",链条最容易在薄弱环节上断裂,要记住:小错不断,必然走向"大难"。

四要慎趣。慎趣,就要从生活正派、情趣健康开始,多培养高雅的爱好,参加健康的文体活动,远离灯红酒绿,远离声色犬马,洁身自好,保持高尚的精神追求,培养积极、健康、高尚的生活情趣。2013年6月,上海市发生4名法官嫖娼案件,引起社会强烈反响。这些涉案的司法工作人员,丢弃了共产党员的基本准则,践踏了党纪党规,违反了法律法规,丧失了最起码的道德底线,更是严重挑战法律底线。试想,如果他们平时洁身自好,怎会违法乱纪,又怎会使法律失去尊严、司法蒙羞、正义受损?

五要慎友。交友不慎,铸成大错。明代苏浚《鸡鸣偶记》

把朋友分为四类：畏友、密友、昵友、贼友。"道义相砥，过失相规，畏友也；缓急可共，死生可托，密友也；甘言如饴，游戏征逐，昵友也；利则相攘，患则相倾，贼友也。"一个人在一生中，诸类朋友或多或少都会存在，真诚的友情贵在坦诚相见、共勉共励，对处于反腐一线的检察干警而言，特别在当前"熟人社会"特征较为明显的社会氛围中，要敢于摈弃庸俗的人情往来，自觉净化自己的"生活圈""社交圈"，交友要有原则，不能良莠不分，更不能交以利相交的"贼友"。贼友貌似肝胆相照、休戚与共，实际上是拖人下水，谋利自肥。要择善而交，交真友、诤友、益友、君子之友，坚持对朋友亲而不俗，真正做到"交不为利，仕不谋禄"。

二、坚持业务过硬，不忘本，做勤奋敬业的表率

（一）业务过硬是检察队伍的立身之本

"工欲善其事，必先利其器。"履行好检察工作职责，必须有过硬的本领。当前检察工作任务十分繁重，执法难度越来越大，执法环境日益复杂。同面临的形势和任务相比，检察队伍的能力水平还不完全适应，仍存在"本领恐慌"问题。特别是身处基层一线的检察官，案多人少，办案任务十分艰巨，具有过硬的法律素质和司法能力，是完成办案任务，搞好本职工作的基础和前提，更是履行好法律监督职责的必备条件。同时加强法律监督能力建设，切实提高自身素质能力和水平，对促进严格执法、公正司法，更好履行各项检察工作任务也具有

第十一章 建设高素质的惩治和预防职务犯罪检察队伍

重要意义。

(二) 业务过硬的基本要求

1. 要懂法理

要熟练掌握法的一般理论、法律基础范畴、法律的运行、法治与和谐社会等法律基础知识；系统了解我国社会主义法律体系的构成、基本性质、主要特征、重要意义及宪法与部门法、部门法之间、实体法与程序法之间的关系等宏观性的法律常识；深刻领会社会主义法治理念的基本内涵、基本特征、基本要求、重要作用等思想精髓，善于用社会主义法治理念指导执法司法实践，确保司法办案不走样，不跑偏。

2. 要通法条

要深入学习宪法及各部门法的具体内容，特别是刑法、刑诉法等常用法律法规要逐章、逐节、逐条深学、细学、系统学，切实做到内化于心；要精通刑法、刑诉法的任务、原则、适用范围及两部法律之间的关系，精通公安、检察、法院在侦查打击刑事犯罪活动中的地位、作用和职责，确保司法办案不越权、不越位；要努力提升法律适用能力，坚持"两个"基本原则，把好事实关、证据关和法律适用关，坚决防止因检察环节把关不当，适用法律错误造成冤案、错案。

3. 要知规则

要认真学习贯彻最高人民检察院《人民检察院刑事诉讼规则（试行）》，深刻认识《规则》对保证检察机关严格依照法定程序正确履行职权、规范执法活动、提高办案质量、实现惩罚犯罪与保障人权统一的重要意义；深学、细学、笃行《规则》对检察机关管辖制度、适用证据、强制措施、立案侦查职务犯罪等系列规定;要熟练掌握检察机关统一业务应用系统与各个环节的运行和操作规程,切实做到所有职务犯罪案件网上办理,所有流程网上运转,以规范促公正。

(三)坚持业务过硬,必须不忘本,做勤奋敬业的表率

俗话说:"不忘初心,方得始终。"检察官是人民的检察官,要准确定位"我是谁",清楚认识"依靠谁",明确知道"为了谁",牢记自己的成长都是党和人民培养的,任何时候、任何情况下都要以人民利益为重,只能做人民的公仆,万勿"忘本";必须坚持勤奋敬业,倾心本职岗位,注重工作实效,以出色的成绩向党和人民交上满意的答卷,万勿懈怠"本职"。

"舞台可以简陋,但演出必须精彩;岗位可以平凡,但追求必须卓越。"勤奋敬业,不仅体现了一个人良好的素质和修养,而且反映出其对工作、生活和自身价值的根本态度。实践中,面对新时期形势的变化、人民的期待,有的干警工作水准不够高,只求过得去,不求过得硬;有的精神不够振奋,贪图安逸,不思进取,责任心和事业心不强;有的作风飘浮,干工作躲躲闪闪,拈轻怕重,等等。这些做法与党和人民对我们的要求存在很大差距,甚至背道而驰,应当引起高度警惕。要防止"精神懈怠的危险",很重要的就是要时刻不忘根本,不忘本职,勤奋敬业,扎实工作,保持强烈的工作激情和敬业精神,把全部心思、全部本领用在"真干事""多干事"上,切实做到干一行爱一行,钻一行精一行,在平凡的岗位上做出不平凡的业绩,在埋头苦干中实现人生价值。

1. 坚持服务大局

服务大局是社会主义法治的重要使命,主动服务于党和国

家大局,保障国家和人民的利益,这是检察机关和检察干警必须担负的神圣职责。应对形势要求,对处于反腐一线的广大检察官来说,必须牢固树立服务大局观念,更加自觉地使检察工作融入大局,服务大局;要做到三点。

一要坚持胸怀大局。这是前提。胸怀大局就是要打牢服务大局的思想基础,始终做到脑里想着大局、心里装着大局,牢牢把握党和国家大局的主要内容和对检察工作的基本要求,增强服务大局的自觉性和坚定性。要善于围绕大局筹划部署工作,从大局出发,以大局着眼,自觉地把各项工作融入大局之中来思考、谋划和部署,找准工作的结合点和着力点。

二要坚持立足本职。这是基础。立足本职就是把本职工作干好,把各自职责履行好,把职能作用发挥好,通过具体的职责履行、职能发挥去实现和体现为大局服务。要紧密结合自己的职责任务去服务大局,按照岗位职责要求,做好每一项工作、每一件事情,切实执好法,办好案,服好务。

三要坚持正确履职。这是关键。正确履职要把握好三点:第一,检察干警依法履行职责的根本目标是保障和服务大局,不能不顾大局去"发挥"职能;第二,服务大局的重要手段和前提是依法正确履行职责,不能离开法定的职能去"服务"大局;第三,要防止和纠正把服务大局单纯理解成只讲服从,忽视检察工作和法治实践自身规律、原则和发展创新,消极被动,无所作为,不敢理直气壮地依法履行职责,不能全面正确发挥作用,甚至有法不依,执法不严,违法不究。

2. 坚持原则

要恪守宪法原则,履行宪法法律赋予的神圣使命。

一要始终坚持宪法确立的根本制度和原则,坚定不移走中国特色社会主义政治发展和法治建设道路。深刻理解、正确把握中国特色社会主义法治道路的核心要义,增强道路自信、理论自信和制度自信,始终坚持在党的领导下,深入贯彻中国特色社会主义法治理论,建设中国特色社会主义法治体系,确保检察工作的正确方向。

二要坚持以宪法为根本活动准则,确保检察权依法正确行使。检察机关要增强宪法意识,严格依照宪法和法律规定的权限和程序行使职权、履行职责。要全面贯彻尊重和保障人权的宪法原则,在坚决惩治侵犯公民人身、民主、财产权利犯罪的同时,注重依法保障诉讼过程中当事人和其他诉讼参与人的合法权益。要认真落实宪法关于一切国家机关和国家工作人员必须接受人民监督的规定,深化检务公开,持之以恒地抓好司法作风建设。要紧紧围绕依法独立公正行使检察权的要求,落实中央关于司法改革的重大部署,认真开展主任检察官办案责任制、检察人员分类管理制度,完善人民监督员制度等改革试点,积极探索设立跨行政区划的人民检察院,推进省以下地方检察院人财物统一管理体制改革等,加快建设公正高效权威的社会主义司法制度。

三要牢牢把握宪法定位,忠实履行法律监督职责。要敢于监督,善于监督,依法监督,维护社会主义法制的统一、尊严和权威。要进一步加强对刑事诉讼、民事诉讼、行政诉讼的法律监督,坚决监督纠正执法不严、司法不公的突出问题。要推动完善惩治贪污贿赂犯罪法律制度,加强职务犯罪线索管理等,不断提高查办和预防职务犯罪法治化水平。要积极完善行政检察制度,健全行政执法和刑事司法衔接机制,探索建立检察机关提起公益诉讼制度,加强对行政执法活动的监督,促进严

第十一章 建设高素质的惩治和预防职务犯罪检察队伍

格规范公正文明执法。

3. 真情投入

检察官要以"情"字当权。"情"体现的是一种工作情绪和积极性。检察官的权力由国家法律规定,根本来源于人民赋予。权力如何行使,关键在于权力运用的态度及发挥作用的积极性。这种对待权力的态度及积极性集中体现在"情"上,即检察官要以真情投入,重视和当事人的感情沟通和交流,做到以情动人来发挥权力效应。一要热爱检察工作。只有热爱检察工作,才能更好地深入了解检察工作的性质;也只有深入了解工作性质,才具备热爱工作的基础。二要全力做好自己的本职工作。检察事业的欣欣向荣和辉煌,离不开检察干警的辛勤劳动。检察工作虽然只是社会工作的一小部分,但其作用不可小视,功能至关重要。敬业的检察官需要将自身的工作当作一种社会责任去完成,同时也将自己的工作当作一种社会价值去实现。三要关注检察工作的法律效果和社会效果。关注检察工作的效果,将检察工作和自己的命运联系起来,才能真正投入到检察事业中去。因此,检察官的权力,就是真心实意投入检察工作,同时做好自己的本职工作,做到权为民所用。

4. 务实重干

务实是真本领,重干见真功夫。务实重干,体现的是精神状态、信念意志,体现的是对党和人民事业的高度责任感、使命感。务实凝聚人心,重干激发活力。习近平总书记讲:"空谈误国,实干兴邦。"特别是检察领导干部绝不能当端着架子、脱离群众的"背手干部",绝不能当走马观花、纸上谈兵的"挥手干部",绝不能当贪图享受、工作推脱的"甩手干部"。务实重干,就要解放思想,理清思路,敢于创新。思路有多宽,舞台就多大,落后与先进的差距,差就差在思想观念上。要坚持"实"字当头,"干"字为先,开拓创新,脚踏实地,真抓实干,不图虚名,不务虚功,真正用心想事,用心谋事,用心干事,用心成事,努力营造创先争优、干事创业的浓厚氛围。务实重干,就要按照辩证的、联系的观点抓当前,谋长远。要着眼长远抓当前,抓好当前为长远,扎扎实实把当前的工作一件一件做好,走好每一步,通过做好每一件事情取得阶段性成果,为下一步发展打好基础,开辟道路。务实重干,就要沉下心来,重心下移,下力气抓基层、打基础。要坚持深入办案一线,注意研究问题,吃透情况,不搞蜻蜓点水,要一步一个脚印地推进工作,争取做到苗头性问题及时发现,倾向性问题跟踪解决,个性问题依法妥善处理,普遍性问题整体破解。务实重干,就要锲而不舍,打破常规,抓具体,促落实。要把抓落实作为推进各项工作的关键环节,坚持常抓不懈,一抓到底,通过抓重点,抓具体,抓落实,提升执法水平。

三、坚持责任过硬,不张狂,做执法为民的表率

(一) 责任的基本内涵

"责任"一词出自哲学研究范畴,最早可以追溯到古希腊时代,当时的哲学家柏拉图、亚里士多德等,在对公正、职责和惩罚的分析中,都用到了"责任"一词。康德认为,责任是由于尊重规律而产生的行为必要性。培根将责任理解为维护整体

利益的善,认为"务守对公家的责任,比维持生存和存在更要珍贵得多"。我们认为,责任是指由人的社会资格所决定、并与此相适应的从事一定岗位职责以及承担相应后果的法律和道德的要求。责任包括两方面特征:一是社会赋予其成员的任务,是社会对其成员的期望和要求;二是社会成员在个人能力基础上对社会客观要求的自由选择和自觉认同。

什么是检察官的责任?所谓检察官的责任,主要是指检察官对国家法律的忠诚和对社会公平、正义的信守,体现的是检察官对职业使命和责任的不懈坚守。

(二)责任过硬是检察队伍必备的基本品质

检察工作直接关系人民群众的切身利益,直接关系国家的长治久安。检察干警的责任意识决定执法作风的好坏,直接影响执法办案的政治、法律和社会效果。群众评价检察机关,往往不是看报道宣传,而是看执法作风与执法效果。"为官避事平生耻",作为法律监督职能的履行者,就要立足检察职能,以高度的责任心和优良的执法作风,不断为社会公平正义的实现夯实基础。

因此,坚持责任过硬,就要求检察官必须清醒地意识到自身的职业责任,勇敢地担当起这份神圣使命。坚持责任过硬,就是敢于担当,就是不敷衍、不推诿、不塞责、不扯皮。面对重大政治考验旗帜鲜明,挺身而出;面对歪风邪气敢于亮剑,坚决斗争;面对急难险重任务豁得出来,顶得上去。敢于在维护稳定最前沿、执法办案第一线去迎接挑战,敢于到条件艰苦、情况复杂、矛盾集中的地方去破解难题,在奋斗和奉献中实现人生价值。

(三）坚持责任过硬，必须不张狂，做执法为民的表率

党的根基在人民，血脉在人民，力量在人民，保持同人民群众的血肉联系是党无往不胜的法宝，人民的拥护和支持是党执政最牢固的根基。我国宪法第二条明确规定："中华人民共和国的一切权力属于人民。"检察官法第三条规定："检察官必须忠实执行宪法和法律，全心全意为人民服务。"我国检察制度是中国特色社会主义民主政治的产物，体现了政治属性、人民属性、法律监督属性的有机统一。检察机关是国家法律监督机关、国家政权的重要组成部分，是维护人民权益的重要力量，其权力来自人民、属于人民。从根本上说，执法为民是党和人民对检察工作的根本要求，是检察工作的根本出发点和归宿。检察权来源于人民，必须服务于人民，做到人民检察为人民。

"民为邦本，本固邦宁。"当前，我国已进入改革发展的关键时期，社会结构深刻变动，利益格局深刻调整，各种社会矛盾容易激化和爆发。在新的历史条件下，作为一名惩治和预防职务犯罪的检察干警，必须牢记"人民"二字，必须充分认识到自己所肩负的职责，任何时候任何情况下都要把群众利益放在首位，更要把人民群众的安危冷暖挂在心上，倾听群众的呼声，实实在在解决好群众最关心、最直接、最现实的利益问题，妥善处理好各种社会关系和矛盾，维护社会稳定，当好人民满意的公仆。

1. 牢固树立宗旨意识

我们党的根本宗旨是全心全意为人民服务，群众观点是我们党的基本观点，是做好群众工作的思想基础。《老子》曾经

说过"天欲其亡,必令其狂";西方的《圣经·旧约》也有这样的话,"骄傲在败坏以先;狂心在跌倒之前"。古希腊作家欧底庇德斯也告诉我们,"神欲使之灭亡,必先使之疯狂"。比如,信阳市体育局原党组成员、纪检组长姚世斌在交警对其进行酒精检测时高喊:"我是处级领导,谁敢查我的车?谁敢查我?我是处级领导!"河北省兴隆县孤山子镇原党委书记梁文勇这样说我们的人民群众:"现在的老百姓就是手里端着米饭,嘴里吃着猪肉,最后还得骂你娘。老百姓就是这副德行!""不能给脸,给脸不要脸。"这些官员的下场我们可想而知。我们的检察干警要牢固树立群众观点,始终把人民放在心中,虚心待民,真心为民,做好人民的公仆,始终不张不狂。一要坚持为人民服务的根本宗旨,不断强化大局意识、服务意识和民生意识,坚决克服脱离群众、骄狂蛮横的不良倾向,坚决克服特权思想和霸道作风,始终保持党同人民群众的血肉联系。二要坚持真心为民,始终把维护好人民权益作为检察工作的根本出发点和落脚点,把人民群众的关注点作为检察工作的着力点,把人民群众满意作为检察工作的根本标准。要深入实际、深入群众,真正站在人民的立场上考虑问题、谋划工作,真正带着对群众的深厚感情执法,本着对群众利益高度负责的精神办案,努力做到为人民服务,对人民负责,受人民监督,让人民满意。三要积极构建联系群众工作平台,创新亲民利民载体,着力推进"亲民检察""民生检察"建设,建立联系基层、联系群众的长效机制,真正做到发现矛盾在基层、解决纠纷在一线、便民服务在身边,全面提升服务群众的能力。

2. 畅通民意表达渠道

没有人民群众的支持,检察工作就会成为无源之水、无本之木。充分依靠群众，走群众路线，听听群众是怎么想的、怎么盼的，是做好惩治和预防职务犯罪工作，实现为人民服务宗旨的重要途径和关键所在。一要坚持执法便民，畅通民意表达渠道。认真落实便民、利民措施，完善12309举报电话、网上信访、来信、来访"四位一体"机制，探索实行在边远地区定期设点或巡回接待，方便群众举报、申诉、投诉。二要健全信访工作机制，认真落实首办责任制，实行点名接访、视频接访，方便群众在基层向上级机关反映问题、提出诉求；坚持领导干部下访巡访，变群众上访为领导下访，变领导包案为领导办案，变坐等上访为开门接访，对人民群众的控告申诉，要依法受理，负责到底。三要接地气，深入基层，深入群众，了解人民群众对检察工作的需求，充分发动群众，举报各类职务犯罪案件线索，并积极受理和查办群众反映强烈、在当地有影响、有震动的职务犯罪案件，惩恶扬善，取信于民。只有人民群众的热情支持和积极参与，我们才能解决"案多人少，警力不足"的矛盾，确保查办职务犯罪工作取得良好的成效。

3. 妥善解决群众合理诉求

解决民生问题是最大政治，改善民生是最大政绩。当前，腐败问题已经严重阻碍了经济发展，影响了社会稳定，关系党和国家的兴衰，既严重损害党和政府的形象，又直接损害人民群众的根本利益，广大人民群众对此深恶痛绝。检察机关必须顺应人民群众的期盼，切实加大反腐力度，维护群众根本利益。一要坚持执法护民，紧紧围绕党和国家的中心工作，立足检察职能，找准着力点和切入点，更加关注民生问题，解决民生诉求。例如，我国是农业大国，今年中央一号文件明确指出：中国要强，农业必须强；中国要富，农民必须富；中国要美，农村必须美。检察机关服务"三农"工作,就必须紧紧围绕中央"三农"工作决策部署,进一步加强涉农检察工作。当前,要重点关注五类案件,即"村官"职务犯罪案件,支农惠农财政补贴中的腐败案件,农村基础设施建设中的腐败案件,农村社会事业领域的腐败案件,贿选、破坏选举等案件。通过坚决查处各类职务犯罪特别是发生在群众身边的涉农职务犯罪,持续保持惩治涉农腐败高压态势,维护人民群众根本利益,确保支农惠农政策在执行中不缩水不走样,让农民群众真正得到实惠,以查案的积极成果取信于民。二要加强诉讼监督,使办错的案件得以纠正,使枉法的行为得到处理,使遗漏的犯罪分子受到追究,使无辜的当事人得到保护。坚持群众利益无小事,对上访群众,有理的,要坚决纠错到位,恢复被损害的公正;对一些当事人有对立情绪的特殊疑难案件,建立公开听证和文书说理机制,实行阳光说理,耐心教育引导,既解"法结",又化"心结";对有困难的,积极协助党委政府,帮助解决实际困难。三要加强与民政、财政等部门的协调,采取资金补助、社会援助、办理低保等措施,开展刑事被害人救助工作,着力解决法度之外、情理之中的问题,彰显司法人文关怀,真正做到思想上尊重群众,感情上贴近群众,工作上依靠群众,办案中关爱群众。

四、坚持纪律过硬,不结党,做团结和谐的表率

(一)党的事业要靠铁的纪律保证

习近平总书记指出:"党要管党,从严治党,靠什么管,凭

什么治？就要靠严明纪律。"对一个政党来说，有铁的纪律，才有党的团结统一，才有党员干部的清正廉洁。中国共产党是靠革命理想和铁的纪律组织起来的马克思主义政党。铁的纪律，是党的事业的保证。毛泽东同志说过："加强纪律性，革命无不胜。"邓小平同志指出："我们这么大一个国家，怎样才能团结起来、组织起来呢？一靠理想，二靠纪律。"这些论述充分强调了党的纪律的重要性。

我们党自成立之日起，就高度重视纪律建设，维护组织的纯洁性。1921年，党的一大制定了党纲，首次作出关于党的纪律方面的规定。党的二大制定了党章，专设了"纪律"一章，提出了党的组织要有铁的纪律的总体要求。党的五大成立了中央监察委员会作为执行纪律的专门机构。1928年，毛泽东总结开辟井冈山根据地从事群众工作的经验，规定部队必须执行三大纪律、六项注意。在随后的革命斗争中，又不断丰富发展，最终形成了"三大纪律、八项注意"。正是严格执行这些铁的纪律，才造就了一支克敌制胜、无坚不摧的战斗力量，最终赢得了新民主主义革命的胜利。新中国成立不久，党就健全了党的纪律机构建设，加强了党的纪律建设。

"文化大革命"时期，党的纪律建设受到严重削弱，党的纪律遭到严重破坏。粉碎"四人帮"后，党中央拨乱反正，恢复重建了党的纪律检查机构，加强了纪律建设。1982年，党的十二大通过的党章恢复了《党的纪律》一章，把加强党的纪律放在重要位置。党的十六大以后，我们党先后颁布了《中国共产党纪律处分条例》《中国共产党党内监督条例（试行）》《中国共产党巡视工作条例（试行）》《中国共产党党员领导干部廉洁从政若干准则》《关于试行党风廉政建设责任制的规定》等一系列党内法规,确立了执纪标准,明确了监督要求,安排了巡视任务,制定了廉洁自律规范,提出了工作责任。党的十八大以来,党内两部重要法规《中国共产党党内法规制定条例》《中国共产党党内法规和规范性文件备案规定》对外公布。党内一系列法规颁布实施,为严明党的纪律提供了有力的制度保障。

我们党成立90多年的时间表明,什么时候党的纪律严明、执行有力,什么时候革命、建设和改革就能够取得胜利,党的事业就能够不断健康发展。什么时候党的纪律松弛,组织涣散,党的凝聚力和战斗力就会大大削弱,党的领导能力和执政能力就会大大削弱,党的事业就会遭受损失。

(二)纪律过硬是检察队伍的政治优势

检察机关是党领导下的国家法律监督机关,遵守党的纪律是我们党性意识、政治觉悟、组织观念的集中体现,是检验党员干部对党忠诚度的重要标准,也是推动检察工作顺利进行的重要保障。检察工作的性质决定了检察队伍必须有严明的纪律。广大检察官要做维护和遵守纪律的模范,把遵守纪律铭刻在灵魂中、熔铸在血液里。周永康、薄熙来等野心勃勃,在党内拉帮结派、结党营私,长期把自己凌驾于组织之上,甚至搞非组织政治活动。我们应要以周永康、薄熙来等案件作为反面教材,从中受到教育,吸取教训。

党员检察官不仅要严格遵守党章、党纪和国家法律,而且还要自觉遵循党在长期实践中形成的优良传统和工作惯例,明白什么可以做、什么不能做、什么事必须履行什么程序,真正敬畏纪律,遵守规矩。要牢固树立纪律和规矩意识,突出遵守政治纪律和政治规矩,着力强化纪律的刚性约束。要按照习近平总书记在中央纪委五次全会上的讲话要求,认真对照检查:到底有没有搞团团伙伙、结党营私、拉帮结派的问题;有没有乱评乱议、口无遮拦、传播小道消息、热衷于转发网上不良信息、不负责任发表议论的问题;有没有脱岗离岗、不向组织汇报、一到节假日就不见了的问题;有没有个人重大事项不报告的问题;有没有跑风漏气、说情风、打招呼,特别是在选拔干部时打招呼、拉票、助选的问题,等等。对这些问题,哪怕是苗头性的、倾向性的,也绝不能等闲视之,一定要做到防微杜渐,令行禁止。

(三)坚持纪律过硬,必须不结党,做团结和谐的表率

俗话说:"一个好汉三个帮,一个篱笆三个桩。"毛泽东同志也说过:"团结力量大。"团结是一个集体是凝聚力、战斗力的标志。对检察机关领导干部来讲,团结是政治,团结是党性,团结是大局,团结是素质,团结是能力,团结是形象,团结是品德,团结是修养。团结出凝聚力,出战斗力,出生产力。结党是什么?结党就是结成党羽,是个人之间利用私人感情建立小集团,就是搞不团结!结党营私一直是中国官吏制度中所不能容忍的事情,但凡有官员结党坐大者,必然会扰乱正常的政治秩序和社会生活。我们党也决不容忍搞团团伙伙、结党营私、拉帮结派。搞不团结,一害组织,二害群众,三害事业,四害自己。在新的形势下,广大检察干警尤其要深刻认识团结的重要性,站在党和人民利益的高度,去理解团结的意义,强化团结的意识,要像爱护自己的眼睛一样爱护团结,像珍惜自己的生命一样珍惜团结,维护同志之间的团结,维护班子之间的团结,维护检群之间的团结,做到目标同向、工作同

第十一章 建设高素质的惩治和预防职务犯罪检察队伍

心、事业同干。

1. 不能拉帮结派，搞小圈子

"君子周而不比，小人比而不周。""君子矜而不争，群而不党。"说的都是讲团结，不能搞拉拉扯扯、团团伙伙，把团结变成了"团伙"。团团伙伙是封建人身依附关系和江湖帮派文化的产物，他们把权力当私产，大搞选边站队、亲疏远近；谋人不谋事，整天琢磨拉关系、套近乎、抱大腿。更有甚者，对内笼络身边人、组建"个人王国"，对外网罗亲朋故友、同学同乡形成关系圈，打造"一荣俱荣，一损俱损"的利益共同体。这些人热衷于此，就在于信奉"朝里有人好做官""进了圈子才算进了班子"，或谋求圈子庇护的安全感，或寻求团体谋私的超能力，为此不惜突破政治规矩，失底线，踩红线。邓小平同志曾语重心长地指出："搞小圈子，害死人啊！"习近平总书记也告诫我们：干部都是党的干部，不是哪个人的家臣。党内上下关系、人际关系、工作氛围都要突出团结和谐、纯洁健康、浩然正气，但决不允许搞团团伙伙、帮帮派派，搞利益集团，进行利益交换，绝不允许自行其是、阳奉阴违。拉帮结派虽然一时风光无限，到头来却是"忽喇喇似大厦倾"。如湖南第一女巨贪蒋艳萍，仗着"有的是关系"，公然打击举报者，迎来的只有死缓。杭州市原副市长许迈永，侥幸地认为"即使出了事，组织上查，也会有人替我挡一下"，结果是死刑加身。自以为能呼风唤雨，殊不知，唤来的不是法外之权，而是恢恢天网；自以为抱团就能取暖，殊不知，取来的不是融融暖意，而是玩火自焚的烈焰。真正的"护身符"，不是"哪条线""某圈子""谁的人"，而是心中那把遵纪守法的戒尺。

检察机关是党领导下的司法机关，必须代表广大群众的根本利益,决不能代表小集团的利益。检察干警讲团结,从大的方面来说,就是要自觉维护党的统一,坚决维护党的权威,坚决反对那种破坏团结或阳奉阴违、对抗上级的恶劣行为;从小的方面来说,就是要发扬团队精神,善于团结同志,自觉摆正自己的位置。如果争名夺利,好事冲在前,工作不想干,斤斤计较个人得失,就很难搞好团结。在工作中,要胸怀宽广,气度豁达,以大局为重,求同存异,既不结党营私,又不勾心斗角,正确对待矛盾和问题,做到心往一处想,劲往一处使,同心同德,共谋发展。

2. 加强领导班子建设

做好惩治和预防职务犯罪工作,关键在干部,核心在领导班子。班子强则队伍兴,队伍兴则事业旺。只有班子团结、和谐、务实、奋进、拼搏,才能带出一流队伍,干出一流业绩。

一要按照新时期、新阶段对检察机关领导班子提出的新任务、新要求,不断强化大局意识、团结意识,相互尊重,相互支持,补台不拆台,形成团结民主、坦诚相见、精诚合作的良好氛围,做团结和谐、和衷共济、顾全大局的表率。

二要认真贯彻民主集中制原则,坚持集体领导,分工负责,互相支持,积极配合,主要领导民主意识要强,班子成员全局意识要强,做到"原则问题不含糊,细枝末节不纠缠",切实提高贯彻执行民主集中制的自觉性和规范性,避免出现只要集中不要民主的独断专行和只要民主不要集中的软弱涣散的现象,最大限度地发挥班子整体功能。

三要严格执行党内政治生活制度,经常性开展积极健康的思想教育,班子成员间要以整风精神开展批评和自我批评,坦诚相见,开诚布公,揭短亮丑,动真碰硬,增强党内生活的政治性、原则性、战斗性,要坚持真理,不怕得罪人,帮助班子成员分清是非、辨别真假、统一意志、增进团结,努力形成团结紧张、严肃活泼的良好氛围。批评和自我批评是解决党内矛盾的有力武器,也是保持党的肌体健康的有力武器,我们要大胆使用、经常使用、用够用好,增强角色意识和政治担当,在党言党,在党忧党,在党为党,敢于同形形色色违反党内政治生活原则和制度的现象作斗争。

四要推动领导班子建设的制度化和长效化,从制度源头管根本、管长远,不断提高领导班子建设的科学化水平。总之,检察领导干部要有"山容万物、海纳百川"的气度,有"扬人之长、补己之短"的雅量,有"广开言路、择善而从"的作风,努力做到政治上志同道合、思想上肝胆相照、工作上密切配合、行动上步调一致、生活上互相关心,形成团结一心干事业、齐心协力谋发展、群策群力促和谐的良好局面。

3. 以身作则,率先垂范

正人必先正己,正己才能正人。古人讲:"轻财是以聚人,律己是以服人,量宽是以带人,身先是以率人""其身正,不令而行;其身不正,令而不从"。我们也常说:"火车跑得快,全靠车头带""单位好不好,关键看领导;班子行不行,就看前两名"。一种社会风气的形成,往往与领导带头有很大的关系。很难想象,一个地区、一个单位领导干部整天消极应付,其他同志还能积极进取?领导干部办事拖拉疲沓,其他同志还能雷厉风行?领导干部总是推三推四,其他同志还能认真负责?相反,哪个地方、哪个单位的领导干部作风过硬,哪个地方、哪个单位就必然会形成强大的凝聚力,产生无坚不摧的战斗力,那些领导干部就必然会在人民群众中树立起良好的形象,取得人民群众的信任和支持。"政声人去后,民意闲谈中";"千秋万岁名,寂寞身后事";"莫道铁石不铸名,路上行人口似碑"。任何人做官都只是一时一事,而做人却是一生一世。加强和改进党的作风建设,领导干部特别是"一把手",时时刻刻都要树起标杆,带一个好头,当好"领头人",发挥影响力,凝聚正能量,这样才能带领干警走向正道,激起干警的积极性,形成"一言而万民齐"的导向作用。如果说到做不到,就只会适得其反。邓小平同志曾指出,领导干部不做出好样子,群众就会失去信心,失去方向。习近平总书记也指出,各级领导班子成员特别是主要负责同志,要以向我看齐的姿态听意见、摆问题、管自身、抓督查,发挥示范作用。领导干部只有敢于拿自己开刀,解决问题才能势如破竹,改进工作才能立竿见影。

五、坚持作风过硬,不营私,做公正执法的表率

(一)党的作风关系党的存亡

习近平总书记指出,党的作风关系党的形象,关系人心向背,关系党的生死存亡。这深刻阐述了党的作风建设的极端重要性和紧迫性,表明了我们党高度重视党的作风建设的鲜明态度和坚定决心。党的作风,是党在长期的革命、建设和改革伟大实践中,由全体党员在思想、政治、组织、工作和生活等方面表现出来的一贯态度和行为的高度凝练,是党的内在精神、整体素质、政治倾向和纪律规范的体现和反映。

我们党始终高度重视作风建设。1935年至1948年,党中央和毛泽东等老一辈无产阶级革命家,在延安生活战斗13

第十一章　建设高素质的惩治和预防职务犯罪检察队伍

年,同人民群众水乳交融、生死与共,为中国革命胜利打下了牢固基础。1936年,美国记者斯诺访问延安,被共产党领袖们的廉洁节俭深深感动,断言这种廉洁节俭的作风会产生一种伟大力量——"东方魔力"。新的历史时期,尤其是党的十八大以来,我们党紧紧扭住作风建设不放松,持之以恒落实中央八项规定,坚决纠正"四风",推动了广大党员干部作风的极大转变。

"百姓谁不爱好官?把泪焦桐成雨。生也沙丘,死也沙丘,父老生死系。暮雪朝霜,毋改英雄意气","为官一任,造福一方,遂了平生意"。这是习近平担任福州市委书记期间,读了《人民呼唤焦裕禄》一文后填写的《念奴娇》词,深深表达了他对焦裕禄的崇敬之情和他自己爱民为民、责任担当的坚定情怀。只有像焦裕禄、杨善洲、孔繁森等先进模范人物一样,具有坚定的理想信念、优良的工作作风,用实际行动践行为人民服务的根本宗旨,夯实党的执政之基,我们党才能永远立于不败之地。

(二)作风过硬是检察队伍完成职责使命的根本保障

一支军队,如果没有过硬的作风,不可能会打胜仗;一个政党,如果没有良好的作风,不可能永葆青春;一个干部,如果没有扎实的作风,不可能奋发有为。习近平总书记指出:"各级领导干部都要树立和发扬好的作风,既严以修身、严以用权、严以律己,又谋事要实、创业要实、做人要实。"作风过硬,就是要认真践行习近平总书记"三严三实"要求,坚持为民、务实、清廉的群众路线,始终保持以民为本、勤政务实、清正廉洁的良好形象;就是要坚持严字当头,以踏石留印、抓铁有痕的劲头,立新规,动真格,坚决纠正"四风";就是要严格执行廉洁自律有关规定,切实做到严于律己,清正廉洁;就是要淡泊明志,宁静致远,提高人格修养,保持高洁情操。

(三)坚持作风过硬,必须不营私,做公正执法的表率

营私即是图谋私利,营私才会舞弊,因为心中念及私利,才会选择用欺诈的手段做犯法之事。可见营私从来就是与公正相对的。而"公正"则是正直、不偏不倚、没有私心。公正是司法的生命线。司法也是维护社会公平正义的最后一道防线。英国哲学家培根说过:"一次不公正的审判,其恶果甚至超过十次犯罪。因为犯罪虽是无视法律——好比污染了水流,而不公正的审判则毁坏法律——好比污染了水源。"这其中的道理是深刻的。如果司法这道防线缺乏公信力,社会公正就会受到普遍质疑,社会和谐稳定就难以保障。因此,党的十八届四中全会明确指出:公正是法治的生命线;司法公正对社会公正具有重要引领作用,司法不公对社会公正具有致命破坏作用。必须完善司法管理体制和司法权力运行机制,规范司法行为,加强对司法活动的监督,努力让人民群众在每一个司法案件中感受到公平正义。当前,我国正处于社会主义初级阶段,全面建成小康社会进入决定性阶段,改革进入攻坚期和深水区,检察工作面临的形势和环境发生了复杂而深刻的变化。我们必须从全局的高度,深刻认识坚持严格规范公正文明司法的重大意义,严格司法,公正司法,坚守公平正义最后一道防线。

1. 坚持法治信仰,坚守法治底线

坚持严格司法、公正司法,必须树立正确的执法司法理念、法治信仰,坚守职业良知。要把法治精神当作主心骨,坚

守法治底线,对法律有敬畏之心,无论在任何时候任何情况下,都不能超越这个底线。不可否认,检察干警不可能生活在"真空"中,人情、关系、金钱等因素对执法司法的干扰客观存在。如果没有坚定的职业良知和法治信仰,就会失去坚持严格执法、公正司法的定力,就无法抵住形形色色的诱惑和方方面面的干扰。要高度重视检察官职业道德的培养和熏陶,教育引导广大检察干警自觉用职业道德约束自己,做到对群众深恶痛绝的事零容忍、对群众急需急盼的事零懈怠。"无私才能无畏。"要强化严格依法办事观念,坚持法律面前人人平等,不偏不倚,不枉不纵,铁面无私,秉公执法,让每一起案件都经得起历史和实践的检验,以实际行动让人民群众感受到公平正义就在身边。

2. 深化检务公开,以公开促公正

党的十八届四中全会提出:保障人民群众参与司法。人民只有看见司法、了解司法,才能参与司法。构建开放、动态、透明、便民的阳光司法机制,推进检务公开,是自然而然,也是必然而然。这就要求我们不断强化公开机制建设,加大对外公开力度,自觉接受监督,努力做到在执法观念上"为民",在执法情感上"亲民",在执法方式上"便民",在执法效果上"利民",不断提升执法公信力和亲和力。要坚持以公开为原则,不公开为例外,加强法律文书释法说理,持续推行全程同步录音录像工作,积极打造案件信息公开平台,建立生效法律文书统一上网和公开查询制度,公开内容拓展到执法办案全过程,依法及时公开检察环节执法办案的依据、程序、流程、结果;公开形式延伸到新媒体,群众可以通过检察门户网站、"一站式"检务公开大厅、案件查询系统等平台,随时随地了解、参与、监督检察工作,切实增强执法办案的透明度,保证检察权力依法正确规范行使,让全社会看到检察机关从严治检的鲜明立场和坚定决心,真正做到以监督促公正、保廉洁、赢公信。

3. 加强执法监督,规范执法行为

法律是治国之重器,法律的生命力在于实施,法律的权威也在于实施。"天下之事,不难于立法,而难于法之必行。"如果有了法律而不实施、束之高阁,或者实施不力、执法不公,做表面文章,那制定再多法律也无济于事。全面推进依法治国的重点应该是保证法律严格实施,公正执法,做到"法立,有犯而必施;令出,唯行而不返"。当前,司法领域存在的主要问题是司法不公、司法公信力不高,一些司法人员作风不正,办案不廉,办金钱案、关系案、人情案,等等。因此,加强监督能力建设,要有敢于监督的能力,敢不敢监督,说白了,就是有没有敢于监督、无私无畏的"底气"。常言道:"公生明、廉生威""心底无私天地宽"。具体来说,就是是否一心为公、真心为民,是否不畏权势、心底坦荡无私,是否敢于斗争、不当"好好先生"。加强监督能力建设,还要有善于监督的能力,要善于把握监督重点,抓住权力运行的重点领域和关键环节,有针对性地健全和完善防范机制,最大限度减少权力出轨、个人寻租的机会,让检察人员少犯错误,不犯错误。还要善于把查办案件作为我们监督的有效抓手,准确把握查办案件的方向和重点,加强案件分析和调查研究,积极探索发案和办案规律,有的放矢开展查办案件工作,对司法领域的腐败零容忍,坚决清除害群之马。

4. 坚决惩治自身腐败

与魔鬼打交道的人,最容易被魔鬼同化。当前,惩治和预防职务犯罪工作取得新进展,但仍存在不少问题和不足,少数干警甚至领导干部特权思想、霸道作风严重,执法规范化水平不高,有的甚至以权谋私,滥用权力。在现实中,"反贪局长成贪官"的案例屡见不鲜。自1999年最高人民检察院反贪总局局长罗辑因严重违纪被撤职以来,先后有贵州省检察院原反贪局局长刘国庆,湖南省邵阳市检察院原反贪局副局长李勇,广西贺州市检察院原反贪局局长张建辉,安徽芜湖市检察院原检察长助理、反贪局局长潘政治,广东化州市检察院原副检察长兼反贪局局长郭志玲,长春市检察院原反贪局局长李晓明,娄底市娄星区检察院原反贪局局长陈谊军等被查处。"反贪不成反成贪官",这正是隐藏在这些案件背后的共性,也是反贪局蜕变成"贪污局"的现实困境。

"打铁还需自身硬,铁肩才能担道义。"作为手握查办职务犯罪权力的检察干警包括领导干部,如果搞一次特殊,就会降低一分威信;破一条规矩,就会留下一个污点;谋一些私利,就会失去一片人心。己不正,焉能正人?只有自身正、自身硬、自身净,才有资格去监督别人,才能树立法律监督的权威。工作中,要做到:一是要恪守从检道德。严格按照党员干部标准、要求和纪律,规范自己的言行,以对党和人民事业的高度负责的态度,干好自己的本职工作,做到脑清、口洁、手净、脚稳,成为"五官"端正、形象端庄的好党员、好领导、好检察官。二是坚持从严治检。要按照最高人民检察院对侦查办案活动提出"十个依法、十个严禁"的要求,加强惩治和预防职务犯罪检察队伍纪律作风建设,严明办案纪律,加强执纪问责,从严落实"两个责任";实行检察机关领导干部执法廉政档案、重大事项报告等制度,加大检务督察力度,加强对检察干警履职情况的明察暗访,坚持用铁的纪律带出过硬的队伍,做到队伍管理"无盲区"。三是健全完善检察干警违法违纪案件查处机制。加大对内部违法违纪人员的惩处力度,紧紧抓住执法办案一线和领导干部等重点领域、关键环节,坚决查处办关系案、人情案、金钱案特别是索贿受贿、徇私枉法等执法犯法问题,以零容忍的态度,对检察干警的违纪违法问题,发现一起,就坚决查处一起;涉及谁,就坚决查处谁;犯到什么程度,就坚决查办到什么程度,决不姑息迁就,绝不容许队伍中存在"害群之马",以实际行动维护宪法法律尊严,维护社会公平正义,维护检察官的良好形象。

参考文献

1. 习近平.习近平谈治国理政.北京:外文出版社,2014
2. 党的十八届三中全会《中共中央关于全面深化改革若干重大问题的决定》,2013
3. 党的十八届四中全会《中共中央关于全面推进依法治国若干重大问题的决定》,2014
4. 王歧山在中国共产党第十八届中央纪律检查委员会第五次全体会议上的工作报告,2015
5. 孟建柱在中央政法工作会议上的讲话,2015
6. 曹建明.加强惩治和预防职务犯罪的国际合作.人民检察,2010(10)
7. 蔡宁.关于建立职务犯罪侦查信息资源共享机制的实践与思考.检察技术与信息化,2013(2)
8. 张国臣.中国省会城市治安防范管理模式研究.开封:河南大学出版社,2005
9. 张国臣.中国检察文化发展暨管理模式研究.郑州:河南大学出版社,2013
10. 张国臣.中国控告申诉检察管理模式研究.郑州:河南大学

出版社,2010
11. 张国臣.嵩山流泉(理论卷).郑州:河南大学出版社,2008
12. 何勤华.检察制度史.北京:中国检察出版社,2009
13. 陈雷.惩治与预防国际腐败犯罪理论与实务.北京:中国检察出版社,2005
14. 张鸿巍.美国检察制度研究.北京:人民出版社,2009
15. 陈连福.反贪侦查能力建设.北京:中国检察出版社,2013
16. 詹复亮.职务犯罪诉讼新论.北京:中国方正出版社,2001
17. 邵景均.新中国反腐简史.北京:中共党史出版社,2009
18. 任惠华.职务犯罪侦查实务.北京:中国检察出版社,2010
19. 王德合.贪污贿赂案件的侦查与组织指挥.北京:中国检察出版社,2000
20. [美]H.W.埃尔曼.比较法律文化.北京:清华大学出版社,2002
21. 陈光中.刑事诉讼法(第五版).北京:北京大学出版社、高等教育出版社,2013
22. [法]孟德斯鸠.论法的精神.北京:商务印书馆,1982
23. [意]贝卡里亚.论犯罪与刑罚.北京:中国法制出版社,2005
24. 张晋藩.中国法律的传统与近代转型.北京:法律出版社,2005
25. 何家弘.证据法学.北京:法律出版社,2008
26. 肖贤富.现代日本法论.北京:法律出版社,1998
27. 朱兴有.预防职务犯罪问题研究.北京:中国检察出版社,2004
28. 黎明正.侦查学.上海:华东理工大学出版社,1997
29. 陈波.职务犯罪信息化侦查实战操作.北京:中国检察出版社,2011
30. [古希腊]亚里士多德.政治学.北京:中国人民大学出版社,2003

31. 朱孝清.职务犯罪侦查学.北京:中国检察出版社,2004
32. 宋寒松.检察机关预防职务犯罪教程.北京:中国检察出版社,2013
33. 陈瑞华.刑事诉讼的中国模式.北京:法律出版社,2008
34. 张智辉.检察权研究.北京:中国检察出版社,2007
35. 樊崇义等.论以审判为中心的诉讼制度改革.中州学刊,2015(1)
36. 车承军.简论职务犯罪控制的几种模式.求是学刊,2001(5)
37. 王秀芬等.世界主要国家反腐败经验对中国预防腐败的启示.河北学刊,2008(4)
38. 向泽选.修订后刑诉法的实施与职务犯罪侦查.国家检察官学院学报,2012(6)
39. 闵春雷.非法证据排除规则适用问题研究.吉林大学社会科学学报,2014(3)
40. 邓树刚.运用大数据技术推动职务犯罪预防工作.人民检察,2014(16)
41. 张国臣.以科学发展观为指导推动控告申诉检察工作又好又快发展.法制日报,2008.11.2
42. 张国臣.七项机制创新控申检察工作.检察日报,2009.3.29
43. 张国臣.深入推进反渎职侵权工作.河南日报.2012.2.1
44. 张国臣.论新刑事诉讼法的中国特色.河南社会科学,2012(9)
45. 张国臣.检察廉政文化建设及其机制创新.中国刑事法杂志,2012(1)
46. 张国臣.以人为本实现检察绩效管理的三大转变.中国司法,2012(5)
47. 张国臣.论我国检察理念文化的建构与发展.贵州社会科

学,2012(5)
48. 张国臣.深化检务公开 维护公平正义.河南日报,2014.1.24
49. 张国臣.重点完善反贪查案工作六项机制.检察日报,2014.11.17
50. 张国臣.坚持依法治国方略 维护社会公平正义,河南法制报,2015.1.1
51. 张国臣.着眼"四个全面"持续提升反贪工作水平,检察日报,2015.5.20
52. M. Montias, Susan Rose—Ackerman. Corruption in a Soviet—type economy :theoretical consideration. New York: Academic Press,1978
53. Rose—Ackerman, Susan—Eriu. Corruption: A Study in Political Economy. New York:Academic Press,1978
54. William A. Niskanen. Bureaucracy and Representative Government. Aldine—Atherton, Inc,1971
55. Jaffrey L. Pressmain & Aaron Wildavasky. Implementation. Berkeley:University of California,1984
56. Eugene Bardach. Implementation Game: What Happen After a Bill Becomes a Law. Cambridge, MA, MIT Press,1977
57. John M. Bryson. The Policy Process and Organization Form. Policy Study Journal,1984(12)

跋

什么是人生最大的快乐

什么是人生最大的快乐?

学习知识,探索规律,创造奉献!从1974年开始发表作品,30多部书,600多万字,连获省级国家级大奖,几十年来,我笔耕不辍,很忙,特累,但时时快乐着……

学习知识,促人修身,知晓敬畏。我1956年生于嵩山南麓的一个小村庄,童年很苦很饿,放牛,割草,捡煤渣,什么农活都干过,劳动中痴迷读书,1977年,以登封县第一名的成绩考入河南大学,获文学学士,留校任教,又获经济学硕士,工作中,再获华中科技大学管理学博士,成为作家、教授、国家一级高级检察官。学习成为生命中的一部分。知识就是力量,知识改变命运!节假日、星期天,我坐在办公室、书房中,读古今中外的哲学、法学、历史、文学、社会学等书籍,敬仰先贤哲师,信守立德仁爱、礼义廉耻。掩卷深思,顿悟出许许多多的道理,指导工作生活实践,明白以善修身,知恩、知耻、知足、知止,教育人、引导人、感化人,知道什么事应该拼命干,什么事绝对不能做,避免了人生战略性错误的发生,迈上了一个个新的台阶。学有所获是何等的快乐啊!

记得2013年4月的一个星期天,省检察院根据群众的举报,经过缜密初查,依法对一位卖官受贿的厅级领导干部采取了强制措施。我和检察长在侦查指挥中心指导反贪干警讯问犯罪嫌疑人,给其讲解刑法条文,给其送药物治病,德法并用。在法律和正义面前,这位犯罪嫌疑人放声大哭,表示悔罪,4个小时就主动交待出受贿800多万元的犯罪事实。随之,我指导办案干警,又对其多病的妻子和读研究生的孩子进行法治教育,人性化办案,没有影响孩子的学习和生活。这位厅级犯罪嫌疑人得知后,感动得立即给其妻子写信:"老伴啊,要那么多赃款是没用的,学习法律,赶快退赃,争取宽大处理吧!"办案进展非常顺利,既维护了社会公平正义,又避免了一个家庭的"灭门之灾",更促进了社会和谐稳定。2014年10月,我作为河南省委十八届四中全会精神宣讲团主讲人,在郑州、开封、洛阳、南阳等市向处以上领导干部作全面推进依法治国报告时,引证此案例和多个发生在大家身边的职务犯罪案例,收到良好的社会反响。一位县长听完报告回家对其妻子说:"咱要学习法律,敬畏法律,远离犯罪,要对群众和子女负责啊!"

理论是实践的升华。只有理论和实践相结合,才能收到良好的效果。这不就是检察机关认真贯彻落实党中央"依法治国和以德治国相结合"原则的成果吗?

探索把握规律,推进事业科学发展。我国宪法规定,人民检察院是国家的法律监督机关。强化法律监督、维护公平正义是检察工作的主题。怎样把握惩治和预防职务犯罪的规律呢?唯有在检察实践中,在具体的办案中,不断地总结探索,归纳分析,提炼升华。百炼钢化为绕指柔。我2008年3月任河南省检察院常务副检察长,7年来,结合所分管的控告申诉、反渎职侵权、反贪污贿赂以及日常的预防职务犯罪工作，运用法律、管理、文学等专业知识，以现代管理学的视角，不断思考研讨，设计出理念、制度、机制、组织"四位一体"的管理模式，提出查办职务犯罪工作，要坚持"稳定数量、提高质量、改善结构、注重效率、增强效果、确保安全"，预防职务犯罪工作，要坚持"侦防结合、工作深入、效果转化、形式创新"，逐步探索出一套比较系统的惩治和预防职务犯罪管理体系。我先后在中央、省级媒体刊物上发表了数十篇理论文章，到国家检察官学院、河南大学、郑州大学等高校演讲授课，多次参加国际法学会议发表演讲，并到美国、加拿大、澳大利亚等国家的司法机关交流惩治和预防职务犯罪经验做法。我坚持每天记工作日志，将所学所悟所得即时整理，以滴水穿石、聚沙成塔。我和主办检察官及办案小组的战友们，不时谈心，讨论分析案件，总结成功的经验，查找失误的教训，去伪存真，由表及里，把握规律，执法为民，服务大局，促进经济社会又好又快发展。仅2013年，河南省检察机关通过查办职务犯罪，就为国家挽回直接经济损失4.59亿元。干有所成是何等的快乐啊！

实践出真知。2010年，我经过深入基层检察院调研，总结出检察举报工作"位置龙头化、管理扁平化、手段信息化"的管理模式，并多次做客大河网与数万网民交流，受到欢迎。一位农村老大娘给我写信，并寄上一双亲手缝制的鞋垫，说检察院反贪抓坏蛋，干警太辛苦，"用俺亲手纳的鞋垫表达心意，千万保重身体啊"！举报工作得到人民群众的支持，举报信件大幅增加。2010年6月，首届全国检察举报工作论坛在河南登封召开，推广河南的检察管理经验。线索是查办职务犯罪的基础，是初查的先导、立案的依据。我和反贪反渎战线上的干警在查案中探索总结出拜人民群众为师,"在茶余饭后群聊中发现办案线索""高度重视媒体网络传播""在查案中找案件线索""滚雪球"式查案等六种机制,提出"以信息化引导侦查"的管理模式,新华社《内参》和《检察日报》发表,反响良好。许多反贪局长评之说,"对查案非常管用,效果明显"。河南省检察机关查办职务犯罪工作连年走在全国前列。2012年5月,全国检察机关反贪侦查手段现代化现场会在郑州召开,全国20多个兄弟省市的检察机关来河南学习交流经验。

司法规律是司法权运行的基本规律。只有认识和把握司法规律,才能收到事半功倍的效果。管理出效益,慎思见功效。这不就是认真学习贯彻中国特色社会主义理论体系,深化司法改革,探索理论创新的成果吗?

创造奉献是一个共产党人的神圣天职。党的根本宗旨是全心全意为人民服务。怎样践行党的根本宗旨呢?唯有忠诚履职,创造奉献!理论创新,不仅需要广博深厚的基础知识、积极向上的拼搏精神、认真缜密的逻辑思维,而且需要"板凳要坐十年冷"、淡泊名利、乐于吃苦、甘于吃亏、勤恒精进、老实做人的品格精神。苦有所得是何等的快乐啊!

近些年来,社会浮躁,金钱至上,跑官要官、拉票贿选时有发生,不少地方学风不浓,玩风太盛,又有多少人愿意长年下基层搞调研,进书房查资料,慎独静心创造,爬格子写论著呢?有!2008年以来,河南省检察院建立学习型检察院,加强领导班子建设和检察队伍建设,以机制调动干警的学习工作积极性,在处级领导干部选拔中,创造性地建立了"笔试+演讲+群众推荐+功绩考评"综合竞争模式,培养选拔出一大批优秀的领导干部。全省检察机关涌现出全国模范检察官陈海宏、程建宇、马俊欣等英模人物。我们认真总结其成长规律，提出党员领导干部要不贪财、不张狂、不"结党"、不"营私"、不忘本，做公正执法、廉洁自律、创造奉献的表率。2010年我牵头完成《中国控告申诉检察管理模式研究》重点课题，2013年我又牵头完成《中国检察文化发展暨管理模式研究》重点课题，连获河南省社会科学优秀成果一等奖，专著被美国哥伦比亚大学、加拿大多伦多大学等高校图书馆收藏。2014年，我再次牵头承担高检院检察理论研究重点课题《中国惩治和预防职务犯罪管理模式研究》，根据多年来发表的理论文章和思考，以党的十八届三中、四中全会精神为指导，理清查办和预防职务犯罪管理的思路，提出鲜明的新颖观点，按照"是什么、为什么、怎么做"的论证方法，从宏观管理到微观操作，撰写出共11章的详细写作提纲。之后，又组织学习型研究团队，深入调查研究，3次逐段修改，5次集体讨论校正，克服重重常人难以想象的困难，战胜了次次因创新太难而犹豫退却的念头，终于完成了此项理论成果。俯首静思，求索路漫，创造维艰，泪洒衫襟！面壁破壁，失中有得。在创造中，我们失去了平常人节假日的亲情逸致，但得到了理论上发现"新大陆"的狂喜；我们失去了头上一缕缕黑发，但得到了逻辑思维王国的创新桂冠；我们失去了许多人追逐的所谓"名利官位"，但得到了检察管理理论之树长青！

　　一分耕耘，一分收获。只有乐于吃苦、乐于吃亏、甘愿奉献，才能登高望远、笔耕立言，创造出检察管理学科拓荒式精神产品。这不就是践行党中央"严以修身、严以用权、严以律己，谋事要实、创业要实、做人要实"要求的成果吗？

　　山连千岭，海纳百川。本书是高检院、河南省检察院党组正确领导、大力支持的结果，是集体智慧的结晶。河南省检察院党组书记、检察长蔡宁，中国著名法学家、教授樊崇义等老师多次指导并审读作序；耿文忠、朱焕然、王守安、向泽选、谢鹏程、单民、韩成军等同志精心指导帮助；侯民义、丁铁梅、鲍晋选、田凯、王红兵、罗瑞、李涛、卢震和赵国勤、王琛、田瑛辉等先后参加了有关章节的资料、照片等收集整理讨论修订工作，贤妻王素珍教授无私奉献，爱女张小羽和宝婿白亮加班为本书精心英译，河南财经政法大学检察学院、郑州市二七区检察院等单位全力支持，河南大学出版社张云鹏、刘小敏、王四朋等精心编辑设计，付出了辛勤劳动，在此敬致衷心的感谢！

　　文章千古事，甘苦寸心知。理论创新没有休止符，惩治和预防职务犯罪管理模式研究永远在路上。我们诚心地欢迎广大法学专家及读者朋友对此书批评指正，和我们一起不断探索，丰富实践，进一步完善提升，在忙累中，共同享受学习和创造的成果，品尝人生最大的快乐……

张国臣

2015 年 9 月 7 日于郑州求阙斋

跋

Postscript

What is the Greatest Happiness of Life

What is the greatest happiness of life?

To learn, to explore, and to contribute! I started writing and publishing since 1974. Now decades later, I have published more than 30 books with over 6 million words in total, and got numerous prizes of provincial and national level. No, I have never stopped writing. Honestly, I have always been very busy, and sometimes I am too busy and even feel exhausted. However, I do very much enjoy the happiness out of the hardworking …

Learning cultivates my moral characters and holds me in awe and veneration. I was born at a small village located at the southern foot of Songshan Mountain. I shall have to toil and moil all my days during my childhood, and the feeling of hunger occupied my childhood memory. I did all kinds of farm works, taking care of cattle grazing, mowing, picking up coal cinder … and I got so obsessed with reading during this period of time. In 1977, I got admitted to Henan University with the highest score in Dengfeng, my hometown. Upon graduation, I stayed at Henan University and started working as a teacher there. Later, I got my Master's Degree in Economics. While working in different places in the following decades, I got my Doctor Degree of Management from Huazhong University of Science and Technology, and became a writer, a professor, and grade one senior public procurator. Learning becomes part of my life. Knowledge is power, and knowledge changes one's destiny! No matter whether it is public holidays, or weekends, I sit in my office, or study, reading books of all times, of all kinds as philosophy, law, history, literature, sociology… I learn to respect the wise scholars, and to honor righteousness, integrity, kindness, love, sense of propriety, justice, and sense of shame. The readings provoke my thoughts, and my contemplation guides my work and life. I understand as a man, I should be virtuous, grateful, have the sense of honor and shame; I should have a contented mind, know when to start and when to stop, know how to guide people, to educate people, and to help people; I should know what I should do with all my heart and soul, and what I should not do no matter what so that strategic mistakes never happen… Looking back at the years past, I am so pleased to see that I headed forward step by step, and I cannot help keep saying, it is such a joy and happiness to learn and to gain.

Still vivid in my mind is a Sunday in April of the year 2013. According to some anonymous complaint, Henan Provincial People's Procuratorate conducted preliminary investigation of a case, and undertook compulsory measures to a departmental level governmental official who committed bribery and solicited price for official positions that he was in charge of. In the investigation commanding center, the general-procurator and I led the anti-corruption staff to interrogate the suspect. We combined both virtual and legal approaches, explained the terms of the

Criminal Law, and made arrangement for his medical treatment. Faced with law and justice, this criminal suspect burst into tears, showed his regrets about what he had done, and in about 4 hours, he confessed his criminal acts of accepting bribery for over 8 million RMB. Then, I directed the investigation procurators to explain to the suspect's sick wife and his child who was still pursuing postgraduate studies about the related law. With the people-oriented way to deal with the case, the child's study and life was barely affected by our investigation. Learned about this, the criminal suspect was so touched and wrote to his wife immediately, "Dear, now I see that all the unclean money is useless. Let us return the money, learn the law, and try to get mercy from the justice!" The case progressed very smoothly. We on the one hand, guarded social justice, and on the other hand, avoided another "family-sweep tragedy", and promoted social harmony and stability. In October 2014, as the key speaker of the fourth plenary session of the eighteenth Henan Provincial Committee of CCP, I made series of lectures on "to Promote Law-Based Governance in an All-Around Way" to officials of divisional level and above in the city of Zhengzhou, Kaifeng, Luoyang, Nanyang, etc. I quoted the above case and other abuse-of-power cases that happened just around all of the audience officials. The lectures were really influential, and got some very positive social feedbacks. One county mayor told his wife after attending the lecture, "Indeed, we should all learn the law, respect the law, and stay all away from the power abuse!

We should be responsible for the people, and be responsible for all of our family members!"

Theory is the sublimation of practice. Great outcome can be achieved only when theory and practice are integrated with each other. Isn't the fact that procuratorial bodies diligently and thoroughly apply the principle "to integrate the rule of law with the rule of virtue" put by the central committee of the CCP is a good illustration of this notion?

To explore and to grasp the underlying rules and patterns can promote the scientific development of causes. The Constitution of China provides, "People's procuratorate is the legal oversight body of the nation". To strengthen legal oversight, and to guard fairness and justice is the theme of procuratorial work. How can we grasp the underlying rules and patterns of punishing and preventing abuse-of-power crimes? The question can only be answered through constant exploring, analyzing, and summarizing from the actual procuratorial practice, and from the specific case solving process. With enough efforts, even the welded can be put into a pliant. I have been sitting in the office as the executive deputy procurator-general of Henan Provincial People's Procuratorate since March 2008. For the past seven years, based on different areas of procuratorial work that I am in charge, such as complaint and appeal, anti-malfeasance-of-duty, anti-corruption-and-bribery, and other works related to prevention of power-abuse crimes, I take advantage of my legal, management, and literature professional background, use modern management approach, continuously contemplate and study, and finally design this "four-in-one" management model with ideology, system, mechanism, and organization all integrated together. I contend that we should "stabilize the quantity, improve the quality, enhance the structure, emphasize efficiency, strengthen the effect, and ensure safety" when investigating and solving abuse-of-power crimes; we should also "combine investigation and prevention, penetrate into the core issues of cases, transform the outcome of cases, and be innovative formality-wise" with regard to prevention of abuse-of-power crimes, so that gradually, we can originate a set of comprehensive management system on punishing and preventing abuse-of-power crimes. I have published dozens of theoretical articles on the central and provincial media or magazines; I lectured numeral times at National Procuratorate Academy, Henan University, and Zhengzhou University; I participated and made speeches in several international legal seminars; I paid visit to the United States, Canada, and Australia, and exchanged the experiences and lessons of punishing and preventing abuse-of-power crimes with judiciaries of these countries. I keep making "work log" everyday to jot down what I learn and what I think. As the saying goes, "constant dripping wears away a stone", "Little strokes fell great oaks". At times, together with the procurator in charge of the case and other team members, we discuss and analyze the case at hand, summarize the successful experience and the unsuccessful lesson learned. We try our best to eliminate the false and retain the truth, to probe into questions from the exterior to the interior; we try our best to grasp the internal laws of investigating cases, to enforce the law for the people, and take into consideration the overall interests of the country, so that we can contribute to the sound and fast development of economy and society. For the year 2013 alone, Henan provincial procuratorial bodies successfully saved 459 million RMB direct economic loss to the nation by investigating and solving abuse-of-power crimes. How happy it is when you earn a great achievement with all your efforts!

Knowledge comes from practice. In 2010, through in-depth research and investigation in procuratorates at ground level, I came up with the conclusion that procuratorial complaint system should apply such management model that "prioritizing complaint process; flattening complaint management system; and informationizing complaint means". I was live interviewed several times by tens of thousands of netizens on Dahe.net (the leading news website of Henan province), communicating the procuratorial work of Henan, and was favorably welcomed time and time again. A grandma from the countryside sent me a pair of insoles sewed by herself coupled with a letter, written, "Procurators work really hard fighting against the corrupted bad guys! Here are the hand-made insoles to express my thanks and appreciation. You should all be careful with your health while hard working!" The complaint work is greatly supported by the people, and the number of complaint letters increases massively. In June 2010, the first National Procuratorial Complaint Work

Seminar was held in Dengfeng of Henan province to promulgate the management experience of Henan procuratorates. Clue is the basis for investigating and solving abuse-of-power crimes. It is also the lead for preliminary investigation, and the fundament for case filing. Together with the frontier anti-corruption and anti-power-abuse procurators and police officers while investigating and solving cases, we summarize 6 mechanisms for case investigation: "the people are the best teachers", "discovering case clue during random chats with suspect's neighborhood", "paying great attention to media and internet broadcast", "finding more case clues while investigating the case", and "rolling a snowball type of investigation". I proposed "informatization guides investigation" management model and published in *Internal Reference of Xinhua Agency and The Pucuratorate Daily*, and both received great favorable feedbacks from the readers. I heard many directors of anti-corruption bureaus of various levels that "the proposals are very effective for case investigation!" Henan provincial procuratorial bodies have been taking the leading role nationally for consecutive years on investigating and solving abuse-of-power cases. In May 2012, the National Procuratorial Bodies Anti-Corruption Investigative Measures On-Site Conference was held in Zhengzhou. Procuratorates from more than twenty provinces and cities nation-wide came to Henan to learn and exchange experiences on anti-corruption investigation and case solving. The underlying judicial patterns is the basic pattern that judicial authority relies on. Clear understanding and mastering the judicial patterns helps to yield twice the achievement with half the efforts. Efficiency comes from great management, and good outcome comes from thorough thinking. Isn't this exactly the result of earnestly learning and implementing the theoretical system of Communism with Chinese characteristics, deepening judicial reform, and exploring theoretical innovation?

To create and contribute is the sacred duty of members of the Communist Party. The core purpose of CCP is to serve the people wholeheartedly. How can we act out the core purpose of CCP? Only by performing our duties with loyalty, and contributing to society with our heart. As to theoretical innovation, one needs not only cumulative and broad range of knowledges, the positive and active striving spirit, and the deliberate logical thinking, but more importantly, the moral spirit of enduring "sitting in an indifferent position", not seeking fame and fortune, enjoying hardworking, not counting personal loss, and being perseverant and honest. What a great joy to make achievement with all the worthy suffering!

Unfortunately, in recent years, there is this atmosphere of fickleness and venality. Phenomenon such as bribery for official position and wanting of authority and power with illegal means, and election bribery happen now and then. In many cities, the air is a lack of academic study but full of hedonism. Are there any people who are really willing to go to the community level and do investigation, or dive into study to do research, or calmly concentrate on writing and producing valuable books or papers?

There are not many, but there are some! From the year 2008 till now, Henan People's Procuratorate aims at building up as a "study-favored" procuratorate. We strengthen the training of the leaders in key positions of procuratorial bodies, enhance the training and team building of personnel, and design mechanisms to initiate the active and voluntary study atmosphere for our staff. During the process of selecting the leaders of divisional level, we create a comprehensive competing model which combines "writing test + public speech and staff recommendation + performance appraisal" all together, and cultivate and select a great many excellent leadership. Some well-known national procurator models emerge from Henan procuratorial bodies, such as Chen Haihong, Cheng Jianyu, Ma Junxin, etc. Looking back at the whole selection and cultivation process of the elite procurators, we propose that leaders of the party members shall not be monetarily greedy, shall not be proud and arrogant, shall not form unjust clique, shall not pursue selfish interests, and shall not forget their own roots nor be ungrateful; but shall be the good example as impartial and just law enforcement bodies, as diligent and clean government, and as serving and contributing offices. In 2010, I took the lead and finished *The Study on China's Procuratorial Management Method for Complaints and Appeals*. In 2013, again, I took the lead and completed *The Study on the Development and the Management Model of China's Procuratorial Culture*. Both of these two books were the key research projects of the Supreme People's Procuratorate, and both won the first prize of the Excellent Achievement of Social Science of Henan Province, and have been collected by Columbia University and the University of Toronto. In 2014, once again, I led my team and initiated the research on *The Management Model Study on Punishment and Prevention of Abuse-of-Power Crimes of China* – another key research project of the Supreme People's Procuratorate. Based on the published theoretical articles of many years and my continuous thoughts in this area, guided by the spirit of the third and the forth preliminary session of the eighteenth central committee of the CCP, I sorted out the train of thoughts for the management of investigating, solving and preventing the abuse-of-power crimes, and provided clear and innovative viewpoints for the study. I took the discussion methodology to tackle on problems as "what, why and how", adopted the perspectives from macro management to micro practice, and finalized an 11-chapter detailed writing outline. Then, I organized the study-research team to conduct deep and thorough investigation and research on the subject. Completed paragraph-to-paragraph revision for three times, team discussion and reviewing for five times, we overcame difficulties and obstacles that can be hardly imagined, and more importantly, managed to fight against the thought of hesitation and give-up due to the hardship of striving for innovation time and time again, and ultimately, accomplished this theoretical study fruit. Looking back at the whole process, fully understand how tough the whole exploration trip was, how painful the creative road was, I couldn' t help tearing up. As Bodhi Dharma endured facing the wall for so long and finally shadowed his reflection on the wall permanently, indeed, one can gain from the loss. In producing this book, we lost holidays, vacations and the quality time together with our families, but gained the ecstasy in discovering "the new world" in theory; we lost our black hair because of exhaustion in thinking and working, but gained the innovation crown in logic thinking; we lost the so-called "vanity and power" that many people strive for, but gained the long-live procuratorial management theory breakthrough!

No pain, no gain. Only supported by the spirit of being willingly to endure the hardship, not counting the loss and sufferings, and being devoted to sacrifice and contribution, can one complete great works of writing, have the thoughts and words standing, finally come to the top of the mountain and have the most beautiful view, and create a spiritual product that opens up procuratorial management theoretical study. Isn't this the practice of the requirements of the central committee of CCP "to be strict on cultivating the morality character, to be strict on applying the power, and to be strict on self-discipline; to be honest and down-to-earth on contemplating the career cause, to be honest and down-to-earth on career creation, and to be honest and down-to earth on being a person"?

High peaks ridge high mountains, and rivers come to the great oceans. This book is the outcome guided and supported by the Party Committee of the Supreme People's Procuratorate, and Henan Provincial People's Procuratorate. It is by all means the achievement of collective intelligence. Mr. Cai Ning, the procurator-general and secretary of Party committee of Henan Provincial People's Procuratorate, and Professor Fan Chongyi, the renowned jurist of China, guided, reviewed, and prefaced the book. Geng Wenzhong, Zhu Huanran, Wang Shou'an, Xiang Zexuan, Xie Pengcheng, Shan Min, Han Chengjun helped and advised the book earnestly; Hou Minyi, Ding Tiemei, Bao Jinxuan, Tian Kai, Wang Hongbing, Luo Rui, Li Tao, Lu Zhen, Zhao Guoqin, Wang Chen, Tian Yinghui etc. participated the collecting, managing, discussing, and reviewing of the materials and pictures of the relevant chapters; My dear wife Wang Suzhen contributed, and supported my writing wholeheartedly, as always; My dear daughter Zhang Xiaoyu and my son-in-law Bai Liang diligently translated the prefaces and the postcript of this book; The Procuratorial Academy of Henan University of Economics and Law, and People's Procuratorate of Er Qi District of Zhengzhou fully supported this book; Zhang Yunpeng, Liu Xiaomin, and Wang Sipeng from Henan University Press delicately edited and designed the book… I would like to extend my sincere thanks and appreciation to all of their efforts put in this book!

One can write all the stories in history, yet the pains and gains thereof can only be fully understood by the writer. There is no pause or rest for theoretical innovation, and the management model study on punishment and prevention of abuse-of-power crimes will always be on the way. We cordially welcome all legal experts and readers to criticize this book, so that we can together continuously explore, practice, improve, and perfect the book; so that we can all together enjoy the outcome of study and innovation while being busy and hardworking; so that we can all have a taste of the greatest happiness of life …

Zhang Guochen

Sep 7, 2015

Qiuque Study, Zhengzhou